*ENSAIO
DE PSICOLOGIA
SENSÍVEL*

Célestin Freinet
ENSAIO
DE PSICOLOGIA
SENSÍVEL

Tradução: CRISTIANE NASCIMENTO
      e MARIA ERMANTINA GALVÃO G. PEREIRA

Martins Fontes
São Paulo 1998

Esta obra foi publicada originalmente em francês com o título
ESSAI DE PSYCHOLOGIE SENSIBLE, por Éditions du Seuil.
Copyright © Éditions du Seuil, 1994
Copyright © Livraria Martins Fontes Editora Ltda.,
São Paulo, 1998, para a presente edição.

1ª edição
maio de 1998

Tradução
CRISTIANE NASCIMENTO
MARIA ERMANTINA GALVÃO G. PEREIRA

Preparação do original
Vadim Valentinovitch Nikitin
Revisão gráfica
Ana Maria de Oliveira Mendes Barbosa
Marise Simões Leal
Produção gráfica
Geraldo Alves
Paginação/Fotolitos
Studio 3 Desenvolvimento Editorial
Capa
Alexandre Martins Fontes
Katia Harumi Terasaka

Dados Internacionais de Catalogação na Publicação (CIP)
(Câmara Brasileira do Livro, SP, Brasil)

Freinet, Célestin, 1896-1966.
 Ensaio de psicologia sensível / Célestin Freinet ; tradução de Cristiane Nascimento e Maria Ermantina Galvão G. Pereira. – São Paulo : Martins Fontes, 1998. – (Psicologia e Pedagogia)

 Título original: Essai de psychologie sensible.
 ISBN 85-336-0806-3

 1. Personalidade I. Título. II. Série.

97-5497   CDD-155.2

Índices para catálogo sistemático:
1. Personalidade : Psicologia 155.2

Todos os direitos para o Brasil reservados à
Livraria Martins Fontes Editora Ltda.
Rua Conselheiro Ramalho, 330/340
01325-000 São Paulo SP Brasil
Tel. (011) 239-3677 Fax (011) 3105-6867
e-mail: info@martinsfontes.com
http://www.martinsfontes.com

Índice

Prefácio *1*

Primeira Parte

A vida é *9*
O sentido dinâmico da vida *15*
A elevação do ser *21*
Partir bem para a vida *33*
Primazia dos primeiros recursos fisiológicos mecânicos *39*
O tateamento experimental *43*
Primeiros reflexos mecanizados *47*
Do tateamento mecânico ao tateamento inteligente *63*
Choque e refluxo *79*
Desvio, sublimação, compensação, supercompensação *85*
A medida da inteligência *97*
A economia do esforço *111*
No complexo social, a complexidade dos recursos-barreiras *131*

Segunda Parte

A regras de vida "ersatz" *195*
A sexualidade como regra de vida "ersatz" *223*
A escola, fonte de regras de vida "ersatz" *241*

Outras regras de vida "ersatz" **283**
Regras de vida "ersatz" que podem ser benéficas **297**
O indivíduo em face do progresso e da cultura **321**
Conclusão **365**

O Ensaio de psicologia sensível *foi composto durante os anos de exílio em Vallouise, paralelamente a* A educação do trabalho. *É fácil ver, aliás, que os dois trabalhos constituem as duas partes de uma mesma obra, o primeiro representando sua versão familiar, o segundo sua versão "especulativa".*

Aqui as aspas não são inúteis pois, tomando deliberadamente a contracorrente de uma moda que já se alastrava, Freinet se esforçou para tornar seu livro acessível a todos, sobretudo aos professores primários, a quem ele se dirigia prioritariamente, que conheciam melhor os problemas cotidianos de sua classe do que o vocabulário das ciências humanas.

O Ensaio de psicologia *exprime, não obstante, algumas idéias capitais que não somente fornecem uma base teórica sólida às técnicas de trabalho aperfeiçoadas por Freinet, mas também permitem compreender o comportamento das crianças fora da escola e, especialmente, seu desenvolvimento no interior do meio familiar.*

Prefácio

Este livro estava inserido em minha própria vida muito antes de tomar forma no papel. Suas páginas são apenas o aspecto humano de uma experiência profunda e complexa ao longo de meus trinta anos de militância pedagógica.

O termo militância pode dar azo, bem o sei, a muitos subentendidos. Ele resume, para mim, os atos intensamente vividos que me permitiram adquirir base na vida, integrar-me totalmente nas experiências leais feitas em colaboração com os educadores do povo que, como eu, têm de resolver os mesmos problemas no seio de uma mesma classe social. Isto exprime bem a necessidade, diante da qual sempre me encontrei, de entrar no jogo da dificuldade, de rejeitar o esquema unilateral, a abstração metafísica, para fazer surgir do instante vivido o processo histórico em seu duplo aspecto individual e social. Isto explica também que eu tenha sido mais técnico que psicólogo, que tenha tendido, com todos os meus meios, a me orientar para uma ciência cuja primeira exigência é, antes de mais nada, a de ser prático. Compreender-se-á sem dificuldade minha desconfiança das diversas escolas psicológicas, espiritualistas ou falsamente experimentais que são, de fato, apenas aspectos variados das eternas oposições filosóficas que dão primazia ao dogma sobre a experiência. Meus companheiros e eu não temos outra ambição senão trabalhar diretamente a vida e tentar lançar as bases vigorosas de uma pedagogia de ação que me dediquei a reconsiderar em *A educação do trabalho*.

Quis dar uma passo além: mergulhando mais profundamente no comportamento íntimo dos indivíduos e ligando a pedagogia à psicologia, de uma maneira que queríamos natural e definitiva, tentei este ensaio sobre um tema tão velho quanto o mundo: a construção da personalidade segundo a mais decisiva das leis da natureza, o tateamento ao qual recorre tudo o que nasce, cresce, reproduz-se e morre.

Foi na imobilidade imposta pela guerra que eu repensei este livro. Na cela das prisões, nos barracões dos campos de concentração, no chalé alpino em que me refugiava em frente do esplendor da neve e, mais tarde, na ação da própria Resistência, pude dar densidade ao meu pensamento, vivificá-lo com uma experiência que ultrapasse as paredes da escola para juntar-se ao grande canteiro de obras das forças orgânicas da vida. Não é de espantar, portanto, que não se encontrem nesta obra nem as citações nem a bibliografia que são de regra nos tratados clássicos de psicologia. Não que eu pretenda nada dever aos pesquisadores famosos e aos trabalhadores obscuros cuja obra continuamos. Escrevi, no entanto, estas páginas sem o auxílio direto dos livros, tendo à mão apenas minha caneta e os cadernos, que foram os companheiros mais fiéis de meu pensamento profundo. Ademais, mantendo toda a independência, jamais trabalhei como escolar ou discípulo servil. No curso de minha existência, sempre postulei os atos de audácia calculada, persuadido de que colocar a primeira pedra de um edifício ou plantar a primeira árvore de um pomar são sempre atos necessários, pois ao menos têm o mérito de suscitar as iniciativas que rematam e enobrecem o humilde projeto do mais humilde dos pioneiros.

É sempre difícil para o professor primário, formado na experiência dos fatos, irromper no mundo fechado de uma cultura especializada. Sua presença no meio dos iniciados, contanto que a queiram notar, pode a todo instante alimentar o ridículo e, na melhor das hipóteses, provocar o escândalo que logo acaba com o intruso. Confessarei que não escrevo para os especialistas que julgarão de antemão, severamente, os esforços daquele que não se louva em nenhum de seus ensinamentos? Conheço o peso de seu silêncio e também aquele, mais relativo, de seu douto saber com o qual em vão atraquei-me lealmente.

Prefácio 3

Contudo, vem-me um pesar no momento de imprimir este livro: o de não poder definir, em relação aos pesquisadores que me precederam, uma filiação de pensamento que está organicamente incluída em todas as posturas de minhas idéias de educador e de minha personalidade nutrida pelo bom senso camponês. Este será, assim espero, um novo livro por escrever, se me deixar alguma folga o papel de promotor de um dos maiores movimentos internacionais, que agrupa teóricos, praticantes e construtores, unidos no imenso canteiro de obras de uma pedagogia dinâmica proporcional ao nosso mundo em fermentação. A menos que, ainda uma vez, o campo de concentração me imponha uma imobilidade inesperada, o que não está excluído do destino de um simples homem honrado.

Quaisquer que sejam suas insuficiências, este livro foi escrito com intenções que desejo esclarecer.

Ele se destina especialmente aos educadores do povo, àqueles que, como eu, são oriundos da massa trabalhadora da qual não quiseram desertar e que devem resolver, de um modo ou de outro, as contradições inseridas no grande problema da educação em seus aspectos intelectuais, sociais e humanos num meio que pode ser revisto. Gostaria ainda que este livro pudesse ser compreendido pela grande massa de pais que têm a tarefa de educar filhos e assim enfrentar melhor os obstáculos postos por uma sociedade imperfeita ao desenvolvimento das personalidades jovens.

A preocupação de ser compreensível e claro para a maioria das pessoas de cultura média, não acadêmica, ditou-me certas obrigações. Quis, sobretudo, abordar com simplicidade e objetividade os problemas múltiplos que, no complexo individual e social, conduzem-nos ao conhecimento da criança. Em meu vocabulário, portanto, rejeitei a linguagem hermética dos especialistas, empregando apenas a linguagem direta do povo. Bani decididamente de minhas demonstrações as tradicionais abstrações filosóficas, recorrendo constantemente a desenvolvimentos sensíveis e sintéticos, através de imagens, nos quais o sujeito e o objeto não são entidades metafísicas disjuntas, mas, ao contrário, elementos construtivos de uma atividade cuja unidade deve ser ordenada e orientada. E, fazendo isso – esta é minha maior preocupação –, pretendo ter escrito uma obra de psicopedagogia que os professores primários e os estudantes de magistério possam ler e compreender, discutir e, espero, criticar, levando em consideração não palavras mas fatos sensíveis e familiares.

Ser legível não constitui uma originalidade apreciável para um livro de psicologia que, pela primeira vez, forma um todo com uma pedagogia que dela decorre naturalmente?

Entretanto, esbarrei em alguns perigos: há palavras e conceitos que o uso deformou totalmente e que se prestariam a mal-entendidos se não prevenisse o leitor do sentido exato que lhes atribuo.

Tomo a vida em seu movimento sem prejulgar aqui sua origem ou suas metas. Constato somente que o ser vivo nasce, cresce, frutifica e, depois, declina e morre. Para maior comodidade em minha linguagem, diria que o indivíduo é levado, por sua própria natureza, a percorrer assim seu ciclo normal de vida, que tende a realizar seu destino, sem que esta palavra exprima para mim nenhuma idéia transcendente, espiritualista ou religiosa.

Na realização desse processo vital para a elevação normal do ser, o indivíduo mobiliza um potencial máximo de vida a que chamarei *potência*, sem que essa idéia deva ser arbitrariamente separada do comportamento racional dos indivíduos, no âmbito do ciclo da vida, nem confundida com a interpretação e a utilização que lhe deu uma filosofia nietzschiana desviada de suas origens.

É com o mesmo propósito que falo de *ímpeto vital* sem me referir a uma causa primeira espiritualista, mas incluindo nessa expressão o dinamismo que, liberado da semente ou do ovo, vai, com o tempo, assegurar o triunfo da planta e da criatura.

> Para viver e perdurar, para percorrer seu ciclo natural na realização obstinada de um processo vital dinâmico, o indivíduo reage às modificações do meio interno e externo, faz constantemente um balanço da situação experimental das forças antagônicas a fim de restabelecer seu indispensável equilíbrio. Para dar à palavra equilíbrio seu quociente máximo, serei levado a falar de *harmonia*, sem ultrapassar, em minha mente, o sentido por assim dizer materialista que desejo dar a essa função essencial do equilíbrio vital.

Falo algumas vezes de *infinito* para expressar o vasto campo do insondável que, incessantemente, exalta o poder do homem, sem fazer dessa palavra um sinônimo de divindade transcendente, que irradia do alto uma luz revelada.

Prefácio

Quando comparo a torrente, rumando para seu curso mais calmo, com o destino humano, há nessa comparação muito mais que uma imagem poética mais ou menos fora de moda. A água, dado seu papel fundamental de alimento, não é um corpo inerte. Sua plasticidade pode, por si só, explicar a plasticidade dos organismos dos quais é um componente determinante. A sujeição da água à gravidade tem a mobilidade da vida sujeita ao instinto no automatismo dos reflexos primordiais.

Outras imagens familiares podem, bem sei, dar às minhas demonstrações um simplismo que os doutos não deixariam de denunciar, caso viessem a ler-me. Mas a vida não é algo simples e familiar para a criatura que a vive sem procurar nela os mistérios que o espírito pretensioso é incapaz de desvendar?

A grande ignorância dos homens diante da vida autoriza todos os procedimentos explicativos, inclusive os mais simples ou os mais extravagantes.

Já expressei meu desejo de fazer uma obra prática, e gostaria ainda de precisar aos meus leitores o sentido que quero dar a um ensino situado entre as exigências da utilidade, mas também condicionado pela pesquisa e pelo conhecimento. Uma comparação os fará compreender meu raciocínio.

Conheci, há trinta anos, um mecânico que participara da febre inventiva que caracterizava, no início do século, a época de criação dos primeiros automóveis. Ele vira nascer as máquinas rudimentares da era dos tateamentos; ele mesmo havia tateado e obtivera aperfeiçoamentos e invenções dos quais era, com razão, muito orgulhoso. Restava-lhe dessa participação criadora uma compreensão profunda e íntima da vida dos mecanismos e de sua força, da natureza e da forma das peças essenciais, assim como das condições mecânicas da potência delas. Sabia seguir, da origem ao acabamento, todos os órgãos de comando ou de transmissão, e nenhuma engrenagem, nenhum fio condutor tinha segredo para ele.

O atrito, a hesitação ou o afogamento do motor o surpreendiam como as campainhas de alarme que o incentivavam imediatamente a procurar o meio de restituir ao mecanismo o equilíbrio e a harmonia indispensáveis à continuação normal da vida. Era apto a auscultar sua máquina, a descobrir, para além do aquecimento ou do sofrimento, o órgão doente, o vício funcional que devia corrigir, o erro que devia emendar para recobrar a perfeição dinâmica que lhe dava paz e segurança.

Assim será o educador de amanhã, conhecedor de sua máquina – neste caso a criança –, não somente porque estaria em condições de decompô-la teoricamente e de lhe nomear as aptidões e os movimentos, mas porque a sentiria viver e ficaria aliviado, apaziguado, quando o jovem organismo funcionasse perfeitamente, sem solavancos suspeitos, com um movimento suave e um rendimento máximo. Ele descobriria de imediato as fricções anormais, as impotências acidentais, as falhas e os fracassos. Escutaria atentamente o batimento da vida para distinguir, através da complexidade dos estalidos, a origem real – e material – da avaria que se estivesse preparando.

É essa intuição da evolução dinâmica do organismo que gostaria de mostrar, fazendo que se sinta o ser em ação no processo da vida que faz sua potência e sua grandeza.

Se, por nossos esforços, chegarmos a possuir essa compreensão original, teremos como que um fio de Ariadne que nos permitirá compreender melhor, em todas as ocasiões, o comportamento das crianças e dos homens e, portanto, reagir de maneira mais sadia, evitando pelo menos os erros às vezes irreparáveis que entravam a elevação ardente do ser. Estaremos, assim, postados no cerne de uma psicologia viva que não é mais que o próprio aspecto da vida. No decorrer da pesquisa em comum, especificaremos seus materiais para convertê-los na síntese profunda que nos conduzirá ao verdadeiro conhecimento da personalidade.

Este livro foi escrito para suscitar essa fraternidade leal de trabalho. Resta-nos a esperança de vê-lo enriquecer-se com a vasta experiência dos pesquisadores, com suas descobertas pessoais e também com suas críticas abalizadas, para que, pouco a pouco, se tornem mais precisas as leis profundas e seguras do comportamento, que permitirão construir a pedagogia experimental e humana que aqui acabamos de esboçar.

Primeira Parte

A vida é

Não iremos procurar os fundamentos de nossa psicologia nos livros – a não ser, talvez, nos pensamentos dos grandes sábios – mas na vida.

A vida é

Quer uma força misteriosa a tenha prodigiosamente desencadeado na insondável origem dos mundos, quer ela se insinue nos mecanismos dos fatos explicáveis cujo segredo talvez um dia se possa compreender, *a vida é*. É o único fato incontestável.

Não é porque não podemos ainda remontar à sua gênese e apreender sua integração à matéria que tentaremos minimizar-lhe o alcance ou escamotear-lhe o dinamismo.

No início, o homem traz em si um potencial de vida, assim como as variedades infinitas de seres vivos escalonados na hierarquia zoológica, assim como o grão de trigo e a mais ínfima semente; e este potencial de vida anima a criatura com um invencível ímpeto, lança-a para a frente, rumo à poderosa realização de seu destino.

Assim que as condições exteriores são favoráveis à germinação, uma força desperta dilata-se, agita o grão de trigo, que começa sua subida para o esplendor de seu devir. Nasce uma radicela, depois outras; multiplicam-se, diferenciam-se para escavar as partículas de terra, enquanto o caule começa sua ascensão para o ar livre. Também ele deve crescer, elevar-se cada vez mais. Se se tenta impedi-lo, ele se alonga desmesuradamente sob os obstáculos encontrados e, por um caminho insidioso, parte à procura ansiosa das saídas.

Ei-lo, repentinamente, na zona de luz que queria alcançar. Então empenha-se em assimilar o máximo de potência para sua frutificação; e aparece a espiga, que incha seus grãos, que sabe, por sua vez, tirar partido de todas as circunstâncias favoráveis para adquirir força e vitalidade.

Se esse constante cuidado com a potência valeu-lhe uma alimentação suficiente dentro do solo que suas raízes escavam e no ar que sua cabeça explora, a planta então desabrocha em todo o seu esplendor.

Com efeito, temos o hábito de incluir na noção de desabrochar – e não é um puro acaso – um conteúdo complexo, mas misteriosamente exaltante de potência, de explosão, de alegria na explosão, de profunda fruição da sensação de um remate natural de tantos esforços, de uma realização esplêndida do destino inserido na própria função do ser. E é tudo isto que emana, para o camponês e para o artista, de um belo campo de trigo dourado que celebra o sol.

Mas pode acontecer também que o indivíduo frágil pareça estiolar-se vergonhosamente na orla mirrada do campo. Ele se esgotou sem dar uma aparência de espiga aos raros grãos, já murchos e envelhecidos, que, aliás, o agricultor previdente deixará de lado como impróprios para uma nova germinação e lançará às galinhas entre os grãos ruins e já rebentados.

A criança nasce e cresce como o grão de trigo. Se o meio em que se encontra assegura os princípios essenciais à sua alimentação, nem muito diluídos, nem muito concentrados, numa atmosfera favorável, ensolarada de viva luminosidade e de afeição atenta, também o jovem ser se eleva com o máximo de potência de que é capaz. Cumpre então seu destino do momento, que é desenvolver suas células na harmonia orgânica e abrir-se à vida.

Mas se suas necessidades orgânicas não são satisfeitas como exige sua natureza, o indivíduo, inquieto e perturbado, busca obstinadamente o meio de remediar suas deficiências, que lhe são um sofrimento obscuro. Seu corpo se estiola, sua inteligência se fecha, mas, até o último alento de vida, persistirá o incessante esforço que o impelirá para realizar a ordem não formulada, mas impetuosa, de seu destino.

Se o solo é muito duro e muito pobre, o broto de trigo alongará desmesuradamente suas raízes; ele as afundará obstinadamente, à procura da água e das matérias fertilizantes; tateará, lutará, tentará de novo, retrocedendo para sempre tornar a avançar, porque é para ele uma questão de vida ou morte, e está em sua essência crescer, prosperar para frutificar.

Alguma pedra grande atrapalha a saída do caule da terra? Nós o vemos tatear sob o obstáculo e seguir-lhe pacientemente as asperezas para aproveitar a menor brecha, forçado às vezes a conter-se, para recomeçar, noutra direção, sua perseverante escavação.

A busca tenaz dos elementos de vida, a luta permanente e espontânea contra os obstáculos que se opõem ao crescimento e à elevação, os incansáveis tateamentos, mesmo quando ineficazes, a emocionante exaltação de um caule que parece querer dominar a floresta de caules em busca do ar livre, do azul do céu e do sol, o frenesi de frutificação, é essa também toda a história do devir humano para a criança que começa sua aventura da vida.

Eis a inelutável via natural, com muita freqüência mascarada pelas teorias sociais, filosóficas ou religiosas, interessadas no obscurecimento de nossa vontade de vida, que tentaram dar, artificialmente, outra meta aos nossos esforços, como se não fosse um destino suficientemente nobre realizar, em si mesmo e em colaboração com outros homens, a sua parte de trabalho, de beleza e de harmonia.

É verdade que sempre se formula ao espírito inquieto do homem a eterna questão: por que nascer, crescer, frutificar e morrer? Por que reproduzir a vida? Por que perdurar e elevar-se?

Longe de nós a idéia de desencorajar o homem de buscar e encontrar, se puder, uma solução apaziguadora para esse enigma, desde que as pesquisas, as teorias e as práticas que dela resultam não contrariem nosso encaminhamento lógico. Devemos conduzir a pesada e carregada carroça até seu fim, cuja noção está inscrita em todo o devir de nosso ser. Compreendemos que se possa ser obcecado pela preocupação, da qual não escapamos, de saber o que se tornará, afinal, nossa carga, se não houver a possibilidade de impedir que ela se destrua, se não pudermos entrever uma meta mais ideal, mais elevada e mais majestosa ainda, para além do fim de nossa vida material; de saber se, enfim, esta vida vale a pena ser vivida e se é verdadeiramente necessário carregar incessantemente a carroça e continuar sem descanso a laboriosa ascensão.

Diremos apenas que estas são considerações subsidiárias, às quais se prendem, principalmente, os indivíduos estéreis, os que têm consciência de não ter cumprido suficientemente seu destino, que não puderam formar uma espiga vigorosa e que bem gostariam, por ocasião de um outono favorável, de tentar elevar-se mais e, quem sabe, talvez frutificar, realizar pelo menos uma porção, por menor que fosse, desse destino cujo vazio lhes é um sofrimento intolerável.

Os seres que fizeram um esforço relativamente normal, que deram vida a crianças cujo crescimento acompanharam, ou a obras que são, do mesmo modo, o melhor deles mesmos, apagam-se lentamente, como as lâmpadas sem azeite que deram generosamente sua luz essencial, como o viajante que chegou ao fim de sua estrada, com a certeza apaziguadora de ter cumprido o ciclo.

O problema continua em pé. Seguirá suscitando por muito tempo ainda – se não para sempre – a busca ansiosa daqueles que, para além de sua condição humana, nunca param de interrogar o mundo para tentar arrancar-lhe algum segredo.

O que conta, definitivamente, é a ação tangível que fortifica e embeleza a vida do homem.

Seja como for, um fato é certo e será o ponto de partida de nossa preocupação educativa e humana – deixando de lado todos os demais problemas que, aliás, em nada poderiam modificar este fato: *a vida é*, e enunciaremos nossa

PRIMEIRA LEI: A VIDA É

Tudo se passa como se o indivíduo – e aliás todo ser vivo – fosse dotado de um potencial de vida, do qual ainda não podemos definir nem a origem, nem a natureza, nem a meta, o qual tende não só a conservar-se e recarregar-se, mas também a aumentar, a adquirir um máximo de potência, a desabrochar-se e a transmitir-se a outros seres que serão seu prolongamento e sua continuação. E tudo isso não ao acaso, mas segundo as linhas de uma especificidade inserida no próprio funcionamento de nosso organismo e na necessidade de equilíbrio sem o qual a vida não se poderia realizar. Toda coerção e todo obstáculo que dificultam e impedem essa realização dinâmica do destino íntimo do ser são sentidos como uma ruptura perigosa do equilíbrio necessário. A queda do potencial de vida suscita um sentimento de inferioridade e de impotência que é para nós uma dor profunda, assim como o golpe que acerta nosso corpo pode diminuir nossa potência fisiológica, desequilibrar nosso organismo e causar-nos um sofrimento que é apenas a tradução sensível do golpe sofrido.

É, ao contrário, do recarregamento normal desse potencial de vida que o homem tira seu sentimento de potência, que lhe é tão essencial como a própria respiração, do qual cada falha provoca uma opressão e cuja satisfação é como uma exaltação desse instinto de vida, sem o qual, apesar das mais surpreendentes descobertas da ciência e da filosofia, nada seria.

Toda a nossa pedagogia visará, justamente, a conservar e a aumentar esse potencial de vida que os métodos tradicionais reduzem, chegando por vezes a eliminá-lo, e cuja persistência e exaltação são como o próprio barômetro de um método sadio.

O sentido dinâmico da vida

Desse ponto de vista essencialmente dinâmico, a vida do homem pode ser comparada a uma torrente.

No princípio, a potência da torrente é apenas uma virtualidade, cuja realização é condicionada pelas circunstâncias naturais que levaram o rio ao flanco da montanha, de onde vai descer, adquirindo sempre mais potência e ímpeto.

A nascente, transformada em torrente, começa seu périplo. E este potencial de força da nascente, como o potencial da vida do ser humano, tem de particular e extraordinário o fato de que o avanço, em vez de desgastá-lo, é-lhe uma ocasião de exacerbação de sua força.

A torrente continua mecanicamente seu curso, cada vez mais potente à medida que avança, até parecer tremendamente invencível. Com que meta? Ela não se faz a pergunta e, mesmo que a fizesse, isso em nada mudaria sua necessidade imperiosa de realizar, com uma vitalidade cada vez maior, as exigências materiais de sua corrida para o vale.

É apenas quando a torrente chega à planície, quando seu curso se acalma e se divide, que ela frutifica: seus canais laterais diminuem sua força natural, mas ampliam sua irradiação, o que é, afinal, uma nova exacerbação de sua potencialidade. E, ao mesmo tempo, saídas da direita e da esquerda, chegam a ela outras torrentes, que lhe incham a vazão, tornando a dar-lhe uma forma nova de potência que compensa em parte a impetuosidade diminuída.

Depois, quando terminou assim sua corrida, quando desceu a encosta, reforçou e aumentou seu curso, inchou-se com a vida das nascentes vizinhas, alimentou generosamente na planície os canais que dela nasceram, extingue-se por fim no equilíbrio imenso e eterno do mar.

Ora, essas gotas de água que vemos partir tão intrepidamente para o vale, os homens se apoderam delas, retêm-nas em suas mãos ou as aprisionam em recipientes. Eles as examinam então e observam doutamente sua mobilidade e sua limpidez; analisam-nas para distinguir sua composição e virtudes possíveis. Experimentam, agitam, aquecem, resfriam, combinam com tamanha ciência e tão sutil engenhosidade, que ficam persuadidos de ter descoberto, enfim, todos os segredos da natureza das gotas de água. Efetivamente, eles conhecem tudo, salvo o imponderável que se ri das experiências e das medições humanas, essa força ainda inexplicável que impele as gotas de água a correrem, saltarem, partirem invencíveis. Não porque sejam hidrogênio ou oxigênio, porque tenham a propriedade de evaporar-se e condensar-se, ou de dissolver outras matérias – estes são detalhes acessórios – mas porque devem ir no sentido desejado pela natureza para a finalização de seu périplo.

Nossos doutores procederam com as crianças como com as gotas de água. Pegaram-nas nas mãos, isolaram-nas, retiveram-nas, encerraram-nas para melhor examiná-las, para analisar-lhes os supostos pensamentos, as faculdades, para estudar-lhes o comportamento. Mas esse estudo estático do ser preso num movimento infinito de seu devir, correto em si mesmo se consideramos apenas a composição analítica do indivíduo examinado, torna-se profundamente incompleto e errôneo se queremos alçar-nos à compreensão sintética do ser vivo.

Para além das observações fragmentárias e parciais dos homens de ciência, vamos considerar a criança em seu devir – e este será o segundo grande princípio de nossa pedagogia. Examinaremos muito menos a gota de água dentro do frasco do que a nascente transformada em torrente, que prossegue, num ritmo que nos espanta e confunde, sua potente corrida para a finalização de seu ciclo de vida.

Em nosso projeto, esbarraremos em duas dificuldades principais.

Concebe-se intuitivamente o ser em movimento, mas é muito mais difícil explicar logicamente seu mecanismo; "sente-se" a vida, mas é muito delicado descobrir suas regras e suas leis. O mesmo ocorre com um carro que passa, que ameaça nos arrastar ou nos carregar, ou que nos ultrapassa com um ronco ensurdecedor. Podemos, à sua passagem, adivinhar suas qualidades de elegância, rapidez, potência, estabilidade, dinamismo, mas é bem difícil precisar essas noções quando temos diante de nós apenas uma nuvem de poeira cúmplice. Gostaríamos de parar o carro para examiná-lo detalhadamente, em sua natureza, sem pensar que, então, não levaríamos em conta ou subestimaríamos a importância decisiva daqueles mesmos elementos que nos haviam impressionado na máquina em plena corrida e que são, afinal, os únicos importantes.

A dificuldade de encontrar uma técnica de estudo do ser em movimento, a relatividade complexa dos resultados obtidos e, ao contrário, a comodidade do estudo analítico e estático, é que explicam os tateamentos e as hesitações de uma psicologia e de uma pedagogia genéticas que se separam lentamente das brumas formais da escolástica.

Há também outra grave razão, por assim dizer, subjetiva para esse desconhecimento. Se as crianças tivessem condições de analisar o próprio comportamento e de prever, conseqüentemente, as linhas lógicas e seguras de uma pedagogia correspondente ao seu novo devir dinâmico, seriam certamente realizadas grandes descobertas. Mas somos nós, adultos, que já não caminhamos no mesmo ritmo que elas, que pretendemos regular e julgar sua corrida torrencial. Então, produz-se uma complicação natural quase inevitável.

Quando você anda a pé numa estrada, tem apenas maus pensamentos e palavras injuriosas para o automobilista – nem sempre atencioso, é verdade – que passa rente de você, molha-o e empurra-o para os buracos enlameados, sem sequer se dignar a moderar sua corrida endiabrada. Todo o mundo conhece o mau humor do condutor de uma pobre carroça que se sente ultrapassado pelo ronco vigoroso de um belo carro moderno, e a clássica reação de defesa do motorista de caminhão que se obstina em manter-se no meio da estrada, apesar das buzinadas coléricas do carro trepidante que quer ultrapassá-lo para retomar seu ritmo fora do rastro sufocante do mau cheiro de pó e gasolina.

Com muita freqüência somos esse rabugento motorista de caminhão. Estamos mais ou menos na idade em que a torrente, embora por um lado aumente de volume e recupere novos elementos de potência, por outro acalma-se e torna-se mais moderada.

Sem querer, experimentamos um tipo de incompreensão, e mesmo de ciúme, surdo ou não, por aqueles que, jovens ainda, têm necessidade de saltar impetuosamente antes de se tornarem um rio calmo e fecundo. Nem o educador nem o pai de família compreendem a atividade incessante e o dinamismo irreprimível das crianças. Com uma inconseqüência que não ousaríamos conceber se não fosse generalizada, eles tentam retê-las em sua corrida e impor à torrente o ritmo do rio já calmo. Trabalho perdido!... Então, em desespero de causa, erguem potentes barragens que cortam efetivamente e fragmentam o curso da torrente. Mas se espantam depois que a torrente deixa de ser torrente e já não tem nem impetuosidade nem potência invencível!

Os pais, por sua vez, ao menos resignam-se com esta diferença de ritmo, pois se trata de seus filhos. Os mais sensatos recordam-se de sua juventude, que vêem reviver, com certo orgulho, nos extravasamentos de seus filhos.

Mas os educadores! Que motoristas de caminhão ranzinzas! Quantas barragens não tentaram erguer cortando toda a torrente! Quanta incompreensão de um ritmo de vida que eles próprios esqueceram! Poder-se-ia dizer, parece, que toda pedagogia consiste em reduzir esse excesso de vitalidade, em habituar o pequeno carro nervoso a marcar passo atrás dos caminhões que encobrem, com uma nuvem de poeira fétida, o horizonte claro e inebriante de promessas da estrada livre.

Trataremos, quanto a nós, de embarcar num carro rápido, de ir no ritmo potente e ligeiro ao lado de outros carros novos e frementes, animados por uma mesma vontade de potência e de conquistas. Deixaremos que eles nos levem pelas estradas retas e livres da planície; escalaremos as mesmas encostas, beiraremos os mesmos precipícios; patinaremos, acidentalmente, nos mesmos atoleiros; palpitaremos com a mesma impaciência diante das passagens de nível fechadas; sofreremos as mesmas avarias, às quais reagiremos segundo um processo idêntico.

Então, mas somente então, poderemos compreender melhor a vida que se eleva, compreendê-la melhor para melhor servi-la.

E enunciaremos, por este segundo fundamento de nossa pedagogia, nossa

SEGUNDA LEI: O SENTIDO DINÂMICO DA VIDA

A vida não é um estado, *mas sim um devir. É este devir que deve animar nossa psicologia para influenciar e dirigir a pedagogia.*

A elevação do ser

Do instinto à educação

Todo ser possui uma técnica de vida cuja particularidade deixa aparecer as características das espécies e sem a qual ele não poderia nem viver, nem se defender, nem se reproduzir; sem a qual se apagaria a centelha obstinada, o ímpeto tenaz que o empurra para a frente, no sentido da realização de seu ciclo de vida.

Essa técnica de vida resulta da experiência e da adaptação ao longo de centenas de milhares de gerações. Quando o indivíduo foi incapaz de reagir com sucesso, ele desapareceu, e a raça vencida extinguiu-se. Toda raça atualmente viva possui uma técnica de vida que provou seu valor e que, enquanto as circunstâncias não variam ameaçadoramente, assegura a perpetuação da espécie.

Essa técnica de vida é o *instinto*, que é apenas a tradução, por assim dizer psicológica, da longa experiência das gerações anteriores.

Desacreditou-se muito o instinto. Porque o temos em comum com os animais, alguns deduzem daí, às vezes, que ele é, por isso, de qualidade inferior e pouco digno de nossa nobreza. Mas não temos também em comum com os animais a consistência e a composição de um sangue igual, o funcionamento de órgãos similares e, afinal, o grande ímpeto para a vida? Aquilo que preserva tão bem o animal seria, então, tão profundamente mau para o homem? O instinto que permite à abelha construir seus alvéolos geométricos e produzir segundo a necessidade das operárias ou das rainhas, o instinto que guia o pássaro na construção de seu ninho, que fixa para a andorinha a hora de sua partida e dirige-a sobre os mares, este instinto que às vezes atinge, nos animais, um grau de perfeição e de segurança que desconcerta a inteligência do homem, por que seria ele, forçosamente, de qualidade inferior?

A superioridade do instinto é, justamente, sua segurança, sua invariabilidade, o fato de ele estar inserido em nosso comportamento e de não poder ser aprendido ou ensinado. Ele é parte integrante do ser, como a cor dos cabelos ou o tom da epiderme.

Certamente, o tateamento experimental existe para os animais e o instinto não condiciona cem por cento a vida. Nem por isso deixa de ser a base principal do comportamento.

O instinto é. Mas há um *porém*.

O instinto é uma técnica de vida válida para o meio em que evoluíram os milhares de gerações que nos precederam. Se esse meio muda, ocorre um equívoco. A técnica de vida instintiva já não se ajusta à satisfação das necessidades nas novas condições de vida.

Certo pássaro forrava seu ninho com fiapos de lã colhidos nas moitas dos caminhos. Porque, há milênios, gerações de pássaros dessa espécie forraram seus ninhos com essa lã e os passarinhos trazem sem dúvida em seus corpos a lembrança macia e quente desse contato. Porém, se por causa de uma sucessão de circunstâncias imprevisíveis como, por exemplo, mudança na economia de uma região que acarreta o completo desaparecimento da espécie ovina – temos exemplos disso – se, devido a tais circunstâncias, já não haja um único fiapo de lã agarrado às moitas, o instinto do pássaro falhará; ele se tornará insuficiente como técnica de construção do ninho. Das duas, uma: ou o pássaro tentará adaptar-se a esta impotência e, num ninho muito frio, os passarinhos morrerão. A espécie então corre o risco de ir se degenerando e de extinguir-se. Ou, por um esforço de adaptação que chamaríamos inteligente, ele procurará um meio de remediar essa insuficiência não prevista, não previsível: tentará substituir a lã por fiapos macios, ervas secas por algum musgo leve ou pela própria penugem; ou fugirá para lugares mais propícios onde a técnica de vida instintiva ainda será suficiente para assegurar a defesa dos jovens e a perpetuação da espécie.

Se você perceber o pássaro inquieto e se adivinhar o motivo de seu doloroso desequilíbrio, você poderá, solicitamente, colocar um pouco de lã ao redor das folhagens onde ele se prepara para fazer o ninho; na falta de lã, você deixará penugem ou algum sucedâneo macio. Oferecerá ao pássaro a possibilidade de satisfazer suas necessidades instintivas. Algumas vezes em vão. O pássaro, cujas manobras você observa, talvez desconfie desse fiapo de lã que percebe colocado lá com um objetivo do qual seu instinto ou sua experiência teme uma maldade fatal; ou então a penugem não corresponde às suas exigências; ou o sucedâneo emite um odor suspeito. O pássaro prefere sofrer e deixar que seus filhotes sofram. Questão de natureza!...

Sua solicitude é um esforço de educação, um gesto pedagógico.

Se o pássaro tivesse encontrado em seu meio familiar tudo quanto seu instinto procurava para a construção do ninho, você não teria precisado intervir: sua técnica de vida lhe teria sido suficiente e ele não teria querido outra.

Mas você ouviu seus gritos queixosos, adivinhou sua perturbação, a causa de sua inquietude, do desequilíbrio que o agita. Se você souber exatamente o que o pássaro deseja, talvez possa satisfazê-lo. E mesmo isso não é seguro, pois você percebe a exigência desconfiada de seu instinto. Talvez, você ache mais racional apanhar o pássaro, prendê-lo numa gaiola onde lhe ofereceria os únicos elementos que acredita adequados para a construção de seu ninho. Talvez até lhe apresente um ninho pronto onde o pássaro só terá de botar os ovos. E ficaria orgulhoso da sua vitória.

Mas se, depois de várias gerações dessa falsa educação, os pássaros confinados nessa prisão, e os que nela nasceram, ficarem entregues a si mesmos, terão perdido todos os recursos do instinto. Ou melhor, este terá reduzido seu funcionamento a uma técnica de vida adaptada à vida em cativeiro. Essa regra de vida será impotente para resolver os problemas criados por um meio diferente e mais exigente. O pássaro será vítima dos elementos ou presa de seus inimigos.

Você terá praticado pedagogia, mas uma pedagogia inábil, de vista curta, que lhe deu uma aparência de sucesso provisório num

meio artificial preparado por você mas sem valor no meio real da vida.
Formulamos então nossa

TERCEIRA LEI: DO INSTINTO À EDUCAÇÃO.

O instinto é o traço que foi deixado em nós, transmitido através das gerações; os tateamentos infindáveis cujo sucesso permitiu a permanência da espécie.
As variações do meio obrigam o indivíduo a modificar esses traços mediante novas experiências. A adaptação daí resultante constitui a própria essência da educação.

Esta lei nos fornece uma síntese concreta da educação das crianças.

Num tempo não muito distante em que o homem ainda não tinha conseguido modificar de maneira profunda e catastrófica o meio onde vive, onde devem viver seus filhos, o instinto continuava a ser para ele como que técnica de vida que se bastava na maioria dos casos: a criança vivia numa moradia ancestral, com os alimentos dos quais se nutriram – com sucesso – as gerações que a precederam. Mais tarde, trabalhava os mesmos campos com as mesmas ferramentas, a duras penas e muito paulatinamente modificadas, para fazer brotar as mesmas sementes e colher as mesmas frutas. Ou então guardava nas mesmas pastagens os mesmos rebanhos de cabras ou de ovelhas.

Era então uma técnica de vida quase perfeita, que assegurava uma estabilidade e uma paz cantadas freqüentemente pelos poetas, não sem alguma razão e também uma ponta de saudade. Mas bastava que um inverno excepcionalmente rigoroso, uma inundação, uma seca intempestiva viessem atrapalhar o desenrolar instintivo desta técnica de vida, e eis populações desamparadas, como o pássaro que perdeu seu ninho numa tempestade.

Basta que um indivíduo imaginativo um dia tenha a audácia de fazer uma descoberta técnica que traga consigo um melhoramento inconteste para o modo de vida, mas atrapalhe e desequilibre, por isso, a técnica instintiva, e eis que a massa afetada pela novidade reage vigorosamente contra os desmancha-prazeres que são os inovadores, chamem-se eles Jacquard ou Edison.

Ora, o que caracteriza nossa época é a incessante evolução do mundo que nos cerca. Há cem anos, uma descoberta desestabilizava num instante a vida dos campos e das cidades, como a pedra que se joga na água calma, onde produz um borrifo e redemoinhos que vão diminuindo em ondas concêntricas. Depois a vida retomava lentamente seu equilíbrio, as técnicas de vida tinham tempo de adaptar-se às mudanças para adquirir, através da experiência de várias gerações, a certeza e a finalidade do instinto.

Estamos hoje numa fase acelerada desse rápido processo de modificação do meio. Em poucos anos, já não se reconhece uma região: culturas, que eram praticadas há séculos, desaparecem subitamente; modos de locomoção, velhos como o mundo, tornam-se incapazes de satisfazer as necessidades do ritmo contemporâneo da vida. A própria alimentação transformou-se tão completamente, e ainda evolui a tal ponto todos os dias, que nosso instinto já não se reconhece aí. A técnica de vida instintiva está irremediavelmente ultrapassada. Podemos felicitar-nos ou lamentar-nos por isso, mas é assim. É preciso sempre adaptar-se ou morrer, e, como queremos viver, temos de tentar adaptar-nos.

Que ninguém se engane: o grande drama da educação de hoje provém desse desequilíbrio permanente entre o meio interno do indivíduo, que tem necessidade de conservar um mínimo de equilíbrio e harmonia para viver, e um meio externo em incessante movimento, continuamente agitado pelas pedras que espirram a água, produzindo ondas que se chocam e se opõem como vagas enlouquecidas.

Há pouco tempo, as gerações é que tinham a possibilidade de adaptar-se às modificações do meio. Hoje, os indivíduos é que devem conseguir essa proeza: recobrar *o equilíbrio ou morrer*.

Não é de espantar que, nessas condições, as funções da educação tenham adquirido, na sociedade atual, uma importância tão decisiva e sejam tão lentas e incapazes de alcançar uma eficiência suficiente. As normas de um passado superado já não são válidas para um presente tão perigosamente dinâmico. Os métodos possíveis e válidos há cem, há cinqüenta, ou mesmo há vinte anos, são hoje incapazes de assegurar a preparação para a vida num meio que evoluiu tão profundamente. A parte da estabilidade que nos vinha do instinto, lenta e laboriosamente reajustado, está a partir de agora destruída. Estamos, por isso, diante de um problema trágico: reencontrar, para além desse instinto deficiente, as linhas de vida que permitiriam ao indivíduo, apesar de tudo, viver, perdurar e frutificar num meio que perdeu sua permanência, dominar esse meio para que continue uma vida potente, orientada no sentido do verdadeiro progresso.

Há pouco tempo, a vida era igual aos grupos de camponeses que iam à missa aos domingos no vilarejo vizinho: todos juntos, pais, mães, avós, vizinhos e amigos, também as crianças, e às vezes até o cão, que não queria voltar para casa, e o gato que os acompanhava de muro em muro até as últimas casas do lugarejo.

O grupo não estava ainda desagregado. Claro, os homens maduros preferiam falar com seus iguais sobre interesses comuns; as mulheres iam tagarelando em bando; os velhos pareciam desfrutar mais do que os outros a sonoridade matinal; e as crianças estavam ora à frente, ora atrás, ao sabor de seu caminhar caprichoso, e brincavam às vezes entre as saias das mamães, ou colidiam de passagem nas bengalas dos velhos. Mas, ainda assim, o grupo permanecia coerente, a criança herdava naturalmente o conhecimento, as reflexões e o bom senso das gerações que caminhavam assim perto dela, tutelares.

A educação devia então funcionar dentro do grupo nesse ritmo tradicional. Se, por capricho ou novidade, ela arrastasse a criança para a frente, longe do grupo, separada de sua influência necessária, haveria erro e desequilíbrio. A vida seguia o sentido da tradição, e a escola devia, para desempenhar seu papel, estar imersa intimamente nela.

Se não preconizamos mais essa educação tradicional (estando a palavra tradicional tomada em seu verdadeiro sentido, de modo nenhum pejorativo), é porque as condições do meio mudaram radicalmente: o grupo complexo e coerente desagregou-se; o pai pegou seu carro; os jovens montaram na moto ou na bicicleta; aconselhou-se aos velhos tomarem sensatamente o trem. As crianças têm boas pernas, então deixam-nas fazer o caminho a pé e as vemos trotar sozinhas, em desordem, inquietas e desorientadas, pelo caminho onde nada mais as guia ou as encoraja. Algumas delas, filhas de famílias abastadas, encontram um canto no carro; as mais ousadas agarram-se ao estribo. Mas essas são apenas soluções improvisadas. As crianças só serão salvas se a escola souber e puder reagrupá-las e, utilizando métodos adaptados à dinâmica contemporânea, fazê-las unir-se aos velhos sábios e lentos, aos pais atarefados e aos jovens embriagados pela velocidade. É essa conjunção, difícil porém necessária, que a escola atual deve realizar, que apenas será nova porque a própria vida é nova a cada dia, e ela deve adaptar-se não de uma geração a outra, mas a cada ano, a cada dia.

Não é suficiente alcançar as crianças na estrada e empurrá-las para dentro de um carro que lhes permitiria chegar à cidade tão rápido quanto seus pais. Dois, três carros que se seguem ou se ultrapassam numa estrada não constituem, de modo nenhum, um grupo educativo. Não basta responder à trepidação do século com a trepidação da escola, tampouco com seu isolamento artificial, num fosso, longe do ritmo que nos incomoda. Deve-se, por trás dessa trepidação, mais além do dinamismo aparentemente incoerente, alcançar as linhas essenciais da vida que serão a estrutura inabalável de nossa educação moderna. Quanto mais desequilíbrio houver no meio, maior e mais vasto será o papel da educação.

A educação é a adaptação ao meio do indivíduo que se eleva para a eficiência de seu ser.

Há aqueles que dizem: intervenhamos, se possível, para impedir que o meio mude; retornemos àquela estabilidade a que a criança estava adaptada apenas pelo exercício de sua atividade instintiva; ser-nos-á então muito mais fácil, sem tanta solicitude educativa, alcançar a harmonia e o equilíbrio que são a perfeição da adaptação. E tal raciocínio aparentemente não é falso.

Por que certos casais retiram-se para o campo a fim de criar melhor os filhos? Porque lá o progresso penetra apenas lentamente e, mais do que na cidade, o amanhã assemelha-se ao ontem, o progresso desequilibra menos o ordenamento social, e a natureza, sempre sensivelmente a mesma, ainda domina com sua influência as forças destrutivas. Efetivamente, o meio natural e o campo prestam-se muito melhor à harmonia educativa. Não poderíamos esquecê-lo. Contudo, recusamo-nos a voltar atrás de modo tão total, pois o processo de que nos queixamos traz consigo, ao mesmo tempo, muitas virtualidades de potência. Seria suficiente, para torná-lo deveras favorável, que essas virtualidades fossem mais integradas à vida do homem, que elas próprias fossem equilibradas, centradas, para além do dinamismo social, nas verdadeiras necessidades dos indivíduos.

Aliás, o dinamismo técnico e social atual não afetou de modo nenhum a natureza íntima da criança.

É sempre o mesmo pequeno camponês que atravessa o rio sobre uma tábua lançada de uma margem à outra. Quando se exercita na frente da oficina do serrador de pranchas, a caminhar, com passos prudentes, em cima do dorso de um cepo deitado no chão, ele bem o consegue, e seria apenas uma brincadeira de bebês andar equilibrando-se dessa maneira sobre uma prancha onde cabem os pés. Se essa prancha estende-se sobre um riacho calmo e não muito largo nem muito alto, conseguirá atravessá-lo com um mínimo de audácia e de esforço. Mas, se se trata de atravessar um rio, se a água corre sob a prancha num lento turbilhonamento que atrai, se a tábua balança suavemente, o pequeno camponês tem vertigem, hesita e é bem-sucedido apenas depois de um paciente exercício... E se o rio, hoje, está rugindo, inquieto e mau, respingando a tábua com suas ondas repicadas, então a criança recua, amedrontada, sobe e desce de novo a corrente, à procura de uma ponte mais segura; se você a empurra para atravessar, ou se ela acredita dever fazê-lo, a vertigem a invade e ela corre o risco de afogar-se.

No entanto, essa criança que recua, procura outra solução ou teme morrer é a mesma que passava assobiando pela tábua do regato. O que mudou foram as condições de travessia às quais a criança não soube adaptar-se a tempo e não pôde dominar. São também suas reações que mudam conforme o meio e mudam tanto mais quanto mais evolui o meio.

Estamos no centro desta inquietude. Como reage a criança em cima da tábua na beirada da rua, da tábua jogada de través no regato calmo, daquela que liga as duas margens cheias de folhas de um rio marulhante, ou diante de uma torrente furiosa, desordenada e uivante, que oferece o risco de engoli-la? Tal é o problema que queríamos tentar resolver, aplicando-nos menos à análise da própria criança do que àquela, mais essencial, de seu comportamento dinâmico em face da sociedade contemporânea.

A pedagogia considerou em demasia, até hoje, que esse problema não se coloca de maneira aguda, porque, em seu juízo, a criança só se aventuraria a andar em cima da tábua se o adulto a acompanhasse, ou a empurrasse, ou então colocasse barreiras suficientes na tábua para evitar qualquer acidente. A escola pretendia preparar o caminho: preocupava-se, sobretudo, em evitar os acidentes e achava mais simples interditar o acesso à tábua ou puxá-la prudentemente para a margem. O que é uma solução inaceitável de derrota.

Quanto a nós, partimos de um princípio diferente. A criança quer atravessar o regato ou o rio. Por quê?, perguntariam. Ninguém sabe: para ir ver o outro lado e continuar seu caminho. Ela não quer ficar nesta margem... E é por isso que há muitas crianças afogadas: não escutaram as recomendações estáticas de seus educadores; responderam intrepidamente ao chamado da vida. Tentaram vencer; foram vencidas, mas isso não impede que, em todo lugar e sempre, as crianças tentem vencer os elementos, vencer-se a si próprias, para passar à outra margem.

Esse elemento novo, essa necessidade do indivíduo que procura sempre e em todo lugar superar-se, realizar-se e dominar os obstáculos, esse chamado indispensável de uma vida que quer elevar-se, desabrochar e frutificar apesar de tudo, essa constatação do esfriamento fatal trazido pela imobilidade e pela passividade; tudo isso ilumina com uma luz particular nosso projeto de aprimoramento psicológico e pedagógico.

Enunciamos então, no início deste trabalho, os dados permanentes do problema que deve ser resolvido:
– uma vida jovem que se eleva para a potência;
– um meio mais ou menos favorável a essa elevação;
– o comportamento do indivíduo para tentar realizar essa elevação e essa potência.

Vejamos agora o jogo dinâmico desse processo heróico e a ajuda que podemos, na prática, oferecer ao seu sucesso.

Curso da vida e necessidade de potência

Representaremos por um grande traço ascendente o curso da vida que caminharia normalmente, repleta de virtualidades, para

O frêmito que, no início, anuncia e prepara a grande partida: imperioso, desde que começa a crescer e a tomar consciência de suas possibilidades; potente e por vezes invencível, quando brilha no fulgor de sua juventude, sério e moderado quando se elabora a frutificação, desabrochando no paroxismo da reprodução; completando enfim seu ciclo numa calma sábia, numa grande paz que é um antegosto da aniquilação da morte.

Este curso seguiria normalmente seu destino:
– se esse potencial de vida fosse máximo no início;
– se a hereditariedade, as fraquezas ou os erros dos pais, as necessidades sociais, ou mesmo, às vezes, o simples acidente, não diminuíssem gravemente este potencial;
– se o indivíduo pudesse prosseguir seu caminho, segundo o ritmo e as normas de sua idade, sem limitação irracional da escola ou do meio;
– se pudesse desabrochar normalmente para resplandecer, em seguida, na euforia de sua frutificação.

Então essa linha de vida se elevaria regularmente, sem choques sérios, sem desvios, com sua carga permanente de potência, que recarregaria, por sua vez, a vida das novas crianças que partiriam, elas também, para o assalto da vida, como os atletas que, na corrida olímpica, tomam a tocha simbólica, deixando o portador precedente esgotado mas satisfeito pelo esforço levado até sua finalização.

Este é um ideal só muito raramente concretizado: encontram-se, entretanto, alguns raros indivíduos que foram favorecidos, desde o nascimento, com bens essenciais que desejamos, e que puderam em seguida, por um feliz concurso de circunstâncias, elevar-se potentemente, para enfim desabrochar e frutificar, antes de extinguir-se na consciência apaziguada do ser que terminou sua estrada. Tais indivíduos conheceram um máximo de equilíbrio e, portanto, de felicidade.

Veremos como o ser humano visa, sem cessar, a alcançar essa plenitude e como reage diante dos obstáculos que se opõem à sua elevação, certamente não de maneira sempre idêntica, mas em virtude de um princípio único e geral, que é a necessidade de potência a serviço do instinto universal da vida.

Essa necessidade de potência parece-nos ser uma lei absolutamente geral, sendo profundamente surpreendente vê-la tão ignorada e desdenhada pelos psicólogos e pedagogos. No entanto, basta ver a criança viver para ficar convencido disso: queremos fazê-la tomar sua sopa mas, salvo em casos de degenerescência congênita ou educativa, a criança quer pegar a colher e comer por si mesma e sozinha. Ela poderia, da mesma maneira, comer facilmente embaixo da árvore as cerejas do cesto, mas é necessário que ela trepe na cerejeira, sob pena de não satisfazer totalmente sua gula. Você lhe mostra como desenhar um homem, mas é aí que ela treme de impaciência: quer pegar o lápis na mesma hora e realizar sozinha seus arabescos desconcertantes. Você a toma nos braços para fazê-la transpor, sem perigo, um canal profundo, mas ela quer passar novamente à outra margem para tentar transpor o obstáculo retesando seus músculos e sua audácia; ela aprende a andar de bicicleta e ela mesma lhe grita: "Solte-me!", assim como deliberadamente largou sua mão quando se arriscou, intrépida, sobre as duas pernas vacilantes, na conquista do espaço imediato.

Crescer, alcançar a potência, sim; mas, para medir sua força contra o obstáculo, para exaltar seu potencial de vida, para levar aos outros homens a ajuda salutar de um esforço individual que, reunido a outros esforços, mudará o aspecto do mundo, dominará a natureza, enaltecerá o destino do homem.

Vamos portanto transformar essa necessidade de potência na luz permanente que, quaisquer que sejam os atalhos que possamos tomar, é a única que nos permite seguir o homem em sua luta pela plenitude de vida, que é a sua razão de ser e a promessa de seu desabrochar.

Partir bem para a vida

A criança acaba de nascer

Baseando-nos em nossas observações precedentes, faremos algumas constatações capitais, que é espantoso ver tão genericamente desconhecidas.

A criança não é, no início, nem um ser passivo, nem uma marionete, nem uma cera mole extraordinariamente dócil entre as mãos de pais que teriam a pretensão de formá-la e de recriá-la. Já em seu nascimento, a criança é um ser rico de potencial de vida, que deve, para crescer e cumprir seu destino, satisfazer sua imperiosa necessidade de potência.

Equilíbrio, saúde, felicidade jamais são realidades estáticas e definidas. São o resultado da partida vigorosa, da arrancada harmoniosa do potencial de vida, da satisfação da necessidade de potência, resultante, por sua vez, do bom funcionamento da máquina humana.

Se esse potencial de vida não se pode traduzir em realidades favoráveis, se obstáculos maiores se opõem à sua expansão, produz-se no indivíduo um desequilíbrio que é, num grau mais ou menos agudo, mal-estar e sofrimento.

Os obstáculos podem ser interiores ou exteriores:

• *Interiores, de início* – Devidos a um mau estado inicial do mecanismo humano, seja de origem congênita, seja acidental: má formação fisiológica, deficiência de órgãos, fraqueza geral do tônus vital.

É o que chamamos de taras, que são, em sua gênese, exclusivamente fisiológicas; as complicações funcionais ou psíquicas são apenas a sua conseqüência mais ou menos imediata e mais ou menos persistente.

Esta proeminência da tara fisiológica sobre a tara psíquica é uma constatação que deveríamos ter na maior conta em todo o processo educativo.

• *Exteriores, em seguida* – O curso da torrente que acaba de pôr-se em movimento depende apenas de sua própria potência. Infelizmente, esta é diminuída ou fortalecida muito depressa, retida, desviada ou comprometida por outras forças que a exacerbam ou a aniquilam e a sujeitam. Dependendo do meio, a torrente seguirá seu curso impetuoso de torrente, mais ou menos tortuoso conforme a natureza do solo que ela escava, mais ou menos cortado por cascatas e redemoinhos; ou então será represado por uma barragem artificial, cortado por um dique, preso e engolfado por um cilindro negro para ser, ao longe, torcido e estraçalhado pela velocidade da turbina; ou então, ainda, o curso se espraiará prematuramente por uma planície tranqüila onde seu leito serpenteará entre margens tomadas de folhas, onde outro curso de água se apoderará dele, tomar-lhe-á a força e a potência. Nada mais restará da verdadeira torrente.

O meio é determinante, da mesma maneira que a constituição mais ou menos harmoniosa do ser primitivo. Um indivíduo magnificamente dotado, com um potencial máximo de potência e equilíbrio, pode soçobrar bem depressa por culpa de um meio hostil e pervertido; ao passo que um ser deficiente pode ser regenerado por um meio mais favorável e mais eficiente.

Um carro inteiramente novo, recém-saído da linha de montagem, pode desgastar-se em poucos meses num caminho impraticável, sobretudo se a sua carga for exagerada; enquanto um carro velho rodará por anos ainda, se for dirigido suavemente numa estrada plana, por um motorista que saiba poupá-lo e cuidar dele. O que não quer dizer, por certo, que um carro ruim valha mais que um novo. Quisemos mostrar somente toda a importância determinante do meio, que não deve ser considerado depois do ser interior e menos ainda antes, mas ao mesmo tempo.

Essas são considerações absolutamente indissociáveis, que às vezes são separadas arbitrariamente apenas pelas necessidades de uma demonstração filosófica, mas cujos destinos estão radical e definitivamente ligados, desde a origem da vida.

Desta última série de observações decorrem as

Diretrizes pedagógicas práticas

Elas são simples, ou ao menos fáceis de precisar – o que não quer dizer que também sejam fáceis de seguir. Mas, ao menos, após as considerações que acabamos de formular, o problema pode ser enunciado com segurança. Em geral bastaria um pouco de boa vontade social para resolvê-lo de maneira favorável.

A criança vai nascer

É preciso assegurar ao máximo o bom estado fisiológico do indivíduo em seu nascimento: esse bom início, como dissemos, tem uma importância determinante.

a) Infelizmente existe certa parcela de hereditariedade que nem sempre cabe ao indivíduo evitar totalmente, mas que várias gerações de ação inteligente poderiam corrigir com a melhora progressiva da saúde dos pais antes da concepção.

b) A debilidade constitutiva dos pais, as condições defeituosas de vida e de trabalho que os marcaram, as taras fisiológicas de que sofrem, já mais ou menos hereditárias, são predisposições desfavoráveis ao equilíbrio orgânico da descendência. Uma árvore mirrada, anêmica, corroída pela doença, apenas acidentalmente proporciona uma colheita satisfatória. Em boa lógica, uma progenitura fisiologicamente perfeita apenas poderia ser o resultado de uma escolha minuciosa dos pais. Os criadores o sabem e se preocupam com isso em primeiro lugar. Mas sabem também que se transmitem misteriosamente certas virtualidades, certas aptidões que, acima e além da materialidade da máquina viva, tornarão mais sutil o ímpeto da vida, mais eficiente o tônus inicial, mais eficaz a ação do meio.

Porque, embora admitamos a importância primordial da harmonia fisiológica, isso não quer dizer que subestimamos as virtudes eminentes dessas virtualidades superiores que permanecem imponderáveis e intangíveis para nós. É como a marca misteriosa da própria concepção da máquina, e essa marca é uma combinação mais ou menos benéfica dos diversos tipos que a engendraram. Mas o problema nos ultrapassa, e limitamo-nos a observá-lo, não sem assinalar que ele é, em última análise, o único verdadeiramente essencial, aquele que condiciona a transmissão da inteligência, das virtudes do coração e de uma parcela do gênio, que são os verdadeiros fermentos e os verdadeiros motores do progresso.

Mas está diretamente em nosso poder vigiar a perfeição técnica dessa marca da máquina, para que ela forneça, em todas as ocasiões, o máximo de rendimento. Um carro de concepção superior pode ser inutilizável ou apenas causar acidentes se as peças empregadas são de má qualidade ou se alguns órgãos estão infortunadamente deformados. Somos impotentes para criar qualquer coisa. Não suscitamos a torrente, mas podemos ajudar a vida a realizar-se, a torrente a seguir seu destino com um potencial máximo de potência. Nisso reside o papel, limitado, mas quão cheio de possibilidades, da verdadeira educação.

Empenhamo-nos em valorizar os elementos desse difícil problema para que pais e educadores concedam a essas questões da descendência toda a importância que exigem, para que aprendam a considerar objetivamente as potencialidades inatas que será possível cultivar e as taras que, desde cedo, é preciso tentar atenuar ou corrigir, para que conheçam um pouco melhor sua máquina no início e para que se preparem para enfrentar inteligentemente as complicações que, desde a primeira infância, daí decorrerão.

c) Da concepção ao nascimento, a criança já faz parte da família. Os pais aumentarão as possibilidades de equilíbrio fisiológico a serviço da personalidade que vai nascer, zelando atentamente pelo equilíbrio vital da mãe durante a gravidez: alimentação adequada, exercício bem regulado, segurança social.

A criança nasce

O ser humano deveria, para acolher a criança que vai nascer, preparar-se com a mesma comovente solicitude que impele o pássaro à preparação de seu ninho. A escolha de um berço ou de um enxoval é apenas secundária. O pássaro não constrói seu ninho em qualquer lugar ou de qualquer maneira. Como ele, o homem deveria ser mais exigente para preparar o ninho da criança esperada e tornar o meio ambiente favorável ao máximo: escolha do domicílio num lugar de clima favorável (preocupação instintiva dos pássaros), realização de condições mínimas de calor, de ventilação, de asseio, de tranqüilidade, de alimentação específica.

Essas considerações têm mais importância do que se crê comumente. De sua solução mais ou menos feliz depende em grande parte o equilíbrio original que é um trunfo poderoso na vida subseqüente. "Nem sempre depende de nós, infelizmente, que se realizem essas condições." O mal é apenas parcial se, ao menos, nos damos conta de que essas condições são desfavoráveis, porque estaremos, apesar de tudo, atentos às conseqüências que delas podem resultar. Se acreditamos que elas são indiferentes para o futuro da criança, não tentamos nada para lhes atenuar os efeitos e tão-somente nos espantaremos com as deficiências, vícios e manias que se manifestarão mais tarde.

Quando nos tornamos sensíveis ao apelo do ar puro e da tranqüilidade – quando nos tornamos novamente sensíveis, pois se trata de um sentido natural, que tendemos a perder –, sabemos bem, nós também, impor-nos quilômetros a pé ou de bicicleta para fugir da desordem da cidade e reencontrar na paz do subúrbio um ninho calmo e repousante. Conhecer inicialmente e raciocinar. O erro não é erro quando temos consciência dele.

A criança começa sua vida

As relações do recém-nascido com o meio vivo serão, de início, necessariamente reduzidas. A função dos pais, nessa área do social, será acima de tudo preservá-lo contra todos os seus inimigos. O recém-nascido não tem necessidade nem de visitas, nem de toques, nem de carícias, nem de luz forte; o barulho sobretudo pode, mais do que se crê, incomodar seu organismo novo e sutilmente sensível. A criança quer calor, alimentação específica, calma e segurança.

Eis aí, esboçadas rapidamente, quais deveriam ser as maiores preocupações dos pais verdadeiramente ciosos do equilíbrio e, portanto, da felicidade futura dos filhos. Dizemos: "Ela começou bem", e a sabedoria popular dá-se perfeitamente conta de toda a importância desse início feliz.

Faça, portanto, que seu filho inicie a vida com um máximo de ímpeto, com um potencial intacto de potência e um organismo que esteja em condições de seguir a rude estrada com um sucesso benfazejo.

Primazia dos primeiros recursos fisiológicos mecânicos

Se o indivíduo viesse ao mundo sem tara fisiológica hereditária ou acidental, se sua vida intra-uterina tivesse satisfeito idealmente o processo formativo normal, se ele encontrasse, ao vir ao mundo, um meio natural, familiar e social que atendesse exatamente às suas necessidades funcionais, os primeiros dias, ou talvez mesmo os primeiros meses, transcorreriam sem problemas nem complicações. Ele ascenderia à plenitude de sua potência, de acordo com a lei de sua espécie, na beatitude de um maravilhoso e permanente equilíbrio. Cresceria como uma árvore nova que cresce sem acidentes, firma as raízes, fortifica o tronco, começa a divisão estrelada de seus galhos. Tira proveito de tudo. A árvore adulta conservará sempre a marca benéfica desse feliz começo.

Mas, para esse futuro de bela árvore produtiva, quantos cuidados prodigalizados ao arbusto que mal saiu do viveiro! Adubada, regada, preservada de maus contatos, apoiada em estacas, aprumada, podada, guiada, nenhum cuidado é poupado para permitir às raízes crescerem vigorosas e profundas e ao tronco abrir-se em galhos principais harmoniosos cuja folhagem frondosa se impregnará de luz e de pureza. A árvore crescerá num equilíbrio perfeito de forças benéficas. As ovelhas glutonas rasparão em vão sua casca dura, que os insetos abandonarão. Por sua estatura, seu porte, seu vigor, distinguiremos a árvore bem formada que se tornará o orgulho do pomar. Por que aberração cremos às vezes estar dispensados, com as crianças, dessa solicitude atenta que não poupamos com os vegetais produtivos? E quem não vê, graças a essa imagem, a importância decisiva desse primeiro começo?

Comumente, a criança recebe, ao nascer, taras mais ou menos graves que lhe diminuem o tônus vital, lhe afetam o potencial de potência, atrapalham a satisfação normal de suas necessidades primordiais, colocam-na freqüentemente em posição de inferioridade diante dos obstáculos que a natureza, os outros homens, a família e a sociedade levantam em seu caminho.

Compararemos o jovem ser lançado numa vida para a qual não está suficientemente armado com o indivíduo que, numa noite escura, descobre-se perdido num impasse em pleno campo.

Se ele é suficientemente forte, equilibrado, decidido, se os obstáculos que se opõem ao seu avanço não lhe são insuperáveis, se não há precipícios perigosos, se a noite não é escura demais, se as trilhas não desapareceram, então o indivíduo supera as dificuldades e segue seu caminho sem mais, quando muito com alguma indecisão imperceptível. Isso subentende que, nesse caso, não pode haver risco de erro para ele, e que ele irá infalivelmente na direção a que o impele a vida, com máxima ousadia, a serviço de um potencial de potência que é a própria essência de seu devir.

Resumimos esta posição inicial em nossa

QUARTA LEI

É na medida em que o indivíduo é forte, fisiológica e fisicamente, também na medida em que a natureza a seu redor, os adultos, os grupos constituídos e a organização social inteira facilitam sua necessidade de potência a serviço da exaltação da vida, que o ser se realiza na felicidade individual e na harmonia social.

Mas o que acontece se esse ideal não se realiza, ou apenas se realiza muito imperfeitamente? Como reage o jovem ao ser colocado bruscamente diante de um obstáculo que o impede de seguir seu caminho?

A propósito dessas primeiras complicações, impõe-se uma observação que precisaremos em forma de lei, para marcar melhor as etapas de nosso raciocínio.

As primeiras impotências são de origem fisiológica, e a criança reage por meios exclusivamente fisiológicos ou físicos. *Não há, no início, nenhuma complicação de ordem psíquica*: a criança apenas elaborará reações de segundo grau – veremos através de qual processo – se a isso for obrigada pela impotência de seus recursos fisiológicos primordiais.

A criança está com fome, o que quer dizer que seu corpo provoca a necessidade de se alimentar. Ela se agita e faz mecanicamente movimentos de sucção, ou então grita, o que parece ser o sinal de alarme de um organismo insatisfeito. Um contato desagradável a afeta: ela agita braços e pernas e chora. Uma luz muito forte a incomoda: ela pisca os olhos e tenta virar a cabeça. Sobrevém um barulho anormal ou muito violento: ela se sobressalta e esboça os primeiros gestos naturais de defesa. *Tudo isso sem sombra do menor processo de raciocínio*; sua reação é, nessa primeira fase, exclusivamente fisiológica e física.

Os animais inferiores permanecem nessa fase de reações, por assim dizer mecânicas. Alguns animais passarão lenta e penosamente para a fase seguinte que vamos estudar. E esse tempo de reação poderia já ser um indício precioso da perfeição vital e do potencial de potência de um mecanismo que começa a funcionar. Temos então nossa

QUINTA LEI

No recém-nascido, a impotência é exclusivamente fisiológica e física. Ele tenta remediá-la com reações e recursos exclusivamente fisiológicos e físicos.

Não há, no início, tara psíquica suscetível de motivar reações complexas caracterizadas.

O tateamento experimental

Entretanto, dirão, não haveria nas primeiras reações da criança, em seus primeiros gestos, um começo de lógica, um vislumbre de compreensão superior e de inteligência, resultante de certas aptidões hereditárias e de seu eminente destino de homem?

Não o cremos. A grande lei que sempre encontramos no centro de todos os recursos humanos é a lei do *tateamento experimental*, de que iremos estudar a natureza e o funcionamento.

A nascente submetida à gravidade deve abrir para si um caminho entre as pedras. Se o declive é suficiente e se nenhum obstáculo se opõe a seu curso, ela segue deliberadamente pelo sulco que o acaso lhe reservou.

Mas se o declive é fraco, se nenhum traçado se revela entre as ervas e os musgos, a água se fortalece por um instante, as gotas se juntam às gotas, até que fique suficientemente forte para tornar a partir, insinuando-se por aqui, por ali, contornando uma pedra, batendo na barragem de um montículo de terra, espraiando-se por outra parte até descobrir a fissura por onde poderá continuar seu caminho.

Ao vê-la assim evoluir sem tropeço, sem redemoinhos, nós a julgaríamos inteligente e delicada, e decerto é por isso que os homens, através dos tempos, cantaram e por vezes divinizaram sua pureza e sua mobilidade. Entretanto, ao observá-la mais de perto, aí só há verdadeiramente tateamento mecânico: em virtude dos princípios da gravidade e da fluidez, a água corre inevitavelmente para o declive, e tanto mais vivamente quanto mais forte este for. O obstáculo faz a corrente nascente refluir, e seu nível se eleva para partir em busca de novas falhas.

Do mesmo modo, há originariamente na criança um puro tateamento mecânico, suscitado por uma força que é o equivalente da gravidade para a água da nascente: é essa necessidade inata e ainda misteriosa de vida, esse potencial de potência que impele o ser a elevar-se, a ir para a frente, para realizar um destino mais amplo.

Devemos novamente insistir sobre esse fato: não há, no início, nenhum pensamento particular, que fosse especificamente humano, para justificar esse primeiro tateamento mecânico.

Começa a experiência, que, em última análise, como veremos, é apenas uma sistematização e uma utilização do tateamento. É ela que está na origem do psiquismo, e não o psiquismo e um hipotético pensamento que estão na base dessa primeira manifestação dinâmica da vida.

Chega a hora de mamar. Visivelmente o bebê se impacienta. Se tivesse uma faculdade inteligente qualquer ou uma possibilidade particular de comportamento, ele iria direto à solução eficaz. Ele tenta o gesto de sucção que não o satisfaz, avança sua boca para o travesseiro, procura com os lábios, agita-se e, se nenhum resultado sensível ocorre, então grita e mesmo modula seu grito ou o exaspera até o paroxismo, se antes este último expediente já o tirou do apuro.

A ordem de suas reações não é imutável; de uma parte, depende da potência de vida e, da outra, das circunstâncias ou dos diversos obstáculos que podem facilitar ou atrapalhar a satisfação das necessidades.

Não concluamos dessa restrição que o tateamento seja anárquico. Se a água tateia em tal direção, se ela se infiltra sob o musgo, é porque a atração da gravidade a orienta, naquele momento, para a única saída que se revelou possível. E ela vai no sentido em que a atração da gravidade é mais forte, em que a brecha é mais propícia ao escoamento.

A criança também esboça os gestos que são possíveis, no momento em que são executados, e se atém àqueles que tiveram êxito.

Se a direção adotada deve-se, originariamente, ao puro acaso, o próprio gesto, em contrapartida, é motivado por todo o complexo funcional do indivíduo e pelo meio exterior sobre o qual esse indivíduo reage.

O que queremos precisar é que os primeiros atos de um indivíduo não são, no início, reações inteligentes que supõem uma determinada escolha e conduzem a um resultado claramente previsto e seguramente atingido.

Se conhecêssemos perfeitamente tanto o meio quanto a natureza da criança em dado momento, daí poderíamos deduzir, com certeza, a ordem de seus tateamentos, que são, de certo modo, apenas reações de uma simplicidade primária. Assim como poderíamos prever a direção que a água tomará, se conhecêssemos tanto a potência da água quanto a configuração do terreno.

Isso nos vale nossa

SEXTA LEI: DO TATEAMENTO MECÂNICO

No início, os recursos físicos e fisiológicos não são dotados de nenhum conteúdo cerebral ou psíquico. Efetuam-se por tateamento, sendo este, por sua vez, nessa fase, apenas uma espécie de reação mecânica entre o indivíduo e o meio em busca de sua potência vital.

E daí deduzimos, então, certo número de

Considerações psicológicas pedagógicas e sociais

Será fácil ao leitor – e recomendamos-lhe isso – verificar entre os mais diversos seres vivos, e na criança pequena, a exatidão dessa lei, base de todo o processo de *tateamento*.

Sobretudo, será preciso evitar tomar a palavra mecânico em seu sentido absoluto. Embora seja prematuro ver nos gestos e nas primeiras reações de toda criança pequena um embrião de comportamento raciocinado, ainda assim devemos considerar que tais gestos e reações têm um sentido e uma razão de ser. São a manifestação de um desequilíbrio que o ser, em seu desejo de vida e de potência, busca obstinadamente reduzir. Devemos ajudá-lo nisso, considerando que os gritos, os gestos e os choros não são nada menos que sinais de alarme que devemos levar na mais alta conta. Suprimir o sinal de alarme não poderia ser a solução certa para evitar o acidente. A oposição inoportuna às reações infantis apresenta o risco de reforçar os obstáculos e aumentar o desequilíbrio.

No princípio, se a criança pisca os olhos, tenta virar a cabeça, gesticula, grita, chora, é porque há algo de anormal contra o que ela entra em luta. A mãe compreende instintivamente essa relação de causalidade, mas lhe responde oferecendo um único remédio, superior, é verdade: *o seio*. A criança se agita, chora ou grita. A mãe nem sempre tenta descobrir a verdadeira causa; não pensa que talvez bastasse velar um raio de sol ou trocar a fralda suja. Ela adota o remédio simples e a seu alcance: o seio ou a mamadeira. E a criança saciada cala-se e adormece.

Fazendo isso, a mamãe já procede como fará com seu filho maior: ela se livrará de suas reivindicações oferecendo-lhe um pirulito e, mais tarde, o cinema...

A criança, como veremos, adapta-se a esse comportamento e gesticula ou chora para obter o seio, o pirulito ou o cinema.

É um pouco como se se oferecesse a um alpinista, para satisfazer suas mais diversas necessidades, um cajado uniforme que, por certo, freqüentemente lhe será de grande ajuda. Está com fome: um cajado! Seu sapato o machuca: um cajado! O sol está muito quente e ele está sufocando sob sua roupas muito fechadas: um cajado! Está com medo da noite: um cajado...

Nosso excursionista está passageiramente aliviado, pois o cajado lhe é útil. Mas a fome logo o atormenta novamente; seu sapato o machuca cada vez mais; suas roupas o incomodam ainda mais e o cajado não resolve nenhuma das dificuldades que lhe atrapalham a caminhada.

Procuremos as verdadeiras causas de sofrimento e de desequilíbrio: vamos dar de comer ao alpinista e ele poderá, aliviado, continuar seu caminho; consertemos seu calçado ou forneçamos a ele meias em bom estado e não terá mais necessidade de cajado; livremo-lo de suas roupas demasiado fechadas e o veremos andar de torso nu, pescoço de fora, sob o vento da montanha.

Procedendo com a mesma sagacidade em face de seu filhinho pequeno, você facilitará seu tateamento: permitirá à jovem nascente partir, cantante e clara, para o vale.

Primeiros reflexos mecanizados

Através de seus tateamentos ao longo das pedras ou sob as ervas, o filete de água encontrou afinal uma falha por onde pode responder à atração da gravidade que lhe anima e orienta o curso e o destino. Deixando de lado os tateamentos que não tiveram êxito, ele se atirará por inteiro nessa falha até que outros obstáculos venham novamente entravar e dificultar o inelutável escoamento.

Por vezes, faltou bem pouco para que a nascente não tomasse, no início, outra direção: teria bastado um seixo mais solidamente assentado ou a passagem de um pastor que, com a ponta de seu cajado, tivesse erguido um torrão de terra, para que o filete de água tivesse tomado um caminho diferente, que teria influenciado, radical e definitivamente o curso da torrente.

Do mesmo modo, os seres animados obedecem, no início, a essa lei inelutável do tateamento cujos sucessos, repetidos, determinam profundamente o comportamento posterior dos indivíduos.

Na minha aldeia, ovelhas e cabras permanecem nas montanhas do dia de São João ao de São Miguel. Ao retornar, correm o risco, sobretudo as mais novas, de ter relativamente esquecido o caminho do estábulo. Nós as vemos então, à tarde, na volta do rebanho, errar tristemente de uma ruela para outra, tateando e balindo para reencontrar sua manjedoura.

Enfim abre-se uma porta e ei-las abrigadas: encontram no acolhedor estábulo o calor de outros corpos e um restinho de feno que completa a magra pastagem. Foi uma experiência que deu certo.

Amanhã, as mesmas ovelhas ainda tatearão, talvez, mas tenderão a orientar-se para o caminho que ontem as conduziu a um resultado, para a experiência bem-sucedida. Se as soltarem também no dia seguinte, a tendência de renovar a experiência bem-sucedida já se terá tornado um hábito, um reflexo automático, que constitui como que uma regra de vida que evita e reduz o tateamento, assegurando ao mesmo tempo a satisfação das necessidades mais imperiosas.

Se o proprietário uma tarde percebe a intrusão, em seu estábulo, de um animal estranho, ele o colocará para fora, e o animal rechaçado irá balir, inquieto e desorientado, pelas ruas.

Para evitar esses aborrecimentos, esses tateamentos às vezes estéreis, as pessoas dizem: "É preciso manter os animais separados durante alguns dias para ensinar-lhes de novo a direção do estábulo. Quando tiverem passado algumas vezes, todos juntos, pelo caminho de seu redil, retornarão a ele, à tarde, automaticamente." A experiência bem-sucedida tenderá a se reproduzir sistematicamente.

O gato que quer entrar na casa, onde espera encontrar um lugar quente e um pires de leite, tateia de uma soleira para a outra, miando. Uma janela está entreaberta: ele se lança pelo vão. Da próxima vez, miará com mais obstinação diante da janela que estava aberta. Se ela se abrir de novo, criar-se-á uma tendência persistente, que o impelirá a vir miar sempre diante dessa passagem hospitaleira e não diante das outras. Ele poderá até não reparar que existe uma porta lateral, que lhe permitiria entrar livremente, e ater-se ao ato tateado que deu certo e se transformou em *regra de vida*.

Assim também o bebê tateia para levar uma colher à boca; de início, pode ferir o nariz ou bater desastradamente no queixo. Com ajuda da repetição, a experiência bem-sucedida tende a reproduzir-se como reflexos automáticos que se tornam *regras de vida*. A criança fará exclusivamente o gesto que lhe permitiu colocar a colher na boca, depois refará progressivamente esse gesto sem refletir sobre ele, automaticamente, como a ovelha que reencontra à tarde o redil, e então poderá comer falando ou escutando você, sem que seja afetada a segurança do gesto que se tornou regra de vida.

O processo de tateamento bem-sucedido que se fixa na repetição automática do ato, reflexo que se transforma em regra de vida, é a norma de comportamento de qualquer vida orgânica.

Trata-se de um processo geral de adaptação sem o qual a própria vida não seria possível.

Para levantar o andaime, os pedreiros começam necessariamente pela base. Eles tateiam para fixar os longos pilares; medem, o que, em última análise, é apenas uma forma mais prática de tateamento; prendem as travessas, testam-lhes a resistência e, quando o primeiro andar está assentado, aventuram-se nele com alguma precaução, tateando ainda; com um gesto familiar, certificam-se de que o ajuste é suficiente, que a experiência, fruto do tateamento, pode ser considerada bem-sucedida e que seria inútil buscar doravante outra solução.

Esse primeiro plano servirá então de ponto de apoio e passagem natural a partir dos quais será levantado, de acordo com o mesmo princípio, o segundo andar.

Assim também nosso comportamento se organiza pela sistematização sucessiva de experiências bem-sucedidas que então como que fazem parte de nossa natureza, de nosso ser, que já não podemos modificar sem prejudicar seriamente nosso equilíbrio imediato e a solidez definitiva do edifício.

Veremos daqui a pouco as conseqüências práticas dessas constatações sobre o plano psicológico.

Não se trata de saber se devemos arriscar, assim, ligar precocemente o indivíduo a regras de vida que lhe marcarão o comportamento de forma tão definitiva. As regras de vida são inelutáveis. Sua origem, natureza e orientação podem escapar-nos: não obstante, são indispensáveis à elevação orgânica da vida. Os primeiros elementos do andaime devem ser fixados antes que possa ser levantado o plano superior. É sobre esse dinamismo progressivo que, como veremos, devemos atuar com a maior prudência, porque não basta apresentar aos indivíduos em formação andaimes padronizados, que se sustentam e elevam em todos os terrenos, mas não estão fixados na terra, não estão ancorados na construção e balançam à medida que são levantados, deixando os operários indecisos, inquietos e impotentes diante da retomada difícil de uma obra defeituosa em sua origem.

O processo da experiência bem-sucedida fixada como *regra de vida* não é, aliás, de modo nenhum exclusivo das crianças. Enquanto o andaime sobe, há necessariamente fixação do plano inferior sobre o qual se apóia a nova subida. O processo somente vai se atenuar à medida que vai diminuindo o tateamento e que o indivíduo desacelera e depois pára sua ascensão.

Vemos, por vezes, nos pontos de ônibus, operários e empregados que lá estão lendo calmamente o jornal da manhã. Você, por sua vez, inquieta-se com o número do ônibus que aparece ao longe, com a multidão que se aperta, com a hora que passa. Eles continuam absorvidos em sua leitura ou discutindo como se não estivessem esperando. Sentem de repente que está chegando a hora. De uma freada particular, de um barulho de buzina, de uma infinitesimal mudança da atmosfera, deduzem automaticamente que lá vem o ônibus. Dobram lentamente o jornal, sem sequer olhar, e preparam-se para subir com uma segurança de gestos que nos espanta. Sua vontade, raciocínio e inteligência não têm nenhuma participação na repetição de um ato que, em todos os pontos, é comparável ao ato da ovelha que, tendo chegado à altura do redil, aparta-se do rio ondulante do rebanho e segue para seu estábulo.

Você dirá: é que a vida contemporânea faz do homem uma máquina.

Mas o pastor, tanto quanto o operário, não tem, da mesma forma, a vida facilitada por seus reflexos? Que estou dizendo, será que ele poderia sustentar-se se devesse refletir sem parar antes de agir, se não tivesse firmado os primeiros planos de seu andaime? Mais que o próprio operário, o pastor é dominado pelo automatismo de gestos mecânicos que regem sua vida aparentemente pouco sujeita a qualquer regra exterior. Passa sempre pelos mesmos caminhos, como seus animais, afasta os mesmos galhos, bebe nas mesmas fontes, escala as mesmas rochas, senta-se sobre os mesmos promontórios onde seu cão, ainda mais mecanizado, o precedeu, dorme calmamente durante horas e sente, ao despertar, a direção tomada por seu rebanho, que é sempre a mesma, na mesma encosta. E é porque é assim, porque fixou e segurou solidamente os primeiros andares de seu andaime, que o pastor encontra então um bom tempo livre para olhar o céu e o vale, comparar os ruídos e os ventos, deduzir dos gritos dos animais ou da cor do dia outras iniciativas que, se tiverem êxito, tornar-se-ão, por sua vez, regra de vida, novo andar a partir do qual poderá então, segundo o mesmo processo, subir mais alto ainda, para ver mais longe, para compreender melhor a vida e adquirir uma filosofia que será uma eminente conquista para ele.

Dizem às vezes: "O operário tem o hábito de levantar-se cedo. O bebê tem o hábito de ir passear ao meio-dia. O pastor tem o hábito de recolher seu rebanho..."

Conhecemos todas as controvérsias e as laboriosas explicações com que os psicólogos alimentaram o capítulo de seus manuais sobre o *hábito*. Evitaremos sistematicamente empregar esse termo muito gasto, que não lograríamos regenerar. Veremos o processo de aquisição das regras de vida em sua constante evolução; consideraremos a solidez e a complexidade dos andaimes e estabeleceremos diretamente na construção as bases seguras de nosso saber.

É o que exprimimos por nossa

SÉTIMA LEI: DO COMPORTAMENTO MECANIZADO
COMO REGRA DE VIDA

Uma experiência bem-sucedida ao longo do tateamento cria como que uma atração de potência e tende a se reproduzir mecanicamente para se transformar em regra de vida.

Esta lei do comportamento mecanizado é de extrema importância para a compreensão dos novos processos de aquisição e de vida.

O automatismo dos reflexos

O barulho do balde de ração reúne as galinhas; os passos da sitiante acordam o porco que se põe a grunhir; a ovelha recolhe-se mecanicamente a seu redil. Estas são reações automáticas como a campainha que toca quando apertamos o botão de contato; elas não supõem observação, nem comparação, nem reflexão, nem inteligência particular.

O homem – e a criança mais particularmente – adquire com a mesma facilidade dos animais o automatismo de certos reflexos. O recém-nascido sente sua fome despertar assim que se aproxima a hora ou aparece a mamadeira; ele é tomado pelo sono assim que o deitam no berço, toda noite, à mesma hora; e, do mesmo modo, desperta numa hora fixa, assim como se aciona um mecanismo de relojoaria. Suas necessidades de evacuação são igualmente suscitadas por reflexos também precisos e imperiosos.

Trata-se de uma regra de vida automática, independente da vontade, que adquire a precisão e a inteligência de toda a nossa vida vegetativa. É o andar indispensável do andaime, que se ancora e se fixa na vida subconsciente e sobre o qual poderão erguer-se outros andares necessários à construção, mais fáceis de erigir, mais seguros, na proporção em que o primeiro andar tiver sido definitiva e inabalavelmente fixado.

Para nós, portanto, não se levanta a questão de saber se a criança deve transformar assim seu comportamento em reflexos mecânicos. Essa transformação é uma condição de sua vida. Se não o conseguisse, seria por haver no mecanismo um princípio de adaptação que estaria gravemente deformado. E, por isso, constataremos que os anormais conseguem com muita dificuldade mecanizar seus reflexos. O menor movimento parece custar-lhes sempre um extraordinário gasto de energia. Dir-se-ia mesmo que eles contam seus passos e refletem antes de lançar para a frente a segunda perna, como a ovelha que hesita no fluxo do rebanho e parece perguntar-se, por um instante, se é nesse ponto que deve separar-se para encontrar seu redil. Eles não conseguem fixar o primeiro andar de seu andaime, o que faz com que não possam subir mais. E se, com o tempo, seu primeiro andar está relativamente bem levantado, um pouco oscilante contudo, sentem uma dificuldade renovada e aumentada para erigir o andar seguinte.

Longe, portanto, de considerar essa mecanização dos reflexos como uma aptidão menor, pelo fato de ela nos ser comum com os animais, devemos ver aí a própria condição do desenvolvimento ulterior. Teremos de exacerbá-la e facilitá-la.

É nesse sentido que um filósofo disse que a educação era a arte de fazer o consciente passar para o inconsciente. Precisaremos dizendo que ela é a ajuda que podemos trazer, a direção que podemos imprimir ao processo normal de adaptação e de vida que consiste na mecanização sucessiva dos comportamentos que então se reproduzem automaticamente, constituindo uma base vital sobre a qual se constrói, pedra por pedra, o organismo eficiente.

Os pais

Essas observações esclarecem-nos sobre a importância primordial que concedemos a toda a primeira infância, período de construção desse primeiro andar de que dependerão a rapidez, a solidez, a estabilidade e a ousadia da construção ulterior.

Há pais e educadores que não têm a menor noção da importância formativa, freqüentemente indelével, dos primeiríssimos reflexos; que consideram que a educação começa somente por volta da idade de consciência e de razão – entre oito e dez anos – e que então se poderá formar e guiar a criança como se guia uma máquina, sem levar em conta a experiência passada.

Recentemente, ainda não havia nenhuma preocupação formativa com as crianças muito novas. As mamães as criavam instintivamente, como o fazem as fêmeas de animais, dando-lhes o seio quando gritavam, limpando-as ao acaso várias vezes por dia, embalando-as para adormecê-las. E a vida continuava sem outra preocupação mais profunda.

A criança organizava sozinha sua vida como podia, ajustando da melhor maneira seus mecanismos, na incoerência e desordem de um meio que não tinha, aliás, nenhuma pretensão educativa. Ela adquiria lenta e dificilmente os automatismos básicos, jamais adormecia ou despertava em hora fixa, ora dormia, ora não dormia durante o dia, ou dormia quando tinha sono. Mamava quando tinha fome, se é que a mãe lá estivesse; sujava-se ao acaso de suas necessidades instintivas, e isto até uma idade às vezes bem avançada.

Essas falhas de formação eram felizmente compensadas, em parte ao menos, por uma vida mais calma, uma alimentação sadia, pelas reações naturais, já nos primeiros passos, de um meio simples que tendia a harmonizar e equilibrar as diversas funções orgânicas. Apesar dos erros dos homens, a natureza recobrava seus direitos: a criança tornava-se um bom animalzinho.

Mas essas crianças eram incontestavelmente menos precoces do que a média das crianças de hoje. É preciso atribuir esse atraso, cremos, ao fato de que então havia menos cuidado com a educação e de que a criança não era induzida a apressar a construção mecânica de seu primeiro andar. A construção posterior era prejudicada e atrasada por isso.

Os costumes evoluíram um pouco, mas nem sempre para melhor; entretanto, ao menos, a noção de regra ganhou terreno. Veremos seu aspecto benéfico e os erros autoritários, cujas conseqüências exporemos.

É preciso regrar a criança

É preciso regrar a criança, isto é, fazê-la adquirir os automatismos básicos que constituem o primeiro andar do andaime.

Desde as primeiras horas de sua existência, habitue-a a uma regra, a um automatismo ao qual ela se dobrará bem depressa e sem custo; ela sentirá que essa regra e esse automatismo são como que necessidades vitais, da mesma maneira que a necessidade de sucção, como o retorno regular da claridade do dia e da sombra da noite.

Insistimos muito nesse ponto: basta descobrir um ritmo de vida que esteja na ordem da natureza, que se encaixe ao máximo no equilíbrio indispensável de nosso comportamento em comum e firmar-se nele.

Já nas primeiras horas de vida, deixe a criança chorar e não lhe dê o seio senão no momento em que você saiba ser favorável. A seguir, regre suas mamadas em conformidade com as melhores indicações fornecidas pela experiência, pela observação e pela ciência pediátrica. A criança perceberá bem depressa que seus choros e gritos são impotentes para suscitar a mamada; em seu tateamento permanente, ela se dará conta de que não há nenhuma relação entre seus desejos e o nascer do sol. E ela se ajustará de boa vontade a essa realidade, sem que isso lhe afete o comportamento para pior. Ao contrário: dupla vantagem. Uma nova harmonia entra na vida da criança, cria-se um automatismo. Ela terá fome apenas nas horas da mamada. Já será um pilar solidamente assentado para nosso andaime, uma primeira aquisição segura, que liberará, para empregá-la na construção subseqüente, uma energia há pouco dispendida em choros, em gritos, em enervamento, em apetite sempre insatisfeito, em desejos sempre reprimidos, em sucessivos fracassos que, como veremos, marcam irremediavelmente um indivíduo.

Primeiros reflexos mecanizados

E os pais, segunda vantagem, serão liberados o mesmo tanto: a mãe poderá descansar melhor, comer melhor, recuperar suas forças com mais calma. A família ficará mais suave e mais harmoniosa, e essa atmosfera banhará a criança em sua influência salutar.

O que dissemos da mamada é válido, da mesma maneira, para as outras necessidades. Regre, já nos primeiros dias, o sono da criança. Que seja inserido em seu jovem mecanismo a inelutabilidade de um ritmo que ela considerará natural: dormir a tal hora, levantar-se a tal hora. O mecanismo funcionará com perfeição; a criança terá sono à hora fatídica e não antes; dormirá quando estiver deitada e até à mesma hora mecânica. Ou mesmo se estiver acordada antes, esperará em sua cama, pacientemente, que chegue a hora de se levantar, porque sua experiência tateada mostrou-lhe que é essa a melhor solução e que os gritos e choros em nada podem mudar essa regra natural.

Eis um segundo pilar solidamente fincado para a construção de nosso primeiro andar.

Necessidade de ar, de passeio. Regre a criança para suas saídas, em horas convenientes sob todos os pontos de vista, e variáveis conforme as regiões e as estações. Ela só sentirá necessidade de sair ao ar livre nas horas previstas, que estão inseridas no funcionamento regular de seu mecanismo. E ficará igualmente satisfeita de se encontrar, na hora prevista, na casa calma, com a claridade velada, onde a esperam a mamada e o sono.

Terceiro pilar bem seguro para a harmonia de nosso andar.

Necessidade de evacuação: igualmente regre bem cedo a criança. Não mude as fraldas do bebê ao acaso de seus cuidados, o que lhe desequilibra o mecanismo. Limpe-o em horas fixas, dê um ritmo natural, imutável, implacável a seu mecanismo vital. A criança adquirirá então o automatismo de suas evacuações. Logo que tenha alguns meses, coloque-a, em horas fixas, no peniço. Não insista excessivamente as primeiras vezes. Continue a colocar o bebê no peniço nas mesmas horas. Pouco a pouco se estabelecerá a relação mecânica entre a posição sobre o peniço e a evacuação. E a criança será definitivamente asseada. Sentirá a necessidade de evacuar à vista do peniço como sentia uma fome imperiosa ao chegar a hora de mamar.

E eis um quarto pilar, não desprezível, para a solidez e a harmonia de nosso primeiro andar. Inútil insistir muito tempo sobre o que a criança ganhará com essa mecanização de sua necessidade de evacuação, com seu gosto precoce pelo asseio e pela beleza, sem a humilhação, com muita freqüência degenerada em perversão, da fralda sempre suja. O que a mamãe ganhará com isso é igualmente efetivo. A harmonia da vida será ainda mais fortalecida.

Liberada em certas horas das necessidades naturais, que, sem esse mecanismo, poderiam obcecá-la e dominá-la sem trégua, a criança, segura por seu primeiro andar, poderá prosseguir com proveito a construção de seu edifício. Terá tempo livre para brincar com as mãos, para chilrear e sorrir, para olhar, dançar à sua volta o diamante das luzes e a forma fluida das sombras, para escutar instintivamente as pulsações do mundo que a circunda e para prosseguir, em seu ritmo, o fecundo tateamento experimental, que vemos, assim, no alvorecer do conhecimento, da inteligência, da razão e da ciência.

Solicitude mal orientada

Essa nova maneira de conceber o comportamento adulto para com a criança muito pequena não deixa, todavia, de ser perigosa.

Enquanto a criança, já o dissemos, não era como hoje o centro das preocupações familiares e não se fazia caso dos mecanismos cuja utilidade mostramos, ela crescia como podia, não tendo outras regras, em suma, senão as da natureza na qual a família estava totalmente mergulhada. E a natureza, generosa e tonificante, corrigia muitas insuficiências.

Hoje, os pais se preocupam mais com os filhos; preocupam-se por vezes demais, ou melhor, sem perceber, rompem o indispensável equilíbrio nascido das regras de vida. E caímos então nos piores erros de educação, que talvez sejam, muito mais do que se pensa, a causa do desequilíbrio individual contemporâneo.

A criança, antigamente entregue muito mais a si mesma, buscava na natureza suas indispensáveis regras de vida. Descobria-as lentamente, é verdade, porém quase seguramente. Apoiada na tradição, ela conseguia adaptar-se a um ritmo, a um modo de trabalho e de pensamento que iria animar-lhe a vida.

Primeiros reflexos mecanizados 57

Na nova família, a criança já não tem esse recurso. Estabelece-se então uma espécie de luta para a busca e fixação dessas regras, luta em que, com muita freqüência, infelizmente, é a criança que triunfa e escraviza, a seus mecanismos inconscientes, os pais que não souberam formá-la para mecanismos racionais.

A mamãe não gostaria de dar o seio – ou a mamadeira – ao primeiro chamado da criança, mas não tem força, lógica e coragem suficientes para habituá-la às horas que lhe são recomendadas, e, finalmente, é ela que se dobra às horas a que a criança se habituou. A criança desperta à noite, tem necessidade de mamar. Hábito que se tornou mecanismo, mas que desequilibra e desorganiza. Pilar fincado de través na construção do andaime.

Para dormir, igualmente, não se sabe como a criança adquiriu um costume deplorável: dormiria durante o dia e ficaria acordada à noite. Então habituaram-na a ser embalada ou adormecida nos braços paternos ou maternos. É um mecanismo que se tornou uma espécie de rito sem o qual, efetivamente, a criança já não pode adormecer.

Escreveríamos um livro inteiro sobre a variedade, às vezes divertida, dos mecanismos anormais impostos pelas crianças a pais fracos e inconscientes. São outros tantos pilares fincados de través e que parecem tanto mais incrustados quanto mais de través estão, e sobre os quais a construção mal equilibrada oscilará talvez durante uma vida inteira.

As conseqüências disso são, vê-se, terríveis: esses mecanismos deformados criam desordem, a qual é geradora de enervamento, de preocupações inúteis, de insatisfação, de uma orientação maléfica das preocupações dos indivíduos que em vão buscam o equilíbrio de um andaime mal colocado sobre pilares solidamente fincados no início, mas ajustados ao acaso das fraquezas dos pais e das fantasias dos filhos, em constante busca das linhas de menor resistência. Veremos suas conseqüências para o período seguinte.

A criança que não é dominada por uma regra que teria a implacabilidade e a iminência das leis naturais fixa por si só, ao acaso dos tateamentos, uma regra para si, que é, ainda, um pilar fincado de través para o andaime.

É pensando em toda essa solicitude materna e paterna que se exerce em vão, nessa fraqueza anormal sobre a qual a criança triunfa em sua busca da potência para impor seus comportamentos tateados, rapidamente transformados em reflexos mecânicos, é considerando essa desordem que já não tem o corretivo da inelutável necessidade natural, que dizemos: a maioria dos pais acreditou às vezes dar um passo rumo a uma nova educação, mas deu um passo em falso. É preciso absolutamente que compreendam seu erro, que não se contentem em se comprimir em torno da criança como em torno da chama que os excita por um instante e os une, mas que tomem consciência do equilíbrio e da harmonia que devem reencontrar se não quiserem que essa chama mal orientada se estenda para fora da lareira, procurando, às vezes em vão, um alimento, provocando luta e desordem, para morrer enfim de inanição.

O dia que os pais tiverem entendido esse mecanismo de reflexos, a importância dessa primeira construção sobre a qual subirá depois o edifício, farão o esforço de compreensão e de disciplina necessário para ajudar verdadeiramente a criança a organizar solidamente sua vida.

Tatamento e adestramento

Mas ameaça-nos outro perigo, que não é menos grave.

Dizemos: dêem uma regra às crianças. Alguns tomarão o conselho ao pé da letra e, em todas as ocasiões, dobrarão as crianças de que cuidam à lei que lhes convém. Cometem, como tiranos aprendizes, o mesmo erro que os autocratas em política. Eles não consideram, de modo nenhum, a regra como um meio de suscitar mecanismos que dão à criança harmonia e potência, mas como um cômodo chamariz para a escravização. Noutras palavras, as regras não são então, de modo nenhum, concebidas em *função da criança*, mas somente em função do mestre ou do grupo atrás de cujo interesse ele mascara seu autoritarismo.

Desta vez, já não é a criança que finca os pilares sobre os quais levantaria sua construção. É o próprio adulto que coloca esses pilares onde lhe apraz, reforçando-os em geral com barreiras e adestrando a criança para construir a partir dessa limitação. Estamos então no domínio do adestramento.

Ora, o adestramento não é educação.

Na educação, é a criança que sobe, segundo as linhas que atendem ao máximo às suas necessidades instintivas; é a criança que edifica sua construção, com a ajuda dos adultos.

No adestramento, o adulto decidiu de antemão que a construção terá esta ou aquela forma, que esta parte do edifício será abandonada em favor daquele outro pavilhão, para onde serão dirigidos todos os materiais a fim de levantá-lo o mais alto possível. Efetivamente, a ala privilegiada sobe às alturas e domina até as construções ao redor. E o homem fica orgulhoso dessa subida que parece uma flecha.

É isso que ocorre ao cão policial. É uma raça de cão de pastoreio cujo temperamento o impeliria talvez, pura e simplesmente, a guardar pacificamente as ovelhas. Mas se contenta em cultivar apenas uma de suas tendências, que é hipertrofiada por exercícios anormais. Montam-se verdadeiras encenações com camaradas vestidos como bandidos e sobre eles solta-se o animal ameaçado. Prossegue-se mecanicamente a experiência até que o cão tenha adquirido o reflexo mecânico de perseguir os malfeitores.

Também o cavalo de corrida seria originariamente, talvez, um bom e honesto cavalo de sela. Mas habituaram-no somente a correr e a saltar. Dirigem artificialmente para esse fim toda a sua vitalidade e obtêm, efetivamente, maravilhas. Mas, fora de sua corrida e de seu salto, ele permanece impotente diante da vida e do destino de cavalo.

Pode-se também adestrar a criança como se adestram o cão policial e o cavalo de corrida. Talvez se acredite que isto é que é educação, e, infelizmente, os meios desse adestramento adquirem às vezes uma aparência científica que ilude.

Confinam o bebê em creches limpas onde o sujeitam rigidamente a mecanismos implacáveis contra os quais é habituado desde cedo a não reagir. Já o isolam da natureza e da vida. Em torno de si, vê apenas paredes brancas, luz velada, sombras brancas que passam, mamadeiras cientificamente mecanizadas que se oferecem a seu apetite mecanizado. Mas falta a essa criança o calor de um gesto afetuoso, a impregnação superior do meio natural, o barulho familiar de uma conversa, do trabalho da mãe, da tagarelice divertida do irmão maior, a música do vento nas árvores ou o cacarejo preocupado das galinhas.

Levou-se o mecanismo ao extremo, em detrimento da formação da personalidade. A criança levantará bem o andaime, solidamente, mas se terá descuidado de apoiá-lo ao edifício, e depois será necessário estabelecer pontes perigosas entre esse andaime mecânico e a construção pessoal. Ou então o indivíduo tomará o andaime por sua própria construção, o que não é muito melhor.

Trata-se, aí, de uma espécie de adestramento que alguns cientistas proporiam de bom grado como a forma extrema de aperfeiçoamento educativo, cujos resultados se celebram como se celebram aqueles, efetivamente tangíveis, do adestramento do cão policial e do cavalo de corrida.

Há, em cada um de nós, um adestrador que se ignora. É tão agradável ter assim, a nosso serviço, uma máquina viva que habituamos a obedecer e a executar atos dos quais extraímos uma pequena glória ou proveito. Você tem um cão, você tem de mostrar aos amigos como ele obedece, como dá a pata, deita-se, late ou caça... A habilidade dele é obra sua, e você se orgulha dela.

Você ensinou o gato a arquear o dorso e a comer asseadamente em seu prato. E o cavalo responde fielmente a uma imperceptível pressão da perna ou a um pequeno golpe seco nas rédeas.

Assim, muitos pais consideram o filho como um cãozinho ou um gato doméstico. É preciso que, logo que ele possa coordenar alguns gestos, saiba fazer uma careta ou abanar a mãozinha. E apresenta-se a todas as visitas o espetáculo do bebê que faz careta ou abana a mãozinha. Fica-se à espreita da menor manifestação para sistematizá-la e torná-la interessante. Esse andaime tão difícil de levantar, ele é dirigido, também aí, para uma única direção, a mais espetacular. Qualquer atividade, qualquer interesse são conduzidos para essa ala da construção, cujo levantamento é o único que parece ter importância.

Mas, por isso mesmo, o andaime desequilibrado logo balança sobre a base. Esse adestramento orientou a criança para regras de vida anormais e falsas que darão origem a complexos, cuja evolução logo estudaremos.

É assim: todo caminho é ladeado por trilhas transversais, por vezes tão largas e tão freqüentadas quanto o caminho principal. Vemos mesmo alguns deles que seguem na planície ou que enveredam por vales fáceis e promissores, enquanto o verdadeiro caminho de vida começa sem demora a subida. Necessitamos de conhecimentos, de intuição e de bom senso suficientes para não enveredarmos por essas vias laterais que nos distanciam do objetivo, fazem com que nos percamos no campo ou que retornemos traiçoeiramente sobre nossos próprios passos. É preciso ver a via certa e manter-se nela.

Resumiremos nossas recomendações:

– No princípio, fazer o indispensável esforço generoso de agir com nossas crianças pequenas em função das crianças e não em função de nossas próprias inclinações, fraquezas e egoísmo pessoais.

– Mecanizar o mais cedo possível os gestos indispensáveis à satisfação de suas necessidades primordiais: comer, dormir, evacuar. Agir, sujeitar-nos nós mesmos à regra que tivermos adotado se não quisermos que a criança nos sujeite à sua própria regra.

– Evitar, contudo, fazer da criança um puro autômato, adestrado à repetição de atos que não estão em sua natureza.

O mecanismo que aconselhamos deve ser apenas a fixação sólida e harmoniosa desse primeiro andar de um andaime erguido pela criança, com a ajuda dos adultos, a serviço equilibrado da própria criança.

– Não esquecer a tendência geral que tem a ação bem-sucedida, seja ela qual for, de repetir-se, de fixar-se e de transformar-se em regra de vida indelével e soberana. Evitemos cuidadosamente a repetição de atos, gestos, palavras e exemplos que percebemos contrários à educação de nossos filhos.

– Inversamente, facilitar a repetição dos comportamentos favoráveis.

Chegaremos assim a uma construção bem assentada, equilibrada e, entretanto, intrépida e audaz, com seus inabaláveis fundamentos dentro do real e sua ponta dirigida à potência da vida e à exaltação de um ideal.

Do tateamento mecânico ao tateamento inteligente

A galinha está presa no galinheiro. Ela ouve, no quintal, a sitiante mexendo o balde da ração; ela percebe a agitação das aves que se precipitam, depois os tinidos dos bicos glutões batendo no velho prato de lata. O chamado desencadeia automaticamente nela, segundo os princípios mecânicos que reconhecemos, a necessidade de sair para satisfazer sua fome.

Nisso não há mais inteligência e raciocínio do que no mecanismo da campainha que soa quando, do exterior, apertamos seu botão.

Se o caminho estivesse absolutamente livre, a galinha se arrojaria, também ela, para a sitiante e o problema estaria resolvido. Mas obstáculos a impedem de fazê-lo, e a coisa então se complica.

Ela começa seus tateamentos. Não, porém, de forma anárquica: dirige-se para uma claridade que ela percebe, para uma zona por onde os barulhos chegam mais nítidos à sua prisão, para as soluções que ela supõe possíveis em razão de automatismos anteriormente adquiridos: ela descobre um buraco, passa o bico por ele, depois a cabeça, recua e recomeça sua tentativa, recua ainda, hesitante.

Um chamado mais vigoroso da sitiante a excita de novo e, incansavelmente, ela recorre aos mesmos gestos sempre infrutíferos.

Abra a porta externa do galinheiro, deixando apenas a tela interna através da qual a galinha prisioneira percebe agora o céu azul, o sol que faz dançar sobre o estrume do pátio as manchas de sombra da tília e o grupo que cisca disputando entre si os últimos grãos do repasto.

Enlouquecida por essa nova luz, pela maior intensidade dos chamados da vida, pelas possibilidades de evasão que parecem se oferecer, a galinha abandona o buraco onde tateava com obstinação há tanto tempo e lança-se sobre a nova solução entrevista. Inteiramente fascinada pelo plano exterior que constitui para ela a atração material, ela não distingue o obstáculo traiçoeiro em que bate violentamente com o bico. Recua, hesitante por um momento, mas recomeça a se atirar contra a tela, e recomeçará de novo enquanto não estiver dolorosamente machucada. A menos que circunstâncias materiais – outra galinha que vem expulsá-la de seu posto de ataque, a portinhola que se entreabre deixando penetrar no galinheiro um raio de luz – suscitem outras tentativas.

Para solicitar as tentativas da galinha prisioneira, há apenas as exigências materiais de suas necessidades e as circunstancias variáveis do meio exterior. Sucede com ela exatamente o que sucede com a nascente no início de seu curso; ela vai para onde a impele a força que a domina: a gravidade ou a necessidade. Se cessar o chamado da sitiante, se se distanciarem as companheiras saciadas ou fechar-se novamente a portinhola, a galinha voltará para trás, um instante indecisa, para recomeçar ou não suas tentativas, conforme as exigências de suas necessidades a serviço de seu potencial de vida.

Fechemos nesse mesmo galinheiro um cão movido pela mesma necessidade de encontrar no quintal a ração e a liberdade. O cão irá, uma primeira vez, quem sabe, bater-se contra a tela. Mas essa noção de obstáculo se lhe imporá imediatamente; ele não tentará de novo: a experiência lhe terá bastado. Ele irá imediatamente tatear em outra direção. Seus tateamentos serão condicionados, de um lado, subjetivamente, pela solicitação da vida que exige a solução de uma necessidade e, do outro, pelo chamado e pelas ofertas do exterior. Exatamente como para a galinha, com uma diferença, entretanto, *que não é nada e que é tudo: o cão é permeável à experiência,* ele se dá conta rapidamente da inutilidade de um recurso e se encaminha então, por si só, para outras tentativas, que são igualmente recursos.

Ele, portanto, se afasta da tela e fica perplexo por um instante, como numa encruzilhada, para se impregnar das outras vias que se oferecem. Percebe-se um barulho menos surdo através dessa parte do muro. O cão se dirige para esse lugar e se põe a arranhá-lo. De tempos em tempos, enfia o nariz no buraco mais ou menos profundo já cavado. Se a auscultação, resultado de experiências precedentes, dá-lhe alguma esperança, ele retoma mais nervosamente ainda sua tarefa de escavador. Em caso contrário, ele recua ainda, escuta de novo, funga. Se ele não está com muita fome, se a atração exterior se atenuou, talvez se sente, resignado, à espera de um momento mais favorável. Senão, tentará um novo recurso.

Pela fresta da porta chega-lhe uma lufada de ar livre, lembrança inconsciente de experiências precedentes. Quem sabe?... Ele começa a mordiscar e a arranhar a porta. Se o chamado da vida se torna particularmente poderoso, se o agita, por exemplo, a necessidade sexual, o cão é capaz de tatear assim durante a noite toda, dirigindo-se sucessivamente para soluções que lhe deixam alguma esperança: uivará, mordiscará, roerá a porta... e talvez consiga sair.

Entre no galinheiro com um chicote e ameace o cão. Sob o domínio dessa ameaça que não lhe deixa possibilidade de prosseguir um tateamento normal, o cão retorna ao tateamento mecânico da galinha: atira-se para a claridade da grade, de um buraco que tinha começado a raspar, da portinhola insuficientemente entreaberta. É verdade que o cão lhe dará então uma prova de sua superioridade sobre a galinha, ao reconhecer o insucesso e a inutilidade de suas experiências e ao voltar-se para o chicote que o ataca, depois, mais além do chicote, para a mão que o ameaça – reflexos que jamais terá a galinha ameaçada.

Essa faculdade que alguns seres têm de permanecer particularmente permeáveis aos ensinamentos da experiência, de orientar de acordo com eles seus tateamentos, que deixam então de ser exclusivamente mecânicos, é que chamaremos de *inteligência*.

É esse princípio que formularemos em nossa

OITAVA LEI: DO TATEAMENTO INTELIGENTE

Se o indivíduo é sensível apenas ao chamado imperioso de seu ser e às solicitações exteriores, suas reações fazem-se mecanicamente, *unicamente em razão da potência do chamado e das variações das circunstancias ambientes.*

Em alguns indivíduos – animais ou homens – intervém uma terceira propriedade: a permeabilidade à experiência, *que é o primeiro grau da inteligência. É pela rapidez e pela segurança com as quais o indivíduo aproveita intuitivamente as lições de seus tateamentos que lhe medimos o grau de inteligência.*

Vejamos como se traduz essa lei no plano pedagógico.

O processo de tateamento, completado por esse princípio da *permeabilidade à experiência*, cujo alcance nenhuma pedagogia existente assinalou, é um processo universal e geral. Mas o ser humano passa mais ou menos rapidamente por diversas fases.

O recém-nascido não se contenta muito tempo com seus tateamentos mecânicos: evolui muito depressa para a forma inteligente dos tateamentos.

Ele está com fome; sua mão se agita para tentar apanhar a mamadeira de que tem necessidade. Mas bem depressa percebe que esse gesto é impotente e vão. Procura então outra solução, como o cão que constatou ao primeiro contato a impossibilidade de transpor a porta com tela. Grita... Se seus gritos não forem mais eficazes, tentará uma movimentação mais acentuada, e seus gritos explodirão num acesso de raiva.

A luz o incomoda: ele não se contenta muito tempo em piscar os olhos. Tem bem depressa a noção intuitiva da insuficiência dessa reação. Tentará virar a cabeça. Se isso for insuficiente, gesticulará. Se falhar, gritará.

O ritmo da transposição dessas diversas fases pode variar ao infinito de acordo com os indivíduos. O que caracteriza justamente os anormais é que eles parecem impermeáveis à sua experiência de tateamento, ou que, ao menos, a impregnação do ser pelos comportamentos automáticos se faz muito lentamente. Entre as crianças normais ou as superdotadas, toda gota que cai deixa seu rastro sobre a superfície sensível que um gesto ou uma sombra bastam para impressionar. Entre os retardados, a água cai sobre a rocha. É apenas ao fim de vários anos que se distingue um leve rastro.

Se o indivíduo permanece totalmente fechado aos ensinamentos da experiência, é totalmente ininteligente. Pode-se esperar dele quando muito a reação mecânica exigida pela satisfação das necessidades fisiológicas.

A criança que está com fome saberá instintivamente levar a boca para a frente, e mesmo as mãos, mas será incapaz de afastar do seio materno o véu que a incomoda. Responderá automaticamente ao chamado da evacuação que a fisiologia lhe impõe, mas será por muito tempo incapaz de desabotoar a calça numa idade em que a criança normal já tem um asseio meticuloso.

Essa impermeabilidade da criança retardada apenas raramente é tão total. O processo é somente mais ou menos arrefecido. É preciso que a criança bata-se dez vezes, cem vezes, contra a mesma dificuldade para que se dê conta da importância do obstáculo e procure uma solução melhor noutra direção.

De nada adianta, nesse caso, irritar-se com tal lentidão de reação. Será preciso ajudar a criança a fazer numerosas, muito numerosas experiências vivas, não pretender fazê-la progredir prematuramente para atos complexos, que apenas a desorientariam, e não cultivar nela mesma a inteligência propriamente dita que é apenas um nome que se dá à permeabilidade, rastro da experiência.

O ser ininteligente é como uma árvore doente que, por causa da fraqueza de suas raízes, assimila imperfeitamente os elementos do crescimento. Não será suficiente enganchar em seus galhos semi-ressecados uma folhagem tirada de uma árvore vizinha, ainda que de sua espécie, ou frutos que ela apenas teria de amadurecer. A folhagem ressecaria, e os frutos seriam perdidos. Assim é o nosso pretensioso ensino, quando apresenta a anormais o fruto evoluído de uma ciência que exigiria como único esforço apenas um bocadinho de seiva para amadurecer... Mas é precisamente essa seiva que não sobe.

Se for forte e bem constituída, a árvore crescerá o mais depressa possível e frutificará em tempo recorde, que pode até mesmo ser apressado artificialmente.

Se for mais fraca, a assimilação se fará mais lentamente, as funções se efetuarão num ritmo reduzido e a árvore levará um tempo relativamente longo para frutificar. É essa lentidão que é preciso considerar e procurar corrigir.

Essa impermeabilidade à experiência pode ser hereditária, caso em que será mais difícil remediá-la. Os criadores de cães bem sabem que as taras se transmitem muito facilmente e que não se deve empregar como reprodutores indivíduos que sejam eles próprios rebeldes a essa permeabilidade, que reconhecemos como o princípio essencial da inteligência. Ocorre o mesmo ao homem: uma lentidão de reação, um retardamento no comportamento inteligente podem traduzir-se por uma deficiência equivalente, atenuada ou reforçada, que será então difícil de corrigir. É por isso que o conhecimento da aptidão inteligente dos pais pode ser um grande auxílio para a compreensão das aptidões das crianças, embora seja indispensável avançar com prudência por essa via. A hereditariedade, sabe-se, não depende unicamente dos reprodutores diretos, e um casal com reação inteligente atenuada pode muito bem dar nascimento a um indivíduo que lhe seja superior, devido a uma ascendência mais benéfica.

Falamos da inteligência dos pais. Cumpriria evitar considerá-la de acordo com as normas atualmente estabelecidas pelos psicólogos, que são muito exclusivamente intelectuais. Teremos de estabelecer outras escalas mais especialmente funcionais, que permitam medir essa permeabilidade à experiência que vai estar na origem do verdadeiro desenvolvimento intelectual.

Mas há também, com muita freqüência, uma certa impermeabilidade acidental, portanto mais facilmente curável: uma alimentação insuficiente ou, ao contrário, excessivamente rica, intoxicações, choques, doenças microbianas ou intervenções médicas com doses exageradas de tóxicos podem afetar seriamente o potencial vital e deixar a criança, por isso, na impossibilidade funcional de proceder às experiências de tateamento indispensáveis.

A criança está sem energia. Ela não age; não manipula, não experimenta; é como um viajante que não sai do lugar na estrada da vida e que não seria de espantar que se encontrasse bem atrasado, longe da meta normal que deveria atingir. Ou então ela parece favorecida por um tônus vital suficiente, mas temos a impressão de que certas peças do mecanismo estão mal ajustadas ou deslocadas. A criança é então como um motor que gira em falso porque os órgãos de transmissão e comando estão deformados.

Essas considerações tendem a desintelectualizar alguns processos. Na base, como já se viu muito até hoje, e como ainda se pensa corretamente, não existe uma pura questão de inteligência, mas sim, de início, normas de vida mais ou menos favoráveis ao tateamento experimental. E é sobre essas normas de vida, interiores e exteriores, que precisamos agir se queremos desenvolver e intensificar a inteligência.

O poder do exemplo

Acabamos, assim, de examinar o aspecto deveras elementar do *tateamento experimental*.

Abordaremos agora as primeiras complexidades.

O ato bem-sucedido, que atende com maior ou menor perfeição a nossas necessidades, cria como que uma corrente vital que suscita a reprodução automática, fixada a seguir como regra de vida.

Vimos que esse ato pode ser estrita e diretamente condicionado pela necessidade fisiológica, ou então ser o resultado já do processo maior do *tateamento experimental*.

Ora, essa espécie de corrente é criada nas mesmas condições pelos gestos ou atos exteriores que provocam a produção, pelo indivíduo, de atos semelhantes *imitados*. É um fato, que é até inútil explicar que, no princípio, tem um aspecto fisiológico inevitável – o mimetismo é a sua expressão científica. Ele é, como o sentido da vida, como o tateamento e a repetição automática dos atos bem-sucedidos.

Há, tanto no fenômeno da imitação como no da experiência do tateamento, uma parte considerável e quase exclusiva de automatismo. Isto faz parte de nossa necessidade, por assim dizer fisiológica, de ritmo e de ressonância. Vemos alguém andar à nossa frente: temos tendência de andar no mesmo passo. No vagão do trem, nosso vizinho está comendo, e sentimos fome; ele está bebendo, e sentimos sede; ele está fumando, e tiramos nossa carteira de cigarros. Não há nisso nenhuma parte de inteligência ou de raciocínio racional.

A gota de água, tão logo está perdida na torrente, é arrastada com ela; a ovelha comprimida no rebanho faz os mesmos atos que a ovelha que a antecede. Procedemos inconscientemente da mesma forma: tateamos para encontrar a porta de entrada da estação e hesitamos, por vezes sucessivamente, diante de várias portas fechadas. Mas se, ao contrário, a vaga de passageiros se engolfa na plataforma, nós a seguimos automaticamente. Vemos uma porta aberta e um passageiro que sobe no vagão: nós igualmente o seguimos.

Temos de insistir nesse ponto: *a imitação dos gestos que testemunhamos jamais é, no princípio, o efeito de um raciocínio.* O bebê não se diz: "Fulano faz tais coisas, por essas ou aquelas razões, eu devo imitá-lo." Não, sucede o que assinalamos a propósito dos atos reflexos: uma pressão sobre o botão aciona a campainha. *A imitação nunca requer esforço nenhum; é para subtrair-se a ela que é necessário reagir, e veremos como e em que medida podemos consegui-lo.*

Entretanto, não se imita qualquer coisa. A lei da imitação é exatamente a mesma que a do *tateamento experimental* com a qual se confunde. A criança não fará qualquer coisa num jardim. Ela não se detém na primeira pedra que aparece. Ela vai de imediato aos atos que correspondem às suas necessidades dominantes do momento: se tiver fome, será atraída por uma baga ou pela fruta na árvore. Se sentir a necessidade de se colocar em segurança, procurará mais as ramagens e os recantos, ou então se dirigirá a tudo o que atender à sua preocupação de equilíbrio e harmonia: o canto de um pássaro ou a água gorgolejante do riacho.

Ocorre o mesmo na imitação dos atos alheios: se a criança não tem mais fome, é em vão que você faz o gesto de comer com sua colher. Vê os amigos correrem, mas, se ela mesma está cansada ou absorvida por um trabalho-jogo que lhe satisfaz as necessidades do momento, não se deixará empolgar pela corrida. Não fazemos beber o cavalo que não tem sede.

Em alguns momentos, portanto, o indivíduo é impermeável a certos atos. É um fato de experiência. Como explicá-lo?

O homem forja pouco a pouco, à força de experiências, a linha definitiva de suas regras de vida. Ele levanta lentamente, pedra a pedra, as paredes de sua casa. Enquanto estiver cavando as fundações, e depois edificando as paredes, ficará muito feliz por receber a ajuda simpática de um passante perito na arte de construir paredes e que põe mãos à obra.

Eu forjo experimentalmente um elo de minha cadeia de vida. Enquanto estou modelando-o e torcendo-o, posso imitar exemplos de elos paralelos eficazes que se apresentam. A criação integral é apenas acidentalmente natural ao homem; ela comporta muitas eventualidades e supõe muitas fadigas.

Quando me aventuro num campo de neve, posso, por certo, ir direto para a frente, para o objetivo que suponho dever atingir. Mas ainda ninguém passou pela minha frente. Afundo por instantes nas valetas de que só saio com muito custo; fico atolado nos baixios onde o vento norte acumulou a neve. Sobrevém uma borrasca que me cega e bloqueia. Meu avanço não passa de uma série ininterrupta de tateamentos, nem sempre vitoriosos, que podem até, em alguns momentos, empurrar-me para a derrota.

Nesse mesmo intento em que estou assim acabrunhado por essa cadeia arriscada de tateamentos, surge uma pegada na neve branca. Alguém passou antes de mim, tateou antes de mim... suas próprias hesitações me ajudarão a triunfar sobre os atoleiros. Há uma experiência de que me posso aproveitar e que se insere perfeitamente na série de meus próprios tateamentos. É como o declive que nos atrai e nos impele a descer... Seguimos as pegadas.

A prova de que nossa tendência à imitação é apenas o encaixe natural da ação exterior no processo de nosso próprio tateamento é que a permeabilidade ao exemplo cessa assim que termina nosso próprio tateamento, assim que a experiência, primeiro bem-sucedida, depois repetida, fixou-se no automatismo de uma regra de vida. Quando, no curso de um longo tateamento experimental, já cavamos profundamente nossa pegada no campo de neve, ficamos indiferentes a essa linha de passos que segue outra direção. Ficamos então impermeáveis à experiência dos outros, o processo de imitação deixa de intervir.

Se estamos no cruzamento de várias estradas, hesitamos se não conhecemos nenhuma das direções possíveis e temos tendência a imitar o viajante que envereda deliberadamente pela estrada da direita. Nossa posição, para com a experiência desse estranho, é igual àquela que adotamos para nosso próprio tateamento experimental. Se nossa experiência anterior permite-nos pensar que esse estranho vai ser bem-sucedido na via por que envereda, nós o seguimos sem hesitar. Se não, permanecemos circunspectos, e talvez mesmo voltemos atrás para tatear noutra direção.

Mas, se passamos freqüentemente pelo caminho da esquerda, nós enveredamos automaticamente por ele, e o exemplo do estranho que segue à direita não influencia absolutamente em nada nosso comportamento.

Seguimos a vaga humana na estação desconhecida. Se estamos habituados ao local, se o trajeto para ter acesso à plataforma já está inserido em nosso comportamento automático, vamos pelo nosso caminho, indiferentes ao exemplo daqueles que enveredam por outra via. Exatamente como a ovelha que, tendo chegado à altura do caminho do redil, separa-se automaticamente do rebanho porque, nesse momento, sua experiência pessoal, fixada como regra de vida, deixa-a indiferente à influencia dos milhares de passos.

Outra observação deve ainda ser feita.

Se me aventuro no campo de neve, posso ser atraído pelos passos daquele homem que passou antes de mim, porque sua experiência tem alguma chance de ser válida para meu próprio comportamento. Mas, se eu perceber pegadas de lebre, terei menos empenho em segui-las, porque tenho a intuição de que buscam um destino que não está em consonância com o meu. Se vejo, na estação, um empregado entrar por uma porta de escritório, hesito em segui-lo porque sei, por experiência, que sua regra de vida não pode inserir-se na cadeia de minha própria experiência.

A imitação é, em suma, o processo natural pelo qual uma experiência exterior imbrica-se na cadeia de nossa própria experiência. Ela apenas pode imbricar-se aí se a cadeia está ainda em processo de formação. Se já está definitivamente soldada como regra de vida, a imitação apenas se enxertará em nossa própria experiência sem nela se integrar. É preciso também que esse elo exterior corresponda tão bem às nossas próprias necessidades que possa ajustar-se sem falha à cadeia de nossa experiência. Se as condições ótimas desse ajustamento são realizadas, o ato imitado torna-se elo de nossa cadeia, tão solidamente soldado a nosso comportamento quanto nossos próprios elos.

É pela solidez e harmonia dessa cadeia que avaliaremos o valor de um comportamento. Teremos cadeias bem ajustadas, onde todos os elos estão perfeitamente incorporados ao ser, sejam forjados por nossa experiência pessoal, sejam o resultado da apropriação de uma experiência exterior válida cem por cento para nosso próprio comportamento.

Há cadeias mal seguras para sempre, com alguns elos de experiência pessoal salientes sobre os quais são enganchados mais ou menos incorretamente os elos nascidos da imitação, colocados de través ou soldados sem flexibilidade, com aderências que são outras tantas hesitações e riscos de erros no curso ulterior do comportamento.

Há até cadeias em que a experiência pessoal é inexistente. A experiência alheia forjou sozinha, ao acaso da vida, uma cadeia imprecisa e sem coesão, enxertada num comportamento ao qual jamais ficará substancialmente amalgamada e que, por isso, não poderá auxiliar ou orientar uma vida original e fecunda.

Representamos assim o esquema dos processos de imitação:

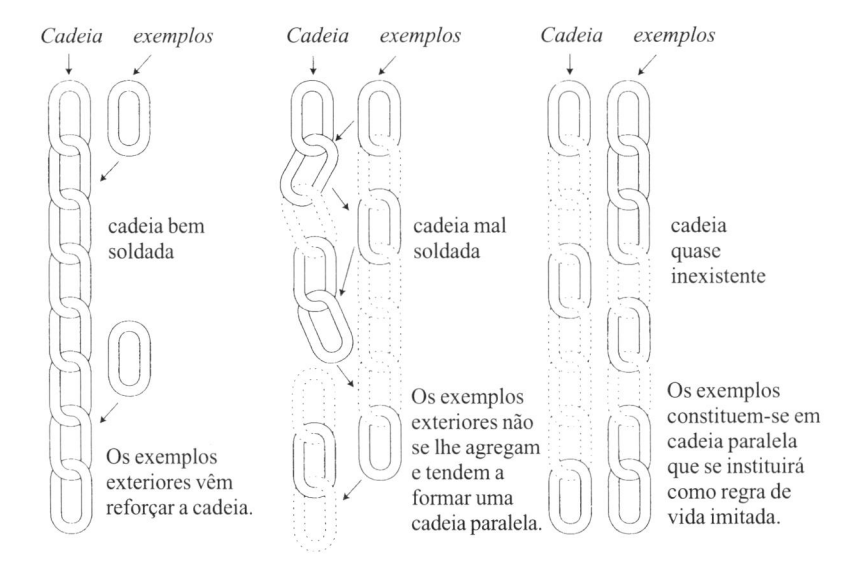

Cadeia exemplos	Cadeia exemplos	Cadeia exemplos
cadeia bem soldada	cadeia mal soldada	cadeia quase inexistente
Os exemplos exteriores vêm reforçar a cadeia.	Os exemplos exteriores não se lhe agregam e tendem a formar uma cadeia paralela.	Os exemplos constituem-se em cadeia paralela que se instituirá como regra de vida imitada.

Na primeira coluna da esquerda, os elos imitados já nem sequer se distinguem dos elos funcionais aos quais estão como que organicamente integrados.

Na segunda coluna, as experiências imitadas não integradas não chegam a unir-se na linha central da cadeia.

Na terceira coluna, enfim, a experiência exterior, em vez de integrar-se à cadeia pessoal que teria reforçado, constituiu-se ao lado; aliás, mais ou menos bem formada, com hiatos, pro-

tuberâncias e direções acessórias que aumentam mais a imprecisão da linha.
O indivíduo não terá regra de vida pessoal.

Essas considerações nos permitem formular nossa

NONA LEI DO COMPORTAMENTO: A IMITAÇÃO E O EXEMPLO

1. O ato bem-sucedido atrai automaticamente sua repetição. O ato bem-sucedido de outros provoca a mesma repetição automática quando se insere no processo funcional do indivíduo. Essa imitação de atos que testemunhamos tem todas as características de nossas experiências de tateamentos bem-sucedidas.

a) A imitação, bem como a repetição de atos bem-sucedidos, jamais é, no início, o efeito de um raciocínio qualquer ou de uma decisão consciente.

b) A imitação jamais exige algum esforço particular.

c) Ela sempre visa à perfeição na reprodução automática. É uma questão de harmonia vital.

d) O exemplo, da mesma forma que a experiência pessoal bem-sucedida, tende a se fixar como um automatismo que provoca uma tendência, base de uma regra de vida que por vezes não se pode desarraigar. É como um elo não justaposto à cadeia da vida, mas encaixado nesta cadeia, da qual fará sempre parte e que, mais ou menos, conforme a potência dos outros elos, dará à cadeia seu aspecto e suas qualidades determinantes.

2. Mas não imitamos indistintamente todos os atos que testemunhamos.

Pela imitação, elos por assim dizer exteriores vêm encaixar-se na cadeia de nosso comportamento da mesma forma que aqueles que são forjados por nosso tateamento experimental. Daí resulta que:

a) Se o exemplo não se encaixa na série experimental do comportamento, ele é apenas juntado. Pode ser imitado, mas os atos que provoca não são integrados à cadeia do comportamento.

Perderão então as qualidades que resultavam desse encaixamento.

b) Um exemplo encaixado pela metade, um elo insuficientemente enganchado ao elo precedente, prestando-se mal ao engate dos elos seguintes, podem prejudicar consideravelmente a solidez e a harmonia da cadeia.

Verificação experimental e aplicações pedagógicas desses dados

Permeabilidade ao exemplo

Como dissemos, a criança está toda ocupada com suas experiências de tateamento que não estão ainda fixadas como regra de vida. Está toda ocupada em forjar sua cadeia. Portanto, quanto mais jovem e inexperiente, mais permeável é ao exemplo. Essa permeabilidade vai atenuando-se à medida que se organizam as regras de vida. Quando essa organização está quase completa, pode haver ainda imitação acidental, mas já não há apropriação íntima do exemplo; já não há encaixe. O exemplo, então, influenciará apenas superficialmente as regras de vida, aliás, quase definitivamente fixadas.

Essa observação vem apoiar experimentalmente a observação que fizemos sobre a importância primordial da primeiríssima educação.

A criança constrói sua vida mediante uma laboriosa experiência de tateamento que devemos tornar o mais frutífera e rica possível. Mas o exemplo se lhe apresenta como uma experiência já bem-sucedida que reduz as eventualidades de seus tateamentos. A criança se lança a ele como o adulto ao vagão que vai levá-lo para casa, rapidamente e sem esforço.

Impotência do raciocínio em face do automatismo da imitação

Um dos graves erros dos pais e educadores é supor ainda que a educação formal, verbal ou mesmo sensível pode ter alguma ação sobre a formação da personalidade, e que bastará fazer observações à criança, explicar-lhe as razões possíveis de seus atos, fazê-la compreender o erro ou o ilogismo de seu comportamento para então retificar uma linha de vida defeituosa.

Tudo isso é, praticamente, de alcance ilusório: porte-se bem à mesa e a criança se portará bem; se um de vocês colocar os cotovelos sobre a mesa, a criança fará o mesmo; se você comer asseadamente, a criança o imitará e comerá asseadamente. Ela naturalmente imita os gestos, as atitudes, os tiques do adulto. Da mesma forma, imitará seu comportamento diante dos profundos acontecimentos da vida. Será virtuosa e sincera se você for virtuoso e sincero, indelicada e mentirosa se, apesar de suas teorias ou raciocínios lógicos, você for indelicado e mentiroso em seu próprio comportamento familiar. Ela imita igualmente as crianças com quem convive. É por essa razão que o velho adágio é mais exato do que se pensa: "Dize-me com quem andas e dir-te-ei quem és."

Essa lei da imitação que domina a inteligência e a razão lhe parecerá talvez exageradamente radical pois então, talvez você pense, nunca se poderia dominar a formação das crianças.

Nossos desejos, ilusões e tendências ao menor esforço são um fato, mas a realidade é um outro, e mais determinante, do complexo educativo. Compreendemos bem que é mais cômodo dizer: "Façam como eu mando e não como eu faço"; falar bem, formular regras, recorrer a sentenças e exortações, e, ao abrigo desses biombos hipócritas, comprazer-se num comportamento egoísta, em contradição permanente com as afirmações verbais. Você deve saber, portanto, de uma forma certa e definitiva, que apenas o seu exemplo vivo conta, que só ele marcará a vida e o destino de seus filhos. Organize sua vida como você quer que seja organizada a vida de seus filhos; restrinja-se aos gestos, atitudes e comportamentos que ficaria feliz de reencontrar neles. Isto será o melhor de sua educação. Apenas a ação viva importa.

Essa observação tem o mesmo peso para as relações da criança fora da escola. Que conviva tanto quanto possível com amigos que tenham as qualidades que você gostaria de ver nela. Porque ela será marcada por sua convivência.

Que dizer, então, da escola que acreditou de tal maneira na onipotência do verbo, das lições de moral, das observações, das leituras elevadas? (Todas elas coisas que não são inúteis na medida em que as saiba viver aquele que as ensina.) As lições escolásticas nunca passam de uma tralha acessória, que se encaixa mal na vida das crianças, que pode influenciar o intelecto, mas não o comportamento.

O que conta, ao contrário, são os hábitos de vida que você vai dar, os exemplos de ordem, de boa disciplina, de respeito, de retidão, de desinteresse, de devotamento à comunidade, com que você impregnará toda a vida escolar. É isto que marcará seus alunos e não as aquisições intelectuais e formais que lhes distribuirá.

A pedagogia moderna se orienta para essa concepção. O professor primário era, há muito tempo, o pregador que dava lições de dignidade, de amor filial, depois corrigia às vezes ferozmente os próprios filhos; que falava de humildade enquanto fazia do orgulho o fundamento frágil de seu prestígio. Exatamente como certos padres que se desgastavam verbalmente nas modulações de voz de suas prédicas, mas cuja vida permanecia em constante contradição com os ensinamentos de Cristo.

Tendência à repetição dos gestos imitados, repetição que se insere no comportamento e no organismo como tendências, depois como regras de vida quase indeléveis

Poderíamos resumir em alguns pontos simples os princípios de um comportamento pedagógico eficaz.

Em todo lugar e sempre o exemplo supera a explicação ou a justificação pretensamente racionais. O exemplo supera a fala, e a fala apenas tem peso – mas esse peso pode ser considerável então, e às vezes decisivo – na medida em que se harmoniza com o exemplo. *A palavra pode reforçar o exemplo; ela não consegue corrigir nem emendar a influência do exemplo.*

Deve-se, portanto, – e isto desde a mais tenra idade – velar cuidadosamente pela qualidade dos exemplos que são oferecidos às crianças. Agimos muito naturalmente como um fotógrafo que manejasse a torto e a direito o diafragma de sua máquina e pensasse, com as explicações que desse, atenuar, minimizar ou mesmo anular o encavalamento caótico das imagens imprudentemente sobrepostas na chapa. Seremos o fotógrafo consciente da sensibilidade de suas chapas, que apenas fará seus disparos quando julgar a cena ou o espetáculo dignos de serem registrados. Afastaremos tanto quanto possível da criança os exemplos maléficos a fim de oferecer-lhe o máximo de exemplos benéficos.

Mas essa escolha jamais deve ser feita à custa da vida. Não se trata de confinar a criança em casa para que não vá brincar na rua com os amigos que achamos mal educados; de não associá-la à nossa vida familiar salvo em alguns aparecimentos ordenados e cerimoniosos; de isolá-la da vida social para submetê-la sem auxílio a uma vida escolar acanhada e enfadonha. Isto seria impedi-la de forjar sua cadeia de vida. Seria um pouco como se, para impedi-la de comer algo que poderia ser prejudicial à sua saúde, nós lhe suprimíssemos pura e simplesmente toda alimentação.

A vida em primeiro lugar. Há, no indivíduo, muitas energias desconhecidas que são suscetíveis de corrigir a maioria de nossos erros.

Jamais é pela abstenção ou pela repressão que se deve tentar resolver os problemas; jamais pela inibição, mas sempre pela audácia da ação.

E, depois, influiremos na permeabilidade ao exemplo. Sabemos que essa permeabilidade é ainda mais efetiva quando o indivíduo organizou sua vida com base em princípios que satisfazem suas necessidades fundamentais. Satisfaçamos praticamente essas necessidades e a cadeia será solidamente forjada, tão solidamente que nenhum elo estranho poderá vir incorporar-se a ela. O exemplo nocivo poderá colar-se um instante ao comportamento, mas não se integrará à cadeia.

Essa satisfação prática das necessidades essenciais da criança é o princípio mesmo da pedagogia que trabalhamos para preparar e propagar, inteiramente centrada nas virtudes individuais e sociais do trabalho.

A criança que, na escola, encontrou um trabalho à sua medida, fica impermeável aos mais tentadores exemplos que não estejam em consonância com as suas preocupações dominantes. A criança que, na escola ou na rua, é dominada por uma preocupação construtiva apaixonante fica insensível aos maus exemplos que deslizam por ela sem a marcar profundamente.

Daí vêm as virtudes preventivas e curativas de nossa pedagogia.

Choque e refluxo

Antes de entrar na complexidade do comportamento do indivíduo no seio do meio em que está imerso, devemos precisar mais uma noção, cuja reação é mais particularmente individual no começo: *a noção de choque e refluxo*.

Retomemos, para isso, nossa comparação da vida com o curso de uma torrente.

Se o indivíduo fosse muito potente, se o meio em que deve realizar seu potencial de vida fosse suficientemente favorável a seu desabrochar, o curso da torrente prosseguiria normalmente, sem obstáculo para retardá-lo ou complicá-lo, sem intervenções que o desviassem ou sujeitassem.

Isso não quer dizer, como acreditaram certos educadores e numerosos pais, que se deva desbloquear exageradamente o leito da torrente para retirar todas as suas asperezas! Uma torrente de curso bem regular, com leito muito liso e muito minuciosamente dirigido, já não seria uma torrente, uma vez que não conheceria nem o esguicho das águas sobre as pedras, nem a fuga em redemoinho entre as raízes nodosas das grandes árvores, nem o rugir da corrente que desce, invencível, arrastando em seu seio blocos informes que são todos perigosos e potentes puxavantes.

As sebes ao lado do percurso da corrida não desaceleram o galope do cavalo bem treinado; ao contrário, são um estimulante para ganhar mais ímpeto, para alongar sua pisada num movimento cuja harmonia pode elevar-se ao estilo de uma comovente perfeição. Existem também, na vida, obstáculos que são uma ocasião para saltar melhor, para afirmar sua forma, para dominar e dominar-se, numa exaltação de seu próprio sentimento de potência.

A vida continua a ser, apesar de tudo, uma corrida de obstáculos. Devemos zelar por que nosso corcel melhore continuamente sua forma para superar as dificuldades que terá de enfrentar mas também por que não se encontre, subitamente, diante de uma sebe cuja altura ou constituição o espante, o repila, o detenha e desencoraje qualquer esforço futuro.

Que acontece, com efeito, se diante da criança se levanta um obstáculo que lhe é insuperável?

Exatamente o que se passa com a água da torrente que se choca contra uma rocha que não consegue ultrapassar. Há choque, parada mais ou menos barulhenta, que estraçalha o ímpeto; depois, após um momento de inquietude e indecisão, a vaga recuada reflui sobre si mesma num impetuoso redemoinho.

Produz-se então, ao mesmo tempo que o retorno sobre si, uma espécie de vazio, de oco, que a corrente leva mais ou menos tempo para preencher, conforme a altura do obstáculo.

O indivíduo é, igualmente, recuado por um obstáculo anormal que não pôde superar. Há a sensação de um buraco que se cava bruscamente nele, como uma falta de potência consecutiva ao fracasso momentâneo, e que o indivíduo deverá suprir com o apelo urgente a forças novas.

É um pouco também como o ciclista de corrida que se choca contra um obstáculo imprevisto e cai. Já na primeira emoção do choque sofrido, ele experimenta uma impressão profundamente deprimente de vazio que deve ser preenchido, de atraso que deve ser recuperado. E apenas quando, num tempo mais ou menos reduzido, tiver recuperado a energia suficiente é que poderá partir novamente com a esperança, nem sempre realizada, de alcançar o pelotão dos ciclistas.

Se ele puder, assim, após haver preenchido esse vazio, montar em sua bicicleta e partir novamente, o mal pode ser apenas insignificante, sem afetar seriamente o resultado da corrida.

O indivíduo pode, igualmente, algumas vezes, preencher num tempo recorde o vazio produzido pelo redemoinho e reencontrar sua potência normal para prosseguir sua corrida para a vida.

Se o interesse dessa corrida, se o sucesso, ao menos parcial, exaltam e coroam o esforço, o acidente pode ser suprimido parcialmente ou mesmo totalmente da memória, como o choque da água contra a rocha é ultrapassado e dominado pela correnteza da torrente.

Mas, na maioria dos casos, o acidente, mesmo benigno, ainda assim deixa vestígio.

O choque da água contra a pedra, o esguicho daí resultante, o refluxo violento que faz a vaga descendente elevar-se em feixe, todos esses acidentes produzem um brusco desequilíbrio que repercute durante um tempo bastante longo como movimentos desordenados, ondas encavaladas e giros de vagas que são como conseqüências dolorosas do choque sofrido.

O corredor que bateu num obstáculo e teve uma queda brusca machucou-se também; o choque traduz-se por uma dor, ou ao menos por um cansaço anormal que é apenas a expressão do desequilíbrio orgânico experimentado e do esforço instintivo suscitado para remediá-lo. Se o choque é mais violento, dele pode resultar um ferimento muito mais doloroso e de cura mais demorada, do qual fica então, quase infalivelmente, uma cicatriz mais ou menos sensível.

Esses fatos são a imagem quase perfeita do efeito, sobre o indivíduo, de um obstáculo insuperável. Há então um refluxo que detém e reduz, em primeiro lugar, a potência dinâmica do ser. O refluxo cava como que um vazio brusco, acompanhado de contracorrentes e de redemoinhos desordenados. O ser inquieto tenta logo preencher o vazio, dominar essa contracorrente, recobrar o equilíbrio e orientar novamente o redemoinho para o sentido da vida. Veremos o processo completo dessas reações.

Nos casos benignos, o desequilíbrio é bem depressa superado e esquecido, e o indivíduo retoma sua marcha para a frente, apenas com um ligeiro atraso que tratará de recuperar. Mas há casos mais graves que acarretam uma desorganização e um desequilíbrio acentuados e tenazes; um ferimento ao mesmo tempo físico e moral, ou talvez exclusivamente moral e psíquico, que leva mais ou menos tempo para ser curado, e do qual fica, às vezes a vida inteira, uma cicatriz em geral misteriosa que, em certos momentos, torna-se de novo dolorosa. É possível mesmo resultar daí uma verdadeira enfermidade, que traz para o indivíduo problemas vitais, cuja gênese é útil conhecer.

É esse processo que formulamos em nossa

DÉCIMA LEI: DO CHOQUE E DO REFLUXO

Em sua ascensão vital, o indivíduo choca-se inevitavelmente contra obstáculos. Se pode superá-los sem danos, eles são para ele estimulantes que lhe exaltam o sentimento de potência e de triunfo.

Caso contrário, há choque mais ou menos violento e conseqüente refluxo. O choque produz como que uma espécie de vazio mental que leva mais ou menos tempo para ser preenchido, provocando reações múltiplas que tendem a dar novamente o equilíbrio indispensável para a retomada da caminhada para a frente.

O choque recebido e o desequilíbrio passageiro ou tenaz dele resultante constituem um ferimento de cura mais ou menos demorada, do qual pode ficar uma cicatriz às vezes indelével, por muito tempo dolorosa, suscetível, aliás, de reabrir-se e de influenciar novamente nosso comportamento nos períodos de crise.

A realidade pedagógica corrobora esses dados teóricos?

Essa noção de *choque e refluxo*, tal como acabamos de defini-la, vai conduzir-nos a conclusões que, sobretudo para a primeira infância, coincidem perfeitamente com os ensinamentos recentes da psicologia e com suposições, às vezes julgadas muito ousadas e abusivas, da psicanálise.

Na criança bem pequena, duas necessidades são dominantes para assegurar a permanência e a exaltação da vida: a *necessidade de alimentação*, tomada em seu sentido lato de tudo quanto nutre e recarrega a vida (inclusive a necessidade de respiração, de criação e de ação) e a *necessidade de segurança e de defesa*. A necessidade de reprodução não aparece ainda, salvo nos casos verdadeiramente patológicos, sobre os quais cumpriria evitar construir sistemas de prospeção e de conhecimento de normalidade.

A criança com fome tem necessidade de satisfazer seu apetite. Trata-se de uma necessidade vital imperiosa, sem a qual a torrente da vida não poderia conservar e fortalecer sua potência dinâmica. Se o bebê pode mamar normalmente, há chances para que a vida continue, normal e vitoriosa, sem choques perigosos de repercussão profunda. Mas se, após ter mamado normalmente, durante alguns dias, vir-se bruscamente privado de sua nutriz, e se apenas lhe é oferecida uma mamadeira sem calor íntimo, com um líquido que só pode aproximar-se da especificidade deleitável do leite materno, a sua necessidade de alimentação já não é satisfeita.

O lactente encontra-se então na situação do viajante extraviado que acabou de malograr em suas tentativas de continuar seu caminho. Ele reflui um instante a si mesmo; seu cérebro novo é momentaneamente desequilibrado por uma situação aparentemente sem saída. Tentará sugar, mais uma vez, sua mamadeira insípida para tolher novamente sua necessidade insatisfeita. Ah! Ele não tem outro recurso: é pegar ou largar.

Meça sua própria inquietude de adulto nos casos perturbadores em que você ficou assim diante de uma situação em que qualquer recurso pessoal era vão e em que se apresentava a alternativa implacável: é pegar ou largar! E você compreende, sem teoria psicanalítica pretensiosa, que esses choques alimentares podem abalar profundamente as crianças novas, e que deles resulta uma dor, um desequilíbrio e uma cicatriz que influenciarão, em parte, todo o comportamento posterior. Não é de espantar, então, que os psicanalistas façam remontar às crises de desmame prematuro alguns traumatismos que dão origem a desvios orgânicos e a persistentes neuroses.

Choques idênticos, embora em geral menos graves, podem resultar, da mesma maneira, da necessidade de segurança e de defesa ameaçadas. Imagens anormais que a criança se surpreende de encontrar em seu campo de visão, porque rompem a harmonia e o equilíbrio que lhe são necessários; ruídos e gritos muito violentos; sensações desagradáveis ou apenas muito vivas – do olfato, do paladar, do tato – podem levantar igualmente obstáculos à sua necessidade de dominar o meio exterior e ocasionar um choque, um desequilíbrio, um machucado que, se pudéssemos sondar suficientemente a alma da criança, encontraríamos na origem de aversões, fobias, manias e medos que nos parecem inexplicáveis e que Freud achou necessário atribuir à libido.

Concluiremos com uma regra prática:

Todo obstáculo momentaneamente insuperável, que contraria a satisfação normal das necessidades essenciais da criança, é sempre um perigo e um erro, da mesma maneira que o ferimento e a doença. Logo, deve-se tratar de evitá-los como se afastam os ferimentos, os acidentes e as doenças. Você fará o impossível para satisfazer normalmente a necessidade de alimentação da criança no decorrer de seu primeiro período de vida. Evitará, da mesma maneira, os espetáculos assustadores ou apenas anormais, os ruídos dissonantes, os odores vivos e fortes. Tratará de aproximar-se sempre da indispensável harmonia natural[1].

....

1. Este é um caso típico da pouca atenção que os pais dão à necessidade de segurança das crianças: a aldeia estava na época dos abates. Preparavam-se para matar o porco, que começava a gritar, porque os homens esforçavam-se para retirá-lo do chiqueiro.

Os criadores acharam por bem conduzir o cavalo novo para longe do lugar do drama para que não ouvisse os gritos desesperados e não sentisse o cheiro de sangue quente que iria correr no caldeirão preparado para isso.

E, como eu me surpreendesse, o camponês me disse com grande bom senso: "Ah! Se ele ouvisse gritar, se visse o sangue, ficaria com um medo que talvez não pudéssemos mais curar."

Mas, no quarto vizinho, uma criança pequena chorava e gritava. Ninguém pensou que o espetáculo que se lhe iria impor poderia marcá-la também para toda a vida.

Desvio, sublimação, compensação, supercompensação

Se o indivíduo fosse suficientemente forte e harmoniosamente constituído, se as condições externas fossem favoráveis ao máximo, ele se elevaria normalmente de acordo com sua natureza e as leis específicas de seu devir. Seria como uma árvore que cresce num lugar benéfico, regularmente ensolarado, bem nutrida, ao abrigo dos ventos fortes, e que levanta o tronco, espalha os galhos e ramos segundo a disposição que lhe é particular, em uma harmonia que é normalmente perfeita.

Se o tronco se inclina, se alguns ramos se desenvolvem mais ativamente que outros, se há inflexão numa certa direção, é porque ocorreu alguma irregularidade no processo de crescimento e a árvore respondeu aos efeitos do obstáculo segundo suas possibilidades funcionais.

Ora, e talvez isso não tenha sido suficientemente observado, esse processo de reação às dificuldades encontradas, que é adaptação dinâmica, obedece a leis que são válidas para todo ser vivo, inclusive o homem. E veremos que algumas pretensas descobertas psicológicas são conhecidas há muito tempo – ia escrever desde sempre – pelos criadores e arboricultores.

Em seu escoamento na direção da encosta, a nascente encontra uma pedra que lhe barra o curso. Ela reflui para si mesma, volta para cima, espalha-se, espraia-se pelas linhas de menor resistência. Não muito longe da pedra, eis que, justamente, se apresenta uma falha. A água se infiltra lentamente nela, como que com hesitação; depois, quando descobre uma saída favorável, estabelece-se uma nova corrente, que drena toda a vazão da nascente, evita a pedra para ir, abaixo do obstáculo, alcançar o curso normal como se nada tivesse ocorrido. Há desvio acidental.

Mas é possível também que a falha assim descoberta, em vez de reconduzir a água ao curso normal, oriente-a para outra descida divergente, longe do curso primitivo, para outras torrentes, para outros destinos. Há então *desvio verdadeiro*.

Dá-se o mesmo com a pequena muda de trigo de que já falamos, que alonga desmesuradamente em caule frágil sob a pedra que se opõe à sua subida para finalmente ressurgir à luz, desviada apenas, capaz ainda de realizar seu destino.

A árvore que cresce à sombra de um maciço de vegetação não procede da mesma maneira, quando se inclina para longe do empecilho até reencontrar a luz e o sol que lhe permitirão subir e recobrar, apesar de tudo, vitalidade e equilíbrio?

Se a inflexão não foi muito marcada, o caule, após haver contornado o obstáculo, recobra seu prumo, somente com uma curvatura que ficará como uma prova indelével de seu desvio passageiro.

Mas, se o desvio é muito grande, a árvore não recobra mais seu prumo, o tronco da última arrancada sobe reto, mas não segundo o eixo original de seu crescimento. O desvio é definitivo.

Esses dois casos tão correntes apresentam-se da mesma maneira entre os seres humanos.

Por causa dos obstáculos com os quais se chocou e que não pôde dominar de outro modo, a criança mentiu ou roubou. Mas, superada a crise, ela não deixou de reencontrar sua linha normal de vida, somente com uma curvatura mais ou menos perceptível que, em face de dificuldades, pode fazê-la inflectir para essa solução de desvio.

Encerrado o incidente, a criança retorna à sua natureza normal, passageiramente desviada de sua via.

Se a curvatura é mais grave, a inflexão torna-se definitiva. O indivíduo já não encontra sua linha de vida inicial e prospera, talvez muito vigorosamente ainda, mas sobre uma base que já não é sua base original.

Observe que esse desvio pode não ser forçosamente maléfico. Em seu novo prumo, a árvore talvez encontre condições mais

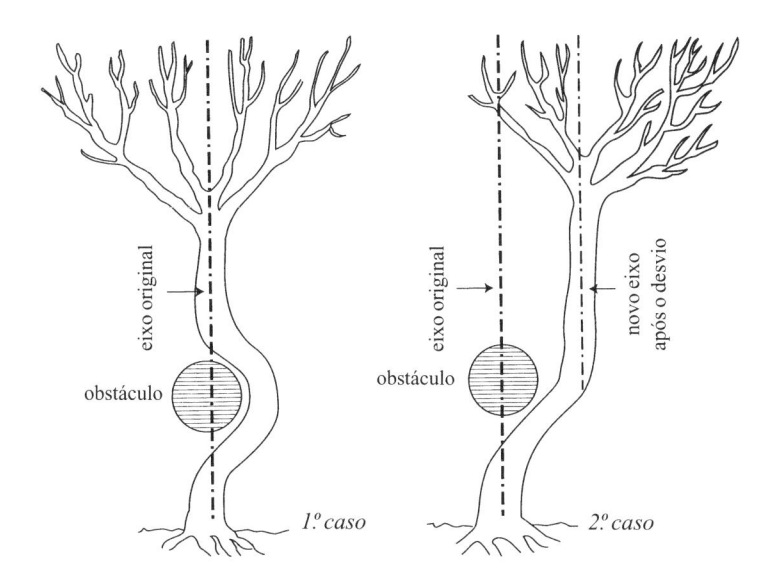

Desvio, sublimação, compensação, supercompensação _____ **87**

1.º caso   *2.º caso*

(eixo original, obstáculo, novo eixo após o desvio)

favoráveis de crescimento e de vida. O indivíduo talvez possa realizar melhor um destino, que, modificado nos seus fundamentos, ainda assim se eleva vigoroso e potente para o equilíbrio e a harmonia.

Formularemos como segue nossa

DÉCIMA PRIMEIRA LEI: O DESVIO

Se, apesar de seus esforços, o indivíduo não pode superar um obstáculo que atrapalha a realização de seu destino, então ele tateia até encontrar uma fissura que lhe permita evitar o obstáculo e reencontrar sua linha de vida, conservando intacto, se não aumentado, seu potencial de potência.

Houve desvio.

Se o obstáculo não é vencido a tempo ou a potência não é suficiente para dominá-lo, o indivíduo se adapta ao desvio e organiza sua vida sobre esse desvio, que impõe sua marca mais ou menos decisiva sobre o conjunto do comportamento.

A DÉCIMA SEGUNDA LEI É A DA SUBLIMAÇÃO

Há casos em que, após esse desvio, o indivíduo já não consegue reencontrar sua linha normal de vida: o desvio o orientou diferentemente.

Mas essa orientação pode fazer-se paralelamente, ainda no sentido de um destino benéfico, apesar de tudo, por uma adaptação engenhosa da inflexão sofrida às leis superiores do destino humano. Há então sublimação.

Mas a lei mais importante, que decorre, aliás, das leis de desvio e de sublimação, é a da *compensação*.

Você corta o galho de uma árvore. A seiva que não pode continuar sua via normal reflui para si mesma, indecisa e sem objetivo. É atraída então pela corrente que persiste em direção aos galhos que não encontraram obstáculos ao seu crescimento. A energia que não acha meio de ser despendida numa direção vai reforçar a energia em atividade no outro sentido: ela se dirige para o centro cujo dinamismo é mais potente e cria, por isso, uma atração mais imperiosa.

São os mais vigorosos que se beneficiam da seiva inutilizada do galho cortado. É um dos princípios da poda das árvores: não é forçosamente um galho vizinho daquele que cortamos que aproveitará as sobras da seiva, mas o galho mais vivo, aquele que reúne as melhores condições de aumento de potência. Se, a pretexto de dar-lhe uma forma, cortamos os brotos vigorosos da árvore, a seiva inutilizada não será potentemente atraída pelo chamado da vida: ela tateará e, finalmente, tentará fazer brotar vergônteas inúteis. O essencial, para o arboricultor, é sempre poupar alguns galhos novos vigorosos. A vida se dirige para a vida.

Se a água se arrasta sobre um solo sem inclinação, é fastidioso querer guiá-la. Enquanto ela é impetuosa, há recurso, contanto que não se rompa definitivamente a corrente.

Essa lei é geral: *a vida que já não pode ser despendida e realizar-se num sentido normal vai reforçar um dinamismo em curso a fim de recobrar, para a síntese do ser, um máximo de potência; e ela reforça o órgão mais dinâmico, aquele que melhor age no sentido do destino do indivíduo.*

É a *compensação*.

Imobilize o braço quebrado de uma criança. A vida tem tendência de se retirar do braço que já não pode cumprir sua função. Os músculos se atrofiam, os nervos se esclerosam. Mas essa potência inutilizada não é perdida: ela se dirige automaticamente para os órgãos que são mais capazes de compensar a perda sofrida. Essa compensação faz-se com um máximo de eficácia, e, em caso de paridade, é feita pelo órgão similar: se o braço direito é imobilizado, o braço esquerdo é que ganha em potência, em audácia e em capacidade. Se o olho direito é acidentalmente deficiente, o olho esquerdo é que aumenta sua acuidade; se uma perna é fraca, a outra perna é que se fortalece.

Mas o influxo vital pode seguir um trajeto mais complexo. O homem que se torna cego compensará sua atividade visual comprometida pelo fortalecimento de outras possibilidades reacionais. Quais serão os órgãos que se beneficiarão desse desvio? Não é automaticamente o tato ou a audição; será o sentido, a aptidão funcional que se mostrar a mais eficaz para recobrar o potencial de potência. Se a audição já é, por natureza ou função, particularmente desenvolvida, será o ouvido que se tornará o órgão predominante e se beneficiará da perda de potência visual; se o homem se servir sobretudo das mãos, seu tato é que adquirirá sutileza e potência.

Se o indivíduo ficar surdo, será igualmente a virtualidade mais favorável que atrairá o potencial de vida que ficou inutilizado; pode ser a vista, o sentido da fala, a inteligência ou a simples força bruta.

Não há apenas compensação.

Pode mesmo haver *supercompensação* quando o órgão que mobilizou a maior corrente de vida torna-se apto não só para suprir as peças defeituosas, mas apto também para mobilizar, além disso, uma potente energia diretriz que orienta todo o sistema.

As amputações, nos enfermos graves, dão exemplos impressionantes de um estado de fato que deveria ser uma lição para todas as pessoas válidas. Como os aleijados dos dois braços que desenham ou se penteiam com os pés, órgãos que a natureza não previu para esse tipo de exercício. Freqüentemente apresentam-se nos circos seres atacados pelas mais graves enfermidades, em que um órgão válido assegura, por supercompensação, desempenhos espantosos: o órgão ultrapassa aqui os poderes de sua função fisiológica.

Essa supercompensação é muito nítida entre os inválidos. O coxo tem sua perna intacta fortalecida; o cego conseguirá com os dedos o que somos incapazes de conseguir com todos os nossos sentidos.

DÉCIMA TERCEIRA LEI: DA COMPENSAÇÃO E SUPERCOMPENSAÇÃO

A energia que não pode ser empregada em sua direção normal jamais é perdida. Tende a produzir-se no indivíduo um equilíbrio não estático, mas sim de potência dinâmica. A energia inutilizada é atraída pelo dinamismo dominante, por aquele que é mais bem-sucedido na conquista do potencial de potência. É o princípio da compensação dinâmica.

A tendência dinâmica que se beneficiou da potência inutilizada por outras peças do mecanismo tende a aumentar desmesuradamente sua potência e a açambarcar o potencial de potência dos dinamismos não atingidos. É uma espécie de capitalização a que chamaremos supercompensação dinâmica.

Vejamos em que medida nossas observações pedagógicas corroboram essas observações simples e de bom senso.

Já expusemos os perigos que há (choque e refluxo) ao querer se opor autoritariamente, e com maior ou menor brutalidade, a um ato ou a um processo que são o resultado de experiências bem-sucedidas fixadas como tendências.

O arboricultor pode podar e podar novamente. Ele vê, conhece experimentalmente a direção que se beneficiará assim da oposição violenta às tendências vitais. Quanto a nós, não conhecemos quase nada daquilo que vai suceder no organismo ou na intimidade moral misteriosa da criança.

Você a pune porque cometeu um furto. Ameaça pretensiosamente: "Eu o farei perder esse mau hábito... Queira ou não queira, você terá de andar direito!"

E, fazendo isso, você detém brutalmente uma tendência que, como vimos, não é um acidente e sim um resultado, e que talvez não tenha, nesse grau, o caráter trágico que lhe é imputado. Você se opõe violentamente à realização de um processo que deitou profundas raízes na vida da criança.

É como se você pretendesse, com uma barragem sobre a torrente, deter-lhe bruscamente o curso.

Inicialmente há choque e refluxo – e já falamos de suas conseqüências. Depois, a torrente volta bruscamente à carga. Bate-se ainda, opõe-se à sua obstinação, para testar o rigor da barragem, quase por jogo, para ver quem será mais forte. Por vezes, nessa espécie de bravata há como que o germe de uma satisfação sádica cujo desenvolvimento estudaremos. Há luta, choques violentos de ambas as partes, oposição teimosa que pode assumir todas as formas, até a crise nervosa. E nem sempre é seguro que você seja o vencedor.

Essa luta e essa crise são uma primeira opção que é preciso evitar absolutamente. Essa oposição radical do adulto deve-se manifestar apenas quando há perigo grave de ir mais longe e deve apresentar então o rigor frio e a inflexibilidade das leis naturais e sociais que não devemos e não podemos transgredir. O ser em formação se baterá contra ela como contra uma parede, sem explicação. Será, então, obrigado a retroceder. Mas a lista desses casos graves permanece, apesar de tudo, reduzida. Em geral, o instinto de segurança da criança é suficientemente potente para inibir os atos realmente perigosos. Para todos os outros casos, evite, portanto, a oposição violenta.

Porque há ainda outras reações a essa oposição violenta.

Há o desvio que acabamos de examinar. O ato que não pôde ir até seu termo busca obstinadamente, e encontra – pois é preciso que encontre –, um derivativo talvez inesperado. A criança compreenderá bem depressa, pelo tateamento experimental, que de nada lhe adianta resistir à nossa autoridade; aparentemente, evitará os atos proibidos, e pensaremos ter atingido nossos fins. Na realidade, ela tateará apenas para encontrar uma brecha por onde poderá escoar a corrente por um instante represada. E perceberemos então – mas tarde demais – que sob a aparência da amabilidade e da obediência, escondendo habilmente seu jogo, a criança realiza o ato mesmo de que acreditávamos tê-la curado. No entanto, esse ato proibido será revestido de manha, de fingimento, de malícia – o que realmente só complica as coisas e torna ainda mais delicado o esforço de endireitamento que se impõe.

O desvio jamais é uma melhora. É um atalho clandestino para voltar a uma linha de vida que se impõe porque é o resultado do tateamento, da experiência bem-sucedida e, sobretudo, do exemplo e do meio.

Como regra geral: reservar a oposição violenta apenas para os casos realmente graves e perigosos. Para todos os outros casos, diga-se mesmo que sua intervenção:
– será inútil, pois o indivíduo repetirá o que fez, direta ou indiretamente;
– que sofrerá, todavia, choques e refluxos;
– que talvez apenas desvie seu processo de ação para alcançar, à sua revelia, o resultado desejado; mas esse desvio será um passo a mais que ele marcará e contra o qual você lutará em vão.

Se você estiver persuadido da inutilidade e do perigo de sua oposição, evite-a completamente, ou se lhe acontecer de se deixar levar por uma reação talvez natural, por impaciência, por cólera, porque isso o alivia e ao menos lhe dá a ilusão de sua potência, saiba pelo menos que *essa reação é sempre um erro.*

Você não é perfeito. A educação também o marcou, e o que dizemos das crianças aplica-se integralmente a você mesmo. Você tratará, pelo menos, de reduzir os danos causados por esse erro; procurará outras soluções para o problema, e diremos quais são possíveis.

Há a *compensação* e a *supercompensação* que definimos e que, de início, parecem autorizar e justificar sua oposição autoritária a um processo que você desaprova. Assim como o jardineiro que não quer deixar crescer o galho que o incomoda e que poda implacavelmente. Mas o jardineiro conhece suas árvores; ele vê, ou ao menos adivinha, todas as suas tendências. E, se lhe acontece, às vezes, ao longo de sua aprendizagem, mutilar uma árvore que definha e morre, trata-se, apesar de tudo, apenas de uma árvore.

As coisas são inteiramente diferentes com a criança porque não conhecemos nada de seu processo de vida. Não sabemos para onde irá a onda represada. Eis uma tendência que nos pareceria dever beneficiar-se da compensação. Esperamos em vão. E percebemos um dia que um broto desajeitado cresceu numa direção maléfica. No entanto, ele já está sólido, duro e profundamente implantado. Reduzi-lo é tentar a mesma operação perigosa que seria preciso evitar. E perdemos totalmente o benefício de nossa poda.

Se conseguíssemos conhecer – e vamos tentá-lo para o estabelecimento de nosso *perfil vital* –, como no caso da poda da árvore, em que sentido, em que direção, em benefício de quais rebentos vão intervir a *compensação* e a *supercompensação*, valeria a pena tentar a operação, e então poderíamos orientar nossos filhos a nosso bel-prazer, como o bom arboricultor orienta suas árvores dóceis.

Isso não seria totalmente isento de perigo. Porque há, no funcionamento dessa *compensação* e *supercompensação*, o grave risco de desequilíbrio que sempre receamos. O arboricultor realiza sua poda visando a um objetivo preciso: a produção mais rápida possível de frutos com boa vendagem. Mas essas árvores definham e morrem ao cabo de alguns anos, enquanto que as macieiras ao ar livre duram uma geração humana.

É, aliás, essa poda desastrada que se torna, nas escolas, um adestramento vulgar.

As crianças tinham tendência a agir, a se exteriorizarem pela fala e pelo gesto. Mas então intervém a poda tradicional: proibição aos estudantes de agir de acordo com as tendências que lhes são naturais, proibição de falar. Coloquemo-los, à força, com uma autoridade severa, na canga de bancos que se opõem a todos os movimentos: a energia vital, que já não se dispende nas direções consideradas maléficas pelo mestre, vai ser mesmo obrigada a se dirigir para a única saída possível: o trabalho escolar.

Acreditou-se nisso por muito tempo; acredita-se ainda. Mas constatamos que o galho, cuja extensão vigorosa era esperada, nada aproveita da poda, e que por vezes até definha porque mutilaram demais a árvore, porque a fizeram sofrer demais e assim lhe alteraram desastradamente a potência vital. Prudentemente, põem essa alteração na conta de uma deficiência vital, fisiológica ou mental do indivíduo. Mas, pela observação, percebe-se o erro dessa avaliação: descobre-se de repente o rebento que brotou à sua revelia, que reuniu suas forças, tentou suas manifestações. Basta permitir-lhe que desabroche e o veremos então drenar, por compensação e supercompensação, toda a potência vital do indivíduo.

É assim que o estudante, oprimido na sala de aula, deixará explodir, no pátio de recreio e na vida, as reações vivas por onde se estende a seiva, mas que não são forçosamente os ramos escolares.

Cálculo errado em toda a linha.

Que proporemos, então, como solução para esse problema complexo e especificamente humano?

1. Lembramos nosso grande princípio: abandonar, salvo para os casos graves, a oposição brutal e autoritária a uma tendência.

2. Examinar com muito cuidado a vitalidade dos galhos, a potência relativa das tendências e:

a) Facilitar, estimular, ajudar a eclosão daquelas que nos parecem benéficas; criar uma corrente de atividade tão possante que tem chance de compensar, e mesmo de supercompensar, outras tendências menos desejáveis, e que drenará para a torrente de vida todas as potencialidades do ser.

Retomemos o caso da criança ladra e mentirosa. Se não conseguirmos provocar outra corrente mais vigorosa, esta tendência é que predominará, tanto na família quanto na escola. A tendência continuará a se implantar e ainda mais profundamente quando tentarmos contrariá-la.

Deixemo-la de lado e desviemos a torrente. Interessemos a criança por uma atividade que corresponda a uma de suas tendências suficientemente potentes: vamos atrelá-la a um trabalho social que a monopolize ou a uma atividade escolar em que possa verdadeiramente empenhar todo o seu ser, seja um desenho, uma pesquisa, uma classificação ou uma realização técnica.

Ela será transformada

Dirão: "É, mas a tendência ao roubo reaparecerá assim que cessar esse novo interesse." O segredo do remédio é fazer perdurar seus efeitos e encontrar o meio de fazer dessa tendência, assim impelida para diante, uma regra permanente de vida capaz de dominar as tendências maléficas, que irão debilitando-se e desagregando-se.

É isso que tentamos fazer ao realizar na escola a nossa *educação do trabalho*, atrelando às grandes tendências vitais básicas o interesse profundo dos alunos até encontrar e fornecer-lhes, nesse trabalho, uma regra de vida não artificial, mas viva; até criar essa corrente soberana que drenará o melhor da vitalidade infantil.

Pedagogia inteiramente *ativa*, no melhor sentido da palavra. A estrada já não está balizada, como antigamente, por inúmeros cartazes de proibição, a cujos pés adormecem passivamente crianças de quem vemos apenas as fraquezas e os erros. É só passar uma farândola ou uma cavalgada e o bando a segue, sem segunda intenção, empolgado com a idéia nova e única. Devemos ser essa cavalgada, essa luz tão alta e tão viva que atrai todos os seres amantes de clareza e de potência; caminharemos e tomaremos pela mão aqueles que custam a avançar e lhes mostraremos as vias do êxito. Apenas há salvação no trabalho; é por nossa *educação do trabalho* que faremos explodir as tendências benéficas, o potencial vivo dos indivíduos.

b) Esse procedimento tem êxito mais particularmente com as crianças pequenas, em quem a inflexão das tendências é ainda passível de modificação e que possuem, ainda novo, um ímpeto de vida irredutível.

Ocorre, ao contrário, que por volta da idade escolar – e sobretudo na adolescência –, certas tendências cavaram tão profundamente sua inflexão que são erigidas definitivamente em regras de vida, que compensam e supercompensam todas as outras tendências, sendo difícil encontrar um novo trajeto capaz de dominá-las.

Pode-se, então, tentar *sublimá-las*: partir da inflexão que aprofundou seu vestígio, admitir esse vestígio como preponderante e definitivo, mas ajudar o indivíduo a subir reto e potente para um ideal, que é torrente de vida.

O exemplo mais clássico dessa sublimação é aquele da criança ladra que encarregamos de vigiar um material, responsabilizando-a por ele, e que pode tornar-se um guardião meticuloso e irrepreensível. A criança maníaca, muito atenta ao menor de seus gestos, será encarregada das tarefas de pesquisa e classificação. O ser vigoroso e forte, naturalmente brutal, será orientado para os trabalhos de força, ou garantirá a guarda das crianças fracas, para proteger e ajudar.

Os educadores – pais e professores – devem orientar-se deliberadamente para a prática dessa sublimação. De início, eles farão tateamentos e, por vezes, proporão às crianças trabalhos que não correspondem às suas tendências e deixam-nas sem reação. Que não se obstinem no erro, mas que procurem, alhures, outras soluções mais favoráveis.

Há personalidades extraordinariamente intuitivas que sentem isso por instinto. Não é a elas que escrevemos estes conselhos, mas aos que têm tudo para aprender ou para reaprender. Ao concretizar, em intenção das crianças, o máximo das possibilidades de atividade e ao apresentar uma gama extensa de virtualidades construtivas, há fortes possibilidades de que retenhamos uma tendência; de que seguremos, de passagem, as mãos que se estendem e de que, assim, caminhemos com mais segurança para uma renovação eficiente.

A medida da inteligência

Cumpria-nos, como reação a uma idealização excessiva do homem, redescobrir as bases funcionais de nossa verdadeira natureza, precisar as leis de nosso processo de crescimento, dessa "elevação do ser" que começa, persistente e invencível, já nos primeiros vagidos, e mesmo antes, no dia em que o primeiro germe se agita organicamente na semente, em que a nascente parte, hesitante e clara, para seu destino heróico.

Contrariamente às tendências habituais que contribuíram para dar crédito às teorias dos psicólogos e dos filósofos e às concepções religiosas baseadas numa eminente função da alma, não descobrimos na criança nenhum processo especial provocado por uma inteligência específica da natureza humana. Tivemos de valorizar, ao contrário, a universalidade das grandes leis da vida – seja ela vegetal, animal ou humana.

Não partimos, no presente caso, de nenhuma espécie de *a priori*. Aplicamo-nos somente a explicar com lógica e bom senso o resultado de nossas observações e experiências.

De início, assistimos à elevação do ser, da indiferenciação à inteligência, mediante os recursos fisiológicos mecânicos, o *tateamento experimental*, a sistematização das experiências bem-sucedidas que se fixam, pela repetição automática, como regras de vida quase definitivas. E reconhecemos, na permeabilidade à experiência, a própria definição da inteligência.

Até aí, não há nesse processo nada de especificamente humano. É um processo por assim dizer cósmico, que é característico da vida sob qualquer forma que se apresente. Entretanto, certas espécies, e certos indivíduos dessas espécies, avançam mais depressa nessa via da diferenciação e elevam-se tanto mais alto quanto mais depressa avançaram. Existem uns animais notáveis por sua permeabilidade à experiência, aos quais não se poderia, portanto, negar um admirável início de inteligência, enquanto uns seres humanos retardam-se lamentavelmente num nível primitivo fechado a qualquer solicitação exterior.

Propomo-nos, justamente, baseando-nos nesse princípio de permeabilidade, a estabelecer para os primeiros anos da infância uma escala de inteligência prática, original e segura.

Em sua marcha para a frente, a espécie humana vai incontestavelmente mais longe e mais alto do que os mais dotados animais.

Haverá, portanto, em dado momento, um novo princípio que intervém no desenvolvimento do homem, uma eminente superioridade específica que origina uma incontestável dignidade?

Aí está o grande problema, a porta delicada em que nos esperam espiritualistas e crentes que, para transpô-la, fizeram um supremo recurso a forças superiores que teriam marcado a espécie humana com uma prestigiosa estrela.

O homem se beneficia de um destino essencialmente diferente daquele dos outros seres? Haveria uma chave misteriosa que abriria, numa certa época, as portas da humanidade?

De onde nos viria essa chave? Uma divindade suprema no-la teria oferecido inteiramente forjada, e por toda a eternidade, ou seria necessário, para recuperar seu uso, ser tocado pela iluminação de uma graça excepcional?

Ou então houve, e há ainda, elevação gradual da inteligência funcional até essa compreensão da complexidade cósmica? Essa chave misteriosa não teria sido forjada, pura e simplesmente, pelos próprios homens, ao longo de um período infinito de tateamentos, em que alguns abriram à humanidade as brechas majestosas por onde continua a exploração em direção ao desconhecido que se deve reduzir e dominar?

Em outras palavras, haveria, em certo momento de nossa evolução psicológica através do tempo, um hiato que nossa concepção da vida não poderia explicar e que necessitaria, pois, da descoberta de novas leis? Ou podemos ir ainda mais longe no conhecimento, apenas com os instrumentos cuja generalização natural descobrimos?

Esse é o problema que temos para resolver.

Quando a galinha não tem mais fome e sente-se em segurança, acocora-se na terra quente, numa quietude perfeita, até que a fome reapareça ou um barulho insólito lhe ameace a segurança.

O próprio coelho, quando retorna à toca no orvalho matinal, deita-se em sua cova, totalmente quieto, ao menos enquanto não o faça erguer a orelha um barulho anormal, ou um cheiro suspeito, ou o chamado imperioso do acasalamento ou da maternidade. Mas, de acordo com a experiência limitada que terá tido, ele será capaz de uma decisão súbita e mesmo de astúcia quando se tratar de escapar dos cães de caça.

A ovelha, que é obtusa e resignada no ajuntamento do rebanho ou na imobilidade do estábulo, sabe, diretamente pelos tateamentos exigidos pela vida nas altas pastagens, melhorar e apurar seu comportamento, pressentir o temporal, que a orienta para as depressões abrigadas, ou o inverno precoce que a reconduz ao vale. Ela pode até, no rebanho, assumir um papel de comando, juntando em torno de si os animais menos espertos ou os jovens pouco experientes, para conduzi-los aos pastos melhores ou levá-los aos baixios onde pressente maior segurança.

Num meio mais à sua medida e que necessita de experiências e tateamentos, o animal melhora incontestavelmente seu comportamento para alcançar novas aptidões que visam a um equilíbrio mais harmonioso dentro do complexo vital em que está integrado.

O cão, mais ainda do que a ovelha, modifica e educa seu comportamento conforme as lições de seu tateamento experimental no meio em que vive. E alguns de seus atos já estão inseridos no condicionamento dessa inquietude, dessa dúvida, que são um degrau essencial do crescimento do homem.

O homem do século XX é o resultado de uma série infinita de experiências e tateamentos em lugares múltiplos e diversos que criaram, e criam mais do que nunca, para os seres em formação, uma profusão de problemas que eles jamais chegam a resolver totalmente e que constituem uma espécie de atração permanente para um desconhecido insondável.

Por que o homem foi assim solicitado por um maior número de experiências, das quais algumas, devidas ao meio ou a extraordinários concursos de circunstâncias, abriram horizontes insuspeitados? Este é um problema que deixaremos aos historiadores o cuidado de esclarecer. Talvez um dia digam qual é a parte, nesse êxito, de uma lenta conquista da postura ereta, que aos poucos foi liberando as mãos, cujo polegar opôs-se aos outros dedos. Essa postura ereta sem dúvida provocou um atraso no aparecimento dos hormônios sexuais, prolongando assim, mais do que para qualquer outra espécie, o período de tateamento e aquisição. Talvez digam também como essa posição vertical provocou a grande expiração de uma respiração das partes mais elevadas e congestionou um cérebro que, daí em diante, teve um papel excepcional na adaptação ao meio por uma espantosa permeabilidade à experiência.

Dada a sua natureza, por causa do meio rico, complexo e mutável onde viveu, dos instrumentos que pôde criar, o homem diversificou ao infinito e depois especializou seus tateamentos. Explorou, para além dos muros de sua própria construção, os montes e os vales, o ar acima do solo e as profundezas da terra, lançando suas raízes cada vez mais longe e suas ramagens cada vez mais alto.

Para qualquer lado que se volte, o homem encontra vestígios de tateamentos iniciados, que criam igual número de necessidades cuja multiplicidade crescente é proporcional à formidável experiência humana. À força de perscrutar e subir, alcançou um topo de onde descortina um horizonte infinito que propõe à sua prospecção uma infinidade de outros tateamentos.

É nessa permanente insatisfação diante da infinidade de tateamentos que se nos apresentam, na busca de nosso equilíbrio vital, que veremos a particular medida do homem.

Nessa elevação do ser para a vertigem do infinito, não encontramos nenhum princípio excepcional além das grandes leis da vida que nos aplicamos a pesquisar e a precisar. Não há, nessa ascensão, senão uma diferença de ritmo e de grau. É como um

A medida da inteligência

motor que pode girar muito tempo em marcha lenta, sem risco nem fadiga, mas que podemos também acelerar até decuplicar sua força quando se trata de vencer uma encosta abrupta, no avanço pelos desfiladeiros.

Há homens – retardados e deficientes – cujo motor gira em marcha lenta e que têm apenas uma gama reduzida de necessidades. Eles só chegam a uma plataforma ao pé do desfiladeiro e lá se detêm, satisfeitos com sua conquista. Enquanto alguns animais poderão, à custa de uma tensão extrema, ir mais longe na direção dos cumes com insondáveis perspectivas.

O indivíduo mais elevado em nossa escala da humanidade é aquele que recebeu de sua raça, e de suas próprias experiências, a mais profunda insatisfação em face dos problemas da vida e do mundo; aquele que não pára de tatear, de investigar, para tentar resolver a imensidade dos problemas dos quais depende seu destino.

Poderíamos completar nossa escala da inteligência com uma escala de humanidade, balizada justamente pelos graus dessa insatisfação das necessidades, que sempre motiva os mais laboriosos tateamentos.

Nessa subida para os desfiladeiros, o homem teve a vantagem – não se sabe ao certo depois de que êxitos complexos, e decerto graças também ao seu polegar que se opõe aos outros dedos e facilita a preensão – de assenhorear-se de objetos exteriores, dos quais fez ferramentas.

Para se apoderar de uma banana pendurada no teto, o macaco é capaz de ir buscar uma caixa que vê por perto e de usá-la como estrado para alcançá-la. Mas assim que a banana é apanhada, o gesto é definitivamente suspenso e a caixa tornada inútil.

A criança, por sua vez, não fica satisfeita quando, nas mesmas circunstâncias, pelo mesmo procedimento engenhoso, apoderou-se da banana que lhe acalmou a fome ou a gulodice. A vida já tem, para ela, outras exigências. O estrado improvisado revela-se um meio prático para enfrentar outros tateamentos. Ela teve a intuição da superioridade técnica – fruto de tateamentos ancestrais – que essa ferramenta pode valer-lhe. Teve consciência da potência nova que essa simples caixa lhe traz. Em seu comportamento, a idéia dessa potência estará daí em diante ligada ao uso da caixa, que se tornará uma *ferramenta*.

Atira-se a um macaco uma fruta que está fora do alcance de sua mão. Lá está a fruta que lhe tenta a gulodice. Ele tateia para alcançá-la, como faria uma criança; estende a mão; tenta mesmo insinuar o ombro por entre as grades, mas sem sucesso. Um pedaço de pau está a seu alcance, pega-o, alcança a fruta e, com uma série de tateamentos, primeiro desajeitados, depois mais eficazes, a traz para si e come. Mas, como acabou-se a fruta, ele pura e simplesmente abandona o pau. Ele o roerá talvez, ou o quebrará, pois já não vê nele uma eventual utilidade, uma vez que não há mais, no momento, nenhum gesto que fazer, nenhuma fruta que buscar.

Posta em condições semelhantes, a criança tateará da mesma forma, e não mais habilmente talvez. Se um pedaço de pau estiver ao seu alcance, ela se apoderará dele; se esse uso for-lhe bem-sucedido, não se considerará, entretanto, satisfeita. Há tantos outros desejos ainda! Há tantos outros tateamentos que se apresentam! Há aquela barra lá embaixo para alcançar, ou aquela lâmpada, ou mesmo o sol, mais brilhante ainda do que a lâmpada. Lá está o pau, cujo emprego revelou-se um sucesso; ela o utiliza para outros tateamentos cujo sucesso lhe dará a medida do valor do pedaço de pau como *ferramenta*.

O pedaço de pau tornou-se como que um prolongamento de seus dedos e braço, e ela testa esse prolongamento. Sem objetivo, diríamos. Não que sinta fome ou queira diretamente aumentar sua segurança. Ela quer tocar mais alto, conhecer o desconhecido, alcançar o inacessível. Em seu espírito predisposto ao tateamento, estabelece-se uma nova relação entre esse avanço para o desconhecido e o objeto que lhe permite dominar o obstáculo. A *ferramenta* torna-se o auxiliar eficiente da conquista.

A noção e o uso de ferramentas, que estão incontestavelmente na origem do progresso mecânico do homem contemporâneo, são apenas o resultado da infinidade de tateamentos numa infinidade de meios, da exploração técnica de alguns êxitos, de brechas benéficas que deram às mãos do homem um prolongamento e uma potência de que ele mesmo às vezes se admira e de que não consegue encontrar a origem nem o desenvolvimento.

Sintetizaremos esse processo de complexos e infinitos tateamentos, mediante o emprego cada mais variado de ferramentas, com conseqüências incalculáveis, em nossa

DÉCIMA QUARTA LEI: DE UMA ESCALA DE HUMANIDADE

As reações primárias do homem e da criança são em todos os pontos comparáveis às reações dos animais e de todos os seres vivos em geral. A própria inteligência, que definimos como permeabilidade à experiência, é comum a todos os seres vivos. Há, conforme as espécies e os indivíduos, apenas uma diferença de ritmo e de graus. É essa diferença que nos permite estabelecer uma escala elementar do comportamento inteligente.

O homem, entretanto, ultrapassa o animal porque seu organismo, sua hereditariedade, os meios onde viveu, o sucesso de suas experiências provocaram uma infinidade de tateamentos cristalizados em regras de vida que marcaram as gerações.

O homem parece ser, por isso, um eterno insatisfeito, sempre em busca de uma solução nova para os problemas insondáveis do conhecimento e da ação. É pela multiplicidade de tateamentos para satisfazer a multiplicidade sempre crescente de necessidades que mediremos nossa escala de humanidade.

No decorrer dessa infinidade de tateamentos são criadas novas relações, utilizadas pelo indivíduo para prolongar o poder e a ação de suas mãos.

O homem então inventou a ferramenta que está na base do progresso técnico contemporâneo.

Nossa pedagogia corrobora essas explicações?

Quando estabelecemos mais ou menos didaticamente a lista das necessidades sobre as quais poderemos apoiar nossa ação educativa, não devemos esquecer essa *necessidade infinita* de tateamentos que encontramos na base de qualquer progresso humano.

Pela satisfação das necessidades fisiológicas – necessidade de conquistar, necessidade de conservar e de transmitir a vida –, damos às nossas crianças as qualidades significativas dos bons animais: espertos, fiéis, afetuosos. Se nada mais fizermos, as crianças pararão aí, nessa concepção animal de sua vida, que não deixa de ter vantagem prática, mas é desprovida de horizonte e grandeza.

Esse horizonte, essa grandeza lhes virão da porta da humanidade que lhes tivermos aberto, através das buscas infinitas que serão oferecidas à sua "insaciável curiosidade".

Para o macaco, a noção do pedaço de pau está ligada somente à noção de alimentação. Para a criança, o tateamento provocado pelas necessidades insatisfeitas cria outras noções: pedaço de pau-fruta, pedaço de pau-teto, pedaço de pau-sol, pedaço de pau-lâmpada elétrica...

Poder-se-ia dizer que os circuitos dos animais permanecem primários, provocados apenas pelo objetivo orgânico que lhes dá origem. Por causa de suas necessidades complementares, a criança cria grande número de outros circuitos que conferem ao pedaço de pau outros atributos. O pedaço de pau será não só o objeto que serve para alcançar a banana, mas também o prolongamento da mão que permite tocar o teto, ameaçar a lua, coçar-se, fazer sinais na areia, fazer soar uma barra de ferro ou assustar o gato. É essa multiplicidade de atributos que confere ao pau sua característica de ferramenta: se a criança tiver, um dia, de alcançar um objeto no teto, fazer um buraco no solo, bater numa chapa, a necessidade reclamará imediatamente o objeto que é capaz de satisfazê-la, em virtude das experiências previamente bem-sucedidas. Enquanto o macaco, limitado nas suas necessidades, que não fez nenhuma dessas experiências, utilizará o pau exclusivamente como apanha-banana e não como ferramenta de finalidades múltiplas.

O animal, mesmo inteligente, apenas se interessa pelos elementos, pelas mudanças e pelas ações que se relacionam com a satisfação de suas necessidades fisiológicas. Satisfeitas estas, cessa a curiosidade.

O homem – e mais especialmente a criança – parece nunca ter atingido plenamente seu teto de vida que é – também ele – proporcional ao infinito. Busca sempre, perscruta, reflete, compara. Por quê? É preciso tentar sabê-lo.

Há, certamente, uma curiosidade animal: a do gato, que mergulha o nariz em todos os pratos do armário entreaberto; a do cão, que cava as moitas em busca da caça de que quer alimentar-se; a do macaco, que desdobra minuciosamente o papel que lhe oferecem, com a esperança de aí descobrir algo comestível; a curiosidade do leão, que explora as rochas para encontrar um covil; a curiosidade do pássaro que procura seu alimento ou que é movido por seu instinto de nidificação.

Essa é a curiosidade animal e fisiológica comum a todos os seres vivos. Ela não é anormal – ao contrário. Anormal é que a civilização tenha conseguido matar no indivíduo, ou deformar totalmente, essa curiosidade primária. Na cidade, sobretudo, a curiosidade correspondente à necessidade de alimentação se reduz à exploração das vitrinas de mercearia; a necessidade de habitação, à leitura de anúncios em busca de moradia. E se a criança tem a infelicidade de ter nascido numa casa onde apenas tem de se deixar viver num bem-estar que é a satisfação das necessidades antes da necessidade; se tem apenas de se sentar à mesa para comer o que lhe é servido e o que lhe satisfaz a fome, às vezes antes mesmo que ela surja, então já não terá curiosidade instintiva. A casa será, para ela, um dom natural, como o nariz ou a boca, e nem sequer saberá se o prato que saboreia é um produto da terra, um cadáver de animal, um fruto ou pura e simplesmente uma matéria plástica moderna.

Alguns poderão dizer que é justamente um progresso o indivíduo ter se desvencilhado de suas preocupações inferiores e que o homem tem coisa melhor que fazer do que se demorar nessas questões prosaicas, quando o chama o ideal e o infinito.

Uma opinião assim poderia, abstratamente, sustentar-se. Mas raciocinamos de acordo com nosso bom senso de homem do povo e de trabalhador, e dizemos que isso é uma monstruosidade que, como todas as monstruosidades, apenas poderia ser uma praga e um erro. É como se disséssemos que a criança não tem necessidade de mamar por longos meses e que se pode dar-lhe imediatamente uma alimentação cientificamente preparada pelos homens; ou que não tem mais necessidade de aprender a andar, uma vez que o gênio audacioso dos pesquisadores inventou máquinas que a arrancam da gravidade, rumo ao azul do céu.

Não, a criança deve necessariamente passar por todas as etapas que especificamos: é uma condição de seu desenvolvimento harmonioso e de sua potência. Para conseguir construir solidamente o edifício de sua personalidade, deve levantar experimentalmente o andaime que esse edifício impõe. E ela não pode começar esse andaime pelo topo: correria os mais graves riscos se sobrecarregasse prematuramente os andares superiores, montados sobre apoios frágeis e mal provados. A construção só pode ser harmoniosa, sólida e eficaz se seus andares foram tornados seguros, uns após os outros, a partir das fundações. E temos a pretensão de não colocar, na escada do conhecimento e da ação, senão os degraus do topo, como se os degraus precedentes se tivessem tornado inúteis em conseqüência de nossa ascensão! Tudo o que podemos fazer – e devemos realizar – é que o levantamento do andaime, sem nada perder de sua solidez, seja feito o mais rapidamente possível e que se chegue quanto antes aos degraus superiores; que não se fique desencorajado e aviltado no caminho; que também não se gesticule inutilmente no topo de um andaime vacilante que dá vertigem e cujo desmoronamento pode precipitar no nada e no erro.

Em nenhuma hipótese nossa educação deve fazer que se queimem etapas. O indivíduo deve subir dos primeiros recursos fisiológicos mecânicos aos reflexos sistematizados, do tateamento mecânico ao tateamento inteligente; ao imitar os gestos que presencia, sistematizará cada vez mais os êxitos inteligentes para chegar, enfim, ao limiar da humanidade, à luz do infinito, à busca de um ideal que está além de suas necessidades, à satisfação de tendências superiores que o elevam até a concepção de atos complexos, ao emprego de chaves, de instrumentos e de símbolos que o farão subir cada vez mais para o desconhecido insondável.

O que dissemos até agora da educação fisiológica, que temos em comum com os animais, podia parecer, com razão, muito terra a terra, muito mecânico, impregnado demais de reflexos automáticos, como se o homem não passasse de uma máquina, maravilhosa por certo, mas mesmo assim uma máquina, sem profundidade nem horizonte.

A ênfase que demos a essa forma primária da educação era, parece-nos, indispensável para corrigir os erros de uma filosofia dominada por uma perigosa e prematura especialização das tendências intelectuais e afetivas à custa da vida vegetativa, essencial contudo e, como vimos, muito amiúde determinante.

Ater-se a esse materialismo, como fizeram certos métodos pedagógicos concebidos para os anormais que não podiam levantar mais alto seu andaime, é decapitar uma educação cuja nobreza é, justamente, exaltar as aptidões particulares do homem. Explorar exagerada e exclusivamente essa sede do desconhecido é desenvolver uma cabeça monstruosa sobre um corpo vacilante, operação a que se recusa instintivamente a maioria dos indivíduos. Isso explica o fracasso quase completo da escola intelectualista, fracasso que seria bem mais patente e bem mais catastrófico se a vida não prosseguisse misteriosamente sua obra de consolidação sucessiva dos andares até alcançar, por vezes, através de um desvio, o andar pretensioso da escolástica.

Não esqueceremos, em nosso método natural, nem a importância dos automatismos transformados em tendências e em regras de vida, nem a necessidade do incessante tateamento que desenvolve e precisa a experiência, nem a força do exemplo; mas também iluminaremos sempre essas preocupações com a abertura para o infinito de uma janela por onde o olhar poderá ultrapassar o real e elevar-se para o conhecimento e a potência.

Essa iluminação tem uma forma sutil e um anverso realista.

A forma sutil é a imaginação e o sonho que são como que escapadas do ideal, o vôo do ser acima da lenta construção dos andaimes, para o esplendor dos pincaros entrevistos, para os quais é próprio de nosso destino superior avançar. Mas vemos também os perigos: a ilusão de uma elevação falaciosa, a criação artificial de um mundo apartado demais das contingências humanas; a elevação a uma altura em que o ser, insuficientemente assentado e equilibrado, não consegue manter-se em segurança, de onde desce desiludido, a não ser que tropece e caia para talvez jamais tornar a subir.

É isso que acontece às crianças em quem cultivamos precocemente essa necessidade sutil de afetividade, de imaginação e de sonho. Elas foram transportadas depressa demais aos andares superiores onde as transfiguraram os primeiros clarões da aurora. São como esses pequenos camponeses que vão pela primeira vez à cidade deslumbrante e voltam decepcionados, desiludidos, desencorajados à sua cidadezinha calma e apagada. Gostariam de ficar para sempre nesse mundo encantado entrevisto por um instante e jamais descer novamente à terra que eles começam a desprezar e a maldizer, sem se darem conta de quanto a vida trepidante das cidades os desnorteia e perturba.

As histórias, cuja conveniência foi por tanto tempo discutida pelos pedagogos, são uma dessas formas de exploração da imaginação e do sonho. Hoje, o cinema e a televisão agravam os seus danos. Eles transportam a criança para o andar superior, sobre a beirada de uma janela entreaberta para o infinito. E aí se vêem coisas tão belas e grandes, que a literatura poetizou, que a música traduz em sua linguagem superiormente intuitiva, que o cinema fixa em imagens que são, ou poderiam ser, a mais alta expressão desse ideal entrevisto! Toda a nobreza do homem está nesse vôo. Não poderíamos esquecê-lo.

Mas a ascensão apenas será feliz se não contrariar o levantamento harmonioso do andaime; se não pretender substituí-lo; se permanecer a súbita iluminação necessária, como o sol que, pela manhã, tira da sombra indiferenciada os topos das montanhas; se não se tornar uma ilusão que impede ver as realidades, compreender e sentir também o esplendor das montanhas, dos campos de trigo, das árvores e das casas tranqüilas no flanco dos vales brumosos.

Educação fisiológica e automaticamente assentada na permanência das necessidades, mas iluminada pela clareza superior da afetividade, da imaginação, do sonho e do ideal: tal será nossa fórmula pedagógica.

Essa ligação entre a vida vegetativa, mesmo sob suas formas automáticas, e o ideal entrevisto, as formas sutis que nossa imaginação atribui a nosso ser superior, essa subida segura e definitiva dos andares que se elevam ao céu, tudo isso é obra do espírito criador cuja ferramenta é, ao mesmo tempo, o meio e a expressão.

Com a ferramenta, o ser humano se eleva acima da vida vegetativa para concretizar cada vez mais cedo a miragem cujo espetáculo o fascina. Com ela, acelera a construção de seu andaime; transpõe num passo mais rápido os diversos andares de sua formação; depois, ele próprio cria; constrói; eleva-se como um deus que não vê nenhum limite à sua ascensão.

Na ferramenta, no trabalho, temos o elemento essencial da educação. Como se vê, o conhecimento, seja ele intuitivo, imaginativo ou formal, não seria suficiente para a construção de uma personalidade. A escola fez dele sua preocupação dominante, deificando sua aquisição, exaltando-o, sistematizando-o. Ela pôde, com alguns alunos, subir muito alto, ir muito longe. Percebe-se agora que, fazendo isso, ela em nada favoreceu a construção do andaime e que o homem a que chamamos instruído está pura e simplesmente no topo desse edifício vacilante que lhe dá vertigem e, no deslumbramento da altitude, faz com que esqueça o próprio sentido de seu destino.

Dizemos então: o conhecimento é apenas acessório. O que conta sobretudo é a sólida construção dos indivíduos, e essa construção prossegue não pela imaginação e o sonho sozinhos, ou pela aquisição formal, e sim pelo trabalho auxiliado por instrumentos adaptados, a serviço da personalidade, elemento da comunidade social.

Essas considerações psicológicas vêm uniformizar nossa maior preocupação pedagógica, que é: no processo de formação, invertemos a ordem das funções: o trabalho e as ferramentas passam para o primeiro plano da construção, iluminada por um pensamento profundo, por uma centelha de ideal, por um sentido novo de nosso destino humano. O conhecimento mais ou menos abstrato das coisas, o desenvolvimento formal da inteligência e de suas funções acessórias – imaginação, memória, raciocínio – não serão mais cultivados por si sós, mas somente em função do trabalho e da construção eficaz.

A economia do esforço

Estamos a ponto de completar o exame das reações vitais do indivíduo em face dos problemas que a vida e o crescimento lhe apresentam.

Os homens estão lá, ao pé de um grande rochedo. Os animais menos inteligentes – galinhas e patos, por exemplo – não tentam empreender a escalada, a menos que a isso os empurre uma necessidade fisiológica: alimentação, segurança ou sexualidade. Se essas necessidades estão satisfeitas, seu instinto os orienta mais para o vale do que para o rochedo, que não terão nenhuma veleidade de conquistar.

A superioridade do homem, como dissemos, é que, após suas ancestrais e infinitas experiências tateadas, conserva intacta sua necessidade insatisfeita de conhecimento e de ascensão. Ele levanta obstinadamente os olhos para o topo do rochedo que se confunde lá em cima com o azul do céu.

Ele sente uma imperiosa necessidade de subir, apesar das dificuldades, apesar da fome e do frio talvez, sabendo entretanto que não encontrará lá em cima nem alimento nem vestígio de abrigo. Mas subirá porque essa ascensão lhe aumenta o sentimento de potência, o faz superar-se, excita nele a atração pelo desconhecido que está na origem de toda descoberta.

Se ninguém ainda tentou a escalada, o indivíduo tateará para encontrar as passagens possíveis, as asperezas suscetíveis de servir de pontos de apoio. Talvez não vá muito alto, mas, graças a seus esforços, seus filhos poderão subir mais alto que ele, porque encontrarão um rastro feito, trilhas preparadas, escadas arranjadas. Por vezes, acontecerá que essas trilhas conduzam a impasses, a barreiras inacessíveis. Os escaladores farão então como o cão que procura seu caminho: retrocederão para encontrar outra direção ou pararão um instante para fabricar com pedras duras um machado, com galhos e cipós uma escada, que lhes permitirão conduzir, mais rápido e mais adiante que seus ancestrais, sua experiência de tateamento e triunfar sobre dificuldades até então insuperáveis.

Em sua ascensão, segundo um princípio de economia de esforço que lhe é natural, a fim de ir o mais longe e o mais alto possível com um gasto mínimo de energia, o indivíduo repete automaticamente os tateamentos bem-sucedidos, repassa, mecanicamente, pelos caminhos que traçou ou que traçaram seus predecessores.
Formularemos assim uma

DÉCIMA QUINTA LEI: A LEI DA ECONOMIA DO ESFORÇO

O indivíduo quer naturalmente adquirir o máximo de potência, subir o mais alto possível, mas com um gasto mínimo de energia.

É por isso que tem tendência de passar pelos caminhos já traçados, de empregar as ferramentas já feitas, de apropriar-se da experiência dos outros para ir mais longe do que eles.

Se ele for bastante ativo, essa economia servirá, por fim, à ascensão e ao progresso, uma vez que poupará forças que permitirão ir mais para a frente ainda.

A prática da brecha como origem das tendências

Comparemos o processo de marcha para a frente com a tática de um exército em campanha.
Se o exército é suficientemente potente em todos os seus elementos, se suas forças são bem equilibradas e se não encontra, em nenhum ponto da frente de batalha, resistência insuperável, então

avança com regularidade tanto em suas alas quanto no centro, sem negligenciar os flancos. E toda a retaguarda, tanto a retaguarda imediata quanto as reservas escalonadas em profundidade, desloca-se para a frente num mesmo movimento uniforme.

Essa progressão regular será também a do indivíduo ideal que consideramos em sua potência harmoniosa e equilibrada, que pode desenvolver-se igualmente em todas as direções como uma torrente de vida que segue diretamente para seu máximo de potência.

Mas, se o exército em questão encontrar, em seu centro ou na ala direita, uma feroz resistência que impeça, ao menos momentaneamente, qualquer marcha para a frente e se, entretanto, num ponto de sua ala esquerda, a sua potência tiver meios de manifestar-se por uma progressão que quebra todas as resistências, a ala esquerda avançará mais ou menos profundamente na linha inimiga e avançará o mais longe possível, com todo o vigor e energia de que for capaz. Ocorre, então, na massa do exército, uma espécie de movimento natural de translação para o local de progressão.

Coloque areia numa caixa de paredes lisas. Fure a caixa na parte inferior de uma face. Não é somente a areia que se encontra em contato com a brecha que se escoa; mas o vácuo criado por esse escoamento produz como que uma atração que puxa para a brecha uma grande porção da areia da caixa.

O mesmo ocorre à água da nascente bloqueada por uma barreira. Ela se espalha suavemente, tateia em todas as direções à medida que sobe o nível, procurando uma saída à direita e à esquerda.

Suponhamos que se forme uma brecha num ponto. Não só a água que lhe é contígua vai escoar-se imediatamente, mas também ocorrerá uma atração igual à da areia, com mais mobilidade ainda, e toda a água será como que aspirada pela brecha.

O mesmo movimento acontece ao exército ofensivo de que acabamos de falar.

Os grupos que se engolfam na brecha deixam atrás de si um vácuo que chama e atrai não só as reservas normais, colocadas em profundidade atrás desses grupos, mas também os grupos vizinhos, do centro e da ala direita, que não encontraram escoamento direto para sua potência, reprimida, e também as reservas postadas atrás desses grupos. Produz-se uma ampla e profunda – e irresistível – inflexão para a brecha por onde a potência do exército pôde manifestar-se.

Se os estrategistas não interviessem para moderar essa inflexão, poderia sobrevir uma espécie de investida que desguarneceria prematuramente o centro e a direita e deixaria o exército perigosamente vulnerável nesses pontos.

O mesmo processo mecânico se efetua no comportamento do indivíduo.

Basta que o ser descubra, ao longo de seu tateamento experimental, uma tendência que encontre seu exutório para que, imediatamente, por esse mesmo movimento mecânico e em virtude da lei de economia citada, toda a sua atividade tenda a enveredar para a brecha aberta.

Essa atração de força, de atividade e de potência para os tateamentos bem-sucedidos, esse ímpeto mecânico para a brecha aberta, concebida lateralmente e em perspectiva, é o que chamamos de tendência.

A criança pequena virou a cabeça por acaso, para evitar que a luz a ofuscasse – e isso, no início, era um simples tateamento. O gesto foi bem-sucedido. Abriu-se uma brecha no dispositivo do comportamento. Não só a criança virará a cabeça todas as vezes que uma luz a incomodar, mas ainda terá a tendência de resolver, com esse mesmo movimento da cabeça, as novas situações que se lhe impuserem.

A criança está deitada sobre o lado direito. Tem, portanto, à sua disposição, apenas o braço esquerdo para esboçar os gestos essenciais de sua vida, segundo os processos que examinamos. Sua atividade tende a enveredar para a brecha aberta, e essa tendência não será apenas periférica, mas empenhará a profundidade do ser. Dirão: "A criança tem tendência a utilizar o braço esquerdo."

Por causa de um defeito congênito, um olho obedece mais lentamente do que o outro aos reflexos que dirigem o olhar para a luz. O olho direito vira com mais facilidade. Uma espécie de atração de função se fará profundamente em direção a esse olho mais dócil. A tendência, aqui, já não tem como origem uma má posição que provocou reflexos lamentáveis, mas um defeito orgânico acidental ou congênito. A criança terá tendência a envesgar.

Damos esses exemplos para mostrar bem a origem, por assim dizer funcional e experimental, dessas tendências. Quando se fala de tendências em psicologia e em pedagogia, com demasiada freqüência considera-se que têm uma origem misteriosamente funcional e mais ou menos intelectual ou afetiva, algo em nós que nos predispõe para estes ou aqueles comportamentos. Isso resulta numa delicada posição de passividade e de fatalismo em face do problema das tendências, que habitualmente seria considerado intangível.

Não há tendência prévia à ação. Há somente potencialidades ou deficiências específicas de certas engrenagens de nosso ser que são capazes de produzir uma brecha, de obedecer a uma inflexão geral para um êxito nascido do tateamento experimental. Mas esse impulso para a brecha, essa inflexão, eles podem ser prevenidos e corrigidos, se lhes conhecemos a origem e a progressão. Noutras palavras, a tendência existe apenas em potência. É somente no comportamento que assume sua forma indelével e definitiva.

Terminaremos essa investigação formulando nossa

DÉCIMA SEXTA LEI: A BRECHA E AS TENDÊNCIAS

Em virtude da lei de economia, assim que a atividade humana, em seu tateamento experimental, descobre uma brecha aberta no obstáculo que se opunha à sua marcha para a frente, ocorre em todo o organismo uma tendência a utilizar essa brecha e as possibilidades que ela oferece para realizar seu destino.

Essa atração mecânica para a brecha aberta é tanto mais evidente quanto raras são as possibilidades de realizar-se.

Se o organismo humano encontra uma solução normal para os atos essenciais da vida, as correntes assim criadas contrabalançam e anulam a atração de uma brecha excepcional. Se, ao contrário, todos os outros recursos são impotentes, a atração tem então pleno efeito: a tendência se afirma e se acentua automaticamente até fixar-se como técnica de vida.

Vejamos agora de mais perto o mecanismo da brecha e das tendências na vida de todos os dias.

1. Se o indivíduo é forte e normalmente constituído, se também o meio é favorável a uma potente irrupção da vida, seus atos essenciais tornam-se atos bem-sucedidos no sentido de sua especificidade. As tendências para esses sucessos balanceiam-se e juntam-se num movimento uniforme e eficiente para a frente.

2. É apenas quando essas condições não são realizadas, quando há defeitos em certas peças do mecanismo ou excesso de resistência do meio em certas direções, que sobrevém a atração, a tendência para os atos privilegiados que lograram abrir uma brecha.

3. A brecha se abre naturalmente na zona em que o mecanismo que avança é mais sólido e mais eficiente.

Para uma mesma potência do mecanismo, a brecha se abre na direção em que o meio oponente apresenta menos resistência, consideradas as circunstâncias favoráveis que asseguram um máximo de sucesso imediato.

4. A atração que suscita a tendência acarreta, para a brecha aberta, uma inflexão que será tanto mais profunda e persistente quanto maior for a diferença de potencial entre o dinamismo apresentado pela brecha e a impotência nas outras direções.

5. Os atos bem-sucedidos por causa da atração da brecha, segundo a lei das tendências, efetuam-se automaticamente como todos os atos bem-sucedidos, bons ou maus; fixam-se em seguida como regras de vida indeléveis que serão as determinantes mecânicas de nosso comportamento.

6. A tendência não é inata. Podemos impedi-la, corrigi-la, limitar-lhe os efeitos maléficos ou, ao contrário, fortalecê-la, se se mostrar benéfica:

a) Fortalecendo o mecanismo cujo funcionamento não redundou no ato de potência, na brecha vital, para dar-lhe condições, senão de abrir a brecha, pelo menos de sentir menos dolorosamente as conseqüências do fracasso; a fim de que fique menor a diferença de potencial de que falamos.

b) Influindo, em toda a medida do possível, sobre as condições do meio para permitir a abertura do maior número de brechas resultantes de atos bem-sucedidos.

c) Distinguindo, no feixe de tendências criado pela multiplicidade dos atos bem-sucedidos, as benéficas, que serão encorajadas, e as maléficas, que serão combatidas.

d) Encoraja-se a tendência:
– tornando seu sucesso o mais eficiente possível;
– impedindo o desenvolvimento de outras tendências menos benéficas.

e) Impedem-se, reduzem-se ou corrigem-se as tendências maléficas:
– obstruindo, na medida do possível, a brecha perigosa; tornando ineficientes suas primeiras conquistas;
– e sobretudo abrindo, natural e artificialmente, outras brechas mais potentes que exercerão uma atração de vida mais vigorosa, capaz de endireitar, e depois de inflectir noutra direção, o comportamento perturbado.

f) A exacerbação de certas tendências e a inflexão noutra direção apresentam o risco de criar perturbações perigosas para a harmonia geral da personalidade. É preciso praticá-las com prudência.

Mais do que a exacerbação das tendências, quaisquer que sejam, visaremos sobretudo à harmonia reacional do feixe das tendências.

Essas considerações têm mais importância do que às vezes se crê: constituem a verdadeira estrutura da educação, sendo por isso que estudamos mais particularmente sua técnica. Mediante nossa ação sobre as tendências, fruto de nosso tateamento experimental, é que orientaremos eficazmente a formação dos indivíduos.

Há muito que fazer; há quase tudo que fazer nesse sentido, desde que aí atuemos bem cedo, já no nascimento, pelo menos nos primeiros dias, nas primeiras semanas ou nos primeiros meses. A tarefa é muito mais difícil e o sucesso mais aleatório quando fazemos a conta em anos.

PRIMEIRA PREOCUPAÇÃO

Corrigir tanto quanto possível, como já indicamos, as deficiências funcionais das crianças.

Uma deficiência da vista empurrará para outros sentidos as possibilidades que deveriam normalmente ser desenvolvidas pela vista. Uma deficiência respiratória facilitará a exacerbação de uma possibilidade de reação, a alimentação, por exemplo. Uma deficiência digestiva fortalecerá as funções nervosas, sensíveis ou intelectuais. Uma falha dos reflexos motores acarretará tendências à especulação moral ou psíquica. Forma-se naturalmente uma corrente das zonas obstruídas em direção às brechas abertas. Daí resulta que, normalmente, quanto mais fraco é um órgão, menos o utilizamos e mais ele se enfraquece e atrofia, se não se lograr corrigir essas deficiências; os circuitos vão acentuando-se e repetindo-se até fixarem-se como regras de vida.

Se tivéssemos condições de ver, em nosso organismo, a orientação e as inflexões desses circuitos, teríamos com muita freqüência a chave do comportamento, com a condição, entretanto, de estarmos informados sobre os dois pólos entre os quais se estabelece o circuito: o pólo negativo da deficiência e o pólo positivo da brecha atrativa.

Mesmo assim, fortalecer os órgãos essenciais para facilitar a abertura de novas brechas ou, pelo menos, reduzir a queda de potencial e diminuir a potência de algumas tendências, deve ser uma de nossas preocupações essenciais.

É este todo o problema da terapêutica infantil, que estudaremos, por outro lado, como uma das virtudes principais de nossa pedagogia.

SEGUNDA PREOCUPAÇÃO

Fechar a brecha aberta se ela for considerada prejudicial.

Fechar a brecha é sempre uma tarefa delicada, como veremos. Estabeleceu-se uma corrente; ela encontrou uma saída. Fazer autoritariamente, de maneira mais ou menos brutal, uma barragem para obstruir essa brecha bem pode dar um aparente resultado imediato: a tendência já não se exterioriza, a corrente é detida. Mas, como não se detem a corrente profunda, como em nada se influiu sobre as condições das quais resultava a abertura da brecha, aí também sobrevém um choque e depois um refluxo. A água crescerá atrás da brecha obstruída, inquieta e ameaçadora, seja até romper a barragem para libertar-se, ou transbordar se não a pôde romper, seja até encontrar uma saída lateral que permita à corrente acumulada continuar seu curso.

Veremos mais adiante todas as conseqüências desse processo. Desde já podemos dizer que a barragem atravessada numa brecha é sempre apenas uma solução provisória, perigosa para o indivíduo que a suporta, e que sempre falha em seu propósito porque a tendência não é, em absoluto, modificada por ela.

A operação inversa, se a brecha nos parece benéfica, é, ao contrário, fácil e eficaz. A água do regato passa lentamente por uma fenda. Quanto mais alargamos a fenda, mais rapidamente ela passará, porém na medida em que permanecer possante o potencial que depende do volume de água e da altura da queda.

Seu filho tem tendência de se enfurecer e de varrer com as mãos os objetos que se encontram diante dele. Há, para esse nervosismo, uma causa fisiológica que você deve primeiro considerar para depois tentar reduzi-la.

Será inteiramente inútil bater no culpado cada vez que ele derrubar assim um objeto. Com uma correção, severa mas rapidamente administrada, e repetida diversas vezes como uma conseqüência natural de seus atos repreensíveis, você pode impedir que a criança recomece assim seu gesto de raiva. Este talvez possa ser, em dado momento, inibido por um temor que você achará saudável. É assim que se corrige o cão jovem de alguns de seus defeitos.

Mas isso é aparente. Essa corrente que você impede assim de se libertar não está de modo nenhum anulada. Está aí, ameaçadora e impetuosa. A criança talvez detenha a tempo seu reflexo de raiva, mas o substituirá por um ricto da face, que pode evoluir como tique; ou então terá um tremor que se pode tornar doentio, ou uma hesitação que lhe marcará depois todo o comportamento. Isso depende das saídas que a corrente, refluída e acumulada, tiver descoberto por tateamento experimental.

Na prática, portanto, desconfie da obstrução brutal da brecha. Ela lhe dá uma vitória pueril, mas, para a criança, é sempre uma derrota perigosa.

Ainda mais que as normas segundo as quais você julga a tendência prejudicial são inteiramente aleatórias. Você tinha apego pelo objeto que a criança quebrou. Mas ela não tem as mesmas razões que você para deplorar sua perda. Você invocará considerações de conveniência, de tranqüilidade, de asseio, de educação que lhe são particulares, mas das quais a criança não tem sequer uma vaga consciência, considerações que variam, aliás, segundo seu humor, segundo o meio e o tempo. Se você se colocasse no lugar dela, talvez julgasse de modo diferente.

TERCEIRA PREOCUPAÇÃO

Abrir ou alargar outra brecha para desviar a corrente.

Nós já dissemos: é automático.

A água do regato se escoa lentamente por uma fenda. Abra outra fenda numa direção diferente: a corrente será desviada para essa segunda fenda. A força da derivação dependerá do tamanho da brecha e da diferença de potencial realizado. Se a derivação é suficientemente importante, ela drenará toda a corrente; a inflexão mudará progressivamente de direção, e a areia tapará lentamente a brecha que ficou quase sem finalidade. Aí não há nenhum perigo, desde que, evidentemente, você abra uma boa brecha. A operação se fará sem redemoinho, sem choque, sem refluxo, sem estrondo.

Uma nova corrente, uma nova tendência se substituirá lentamente à antiga, da qual talvez não reste nenhum vestígio.

É por isso que toda a arte da educação parece estar nessa prática de abertura ou alargamento das brechas benéficas.

As mamães conhecem muito bem essa lei. A criança está brava. A mamãe constatou que lhe bater apenas excita sua braveza a ponto de, às vezes, provocar-lhe convulsões. Depressa, ela apresenta-lhe uma chupeta ou uma bola. E a corrente é logo desviada: a criança se cala. Mas, nesse caso, essa nova tendência à excitação digestiva é igualmente perigosa; há o risco de ela tornar-se tão exigente quanto a outra. A mamãe limitou-se a substituir um mal por outro, abrindo uma brecha inoportuna.

Veremos mais adiante por que meios pedagógicos poderemos abrir ou alargar sem perigo algumas brechas para compensar outras julgadas maléficas, e como, fazendo isso, poderemos conseguir desviar e enfraquecer algumas tendências.

Portanto, nosso estudo revelou-nos:
– o mecanismo das tendências;
– sua precocidade;
– sua profundidade na vida do indivíduo;
– a impossibilidade quase total de repeli-las e fazê-las desaparecer;
– mas, em compensação, a possibilidade de reduzir sua manifestação com a criação ou a exacerbação de outras tendências.

Acrescentemos ainda algumas características.

Já dissemos como, em virtude de nossa quarta lei, a experiência bem-sucedida tende a se tornar regra de vida.

Há nesse processo um fato digno de nota, que nossas explicações sobre as tendências vão deixar mais compreensível.

Quando se abre uma ampla brecha num recipiente cheio de água, não é só a água que está nesse setor que se escoa. Ocorre uma inflexão dinâmica generalizada que submete às leis dessa brecha toda a estabilidade do líquido.

Dá-se o mesmo com o indivíduo. A tendência não se contenta em constituir-se em regra de vida para os atos que lhe concernem. É toda a atividade do indivíduo que tende a se subordinar ao dinamismo invasor.

Retomemos um dos aspectos mais freqüentes do comportamento da criança.

Por causas quer fisiológicas, quer reacionais, e mais freqüentemente por aquelas compostas de uma mistura inextricável dessas causas, a criança tem, por exemplo, acentuada tendência para o nervosismo e a braveza. Essa tendência fixa-se pouco a pouco como regra geral de vida, o que quer dizer que não é somente quando seus nervos estão exasperados que ela reage segundo o processo dos nervosos, mas que todo o seu comportamento será dominado por essa maneira de reagir; a inflexão de que falamos é, por assim dizer, generalizada. Os atos independentes no início da tendência à braveza são aos poucos dominados por essa lei; os pensamentos, a afetividade são profundamente influenciados por isso. O indivíduo encontrou um sistema bem-sucedido de vida; ele se apega a ele e subordina tudo a esse sucesso.

Concluiremos, portanto, que a tendência é monopolizadora; monopoliza não somente na profundidade, mas também na superfície. As regras de vida que provoca orientam, mais do que algumas ações particulares, o indivíduo inteiro, e com tenacidade e indelebilidade crescentes.

Ora, sempre há perigo em tamanha submissão do ser a tendências demasiado exclusivas. Sempre é perigoso, para um general, inflectir todas as suas linhas na direção da brecha aberta, para a qual orientará, lateralmente e em profundidade, todo o seu exército. Porque esse avanço como flecha é sempre vulnerável nos flancos; não é equilibrado. É como a planta que se alonga desmesuradamente para alcançar a luz entrevista, mas que fica tanto mais débil e frágil quanto mais depressa cresce na altura, subordinando todos os seus meios a essa subida.

Assim o indivíduo, quando é dominado por uma tendência, mesmo benéfica, se arrisca a perder seu equilíbrio vital; algumas de suas funções acessórias já não se produzirão em seu ritmo normal; ele se tornará muito vulnerável e se arriscará muito a malograr no decorrer dos ataques cujas peripécias vamos ver.

É por isso que a educação deve considerar com prudência a exacerbação anormal de tendências que acarretam bem depressa regras anormais de vida.

O que se deve ambicionar não é essa subida exclusiva como flecha, e sim a elevação harmoniosa, a base sólida que permitirá à flecha elevar-se e desafiar o tempo.

É preciso assentar a flecha na base.

Nossa educação será, da mesma maneira, amplamente assentada no real. A tendência não deverá tornar-se lei exclusiva. E, entretanto, deveremos administrar as flechas ousadamente lançadas para o real.

Nossa pedagogia tratará de responder a essa dupla necessidade.

Tínhamos de insistir sobre esses princípios gerais e dinâmicos de nosso comportamento para restabelecer a realidade dos fatos, em reação contra o hábito comum de conceder uma importância exagerada, no processo de formação, à inteligência, à razão, e de julgá-las capazes de dirigir, endireitar e impulsionar soberanamente o ser pensante.

Demos à inteligência sua importância no processo. Quanto à razão, não falamos dela ainda, pois não acreditamos que seja um princípio motor. Ela é apenas um resultado.

Não conte com o aparecimento misterioso da inteligência, nem com a vinda da idade da razão que arranjaria todas as coisas. É um pouco como se você esperasse que a casa estivesse coberta e flutuasse sobre o teto o tradicional buquê de fitas para entregar as plantas aos pedreiros, para construir ou consolidar os muros, para reorganizar a distribuição dos cômodos, a altura dos andares e a proporção das aberturas. É antes, assim que se cavam as fundações e à medida que sobem os andares, quando se colocam os tetos, que uma direção eficiente pode obter efeito. Depois será tarde demais.

É mesmo assombroso que tenha sido preciso esperar a vinda de eminentes psicanalistas para descobrir a importância, muito amiúde preponderante, da primeira infância. Não temos necessidade de grandes teorias para chegar à mesma conclusão que eles: basta o bom senso.

Tudo marca já na primeira infância. E o mais grave é que não se trata de um pensamento ou de uma lembrança que se introduziriam na individualidade, onde poderíamos reencontrá-los mais tarde, intactos. Na construção do ser, tudo se torna materiais. Uma experiência bem-sucedida é repetida automaticamente. Depois, os próprios automatismos vão-se chocando, interferindo uns nos outros, diferenciando-se, para criar outros automatismos. O exemplo atua. Mas o ser sempre tende a sistematizar seu comportamento; suas tendências se afirmam e tornam-se bem depressa regras de vida soberanas.

É sobre a origem profunda e sobre a evolução dinâmica dessas regras de vida que temos de agir. E essa necessidade subverte um tanto o processo educativo.

Se a criança nasce e vive seus primeiros dias, seus primeiros meses ou seus primeiros anos num local mal iluminado, sujo e em desordem, terá tendência de organizar sua vida partindo desses elementos. Se ruídos dissonantes ou violentos atingem de início seus ouvidos, ela organizará sua vida, originariamente, partindo dessa realidade; se ela usufrui a solicitude extremada de uma família da qual é abusivamente o centro, reagirá de acordo com esse estado de fato; se sua família, ao contrário, é rejeitante e madrasta, ela se ajeitará conformemente. Daí resultarão verdadeiras regras de vida que inflectirão todo o comportamento numa certa direção. E será bem difícil endireitar essa inflexão. Creremos às vezes ter sido bem-sucedidos, para nos dar conta um pouco mais tarde de que isso não era verdade.

Às vezes dizem: "Tal pai, tal filho!" No interior, desconfia-se das famílias de ladrões, das famílias de avaros ou de orgulhosos, das famílias de bem-falantes, de comilões ou de hipócritas. Há, nessa afinidade de destino, uma parte, como vimos, de hereditariedade funcional. Mas se trata bem mais, nesse caso, de tendências que nasceram ao longo da primeira infância. O jovem ser impregnou-se, sem querer, de um comportamento que é, na família, uma regra de vida discreta, certamente, mas profundamente sentida pela criança. Ela roubou, foi mesquinha, invejou, foi orgulhosa, gulosa ou hipócrita porque eram assim à sua volta, exceto o aparecimento sempre possível de outras tendências que anulam estas, a do desperdício por exemplo, em reação à avareza dos pais, ou a da sinceridade extrema e brutal em reação à mentira permanente.

Salvo o aparecimento dessas tendências acessórias, o indivíduo naturalmente inflecte-se de acordo com suas primeiras impressões e a inclinação de seus primeiros atos. Na prática, você não endireitará mais a tendência. Pode sublimá-la, isto é, empregá-la socialmente para algum objetivo benéfico, dominá-la passageiramente pela potência de novas tendências que a mascaram e a atenuam. Mas nos períodos de crises, em que a vida fica abalada até os fundamentos, há o risco de essa primeira inflexão reaparecer e mesmo de impor-se de novo.

Assim também, reduziríamos de bom grado a tendências igualmente imperiosas a amizade e o amor. Dizem às vezes que são inatos. Em nossa opinião, isto é manifestamente errado. Não insistiremos no caso do amor da mãe pelos filhos, que já é mais complexo. Mas examinaremos o amor da criança pela mãe. Se a criança é criada, desde a mais tenra idade, por uma ama, longe da mãe, ela se apega à sua ama como à sua verdadeira mãe e não quer mais ver a mãe quando lhe é apresentada. Exatamente como um cabrito que colocamos para mamar numa boa cabra leiteira e que não reconhece mais sua verdadeira mãe estéril.

Se o pai abandonou o lar antes do nascimento do filho, haverá realmente uma vibração de alguma fibra íntima dele quando reencontra o homem de que nasceu se não lhe dizem de antemão que é seu pai, caso em que os sentimentos podem ser modificados pela secreta necessidade da criança de ter um pai... como as outras?

A criança viveu, desde o nascimento, com uma mãe cujos gestos, hábitos e solicitude permanente a marcaram. As primeiras palavras maternas que ela imitou foram os primeiros pensamentos germinados em seu espírito. Houve uma inflexão radical e impossível de desarraigar, tão profunda e tão íntima que se achou bom dar-lhe um nome especial: *amor*.

E esse amor a mãe compartilha com o pai, com os irmãos e irmãs. A criança amará de um modo todo especial os irmãos e irmãs com quem conviveu e brincou, excluindo os mais velhos que já tinham voado do ninho quando ela instalou-se nele. Pelas mesmas razões, estenderá essa afeição à casa natal, à cidadezinha onde cresceu, à paisagem que lhe foi familiar, aos murmúrios do rio ou ao canto da fonte próxima e aos pregões familiares da rua. A criança do Norte amará a vista das casas dos mineiros e o perfil sombrio dos entulhos da mina ou a monotonia das planícies, assim como eu mesmo sempre me comovo, pelas mesmas razões, com o espetáculo de uma rua simples e pobre de aldeia, como amo a paz de um vale e a sombra de uma montanha por trás da qual o sol se levanta ou se põe.

Alguns psicólogos invocaram longamente o inconsciente como um domínio misterioso ou um antro diabólico onde se forjariam sei lá que móbeis, segundo leis que nos seriam mais comuns. As coisas são mais simples, creiamos; o que não quer dizer que sempre lhes descobriremos mais facilmente o segredo.

O subconsciente não é uma espécie de alma suplementar que, por assim dizer, brincaria de esconde-esconde com a vida. O que os psicólogos denominam inconsciente é apenas o feixe complexo dessas inflexões, algumas das quais se exteriorizam, mas cuja maioria não pode ser detectada do exterior por causa dos múltiplos recalques e desvios que sofreram. O que chamamos de consciente é o afloramento dessas tendências múltiplas; num mecanismo elétrico, é o movimento que ele aciona. Mas apenas o construtor conhece as vias do feixe de conexões e circuitos que conduz do simples interruptor elétrico ao ato complexo.

No entanto, a diferença entre nosso organismo e o mecanismo elétrico é que este é simples e matemático. O mesmo interruptor produz sempre a mesma reação. No organismo humano, a excitação é influenciada, modificada e desviada por um sistema complexo e sutil de trajetos sensíveis, cuja chave não possuímos. É este segredo que denominamos subconsciente. É como um caminho que vemos enveredar por um vale, do qual o vemos sair, ora árido e acidentado, ora forte e esplêndido, e que, às vezes, nem sequer vemos reaparecer totalmente. Perdeu-se na profundidade subconsciente do vale inexplorado.

Estamos, em face desse enigma, exatamente como a criança que olha as pessoas entrarem apressadas em um magazine e que saem ora nervosas e inquietas, ora satisfeitas e radiantes, com as mãos vazias ou, ao contrário, carregadas de riquezas. Essa criança, que ignora o interior da loja, é obrigada a imaginar o esplendor dos departamentos, o labirinto de caminhos e corredores, a magia das luzes, e às vezes tenta deduzir da atitude, dos gestos ou das compras daqueles que saem uma explicação sobre o interior do magazine. Ela visita esse magazine em sonho, durante a noite, mas, ao acordar, já não pode juntar os fios de uma explicação que tinha por um instante pressentido. Tenta mesmo, às vezes, olhar por uma janela entreaberta, mas apenas para se espantar com o mistério alucinante cuja complexidade adivinha.

Os psicólogos justificavam suas concepções pretendendo que a noção dessa complexidade íntima da loja não tem nenhuma importância e que apenas contam o ato e o gesto dos compradores que saem do magazine; que estes, por sua inteligência, atenção e sensações podem modificar sua atitude, gestos e riquezas, que permanecem independentes do funcionamento e do conteúdo do magazine. Ora, isso é pura ficção. O comprador bem pode, na saída, compor uma certa aparência que ilude; pode simular alegria mesmo que esteja triste, tomar a atitude de uma personagem carregada de riquezas, mesmo que esteja desprovido delas. Estes são apenas gestos gratuitos e artimanhas.

É evidente que os compradores podem não levar nada, claro, mas eles não levarão, em todo o caso, aquilo que não encontraram dentro do magazine. Sua riqueza não surgiu misteriosamente na entrada do magazine, a menos que algum visitante aí a tivesse, furtiva ou intencionalmente, depositado, caso em que o comprador apropriou-se dela, a fim de não partir de mãos vazias. Mas as verdadeiras riquezas apenas podem vir do interior. E é esse interior, que não conhecemos, que precisamos estudar, se queremos compreender melhor o comportamento humano e influenciar de maneira mais útil o processo educativo.

A riqueza, a profundidade desse subconsciente são inegáveis. As inflexões, de que ele é como o nó inextricável, permanecem ainda pouco definidas para nós; entretanto elas existem, permanecem e marcam nossa personalidade e nosso destino.

O que faz a particularidade do subconsciente não é o fato de ele ser oculto e misterioso, como parece entendê-lo Freud. Se o conhecêssemos totalmente, absolutamente nada seria alterado em nosso comportamento, ou muito pouco. Se conseguíssemos encontrar o sentido dessas inflexões de que falamos, talvez pudéssemos descobrir por que elas não obtiveram resultado, por que tiveram de entortar-se, retorcer-se, para procurar outras saídas para a vida. Como a planta que, numa sala escura, avançava vigorosa e decidida para o raio de luz. Por uma causa que lhe é exterior, a janela fechou-se e o frágil caule está lá, inquieto, tateando à noite, em busca de outra claridade, de outra esperança de vida. Mas é tarde demais para mudar radicalmente a inflexão cujo vestígio sempre subsistirá.

Assim, a exploração do subconsciente foi feita, em nossos dias, partindo de considerações ao mesmo tempo muito complexas e muito pueris. Apoiou-se demais na noção de mistério e não o suficiente naquela de lógica e de unidade. Tentaremos detectar a origem das inflexões, distinguir as portas que estão fechadas, aquelas que se fecharam quando o ser jovem ainda tinha condições de modificar sua inflexão para outra claridade e aquelas que vieram colocar sua barreira à noite, diante de um ser já alçado sobre um passado harmoniosamente construído, que sofre e tateia, às vezes em vão; que lança outros rebentos que talvez subam vivazes na direção de outra luz. Então compreenderemos melhor a vida complexa e profunda sobre a qual queremos agir.

Compararemos o organismo humano com a árvore que sai da terra, mais ou menos vigorosa porque mais ou menos bem enraizada e nutrida, que crescerá tanto melhor quanto mais rápido for seu desenvolvimento e mais lhe convier o solo onde é plantada, por lhe fornecer sua seiva específica.

Se ela sai da terra nas melhores conjunturas, organiza normalmente sua vida de acordo com as leis de sua espécie. Se a luz chega-lhe igualmente de todos os lados, se nenhuma árvore vizinha incomoda-a com seu contato ou com sua sombra, se nenhum muro lhe detém a expansão, se nenhum acidente a mutila, ela cresce naturalmente, em largura e em altura, equilibrada em seu tronco, que vai endurecendo e adensando-se à medida que se eleva. Você a vê então respirando potência e harmonia.

Mas esse é o caso ideal que já mencionamos. Na prática, as coisas raramente se passam assim. Múltiplas determinantes intervêm.

A semente nascente é atrapalhada por uma árvore adulta ou por um muro situado inadequadamente. De um lado, há a sombra, o frio e a morte (há o obstáculo contra o qual se choca a ala direita do exército). A seiva reflui e segue para a luz. Todas as forças potenciais são então empregadas nessa corrida para a brecha. Os galhos tolhidos se esvaziam de sua seiva e se atrofiam, enquanto os que se encaminham para a brecha aumentam seu movimento para o sol e a potência.

Vê-se bem, aí, o perigo assinalado a propósito do exército: desarmonia, arremetidas exageradas na direção da atração, fragilidade das bases, inflexão contrária às leis da gravidade, desordem por vir.

Não basta, como se tenta fazer muito amiúde com as crianças, impedir somente essa inflexão, pôr uma estaca do lado oposto. Efetivamente, a árvore não poderá entortar, mas tampouco não poderá viver; será como o exército cuja brecha fechamos e que não encontra mais nenhuma saída para a frente, e que não sai do lugar, atrofia-se, torna-se anêmico, perde seu poder de ataque e acaba por imobilizar-se.

É o que fará a árvore. Ela se retorcerá sobre si mesma, tentará todos os meios para alcançar a vida e lançará ainda alguns ramos à luz.

O homem, tenaz em suas manias de endireitamento, nem sempre se contenta em colocar um apoio ou em retê-la com uma corda. Por vezes, corta brutalmente os rebentos que se dirigem para a vida... Essa pequena mão que se estende para a luz, uma pancada a abaixa e uma porta fecha-se inexoravelmente sobre os passos hesitantes da criança que queria ir à conquista de seu futuro.

Cuidaremos, portanto, de modo todo especial, já nos primeiros dias, já nos primeiros meses, das inflexões provocadas pelos obstáculos encontrados. Nós nos preocuparemos com o equilíbrio, opondo, a uma tendência que se afirma, novas possibilidades de avanço e de potência que endireitem a inflexão nascente. Buscaremos o máximo de possibilidade de ação; favoreceremos a multiplicidade dos sucessos. Abriremos numerosas brechas e teremos, assim, um feixe de tendências que se desenvolverão em ramos vigorosos e em todas as direções, assim como um desabrochar harmonioso da vida.

No complexo social, a complexidade dos recursos-barreiras

Na primeira parte de nosso trabalho, consideramos um tanto arbitrariamente apenas o indivíduo, a fim de estudar mais especialmente o processo de suas reações pessoais.

Ora, é raro encontrar essas reações puramente personalizadas; elas são, já no nascimento, imbricadas nas reações do meio, variáveis segundo esse meio, reforçadas ou, ao contrário, atenuadas e às vezes suprimidas conforme as possibilidades que o ambiente oferece ao ser em busca de sua potência.

Portanto, penetramos agora no complexo do meio que trataremos de compreender e de esclarecer de acordo com as mesmas considerações de bom senso que a psicologia ignorou e deformou.

É justamente por ser extraordinariamente frágil e dependente de seu meio que a criança recorre, quase permanentemente, à ajuda que lhe vem do exterior. E a primeira dessas ajudas é a da família, mais especialmente da mãe que a carregou, que a alimentou primeiro com seu sangue, depois com seu leite, e que, até a morte, velará com solicitude pelo crescimento e pelo desenvolvimento da semente que nutriu e formou.

A criança, aliás, ainda não é separada fisiologicamente da mãe; psiquicamente o é ainda menos. Um dia o será? Ela é como o prolongamento de suas forças nascentes, e a criança a usa como usa o próprio corpo, em geral preferindo-a ao seu próprio corpo ainda desajeitado e inábil. A mãe é um instrumento maravilhoso que responde docemente, e como que intuitivamente, aos apelos do jovem ser inquieto.

É com pais, é com mãe portanto, que começa o sistema complexo dos recursos ao exterior, que duplica de uma maneira quase inextricável os processos de crescimento e de reação individuais. E esses recursos assumem todas as características de recursos pessoais.

A criança, movida por suas necessidades, tateia para satisfazê-las. Se a mãe ajuda na satisfação dessas necessidades, a criança será orientada para uma solução acertada que terá tendência a repetir-se, a inflectir o comportamento e a constituir-se em regra de vida; há o risco de essa regra de vida dominar e orientar toda a personalidade; se, ao contrário, a mãe recusa-se a ser o instrumento dócil dos desejos de sua criança, esta deverá tatear de novo na direção de outros recursos.

É considerando a mãe pelo que é na origem, ou seja, o prolongamento da personalidade fisiológica da criança, que vamos compreender e regrar os comportamentos recíprocos. O que ocorre relativamente à mãe tornará a ocorrer depois, sob uma forma apenas atenuada, nos recursos ampliados que vamos passar em revista.

A criança, segura de sua primeira experiência com a mãe, tenta fazer dos outros indivíduos, da natureza, da sociedade, o prolongamento de sua potência. Mesmo num primeiro grau, àquele que Lévy-Bruhl chama a *participação,* o indivíduo tem consciência desse prolongamento. Talvez seja apenas por um efeito de linguagem, que é afinal de contas uma abstração perigosa, que conseguimos, assim, isolar do meio um ser que nele está imerso e que reage sempre em função desse meio.

Os recursos-barreiras

Quando o indivíduo recorre ao meio? Quais são as situações que daí resultam? Quais são as leis fundamentais que podemos descobrir na base desse comportamento complexo? Questão delicada que vamos tratar de examinar, sempre com a mesma preocupação de explicação sensível.

Já comparamos o ser em busca de seu potencial de potência com um exército em movimento e distinguimos especialmente os recuos que resultam da potência adversa com a qual se choca, a atração ao contrário exercida pela abertura de uma brecha e pela inflexão geral que essa atração imprime ao conjunto do comportamento – inflexão que é tendência e que bem depressa se torna regra de vida.

Ora, a brecha, elemento de orientação psíquica, pode ser aberta:

– seja com grande luta, após um combate que necessita, como veremos, do retesamento de todo o ser e também do apelo às reservas, ao artifício, ao recuo provisório, à surpresa etc.;

– seja, mais pacificamente, com simpatia, persuasão e compreensão do inimigo que está em frente e que, sob certas condições, aceita conceder determinadas vantagens que permitem a abertura, mais ou menos prudente e profunda, da brecha;

– seja por apatia e fraqueza características do adversário, cuja covardia, cujos maus hábitos, vícios ou degenerescência impelem-no a passar, pura e simplesmente, para o serviço do vencedor, do qual se tornará escravo.

Compreende-se imediatamente que o comportamento do indivíduo seja profundamente influenciado pela predominância desta ou daquela solução e que, em nossa preocupação educativa, deveríamos dar ênfase à própria posição do meio com relação ao ser em busca da potência.

Com muita freqüência, no campo barreiras ladeiam os caminhos. Se for o caso, podemos nos apoiar nelas como num corrimão para transpor uma poça ou uma depressão luzidia de gelo. Podemos saltá-las ou rompê-las para correr em perseguição às borboletas dos prados ou para alcançar as cerejas e as peras que se oferecem tentadoramente. Mas essas barreiras podem ser também, em alguns casos, suficientemente altas e sólidas para delimitar fria e definitivamente o espaço de que podemos dispor, para balizar e enquadrar nossa caminhada.

Todo o segredo, toda a arte, toda a ciência da formação educativa residirão na função favorável disso que chamaremos de *recursos-barreiras*: não muito distantes, para que a criança possa apoiar-se neles quando for o caso, nem contudo, próximos demais, a fim de que ela conserve amplidão suficiente para realizar-se e expandir-se, e suficientemente altos, se houver verdadeiramente perigo de transpô-los; mas, apesar de tudo, complacentes e familiares, pois não tapam a vista dos horizontes apaziguantes e promissores, e autorizam, se for o caso, essas pequenas fugidas sem conseqüências, que não deixam de ser para o indivíduo como que emocionantes escapadas.

A posição desses recursos-barreiras poderá variar com as exigências do meio, assim como com as possibilidades dos indivíduos, com sua potência de reação pessoal ou a ajuda que são obrigados a solicitar ao meio ambiente, para viver e crescer. Conforme o caso, a função *recurso* é que predominará; em outros casos, será mais a função *barreira*; a maior parte das vezes, serão barreiras essencialmente móveis, adaptadas à idade dos indivíduos, a seu potencial de potência, às dificuldades do caminho.

Portanto, vamos dar primeiro algumas indicações sobre o funcionamento desses recursos-barreiras.

Houve um tempo, na aldeia, quando muito há algumas gerações, em que o recurso-barreira da família era próximo demais, alto demais, barreira demais. A criança chocava-se bem depressa com a rudeza paterna, com dificuldades materiais, com as exigências de uma vida muitas vezes dominada pela pobreza e pela miséria. Mas, em compensação, o recurso-barreira social era tão frouxo que em geral era como se inexistisse. Não era nem recurso nem barreira, e isso corrigia, em certa medida, os rigores da barreira familiar. Mas o recurso fazia falta. Privada de um mínimo de solicitude social, a criança, assim que escapava do círculo austero da família, era obrigada a fazer ela própria todas as experiências sem guia esclarecido, sem apoio técnico.

Além desse recurso-barreira social inorgânico, a criança chocava-se então, e muito mais do que hoje, com *recurso-barreira natureza*. Nele encontrava apoios incontestáveis, porém, muito mais ainda, limitações a seu potencial de potência. Ela "engalfinhava-se" realmente e sem cessar com a natureza, em geral individualmente, e quando podia, apelando a um quarto recurso-barreira: os outros indivíduos, com os quais necessariamente nos atritamos, que podem ser amigos ou inimigos, exploradores de nossos esforços, concorrentes implacáveis na luta pela vida ou, ao contrário, colaboradores benfazejos de uma mesma obra de potência a serviço de uma empreitada e de um ideal.

Realizou-se, ao longo do último século, uma inversão total da posição desses recursos-barreiras.

Na família, hoje em geral mais humanizada, o recurso ultrapassou a barreira. O pai já não é mais o patriarca onipotente e cioso de sua autoridade soberana, mas antes o *provisor*, o apoio, o guia. O centro de gravidade da família como que se deslocou. Agora, cada vez mais, a criança é que é seu sujeito. É um progresso, mas com freqüência, como veremos, pago muito caro pelos novos riscos que nem sempre se soube evitar, pela tendência extrema oposta: a família permanece ainda um recurso, mas por vezes complacente demais. Acontece-lhe falhar totalmente em seu papel também natural de barreira. Hoje é a criança que, mais ou menos, tende a afirmar na família sua autoridade inconsciente e doentia, a impor suas vontades e fantasias. Estamos no século da criança mimada, e isso é grave.

A sociedade, em compensação, vai apertando incessantemente suas barreiras que, infelizmente, não são necessariamente recursos.

Para a criança do povo, muitas vezes são verdadeiras barreiras materiais: os implacáveis muros das ruas intermináveis e a fria feiúra das fábricas, a exigüidade e a uniformidade das moradias, sem outro horizonte senão a fachada poluída das outras moradias ou o cenário alucinante das chaminés e dos fios elétricos; todo o domínio crescente desse formigueiro que nos encerra e já nem sequer nos deixa adivinhar a imensidão de uma natureza generosa ou o privilégio de um cantinho de céu, de que, contudo, tanto necessitamos para sonhar e partilhar.

A essa barreira material junta-se, cada dia um pouco mais severa, a barreira igualmente implacável das leis e regulamentos que enquadram, determinam, vigiam e limitam todos os atos do indivíduo, do despertar até o deitar-se, e mesmo durante o sono. Para uma grande parcela da humanidade, a sociedade hoje não é mais que uma barreira madrasta, surda aos mais angustiantes apelos de desespero.

Com a invasão crescente do recurso-barreira social e sua evolução mecânica no sentido de barreira desumana, deformam-se também a posição e o alcance do recurso-barreira da natureza. Empurramos para tão longe esse recurso-barreira da natureza que agora só o alcançamos trapaceando com o recurso-barreira social, que agora, portanto, não podemos pedir-lhe nem o apaziguamento de sua riqueza, nem a amplidão benfazeja de suas limitações. Entre o recurso-barreira social e o recurso-barreira da natureza, sempre se interpõe o muro monstruoso levantado pelos homens como um limite arbitrário e injusto ao imperioso devir da infância.

O recurso-barreira dos indivíduos sofre inevitavelmente a repercussão desse deslocamento anárquico dos recursos-barreiras social e da natureza. Maltratados pela tirania das barreiras, já não encontram a si mesmos; perdem até sua marca inefável para se tornarem, por sua vez, apenas ferramentas ou fichas sujeitadas ao grande erro. Compreende-se então que se torna cada vez mais ilusório o recurso às individualidades sociais que já não são, por si sós, potências ou forças, já não são mais que imagens de si mesmas, de barreiras inconscientes que sempre é perigoso utilizar como apoio.

Tal é a posição atual do problemas, de que adivinhamos toda a delicadeza e a complexidade. Nós o definimos em nossa

DÉCIMA SÉTIMA LEI: OS RECURSOS-BARREIRAS

Nos seus tateamentos, o indivíduo avalia e exerce não só suas próprias possibilidades, mas também tenta agarrar-se ao meio ambiente por recursos suscetíveis de lhe fortalecer o potencial de potência.

Mas o meio é mais ou menos condescendente, mais ou menos dócil, mais ou menos útil. Ele é ora recurso, ora barreira o mais das vezes uma complexa mistura dos dois. É da posição e do funcionamento desses recursos-barreiras que resulta, em última análise, o comportamento do indivíduo para com o meio, havendo:
– os recursos-barreiras família,
– os recursos-barreiras sociedade,
– os recursos-barreiras natureza,
– os recursos-barreiras indivíduos.

O dinamismo complexo da ação vital

Retomemos então nossa comparação do devir humano com uma torrente que se encaminha ao vale e que bate suas bordas ora em margens friáveis, que ela cava e recorta à vontade, ora em rochas inexpugnáveis, ou com torrentes secundárias impetuosas ou sossegadas.

Podemos, portanto, representar esquematicamente a torrente de vida que tende a encaminhar-se diretamente ao seu destino, apertada, cercada ou sustentada pelos recursos-barreiras, cujo papel e funcionamento vamos estudar.

Eis todos os nossos peões nos lugares. Vamos acionar o mecanismo e tratar de compreender suas leis, ou, ao menos, seu sentido e alcance.

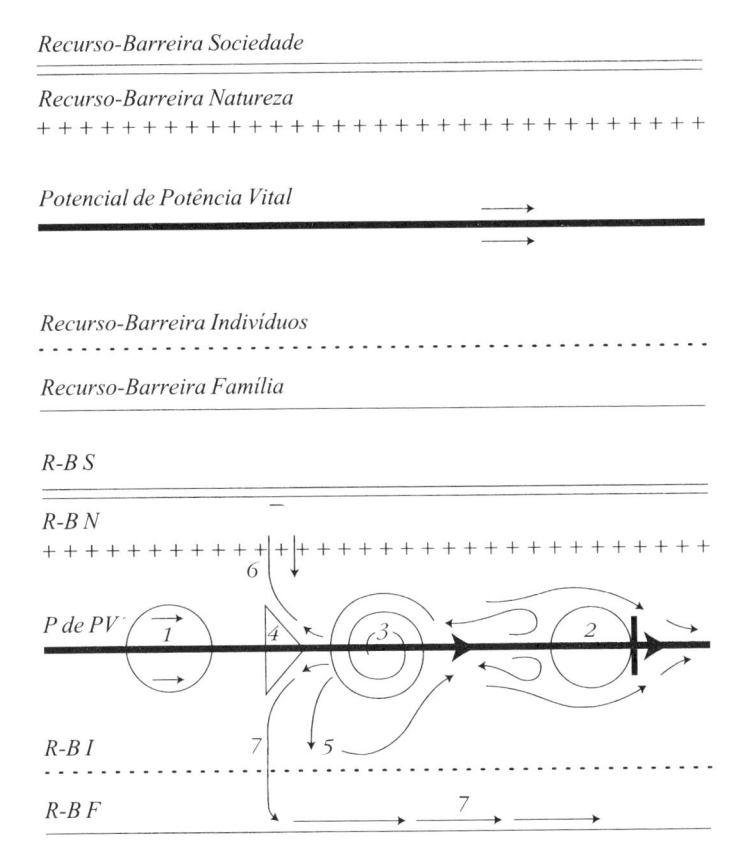

Recurso-Barreira Sociedade

Recurso-Barreira Natureza
+ +

Potencial de Potência Vital

Recurso-Barreira Indivíduos

Recurso-Barreira Família

R-B S

R-B N
+ +
                    6

P de PV   1   4   3   2

R-B I   7   5

R-B F   7

Legenda do esquema

1. O indivíduo, como vimos, parte para a vida impulsionado por um potencial de potência, cujo segredo não procuramos aqui desvendar, mas que existe. Esse potencial de potência o impele a satisfazer o mais completamente possível suas necessidades fundamentais e a ir sempre mais adiante, com dinamismo e força crescentes até o ato grandioso da frutificação.

Para o homem, esse potencial de potência supera mesmo a satisfação das necessidades vitais primordiais por causa da existência, nele, de uma necessidade que se tornou específica, que é a sede do desconhecido, e que o impele a superar-se continuamente e a elevar-se obstinadamente mais além e acima de sua compleição mecânica.

Ele encontra um obstáculo em seu caminho. Como a torrente impetuosa, retesa um instante sua energia, reúne tudo o que possui de potência, domina o obstáculo, supera-o num jorro e continua seu caminho como se nada lhe tivesse perturbado o curso, fortalecido, ao contrário, pela sensação eufórica de vitória alcançada e de necessidade satisfeita.

2. O indivíduo continua sua marcha, mas encontra em (2) um obstáculo que não pode, desta vez, dominar instantaneamente.

Segundo o processo que explicamos, há então choque, refluxo, desequilíbrio e vazio. Assim como a gravidade tende a restabelecer o equilíbrio na cavidade desaprumada da torrente por um instante recuada, a força de vida tende a restabelecer o equilíbrio no indivíduo, a preencher o vazio produzido nele.

3. O primeiro recurso é o pessoal: o ser em dificuldade mobiliza sua força, esboça os gestos capazes de restabelecer o equilíbrio segundo o processo de tateamento experimental que descrevemos longamente nas páginas precedentes.

4. *Recursos exteriores*: Quando, como ocorre a maioria das vezes, sobretudo nos primeiros dias de vida, esse primeiro recurso pessoal se mostra impotente ou, às vezes, pura e simplesmente impossível, o indivíduo tateia ao seu redor e encontra recursos-barreiras dos quais vai tentar extrair a potência que lhe falta para superar o obstáculo e continuar seu caminho.

5. De início, apela naturalmente ao recurso-barreira da família em cujo seio nasceu e cujo apoio lhe é indispensável para viver.

Podem ocorrer três ordens de fatos nesse recurso – ordens de fatos que reencontraremos, aliás, nos outros recursos.

a) A família desempenha perfeitamente esse papel de recurso; dá ao indivíduo que a solicita tudo quanto lhe é necessário para preencher o vazio, satisfaz suas necessidades, serve seu potencial de potência, ajuda-o a continuar seu caminho. Mas ela se atém a esse papel de ajuda, deixando-o aproveitá-lo da melhor maneira para a exacerbação de sua torrente de vida. Denominaremos esse papel: *papel auxiliante do recurso-barreira*.

b) Pode acontecer também – com mais freqüência do que se crê – que a família ajude muito a criança a adquirir, conservar e elevar seu potencial de potência, mas o faz pensando mais em si do que na criança; daí tira prazer, satisfação pessoal, fruição ou vantagem, sendo somente em função desses sentimentos que ajuda. Não visa ao potencial de potência da criança que a ela se dirige, mas a seu próprio potencial de potência, ao qual pode sacrificar a potência e a vida do ser que ela domina.

A família derruba essas barreiras que deveriam ajudar a criança a continuar seu caminho, apesar das passagens difíceis, e atrai o ser inquieto e tateante para o campo florido, para o pomar generoso à beira da fonte fascinante onde encontrará efetivamente paz e equilíbrio passageiros. Mas a criança já não continuará seu próprio caminho. Corre o risco de organizar sua vida não mais consoante seu próprio potencial de potência, consoante exigências de seu destino, mas somente consoante o meio que a atraiu e monopolizou, fora de sua estrada heróica.

Diremos, nesse caso que *o recurso-barreira da família é monopolizador* e veremos as manifestações e as conseqüências dessa tendência.

c) Ou então a família, negligenciando seu papel natural de recurso, torna-se exclusivamente *barreira*, recusando-se a ajudar o indivíduo em dificuldade. Às vezes mesmo, por uma espécie de sadismo, ela agravará as dificuldades. É o *papel rejeitante do recurso-barreira da família*.

Vê-se imediatamente que a atitude *auxiliante* é a única que corresponde às necessidades da crianças em busca do equilíbrio e da potência no sentido de sua *torrente de vida*.

6. Quando o indivíduo não encontrou em sua família o apoio que lhe era indispensável; quando ainda sofre do desequilíbrio provocado pelo vazio e pela baixa do potencial de potência, consecutivo ao choque contra o obstáculo, é preciso que busque outras soluções. É como a água que o choque desequilibrou e que redemoinha, inquieta, enquanto não recobra o equilíbrio e a potência.

O indivíduo tenta, então, mediante experiência tateada, outro recurso. Veremos as forças ou as tendências que são capazes de orientar suas tentativas. Dirige-se, por exemplo ao *recurso-barreira da sociedade*.

As reações possíveis desse *recurso-barreira* são exatamente as mesmas do recurso-barreira família: ou a sociedade é *auxiliante*, e o indivíduo, tendo recobrado o equilíbrio e a potência, vence as dificuldades e parte novamente para juntar-se à torrente de vida;

Ou – e este caso é, infelizmente, bem mais freqüente – a sociedade é *monopolizadora* ou *rejeitante*; e o indivíduo será reduzido a um novo sofrimento e a outras tentativas de recursos.

7. Talvez ele se dirija então ao *recurso-barreira da natureza* que, também ele, poderá ser auxiliante – e ele vencerá o obstáculo e continuará seu caminho – ou *monopolizador* ou *rejeitante*.

8. Nesse caso, o indivíduo deverá tentar ainda um supremo recurso: o *recurso-barreira indivíduos* que pode, também ele, trazer-lhe o apoio desinteressado *auxiliante*, ou que, o mais das vezes, será *monopolizador* ou brutalmente *rejeitante*.

Se um desses recursos lhe é favorável, o indivíduo fortalecido domina o obstáculo e retoma sua torrente de vida. Se malogra nesse derradeiro recurso, fica desamparado, inquieto, desanimado pela persistência de seu desequilíbrio, de seu potencial de potência diminuído: fará mais uma vez o exame de suas possibilidades, baterá de novo nas mesmas portas, se agarrará desesperadamente às menores saliências do precipício para tentar salvar-se mesmo assim.

Segundo quais leis fazem-se esses recursos?

Acabamos de passar em revista os diversos recursos em caso de dificuldade. Mas por que o indivíduo desequilibrado apela para um recurso mais do que para outro? Haverá uma ordem de preferência? Haverá escolha inteligente e razoável, consecutiva a uma operação específica da mente?

Originariamente, como já vimos, família, natureza, sociedade e indivíduos são apenas o prolongamento do organismo da criança; elementos de suas reações e de sua potência, da mesma maneira que seu próprio corpo ou sua própria potência. Utiliza-as numa certa ordem de preferência, e não são forçosamente as possibilidades pessoais que se afirmam em primeiro lugar. Prova-o a criança pequena que acha mais cômodo exigir que sua mãe lhe dê de comer e que negligencia durante muito tempo utilizar suas mãos para esse uso.

De sorte que, no que concerne às reações funcionais do indivíduo, não são quatro recursos-barreiras que seria preciso contar, mas cinco, incluindo-se aí o recurso pessoal que, pelas necessidades de nossa demonstração, estudamos separadamente.

Todas as leis que formulamos para o recurso pessoal são válidas para os outros recursos e para a escolha entre esses diversos recursos.

O ser humano reage como o camundongo que se encontra num cubículo onde ele se sente espreitado, ou mesmo perseguido, por um gato.

Se o perigo não é muito imediato, dá uma volta ao redor do cômodo farejando os menores interstícios que se apresentam, começando por aqueles que lhe parecem os mais favoráveis para uma fuga, e para os quais o atraem uma claridade difusa, um vislumbre de raio de sol ou somente um imperceptível sopro de ar fresco. Enfia-se então num dos buracos que, nas conjunturas mais favoráveis, o ajudará a escapar; ou, monopolizador, o reterá exageradamente em seus labirintos numa segurança provisória; ou, rejeitante, se mostra pura e simplesmente impossível.

Se este primeiro recurso for infrutífero, tentará todos os outros recursos possíveis. Se, apesar de todas as suas tentativas, não conseguir sair, se o perigo se fizer mais premente, o camundango retornará ao simples tateamento mecânico, lançando-se pelo primeiro buraco que aparecer, batendo-se desesperadamente contra uma grade, obstinando-se em transpor o intransponível, preferindo tentar tudo a correr o risco de impotência e de morte.

Esses recursos primários do indivíduo são condicionados, da mesma maneira, não por uma escolha a que chamaríamos inteligente, mas por um tateamento experimental, primeiro mecânico e depois orientado para as experiências bem-sucedidas que tendem a repetir-se e, por isso, a fixar-se como tendências e como regras de vida.

Se uma personalidade benevolente e generosa se apresentar e oferecer seu apoio, sua *ajuda* ao ser desorientado, talvez seja o recurso ao indivíduo que predominará, seja esse indivíduo a mãe ou qualquer outra pessoa. Se, ao contrário, for a natureza que se apresentar com seus prazeres e seus benefícios infinitos, será o recurso à natureza que predominará. Em outras circunstâncias, será o recurso à sociedade, ou então, repelido em seus apelos, o ser se fechará em si mesmo num desiludido recurso pessoal.

O indivíduo que, no alvorecer da vida, esbarra em dificuldades, para ele insuperáveis, que se opõem à satisfação de suas necessidades essenciais, está um pouco na situação do viajante inexperiente, um tanto ingênuo, que sai pela primeira vez de sua aldeia e chega numa estação que desconhece completamente. A única coisa que sabe, o que sente ao menos, é que deve tomar o trem para tal direção.

Um trem está na plataforma, prestes a partir. O viajante apressa-se a subir no primeiro compartimento que se apresenta. Como não sabe manejar a fechadura, será obrigado ou a esperar que uma pessoa prestativa queira abri-la ou a meter-se no primeiro compartimento cuja porta esteja aberta.

Se não há recurso-barreira para guiá-lo, nosso viajante poderá apenas tatear. Ele subirá assim no primeiro trem que chegar. Se, a caminho, perceber que esse trem não o conduz para onde desejaria ir, descerá para arrepiar caminho e, uma outra vez, saberá que não deve tomar essa direção. Se ninguém lhe indicar o vagão em que deve subir, se nenhuma mão prestativa abrir-lhe a porta, subirá no primeiro vagão aberto, correndo o risco de ter de descer se não houver lugar.

Nessa fase, o viajante não reflete para influenciar seu comportamento; não faz intervir nem sua inteligência nem seus conhecimentos, uma vez que ainda lhe faltam os elementos dessas faculdades, que apenas lhe podem vir da experiência e da ação. *Ele faz o que pode.* O alcance, a eficácia, a utilidade desses recursos dependem inicialmente do exterior, do meio. O indivíduo apenas as influencia com sua maior ou menor potência de potencial de vida e com sua prontidão para reagir às lições da experiência, com aquilo a que chamamos permeabilidade à experiência. Mas essa própria experiência é condicionada pelo meio que pode impingir-lhe repetidos tateamentos, múltiplos erros com seus necessários retrocessos. Ela pode contrariar, às vezes gravemente, seu potencial de potência, e mesmo desencorajar todas as novas tentativas para reduzi-lo à mesma passividade do camundongo que, após ter tentado todos os recursos, apenas pode esperar, resignado, a garra cruel do gato.

Nosso viajante esbarra nos mesmos tipos de recursos-barreiras que a criança pequena. Ele encontra um compartimento aberto e tenta subir. Se são poucos os ocupantes, se são um pouco acolhedores e generosos, ajudam o viajante, recolhem e guardam suas bagagens, reservam-lhe um canto favorável, perguntam-lhe sobre os objetivos e os meios de sua viagem e, se for o caso, aconselham-no e guiam-no, se não tomou uma direção acertada. Pode-se dizer então que o compartimento, como a família, é *auxiliante*.

Mas é possível também que os ocupantes do compartimento, um tanto brincalhões, vejam vir até eles, indecisa e ingênua, uma jovem à procura de um lugar. Abrem com amabilidade a porta, fazem-lhe sinal, atraem-na, tomam conta de suas bagagens, monopolizam-na *para eles*, para sua satisfação, sem se perguntar, evidentemente, se a jovem tirará daí algum benefício, se não se enganou de trem. Não lhe avisarão sequer a estação em que deveria descer. O compartimento é *monopolizador*. Adivinham-se os perigos dessa atitude particular para o indivíduo que é objeto dela.

E pode ocorrer, enfim, que os passageiros, confortavelmente instalados, colocando seu egoísmo à frente da mais elementar e humana das cortesias, defendam seu compartimento como uma praça sitiada e rechacem obstinadamente, com maior ou menor astúcia e brutalidade, qualquer novo viajante que faça menção de entrar. Eles são *rejeitantes*.

Como reage o indivíduo ante essas diversas atitudes – auxiliante, monopolizadora ou rejeitante – dos recursos-barreiras que encontra em seu caminho?

No início, enquanto a experiência não o instruiu e formou, *ele reage como pode*, e sempre por tateamento. Se subiu num trem que segue uma direção errada, descerá na primeira estação para tentar outra solução. Se for avisado a tempo, ele deixará o compartimento onde subira, e, se não houver ninguém para informá-lo e guiá-lo, irá subir no trem estacionado na plataforma em frente. Se o rechaçam de um compartimento, tentará entrar no compartimento seguinte, e assim por diante, até que, por tateamento, encontre uma solução satisfatória.

É possível também que, mesmo recebido com cortesia num compartimento, o viajante não se encontre à vontade nele, que não sejam satisfeitas suas exigências elementares de segurança. Caso em que, por si só, talvez apesar do desejo dos ocupantes, ele deixará o compartimento para partir em busca de outras possibilidades de acomodação.

É, como se vê, puro tateamento. Na fase primária, diríamos nós. Mas você não se comporta de maneira diferente quando tem o hábito de viajar, salvo pelo fato de que seu tateamento experimental é acelerado pelas numerosas experiências bem-sucedidas precedentes e pelos avisos, cartazes e anuários que, em suma, são apenas a experiência dos outros.

Por vezes, pode ocorrer que o trem ponha-se em movimento enquanto o viajante ainda está em busca de um compartimento que lhe convenha ou que o receba. Então já não há escolha: ou encontrar um lugar, custe o que custar, ou permanecer na plataforma. Ele fará de tudo para não ficar na plataforma, pois sua necessidade de vencer o impele a seguir adiante. Ele se meterá finalmente no primeiro compartimento que aparecer; apesar das oposições e das imprecações dos ocupantes, ele se imporá; jogará suas bagagens sobre os pés e joelhos dos passageiros; ele se agarrará nos bancos e entrará. Tudo, mesmo o pior lugar, não é melhor do que perder a partida, do que aceitar a derrota?

E, mesmo que o trem se movimente antes que o viajante tenha conseguido meter-se num compartimento, nós o veremos agarrar-se desesperadamente à maçaneta de uma porta, para partir todavia, com a secreta esperança, apesar de tudo, de ver a porta abrir-se... ou talvez mesmo sem esperança. Assim o quer a vida... Era o último recurso. Já não hesitamos, agarramo-nos à vida.

Essa comparação nos dá uma idéia precisa do mecanismo vital diante dos recursos-barreiras, e, conforme a natureza e a posi-

ção desses recursos-barreiras, as reações podem ser de quatro tipos:
1. A fixação provisória no recurso-barreira *auxiliante* que, no momento, satisfaz a necessidade de potência.
2. A entrega à solicitude amolecedora de um recurso-barreira *monopolizador*.
3. A insatisfação que provoca o abandono de um recurso e a tentativa de outros recursos.
4. O refúgio cego, desesperado e teimoso no supremo recurso da última chance.

Resumimos essas indicações em nossa

DÉCIMA OITAVA LEI: DO MECANISMO DO RECURSO

Cada um dos recursos-barreiras definidos em nossa lei anterior pode ser:
– generosamente auxiliante,
– egoisticamente monopolizador,
– brutalmente rejeitante.
As reações do indivíduo diante desses recursos-barreiras são reguladas pelas mesmas leis que presidem aos recursos individuais. O tateamento, de início mecânico, depois experimental e inteligente, é sua base.
As reações serão, segundo o caso:
– de fixação provisória,
– de entrega,
– de insatisfação,
– de refúgio.
O fracasso total, que equivale à morte, jamais é aceito pelo indivíduo.

Tiremos nossas conclusões dessas constatações.

No início da vida, não há uma faculdade especial a que chamaríamos inteligência ou razão, que seria capaz de guiar uma escolha consciente das crianças, entre os diversos recursos possíveis, para satisfazer suas necessidades primordiais. Inteligência e razão são apenas uma conseqüência da faculdade que os indivíduos têm de se lembrar das experiências tentadas, de comparar e interpretar os seus resultados em conformidade com seu dinamismo vital. *Mas é preciso que exista previamente tateamento e experiências, senão, claro, não pode haver nem lembrança nem comparação.* Esta é uma lei a mais das vezes esquecida, porque se acredita que é possível inculcar à criança, por assim dizer do exterior, o resultado de nossa experiência pessoal. Ilusão persistente mantida e reforçada pelo poder simpático das palavras e das imagens; ilusão que teremos de empenhar-nos mais especialmente em dissipar: acredita-se ter assimilado a experiência de que se foi testemunha e se percebe, na prática, que só se foi verdadeiramente penetrado por ela na medida em que essa experiência foi a experiência pessoal. Acreditamos que um livro familiar havia aumentado nossas possibilidades de conhecimentos e de raciocínio, e apenas retiramos dele o que se reportava às nossas próprias disposições. É por isso que uma segunda leitura pode nos proporcionar um novo proveito, quando estiver aumentado e aprofundado ainda mais campo de nossa experiência pessoal.

Mesmo as leis da ciência são apenas a expressão de uma constância de relações. Mas, se a noção dessas relações não existe previamente em nós, possuímos as leis como possuiria um metro perfeito o homem que não tivesse nada para medir. Ele poderá divertir-se ao medir coisas insignificantes, comparar os resultados obtidos, discorrer sobre essa aquisição. Mas ele mesmo não será minimamente influenciado por isso nem seu comportamento.

Apenas a experiência pessoal conta: todas as explicações verbais sobre as qualidades científicas do calor, as repetidas recomendações e mesmo as imagens sugestivas serão inúteis para a criança que se sente irresistivelmente atraída pelo fogo. Apenas quando se queimar, pelo menos ligeiramente, é que saberá de verdade o que é o calor e poderá ter uma idéia da medida desse calor.

Houve, nesse campo, como que um erro de óptica que estendeu seus estragos à escola. Em todas as disciplinas, substituiu-se a experiência por lei, regra e explicação. O fracasso foi total. Apenas a memória das palavras e o forte poder de imitação das crianças puderam produzir essa ilusão. A letra da lei é inútil e perigosa. É o *sentido* que é necessário encontrar e imprimir no comportamento dos indivíduos.

Trata-se de uma retificação pedagógica que vai influir consideravelmente sobre nossas técnicas e sobre a concepção de nosso material educativo.

Portanto, é preciso deixar a criança fazer suas experiências, tatear longamente, porque é assim que se formam verdadeiramente sua inteligência e sua razão. É preciso deixá-la buscar obstinadamente os compartimentos que lhe serão favoráveis e mesmo embarcar no trem que a conduz para uma direção errada. Porque ultrapassamos, há muito tempo, essa fase, acreditamos às vezes que tão penosos tateamentos só podem retardar a evolução dos indivíduos; e temos a tendência de abrir nós mesmos o compartimento que nos agrada para nele instalar confortavelmente a criança inexperiente. É como se, a fim de ensinar mais depressa o bebê a andar, pretendêssemos evitar-lhe o tateamento de seus primeiros passos em busca do equilíbrio e o transportássemos com um salto para onde ele quer e deve ir. Ele bem poderia dar esse salto, que lhe daria por um instante a ilusão de uma conquista, mas seria incapaz de repeti-lo sozinho; seria uma medida verdadeiramente inútil, portanto um erro.

Exceção pode ser feita apenas para as experiências que se arriscam a ser muito perigosas para o indivíduo, embora deva-se considerar com um certo heroísmo essa noção de perigo pois, ao querer muito radicalmente extirpá-lo da vida, corre-se o risco de atenuar o ímpeto, de atrapalhar essa ascensão invencível para a potência e o ideal que caracteriza o ser jovem e intrépido.

Mas, dirão, todas as numerosas experiências que a criança não pode fazer por causa de suas próprias ignorância e pequenez, não será proveitoso fazer que ela as conheça, apresentá-las a ela, dar-lhe imagens ou explicações teóricas delas, inculcar-lhe suas leis?

Atenção! Esses conhecimentos, imagens, explicações e leis apenas terão algum valor se puderam ligar-se a experiências pessoais. Inteligência e razão não passam da lembrança de experiências tentadas e a noção das relações que se estabeleceram entre elas. Não podem existir sem a própria experiência.

E a prática pedagógica nos confirma a realidade dessa observação. Os elementos geográficos que você ensina a seus alunos e que não recaem diretamente na experiência pessoal deles apenas ficam realmente compreensíveis quando podem ser ligados, comparados, relacionados a essa experiência. Esforçou-se em vão: a criança não compreenderá nem jamais sentirá a planície se viveu sempre exclusivamente no vale de uma alta montanha; ou, inversamente, não compreenderá nem sentirá a montanha se viveu sempre na planície. Essas noções que você lhe ensina assim do exterior não passarão de palavras sujeitas a muitos erros se não se inserirem no processo do comportamento mediante comparação com uma experiência pessoal anterior.

É isso que explica também a impotência, tão completa e tão amiúde ignorada, do aluno para compreender a história, porque essa compreensão supõe a aquisição da noção de tempo e de duração, e essa noção apenas pode ser adquirida por experiência pessoal.

Dê à criança todas as explicações que você quiser sobre a natureza, sobre a cultura, sobre a natureza das plantas. Palavras e mais palavras, e noções inúteis e perigosas. É diretamente com a cultura, com as plantas, com o solo, e apenas consoante a sua experiência que o aluno se impregnará desses conhecimentos. E a observação é válida para as ciências, o cálculo e a literatura.

É como se você quisesse pendurar objetos no teto de uma sala. Não basta pretender apressar a operação, entreabir a porta e apresentar ao teto a série de objetos que devem ser postos em segurança. No caso, você supõe que esse teto tem propriedades maravilhosas que lhe permitirão lembrar-se da diversidade e mesmo de algumas características dos objetos assim apresentados, e de recordar-se até do comprimento, da consistência e da textura das cordas que você trouxera para pendurar os objetos, e que espalhara em desordem ou metodicamente no chão, após ter feito o gesto simbólico de apresentá-los ao teto.

Mas você não fez nada porque faltavam os ganchos em que fixar as cordas que suspenderão os objetos. Esses ganchos são as experiências pessoais; sempre é relativamente demorada a operação que as fixa na própria natureza, que as chumba para sempre na coisa viva. Mas ela é indispensável. É unicamente da solidez e da multiplicidade desses ganchos que dependerão a força das cordas que você suspender neles e as relações que se estabelecerão entre os objetos pendurados e o fundo que os mantém. O conhecimento e as leis não têm nenhuma importância sem a experiência pessoal que os sustenta. Você não economizará essa experiência e a prática lhe mostra, em toda a parte, a necessidade dessa lei.

Diríamos, precisamente, que os meios educativos – família e escola – declararam uma guerra desleal à experiência pessoal: a escola, porque tem tantas coisas para ensinar, tantas coisas para pendurar, que jamais conseguiria, é o que acha, realizar se precisasse fixar previamente os ganchos necessários, e então fundamenta seu ato ilusório apenas na representação apresentada à memória mecânica. "Aprendem-se" as explicações, dá-se verbalmente a iniciação nas regras e nas leis. Mas todo esse saber – que pode ser considerável – não é absolutamente retido, sendo por isso que é de uma inutilidade tão geral para o aperfeiçoamento do homem, é por isso que fica exterior a ele, no início de uma cultura separada do indivíduo, que, por isso mesmo, pode às vezes ir mais longe e mais rapidamente... Para quê? Por quê? Dir-lhe-ão: para o conhecimento... Entretanto, ele se atém a criar desordem e miséria intelectual quando não vai em direção à vida, se não é uma função da vida. Não nos enganemos: aí reside o grande drama dessa civilização decadente que balança nas bases e debate-se em topos inúteis.

A família, por sua vez, tem tendência a opor-se à experiência, mas por razões totalmente diferentes. Ou, antes, pela mesma falsa concepção da vida, despojada de seu entusiasmo e de seu heroísmo.

As famílias têm tendência a se tornarem monopolizadoras. Cuidam muito egoisticamente do filho – em geral, único –, dão-lhe o máximo de conforto, satisfazem-lhe as necessidades antes mesmo que se manifestem, desembaraçam o caminho de todos os obstáculos. A criança, dominada assim por seu meio, reduz efetivamente seus tateamentos; ela tem menos como enganar-se, uma vez que é sempre guiada e dirigida; por esse motivo, adquire mais depressa, em seu meio, uma técnica de vida evoluída, que ilude. Mas, na medida em que lhe tiverem evitado as experiências, não somente individuais e familiares, mas também naturais, sociais e humanas, terá uma inteligência incompleta, válida somente para o meio anormal que a formou, e reações totalmente insuficientes fora desse meio. Será como se tivesse aprendido exclusivamente a andar entre cadeiras que lhe oferecessem constantemente apoio ou numa sala uniforme e acolchoada onde os pés sempre encontram uma base cômoda. Ela poderia andar, claro, mas apenas em certas condições, porque seus tateamentos experimentais teriam sido insuficientes.

Esta é toda a história, infelizmente, dessas crianças mimadas pela família ou desvirtuadas pelo estudo, em quem a experiência exterior substitui mais ou menos completamente sua própria experiência pessoal. O indivíduo normalmente educado deve recorrer, de início, à complexidade de suas reações pessoais para vencer as dificuldades que encontra no caminho da vida. A criança, sujeitada à experiência de outros, despreza seus recursos próprios e espera mormente do exterior, dos recursos-barreiras, a solução dos problemas que se lhe impõem.

A criança mimada pouco a pouco organizou, construiu sua vida sobre a extrema complacência dos pais. Estes acorrem agitados ao menor de seus chamados. A criança nem sequer tem a possibilidade, nem a vantagem, de tentar recursos saudáveis: os pais sentem, pensam, reagem por ela. Ela está toda impregnada de um sistema de vida que lhe é imposto pela extrema solicitude adulta: acreditará que assim são as coisas, que os pais têm como destino satisfazer-lhe todas as necessidades, que são os instrumentos primordiais de seu devir. E eles aparentemente podem felicitar-se por isso, como por uma cultura em estufa que não deixa de ter vantagens imediatas. Mas, no dia em que a frágil planta deixar a estufa, no dia em que faltar o instrumento complacente, cuidado com as geadas e os acidentes! O indivíduo mal preparado para a verdadeira vida acusará os pais, não sem razão, de não cumprirem seus deveres: exigirá, insultará. De uma falsa concepção das relações crianças-pais terá nascido um sistema insuficiente, benéfico por um instante, mas que conduz ao mais trágico dos impasses.

Podemos compreender os perigos de uma educação assim comparando, em nossas classes, o aluno mimado pela família – educado com uma solicitude monopolizadora, que jamais pôde brincar com água porque é fria demais, com a chuva porque molha, com a neve que resfria, na rua onde os carros podem atropelá-lo, nos campos onde ele suja a rasga a roupa –, com aquele fruto original de uma família grande, atirado cedo e quase sozinho à vida, para quem os elementos naturais, o frio, a água, a neve, o vento e as complicações sociais só têm bem poucos segredos. Sente-se nele uma já vasta experiência que lhe vale uma inteligência prática muito evoluída, reações e segurança espantosas diante dos acontecimentos, que são incontestavelmente superiores à técnica de vida artificial da criança mimada.

A mesma observação é válida para a escola. Nela não se mima a criança da mesma maneira, claro, mas nem por isso deixam de impedi-la de fazer suas experiências; habituam-na a confiar na experiência alheia consignada nos livros e definida nas leis, a recorrer a ela. Iniciam-na, assim, numa técnica de vida anormal que suprime quase totalmente o recurso pessoal, ou que não o leva em conta, que se instala concorrentemente com uma técnica de vida pessoal baseada numa experiência ignorada pela escola. E esta técnica de vida anormal é causa, como no caso da família, de uma educação tacanha, válida somente no ambiente dos livros e do pensamento separado da vida; educação que às vezes pode ser perfeita, enquanto a criança não se afasta do "meio", mas se mostra insuficiente e mesmo perigosa quando a criança, lançada na vida, busca ajustar a esta os ensinamentos da escola. Novamente, desilusão, raiva, desprezo por uma formação errônea, procura, mais ou menos esclarecida, de outras soluções, fracasso da escola.

Será preciso, assim, tanto na família quanto na escola, evitar essa posição monopolizadora cujos perigos mais ameaçadores acabamos de mostrar rapidamente.

Você evitará igualmente a solução rejeitante dos recursos-barreiras.

Existem pais que acatam exageradamente ao pé da letra os conselhos, nem sempre desinteressados, daqueles que lhes dizem, em reação à fraqueza que deixa as crianças mimadas: "Não atenda servilmente aos primeiros gritos de seus filhos... deixe-os chorar, isto faz bem e os educa... Não seja o criado deles... É preciso educá-los com dureza!..."

Exagera-se aqui no sentido rejeitante. Os pais esquecem então que os gritos e choros são, no início, a manifestação de um desequilíbrio fisiológico, cuja sensação é, para a criança, de um sofrimento tão intolerável que é preciso levá-lo em conta, seja para satisfazer melhor as necessidades essenciais, seja para corrigir os erros que redundaram nesse desequilíbrio. O perigo fisiológico, cujo sinal de alarme são os gritos e o choro, pode tornar-se tal, para os seres frágeis, ainda incapazes de reagir, que produz um estado de desesperança, de perturbação, de angústia, que marca para sempre a criança pequena.

A escola, por sua vez, é friamente monopolizadora. E também friamente rejeitante. Em geral é apenas barreira, e nunca recurso. Ora, não basta dizer à família ou à escola: "Deixem as crianças se virarem..." Essa é uma posição inteiramente anormal. A criança, antes da puberdade, é um ser incompleto que não pode viver sozinho, que tem necessidade da solicitude da família e do meio; portanto também da escola. Ela necessita disso para perfazer sua experiência na base da vida, para organizar essa vida, para levantar seus andares. Cumpre aceitar, cumpre desejar, cumpre solicitar que exprima sua perturbação a fim de que nos esforcemos para remediá-la; que manifeste seus desejos e tendências a fim de que possamos satisfazê-los ou dirigi-los; que se apóie em nós para sua ascensão à vida. Não se espante, entretanto, se ela solta sua mão assim que tem condições de dominar seu destino. Assim caminha o mundo.

Mas, pensarão, a criança deverá fazer todas as experiências?

Se a vida não tivesse sido desvirtuada por uma sociedade baseada na exploração do homem, haveria poucas experiências que não mereceriam ser tentadas pelas crianças; são quase todas essencialmente formativas. Há os riscos, em nome dos quais se levantam tantas barreiras: queda, afogamento, frio, picadas ou mordidas de animais nocivos. Esses riscos, aos quais se costuma dar grande importância, são verdadeiramente insignificantes, comparados com aqueles que nos vêm das condições anormais de vida e de erros fatais na prática das reações de ataque, de defesa ou de equilíbrio. Porque uma criança se afogará um dia, ou será mordida por um animal, limitarão excessivamente as experiências normais das crianças; assustá-las-ão – com tabus, lobisomens, contos ou histórias de assombração – exagerando os perigos dos tateamentos que lhe são, contudo, essenciais. Não procuram saber se o acidente não ocorreu justamente porque a vítima não pôde fazer suficientemente experiências prévias, nem quantos seres morrem de definhamento, a quem haviam evitado, porém, com arte consumada, todos os tateamentos.

Mas essas experiências não devem ser realizadas num sentido somente, num meio de predileção, porque então nos arriscaríamos ainda a cair na técnica de vida errônea que vimos resultar de uma falsa concepção dos recursos-barreiras da família e da escola. É em todos os meios que a criança deve testar seus recursos, pôr à prova a posição das barreiras. Tudo está ligado.

Conhecemos um pai original que, em conseqüência do desaparecimento da mãe, deixou o filho fazer, assim, todas as experiências, desde a mais tenra idade: despir-se, esquentar sua comida, deitar-se sozinho, numa idade em que os meninos "educados" ainda são incapazes de esboçar o menor desses gestos, de trepar descalço nas árvores, de se familiarizar com os animais silvestres ou domésticos, de fazer por conta própria as experiências alimentares mais ousadas, de se ausentar um dia inteiro para ir sozinho, com cerca de seis anos, à beira do rio, apanhar peixes e cozinhá-los entre duas pedras. Esse menino tinha uma riqueza de vida, portanto uma inteligência – uma certa forma ampla de inteligência que é a preensão máxima do mundo que a cerca –, um potencial de potência verdadeiramente extraordinários. E jamais foi vítima de um acidente notável, talvez menos do que muitas crianças mimadas. De todos os pontos de vista, uma educação assim seria plenamente recomendável, e isso só pode consolidar a confiança que temos na natureza, que assim equilibra perfeitamente seus recursos-barreiras, que jamais é monopolizadora, jamais brutalmente rejeitante, e que oferece generosamente sua ajuda, sem se abalar, aliás, com nosso comportamento a seu respeito. A água continua a correr, as árvores florescem, os frutos amadurecem, o sol brilha... que os humanos os aproveitem...

Era isso que fazia o nosso garoto.

E, contudo, nas contingências atuais que já não são exclusivamente naturais, esse menino era, em última análise, uma criança "mal educada". Porque fizera bem a experiência da natureza, mas não tinha feito com igual acerto a experiência de outros recursos-barreiras: família, sociedade, indivíduos. Ele não tinha nenhuma consciência de que certos frutos, certas ferramentas, certos objetos pudessem não pertencer a todos como as ervas, os frutos, os peixes. Daí atos – de indelicadeza ou de roubo – que não lhe pareciam repreensíveis e lhe valiam ser expulso das casas como um cão danado, ou mesmo ser espancado pelos proprietários ciosos de suas prerrogativas. A barreira social, ou a barreira-indivíduo, postava-se bruscamente diante dele, exclusivamente barreira, sem nenhum recurso. E o menino reagia como podia, respondendo logicamente ao egoísmo, à maldade, à grosseria, à desumanidade das barreiras com reações de ladrão, mentiroso e grosseiro. Assim, uma concepção excelente, mas evoluída num único meio, revela-se ser uma perigosa monstruosidade quando falta o equilíbrio absolutamente indispensável, a riqueza das experiências realizadas em todas as direções vitais.

Em toda educação, seria preciso ter sempre presentes no espírito essas considerações essenciais:

1. A criança faz normalmente suas experiências familiares? A família não é monopolizadora, nem rejeitante, mas sim auxiliante? A criança manteve sua atitude de pesquisa tateante ou se fixou ou se refugiou perigosamente nesse meio?

2. Ela prossegue normalmente suas experiências naturais para conhecer, por experiência própria, os recursos que pode esperar e as barreiras que se oporão aos seus desejos? Em que medida a natureza ao seu redor é formadora e auxiliante? Não estará deformada a ponto de ser insensível aos seus ensinamentos?

3. Também fará normalmente um máximo de experiências sociais, quaisquer que sejam os perigos – alguns dos quais evidentemente devem ser evitados com todo o cuidado – que possa haver em certos contatos? Em que medida a sociedade é auxiliante? Conservou suficiente ânimo para lutar contra a barreira invasora?

4. A criança pratica suficientemente a experiência dos indivíduos – mais delicada ainda que a da sociedade? Encontrou indivíduos auxiliantes? As barreiras não anularam seus recursos? E sabe ainda defender-se contra os perigos de algumas monopolizações?

Se o pequeno selvagem de que falamos pudesse ter feito mais profundamente uma experiência familiar um pouco que seja auxiliante; se tivesse sido colocado logo cedo em face da experiência social, da qual teria medido melhor as barreiras e os recursos; se tivesse tido contato com os indivíduos de outra maneira que não por relações exacerbadas de defesa recíproca, não teria conhecido os erros de juízo que o transformaram, em última análise, no meio em que se encontra, numa criança impossível, que, por isso, esbarrará em obstáculos insuperáveis que são capazes de contrariar profundamente, até aniquilá-lo talvez, o potencial de potência que ganhara em sua experiência tão fecunda no seio da natureza.

A mesma observação vale para a escola, que tende a reduzir sua ação a um adestramento – sem sequer, como vimos, o contingente desejado de experiências pessoais –, mas num sentido restrito, acanhado, exclusivamente escolástico e intelectualista. A criança é arrancada da natureza, que felizmente recobra, a maior parte do tempo, todos os seus direitos fora das horas de aula; ela não realiza a experiência social, que é muito mais vasta e complexa do que a experiência escolar; em suma, como indivíduo, ela apenas conhece seu professor, o que, na verdade, é muito pouco.

Se quisermos equilibrar nossa educação e proporcionar-lhe o máximo de eficácia que a justifica, teremos de ampliar o horizonte da escola, de integrar seu processo ao da natureza e da vida social.

Compreende-se agora a urgência dessa nova orientação.

Das técnicas de vida

Dissemos que a importância determinante da primeira infância vem do fato de ela ser o período por excelência da construção das fundações vitais mediante o tateamento experimental e que, em virtude de uma lei estrita de economia, toda experiência bem-sucedida dá origem a uma tendência que, ao se fixar e se sistematizar, se torna *regra de vida*.

Essa regra de vida insere-se tão profundamente no comportamento fisiológico, mental e psíquico do indivíduo que se poderá mascará-la, aparentemente ignorá-la ou desprezá-la, mas jamais lhe abolir os vestígios profundos. É inútil explicar que tal caminho é mais transitável, mais curto, mais seguro, que todos os viajantes preferem tomá-lo; seja como for, no cruzamento, se você não fizer um esforço consciente para tomar a nova via, voltará à via que sempre seguiu.

Esforçar-se-ão para explicar-lhe que a casa moderna em que você mora é, em todos os pontos, superior à choupana que abrigou seus primeiros dias – e você não pode deixar de convir nisso. Mas, nos dias difíceis, subirá do fundo de seu ser a saudade persistente dos lugares familiares: as regras de vida reaparecem então, extraordinariamente presentes, e talvez você faça, com emoção, uma peregrinação ao lugar de sua infância para tomar ainda, automaticamente, aquela trilha por onde passou tantas vezes, para subir uma escada cuja altura dos degraus está ainda, após tantos anos, inserida no jogo vivo de seus músculos; para sentar-se, mais uma vez, na velha cadeira de madeira ao pé da lareira e deixar ressurgirem e imporem-se os indeléveis hábitos vitais.

Há regras de vida que, por mais indestronáveis que sejam, se contrariam mais ou menos umas às outras, que são como a trama caprichosa sobre a qual se tecerá o comportamento, sem que uma delas venha contudo a dominar, a dirigir, a motivar todo o processo vital do indivíduo.

Mas, às vezes, há também regras de vida que se erigem em mestras exigentes e exclusivas, até imprimir, de fato, suas características dominantes em todas as suas reações. O mesmo processo de brecha, de atração, de inflexão, de compensação e supercompensação que constatamos para as tendências vale para as regras de vida. Se uma delas se revela particularmente eficaz, forma-se como que uma brecha no sistema de ataque e de defesa do indivíduo. Quanto mais poderosa é a brecha, mais as forças enveredam por ela, mais dinâmica é a atração para a brecha. A regra de vida assim triunfante será uma cunha que cavaremos cada vez mais para a frente como ferramenta essencial. Melhor, será uma chave que será empregada para todos os usos. A brecha acentua mais a inflexão das tendências e visa a subordinar o processo vital inteiro ao sucesso dessa regra de vida. Estabelece-se aquilo a que chamaremos uma *técnica de vida* baseada numa regra de vida que abriu uma brecha vigorosa e invasora no processo vital do indivíduo.

A criança fisiologicamente deficiente precisou um dia, para ter êxito, experimentar um ardil ou uma pequena mentira. O sucesso levou à repetição dessa prática que, bem depressa, se fixa como regra de vida. Se essa regra de vida é contrariada e compensada de outro lado por outras tendências à lealdade e à generosidade, ela pode não alargar a brecha, não estender o campo de sua ação. Se, ao contrário, ela se mostra plenamente eficaz, se o indivíduo é obrigado pelas circunstâncias a lançar mão dela de forma corrente, a regra de vida vai-se impondo. Ela construirá então sua técnica de vida sobre o ardil e a mentira; seu equilíbrio relativamente frágil já não será possível sem esses elementos que se lhe tornam essenciais; todo o seu comportamento será à base de ardil e de mentira, e mesmo sua inteligência e uma parte de suas reações serão consagradas à justificação e à defesa dessa técnica de vida.

A técnica de vida é um estado de fato que pode ser um mal menor, mas do qual apenas nos livramos se conseguimos, na prática, substituí-lo por uma técnica de vida superior em todos os pontos.

A criança fraca encontrou uma compensação para sua fraqueza na solicitude monopolizadora da mãe. A regra de vida torna-se rapidamente técnica de vida. A criança tenderá a resolver todas as dificuldades pelo recurso à mãe e, mais tarde, na ausência desta, pela lembrança da mãe e a procura da mulher que será capaz de substituí-la.

Eu colhi um dia, num campo de concentração, o comovente depoimento de um preso para quem o roubo e o crime tornaram-se os princípios essenciais de sua técnica de vida. Perguntamo-nos, às vezes, como os homens podem viver cometendo tais delitos e não compreendemos que não sejam atenazados por um remorso que os levaria a se corrigirem. Encontramos aqui, tirado de vida real e perfeitamente perceptível, o processo que acabamos de detalhar e de explicar.

Esse homem tinha apenas dezesseis anos durante a guerra de 1914-18, mas tinha sede de aventuras. Toma a certidão de nascimento do irmão, dois anos mais velho do que ele, e alista-se. Porta-se heroicamente na frente de batalha e ganha cruz de guerra, medalha militar e recebe além disso vários ferimentos graves. Depois, é desmobilizado; mas descobre-se então sua verdadeira identidade. E o herói é realmente obrigado a fazer dois anos de serviço disciplinar na Argélia. Depois disso, é mandado de volta para casa, amargurado pela impiedosa injustiça de que é vítima.

Enfim, encontra trabalho e dedica-se a ele durante meses. Mas seu salário não lhe permite viver e, sobretudo, sustentar sua velha mãe de que ele, um forçado, falava ainda com uma emoção tão tocante.

"Quase nunca eu lhe podia trazer um pouco de carne, ou de leite, de que ela tinha necessidade. Quando passava na rua, eu via nas vitrines doces apetitosos e frangos que lhe teriam feito tão bem! Um dia, eu estava com fome: roubei um pão e um frango e nos fartamos.

"Disse então comigo mesmo: 'Ah! não, você não vai continuar a trabalhar como uma besta para não ganhar o suficiente para dar de comer para sua mãe e para você, enquanto outros podem empanturrar-se sem fazer nada... Não vou trabalhar mais...' E me tornei ladrão!

"É verdade que há riscos. Cheguei mesmo a matar quando era obrigado (consideraram-me então parcialmente irresponsável por causa de meu ferimento de guerra). Fui preso várias vezes, mas, quando saía, roubava de novo, porque achava que, *feitas as contas*, era mais cômodo e seguro do que trabalhar."

Após diversas experiências mal-sucedidas, que não lhe permitiam satisfazer suas necessidades, o indivíduo cansado encontrou uma solução mais eficaz no roubo, do qual fez primeiro sua regra de vida e que, depois, condicionou-lhe todo o comportamento para tornar-se uma definitiva *técnica de vida*.

A técnica de vida, como se vê, não decorre de um processo de atividade pessoal e consciente. Ela é, acima de tudo, uma organização mais ou menos metódica de reações diante dos recursos-barreiras. Ao estudarmos essas reações em toda a sua complexidade é que poderemos descobrir as possibilidades de ação educativa nas quais se fundamentará um método pedagógico seguro e eficiente.

DÉCIMA NONA LEI: DA TÉCNICA DE VIDA

> *Em sua busca obstinada da potência, o indivíduo, que não pode enfrentar vitoriosamente a vida, utiliza a brecha aberta por uma tendência que evolui para regra de vida; doravante, será em torno dessa brecha, desse instrumento de potência, que se organizará todo o comportamento individual.*

> Uma brecha aberta e fixada como regra de vida, um complexo de regras de vida, que se vão generalizando até condicionar o comportamento total do indivíduo, estabelecem-se como indelével técnica de vida.
> Essa organização sistemática como técnica de vida pode ter vantagens, pode ser benéfica; mas também traz o risco de comprometer os dados da construção humana.
> Quanto mais estreita e esquematizada é essa técnica de vida, mais frágil e perigosa é; quanto mais diferenciada e complexa, mais sólida e benéfica.

A educação poderia, conseqüentemente, ser considerada a orientação do indivíduo para as técnicas de vida que lhe assegurem o equilíbrio e a potência.

Conseqüências pedagógicas

Não nos esqueceremos, por certo, da ação educativa sobre os reflexos mecanizados, sobre as tendências e as regras de vida que estudamos precedentemente. Eles são as fundações, os andaimes, as paredes, sobre os quais o indivíduo construirá definitivamente sua vida. Mas a técnica de vida é algo mais alto, mais importante e mais definitivo também. Ela deve estar no centro de nossas preocupações pedagógicas.

Na verdade, sempre se preocuparam com ela. Os pais vigiam os filhos e desconfiam das más companhias. O professor primário faz largo uso dos preceitos, dos provérbios e das lições morais. São barreiras destinadas a organizar a técnica de vida.

Mas são apenas barreiras e mesmo simulacros de barreiras. Já dissemos até que ponto o indivíduo permanece impermeável às palavras que não são expressão íntima de realidades sentidas e vividas. A família reprimia e aconselhava, a escola dispensava generosamente suas lições, mas a técnica de vida se construía independentemente dessas considerações, e à revelia delas, se necessário fosse, segundo outras leis, que procuraremos ressaltar.

Se a criança constata ou mesmo, sem constatar, sente que nossa própria técnica de vida é inteiramente baseada na astúcia, na mentira, no egoísmo, na hipocrisia, na preguiça, tudo o que você puder dizer-lhe não lhe servirá de nada: ela será orientada para essas práticas, para essas regras de vida. É possível que, com o uso, as ache menos eficientes do que outras soluções que se lhe apresentem, e então haverá conflito. Ou então o caminho ao qual inconscientemente você a conduziu se imporá: a técnica de vida da criança será à base de astúcia, mentira, hipocrisia e preguiça, não importa o que você disser. Porque, nesse caso, não se trata de pensamentos nem de explicações, mas de ação.

Se nossa vida, ao contrário, é ela própria dominada por trabalho, honestidade, sinceridade e humanidade, e se, já nas primeiras tentativas, a criança encontra nessa via uma solução favorável aos problemas que se lhe impõem, há grandes chances de que sua própria técnica de vida seja à base de trabalho, honestidade, sinceridade e humanidade.

Se a criança constatou logo cedo, por sua prática da vida, que o roubo é mais eficaz que a honestidade, a mentira mais eficiente que a sinceridade, o egoísmo mais prático que o altruísmo, não haverá o que fazer ou dizer. É como se você constatasse, ao morder uma pêra, que ela está dura e azeda; você a jogará fora para pegar aquela que, na prova, mostrar-se doce e tenra. E, o que quer que lhe disserem, terá poucas possibilidades de interessar sua decisão.

Nossa conclusão é que as recomendações são totalmente inúteis para a construção da técnica de vida pessoal.

1. É preciso, na medida do possível, adotar você mesmo a técnica de vida de que quer imbuir seus filhos. Trabalhar, se os quer trabalhadores; ser ordeiro, se os quer ordeiros; ser sincero, justo e generoso, se os quer sinceros, justos e generosos.

A regra é válida igualmente para a escola. Não é sentando-se preguiçosamente em sua escrivaninha para, de livro na mão, controlar o trabalho de seus alunos, que o professor lhes ensinará o trabalho, e sim trabalhando efetivamente com eles: sendo sincero e dedicado é que lhes ensinará sinceridade e dedicação.

2. Mas essa técnica de vida não depende somente de seu exemplo. A criança a põe à prova nas realidades ambientes. É preciso, para ser eficaz, que a experiência seja favorável.

Para isso, o próprio meio deve ser favorável à organização das técnicas de vida que desejamos. É preciso esforçar-se para efetivá-lo.

Quase não nos é possível modificar diretamente, por nossos meios, o meio natural e o meio social. Indiretamente, entretanto, devemos trabalhar para isso, pela cooperação social e pelo esforço político que são, por assim dizer, seu instrumento dinâmico.

Mas podemos, em contrapartida, apenas com nosso esforço, organizar o meio familiar e o escolar. Entretanto, deve-se evitar conferir, nessa organização, um sentido abstrato, livresco, aos conceitos de atividade, honestidade, bondade etc. As qualidades da organização devem resultar exclusivamente da própria organização, do funcionamento regular das relações mútuas que as caracterizam. Não se ensina vida familiar: ela é vivida. Tampouco se ensina a vida social; ela se insere em nossos reflexos, prepara as regras de vida, contribui para a instituição das técnicas de vida. As relações com os outros indivíduos só podem resultar do contato, em geral delicado, dos indivíduos entre si.

Essas constatações são absolutamente decisivas. E insistimos porque a opinião corrente é, mesmo entre os pedagogos, ao contrário, a de que o instrumento essencial dessa educação profunda continua a ser o pensamento, a palavra, a explicação, aos quais portanto é concedido nas escolas um lugar predominante, às vezes exclusivo, em toda atividade e em todo processo vivo. Para chegar, aliás, ao resultado monstruoso de indivíduos para quem a moral não tem nenhum segredo, que são capazes de analisar cientificamente os atos, de raciocinar logicamente sobre as situações que se apresentam, mas tudo isso num plano verbal e falsamente intelectual, aparentemente superior ao plano normal das reações vitais. Por isso constata-se na prática que o comportamento desses indivíduos é apenas superficialmente influenciado por suas concepções intelectuais e que são habitualmente amorais ou imorais em seus atos, egoístas, enganadores, orgulhosos e de trato difícil, na medida em que os princípios não foram traduzidos por uma técnica experimental de vida.

Concederemos, portanto, em nossa educação, um lugar de destaque à organização da vida em nosso meio. É a organização comunitária que parece corresponder com mais perfeição às necessidades da prática educativa. E acrescentaremos: a comunidade centrada no trabalho, ativada e motivada pelo trabalho.

Não que os preceitos, as leis individuais, morais, intelectuais e sociais não possam ter utilidade. Mas apenas se elas forem a expressão e a conclusão de experiências realizadas, do exame de relações intimamente concebidas e compreendidas; se emanarem da vida efetiva e organizada em toda a sua complexidade, em vez de pretenderem organizar e dirigir sozinhas, do exterior, uma vida independente de todas as reações vitais, cujo comportamento estudamos.

A educação poderia, conseqüentemente, ser considerada a orientação de um indivíduo para as técnicas de vida que lhe asseguram o equilíbrio e a potência.

O comportamento humano no âmbito dos recursos-barreiras. *A torrente de vida*

Todas as explicações anteriores vão nos permitir compreender melhor, agora, mediante que processo o indivíduo, posto diante de uma situação que atrapalha a satisfação de suas necessidades essenciais, consegue vencê-la; como ele reconquista seu potencial vital e em que sentido, e em que medida, recupera a potência indispensável à sua marcha para o futuro.

Para resumir, vamos retomar nosso esquema da torrente de vida.

1. Se o indivíduo é suficientemente forte, isto é, se suas possibilidades são harmoniosas, equilibradas, com vistas às reações eficazes, se é adaptado, ele triunfa sobre o obstáculo que se encontra em seu caminho.

2. Se não pode superar o obstáculo, ele sofre um choque e depois recua. Recorre então a todos os recursos de seu ser, mobiliza sua potência pessoal para tratar de dominar o obstáculo.

Mas o choque e o reflexo já o marcaram, e ele guardará disso, talvez para sempre, a cicatriz.

3. Se não pode, com sua potência pessoal, dominar o obstáculo, o indivíduo tenta orientar-se, por tateamento, para reencontrar sua linha de vida e sua potência. Embora o consiga, ainda assim esse desvio ficará inserido no comportamento como uma inflexão que pode, quer reconduzir a torrente ao seu próprio leito, quer empurrá-la para outro declive, que lhe dará uma potência que corre o risco de separar-se da torrente original – com todos os perigos que comporta tal separação.

4. Se ainda não pode conseguir isso, ele apela então para os recursos-barreiras do meio em que está mergulhado, sempre segundo as leis do tateamento experimental.
O primeiro recurso, e o mais natural, é o recurso à família, da qual não ainda está fisiologicamente separado.

5. Se, nas conjunturas mais favoráveis, a família é auxiliante, o indivíduo retorna, fortalecido, à sua torrente de vida e consegue então superar o obstáculo.

6. Se o recurso é rejeitante, o ser desorientado dirige-se a outros recursos. Se estes não lhe permitem superar o obstáculo, volta espontaneamente a se refugiar na família, mesmo rejeitante.
Ele faz então o mesmo gesto transtornado do viajante que se apresentou em vão a várias portas e não conseguiu encontrar lugar em nenhum compartimento. O trem apita. De medo de ficar impotente na plataforma – e qualquer coisa é melhor que essa impotência –, o viajante penetra à força no primeiro compartimento que se apresenta – e cujos ocupantes, penalizados, talvez, se apressam em recebê-lo e abrigá-lo –, ou mesmo ele se agarrará desesperadamente a uma porta na esperança tenaz de vê-la abrir-se.
Esta solução de refúgio é sempre casual e aleatória. É possível que os ocupantes do compartimento sintam e compreendam a angústia que motivou esse refúgio e que, em vez de abusar egoisticamente disso, tentem dar novamente ao ser inquieto os conselhos, a ajuda e a potência que lhe permitirão reencontrar sua rota. Digamos logo que uma compreensão assim é habitualmente a marca de uma natureza superior e que nem sempre se tem a chance de encontrar assim naturezas superiores em nosso caminho.

Na prática, o refúgio exclui a escolha e mesmo o benefício favorável das experiências anteriores. Nada mais nos diz que esse trem, no qual embarcamos em desespero de causa, nos levará ao objetivo, nem que parará a tempo para que possamos descer, se necessário, para arrepiar carreira.

É que, nessa prática de refúgio, atuam duas tendências que infelizmente se aliam para agravar seus efeitos. A tendência, daquele no qual nos refugiamos, para aproveitar nosso desespero para abusar de nós apenas no próprio interesse dele; o medo do refugiado de se encontrar impotente na plataforma e sua conseqüente aceitação de uma vida mesmo diminuída, mesmo mortificada, mas que ainda vale mais do que o fracasso total. E então ele se organiza, de um modo ou de outro, nesse refúgio, que talvez já não ouse deixar, mesmo quando tiver passado a tempestade.

Observe-se que o refúgio, no início, pode ser eminentemente saudável. É o abrigo que ficamos felizes de encontrar em plena montanha em meio a uma violenta tempestade. E não ficamos examinando as virtudes desse abrigo. Pedimos-lhe somente que nos proteja da tempestade.

Mas o perigo é que esse abrigo seja uma casa acolhedora, aquecida, com pessoas que retêm o viajante, que se esforçam para lhe oferecer uma estada agradável. Ele corre o risco de deixar-se levar; não consegue arrancar-se do refúgio monopolizador, abandona sua linha de vida e não continua sua ascensão para a montanha.

7. Se, apesar de tudo, o indivíduo é forte o bastante, se o chamado da vida é poderoso o bastante, se tirou de seu refúgio o mínimo de decisão necessária, ele poderá transpor o obstáculo e continuar sua vida.

8. Ainda que não tenha essa coragem, não saiba apartar-se do refúgio, sua vida não está de modo nenhum perdida. Ele pode, por intermédio do refúgio, dominar, evitar ou contornar o obstáculo; então isso não será mais em função de sua vida própria, mas em função do refúgio.

A torrente encontrou uma barragem, recebeu um choque e refluiu a si. Depois, acumulando-se, a água procurou turbilhando um meio de recomeçar seu curso para a frente. Um acidente exterior ou a ferramenta do homem abriu uma fenda, pela qual ela envereda porque é a saída que, por ora, se oferece com maiores virtualidades imediatas. Se essa fenda a leva finalmente de volta, engrossada e enriquecida, à sua linha natural, após ter acertadamente transposto ou contornado o obstáculo, ela só pode felicitar-se por isso. Mas esse retorno para a linha de vida já não depende da água, que perdeu a direção de seu leito, mas de circunstâncias externas que a reconduzirão, ou não, à torrente.

Mas, mesmo que não retorne a ela, seu destino pode guardar certo sentido, até mesmo uma eminente utilidade. Ela pode perder-se num campo, que regará e fertilizará; ressuscitar e embelezar regiões que, sem ela, estariam apagadas e mortas; mover um moinho; participar do selvagem esplendor das gargantas estreitas; talvez juntar-se ao curso de alguma torrente mais vigorosa, na qual mergulhará na expansão de uma potência anônima e comum.

Todas essas soluções são possíveis. Mas isso não impede que a torrente deixe de realizar seu destino próprio, que não reencontre mais suas margens, que tenha a nostalgia imprecisa de uma realização interrompida. É assim com a criança que arrancam de sua cidadezinha para educá-la nas cidades mais ricas e mais regradas, onde talvez adquira uma maior eficiência social, onde se inicia em regras de vida geradoras de prazeres que talvez tivesse ignorado, mas ainda guarda, no fundo de sua natureza insatisfeita, uma espécie de persistente saudade do teto familiar, do caloroso ambiente de uma cidadezinha que era a imagem perfeita de sua natureza primitiva, do vale alternadamente verdejante e petrificado onde deu suas primeiras escapadas.

Dissemos que o refúgio na família é o primeiro e mais natural. Se vem a tempestade e se a família, por uma razão qualquer, não pode representar esse papel, o indivíduo pode também tentar o refúgio em outros recursos, na natureza, perto de um amigo, mais raramente na sociedade: as alternativas são sempre idênticas e idênticos os perigos.

Em todos os casos, ainda que extraviado, ele pode, contudo, na trilha de seu refúgio, realizar grandes coisas. Pode trazer sua força e seu potencial de potência, mesmo desarraigados, para alguma grande obra que o compensará parcialmente das virtualidades perdidas. Mas, ainda assim, os resultados serão diferentes daqueles que proviessem da atuação normal de uma atividade exercida inteiramente no sentido da torrente, sempre guiada e orientada pelos próprios componentes de um destino original e criador.

À primeira vista, essa observação pode parecer irrelevante. Mas, ao contrário, parecer-nos-á essencial se considerarmos as conseqüências de um descaminho generalizado, na família e na sociedade.

Foi porque os indivíduos ficaram assim desencaminhados; porque, em vez de os ajudarem a realizar intrepidamente sua própria vida, a adquirir o máximo de potencial de potência, atraíramnos, chamaram-nos para o refúgio e aí os retiveram; foi porque daí eles não puderam arrancar-se e ninguém tentou tirá-los, que perderam tão lamentavelmente o sentido da vida, a noção íntima de sua eminente potência e dignidade. Vão a qualquer lugar, com igual indiferença, para o bem ou para o mal, para a vida ou para a doença e a morte, à direção para onde foram arrastados, sob a ditadura de regras de vida deploráveis que já não saberão nem poderão abandonar. Daí resulta o imoralismo ou, ao menos, o amoralismo, a desumanidade de nosso mundo contemporâneo, a escravização cada vez mais rigorosa a práticas que só levam a impasses, que proporcionam prazeres, que se vão distanciando sempre mais do destino essencial do ser que é feito para vencer e para ascender.

Se o ser se afunda noutra torrente de vida, se se aniquila em seu refúgio, ele ainda pode participar, como trabalhador dócil, de sua potência –, mas para que objetivo? Saberá ele ao menos se a torrente em que se refugiou não o levará afinal a uma direção absolutamente oposta à sua natureza e, portanto, desagregadora de sua potência íntima?

Também pode acontecer, às vezes, que a torrente, seguindo sua fenda acidental, chegue a uma depressão onde se espalha, a qual pouco a pouco vai enchendo com o sentimento, no início, de uma potência que se realiza, mas que em seguida se fixa numa força sem propósito c torna-se uma lagoa sem vida, inútil e autônoma, cuja razão de ser já não é o movimento, o dinamismo e a potência da ação, mas a fruição passiva, a tranqüilidade e o descanso.

Em geral, são os velhos, ou os indivíduos prematuramente desgastados, que são assim arrastados para a lagoa estagnada.

Nela fruem uma mobilidade limitada que lhes é proporcional, entre as margens imutáveis com as quais se familiarizam. Esta estabilidade torna-se para eles uma regra de vida, depois técnica de vida. Já não compreendem nem admitem a legitimidade da impetuosidade da torrente, e organizam sua própria vida no âmbito mais ou menos harmoniosamente calmo da lagoa, sem considerar que ela não redunda em nada além do lodo que lhe cobre o fundo e lhe atulha as margens; que não conduz a nenhum destino dinâmico em perpétuo devir; que, em última análise, não passa de uma solução ilusória e falsa do problema permanente da vida.

9. Longe da torrente inicial, levado de um lado para outro pelo acaso e pelas exigências dos recursos-barreiras, o indivíduo pode perder-se em zonas que já não lhe são familiares e onde se arrisca muito a embater-se nas outras linhas de vida e estorvá-las. Tendo perdido toda direção, dirigir-se-á para um desequilíbrio crescente, num estado de luta e de desarmonia que gera erros, sofrimentos e desassossegos.

10. Pode até ocorrer que, em certas condições, o indivíduo que perdeu sua direção, exatamente como o viajante perdido num deserto sem ponto de referência, acabe virando as costas para a sua direção essencial, aventure-se em regras de vida que se oporão violentamente às correntes de vida paralelas à sua primeira direção. Então haverá luta, violência, para repor o indivíduo perdido na linha normal da corrente, com o risco de destruir, se necessário, todo o seu potencial de potência mal empregado.

11. Ou então ele se dirige para a lagoa aparentemente quieta e calma, mais longe ainda de sua linha de vida, onde só será incomodado por outras correntes de vida ativas e impetuosas e que, surpresas com a estagnação, tentam dinamizá-la para fazê-lo reencontrar a corrente. Indicaremos, assim, o esquema desse processo:

R-B S

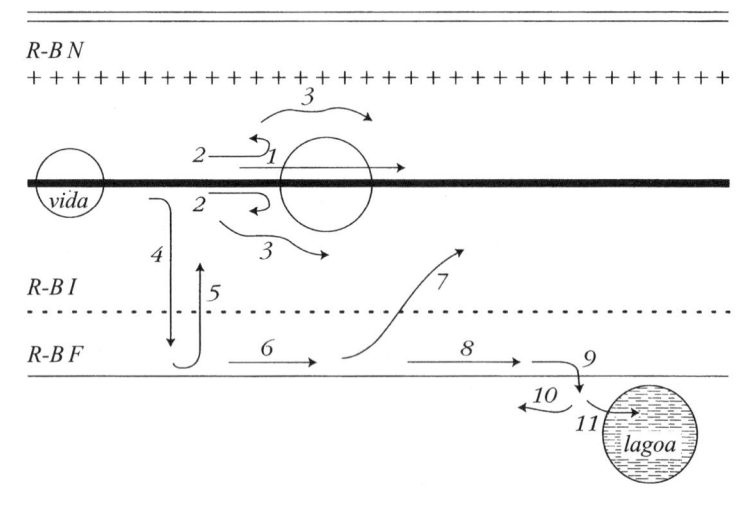

R-B N
+ + + + + + + + + + + + + + + + + + + + + + + + + + + + + + + + +

R-B I

R-B F

O exame desse esquema permite-nos agora algumas observações da mais alta importância.

1. Se o indivíduo estivesse sozinho, se o filete de água não encontrasse em sua rota outros filetes de água tão potentes, mais potentes talvez, que o reviram e o arrastam, a aventura permaneceria estritamente individual e, para ele, o fato de se refugiar numa regra de vida que se distancia de sua própria potência, de desacelerar sua marcha, de ir-se numa direção desarmônica, ou mesmo de enganar-se a ponto de deslocar-se em direção inversa ou de deter-se na lagoa, tudo isso teria apenas uma importância estritamente pessoal, que aumentaria ou diminuiria o potencial de vida, portanto as chances de realização do destino, mas sem trazer maiores conseqüências.

É isso que se traduz correntemente em moral quando, para distinguir os deveres individuais dos deveres sociais, supõe-se o indivíduo lançado sozinho numa ilha deserta. Mas ali, pelo menos, restar-lhe-ia o recurso-barreira da natureza, cujas reações não poderiam ser indiferentes à realização do potencial de potência.

2. Mas, queira ou não, o homem bem cedo fica preso na complexa corrente de vida e tende a agarrar-se ao ritmo geral porque essa é uma espécie de necessidade orgânica.

Quando ficamos presos na multidão movente de uma grande rua de Paris ou na onda sistemática de uma imponente manifestação popular, somos apenas muito relativamente incomodados se nos deixamos levar pela corrente, se aceitamos avançar no ritmo da multidão, nem mais depressa nem mais devagar, às vezes até mais rápido do que gostaríamos, mas sem nenhum esforço fisiológico ou psíquico. Somos sustentados, mantidos, arrastados e guiados. Mas já não somos donos de nosso destino – contrapartida terrível –, somos apenas uma peça da grande massa desarticulada.

Podemos ainda operar graduais deslocamentos laterais, mediante engenhosos movimentos que lembram movimentos vibratórios, movimentando com método os cotovelos e os ombros que se adiantam como verruma na massa plástica. Mas, se pretendêssemos cortar radicalmente para a direita ou para a esquerda para nos separarmos da direção da corrente, provocaríamos na multidão em marcha um desequilíbrio que nos poderia ser fatal. Ir contra a corrente é algo absolutamente impossível que é melhor nem tentar. Tampouco temos, aliás, a possibilidade de parar. É preciso andar!

O corredor é, da mesma forma, tomado pelo dinamismo do grupo compacto dos outros corredores. Enquanto avança na mesma direção de seus concorrentes, não há batida nem mesmo atrito. Dir-se-ia, ao contrário, que uma vontade comum sustenta e estimula o esforço individual. Mas, se o corredor pretendesse passar da direita para a esquerda ou vice-versa, ele se chocaria violentamente com os corredores que continuavam sua rota normal. Seria empurrado, talvez ferido, não sem ter provocado uma desordem perigosa, como que uma hesitação, uma ruptura do equilíbrio no grupo compacto em marcha. Se quiser parar, ou mesmo se cair, é pior ainda. Os outros corredores são obrigados a fazer um esforço para evitá-lo, a não ser que o empurrem, um após outro, para o exterior, numa operação inconsciente de autodesimpedimento da pista. Ir contra a corrente seria loucura.

Essa vontade dinâmica da parte no todo em movimento não é, aliás, particular do homem. O mesmo processo domina o avanço da torrente. Atire um pedaço de pau na água. Enquanto a madeira segue rapidamente, no ritmo médio da corrente, prossegue seu curso sem sobressaltos, sem hesitação. Há equilíbrio e harmonia. Se, em conseqüência de circunstâncias acidentais, o declive de repente se ameniza, vê-se a madeira ser jogada à direita e à esquerda pela onda menos rápida; ela rodopia de maneira desastrada, parecendo hesitar entre o retorno à potência da torrente e a semiquietude da margem; tenta às vezes voltar à corrente para ser repelida com mais violência ainda pela onda que passa... Ela é, então, progressivamente empurrada para a borda, até vir, enfim, a apodrecer na lama da margem.

Eis toda a aventura humana.

Se o indivíduo for bastante potente para prosseguir na via reta, poderá realizar seu destino no âmbito dos recursos-barreiras cujo dinamismo será seu próprio suporte. Mas se hesita diante do obstáculo, se não sabe corrigir a tempo o turbilhão, reagir vigorosamente, é abalroado, sacudido, desequilibrado, maltratado, no ritmo mais protetor da porção da corrente que já serenou sua marcha: família, natureza, individualidade, segmentos sociais. E aceitará isso, já que aceita até à expulsão para a areia da borda ou para a lagoa à parte da torrente.

Mas, dirão, o destino do indivíduo seria então somente seguir a corrente, curvar-se à força cega da onda encapelada?

Resta uma possibilidade: seguir em frente. O pescador que deseja tirar a truta que acabou de apanhar não a puxa brutalmente, de maneira perpendicular à corrente; também não tenta arrastá-la a contracorrente. Sabe, por experiência, que a força da correnteza quebraria a linha. Ele puxa a truta para a frente, no sentido da corrente, mais rápido que a corrente, e pode então, sem resistência da correnteza por ele dominada e superada, imprimir ao peixe os movimentos que o levarão à borda onde o espera o samburá.

Ocorre o mesmo ao corredor. Ele não tem nenhuma liberdade autônoma de movimento enquanto está no ombro a ombro do grupo compacto. Mas se ele consegue tomar a dianteira, poderá então cruzar livremente à direita e à esquerda, dentro do limite da pista. Pode mesmo mudar de direção, para bem ou para mal. Contanto que ultrapasse o ritmo da corrente.

Fato ainda mais característico: aquele que toma, assim, a dianteira do grupo compacto puxa os outros. Forma-se atrás dele como que um vácuo que aspira as forças vizinhas.

E isso é ao mesmo tempo reforçado e acentuado pelo acúmulo de forças que se lança por trás. Apenas nessa potência dinâmica superior é que o homem encontra enfim a liberdade.

Outra coisa ainda: o corredor que toma, assim, a dianteira do grupo amplia automaticamente seu horizonte. Vê mais longe, sem ser atrapalhado pelos antolhos do grupo; pode sentir de novo o vento e ir-se firmemente para onde a vida o chama.

3. Não há outro meio de dominar o destino. Às vezes, a pessoa acredita consegui-lo, abstraindo-se da corrente social e contentando-se com o ritmo lento da margem, ou glorificando a calma e a paz da lagoa. Mas isso também significa ir-se para longe da vida, abandonar o dinamismo e a potência que são nossa razão de ser, falhar em nossa função.

O indivíduo que abandonou assim o curso imperioso, mas heróico, de sua torrente de vida já não pode voltar à corrente. Não mais que o pedaço de pau que a correnteza sacode e fere a cada vez que tenta integrar-se nela.

É preciso um acontecimento realmente excepcional, uma necessidade imperiosa, para que o ser, reunindo toda a sua potência, concentrando sua energia, abandone a quietude de seus recursos e se atire na verdadeira corrente da vida. Na maioria das vezes, ele é atirado nela à sua revelia e, querendo ou não, deve entrar no ritmo da corrente, como o pedaço de pau que cai em pleno leito do rio.

4. Notemos, aliás, que, mesmo na correnteza moderada das beiradas ou na calma da lagoa, no recurso em que se refugiou, o indivíduo também pode conseguir tomar a dianteira do grupo e adquirir, assim, uma apreciável liberdade de ação, dirigir, puxar e dominar. Pode tomar a dianteira do grupo na família em que estava refugiado ou que o tentara monopolizar, no âmbito social em que encontrou uma via favorável; pode mesmo dominar e sujeitar alguma personalidade da qual tirará apoio e potência.

Em terra de cegos, quem tem um olho é rei. Mais vale ser senhor em sua aldeia, dizem, que criado na corte do rei. Assim o bom senso popular sintetiza a necessidade do homem, se quiser viver a sua própria vida, de elevar-se acima do grupo anônimo, em direção ao seu futuro.

Mas ser o primeiro na lagoa não nos deixa menos longe da torrente de vida, a única que detém a verdadeira potência. Estudaremos na segunda parte deste livro as regras de vida *ersatz* que dão a ilusão da potência, ou mesmo uma potência verdadeira, mas para objetivos e um fim que já não nos são essenciais e, por vezes, para o erro e o precipício.

Como conclusão deste capítulo, formularemos nossa

VIGÉSIMA LEI: DA TORRENTE DE VIDA

O homem deve fazer o impossível para enfrentar a complexidade da torrente da vida.

Nessa torrente, colocar-se um pouco que seja afastado do curso é sempre um fracasso e um erro que conduz a um ritmo de vida mais lento, para os objetivos que já não nos são essenciais.

A solução certa é liberar-se seguindo em frente, tomando a dianteira do grupo compacto. Aquele que nisso é bem-sucedido, mesmo que parcialmente, e por momentos, conquista com isso uma visão mais segura do rumo que deve seguir. Seu dinamismo é como uma atração de força que puxa os outros indivíduos e fortalece automaticamente seu potencial de potência, que o empurra para seu futuro.

Mas aquele que abandonou a torrente só pode voltar a ela com um esforço heróico que em geral necessita da impulsão vigorosa de uma força externa.

A solução ideal do processo vital será, portanto, encabeçar o grupo compacto, seguir em frente, sempre o máximo possível na torrente, com uma visão clara do objetivo que deve alcançar.

Conseqüências pedagógicas

É toda a questão da posição, e sobretudo da função dos recursos-barreiras, que se encontra exposta aqui.

Já falamos dos perigos da posição monopolizadora dos recursos-barreiras e da necessidade de que sejam tão-somente auxiliantes.

Insistiremos, de modo mais particular aqui, sobre a tendência que os recursos-barreiras têm, para sua comodidade, de puxar o indivíduo para fora da torrente de vida, e de circunscrever-lhe a atividade num círculo relativamente fechado que se encaminha para as beiradas ou para a lagoa. O indivíduo deve realizar sua vida permanecendo na torrente inteira e dinâmica, mesmo que seu ritmo e suas leis sejam, por vezes, rigorosas e implacáveis.

Que as famílias, portanto, evitem formar assim, consoante seu devir e não consoante o devir da criança, indivíduos que, educados molemente sobre a areia da margem ou perto de uma lagoa florida, nunca mais poderão tornar a voltar à corrente, colidirão em obstáculos insuperáveis na realização de suas vidas e serão habitualmente recalcados, transviados, que buscarão nas regras de vida *ersatz*, das quais vamos falar, as soluções atenuadas para o problema viril da vida.

Mas é a escola, sobretudo, que deve ser alertada contra essa tendência. A torrente de vida é muito rápida, muito complexa, muito instável, os educadores ficam esbaforidos ao segui-la, esfalfam-se ao recobrar o ritmo dela, alucinante para eles. Então renunciam pura e simplesmente a influir sobre o comportamento dessa torrente de vida – o que, entretanto, deveria evidentemente ser a função essencial da educação. Ressaltam exclusivamente a função intelectual do indivíduo, e ainda não a função intelectual compreendida em toda a sua viva complexidade, mas uma forma particular dessa atividade.

A própria concepção da escola é, em sua origem, uma desistência e um fracasso. A escola não pega a criança na saída da casa familiar, na rua e nos campos, para formá-la e ajudá-la a viver no novo meio em que deve prosseguir suas experiências tateadas formativas. Esta labuta de verdadeira formação, ninguém se preocupa com ela. A escola está placidamente instalada num primeiro andar que organizou à sua maneira, segundo considerações que lhe são pessoais, com vistas a atividades que lhe são específicas, mas que, em geral, têm pouquíssimas relações com as atividades que são a moeda corrente da vida no andar térreo.

As crianças não podem ter acesso a esse primeiro andar antes dos seis, sete ou oito anos. Antes, por mais paradoxal que pareça, a escola não as conhece, pois inteligência e razão não estariam ainda suficientemente desenvolvidas para merecer essa ascensão. Depois, há formação peculiar sem relações – ou muito poucas –

com a torrente de vida. Nesse primeiro andar, a criança é como que transportada para outro mundo onde tudo é profundamente diferente do andar térreo onde viveu até então. Ali a vida tem outro ritmo, prossegue segundo outras leis, às quais a criança se adapta com relativa rapidez. Mas o mais grave é que essas leis já não são válidas para o andar térreo, que haverá sempre, pois, desadaptação em algum sentido: se a criança é dominada pela organização escolástica, se se inicia perfeitamente na vida desse primeiro andar, há grandes probabilidades de que se sinta desarraigada quando retornar ao andar térreo. Na maioria das vezes, o ritmo da vida do andar térreo é que triunfa, pois é o mais natural e o mais funcionalmente ancorado no processo de crescimento, como vimos. O primeiro andar permanecerá como uma tentativa inútil, da qual não sobrará grande coisa.

O grande erro provém de ter-se considerado que poderia haver uma educação escolar, uma educação específica do primeiro andar, enquanto a única educação efetiva e eficaz é a educação da vida, diretamente na vida.

Daí resultou uma dualidade. O indivíduo habituou-se a considerar que há, assim, dois andares na vida, o da experiência tateada, empírica – nem sempre eficiente, mas que mesmo assim criou, queira-se ou não, todo o substrato vital –, e o andar do conhecimento formal, com seus objetivos especiais, raramente adaptados à vida.

Na prática, o indivíduo pode subir a esse primeiro andar, atingir mesmo um segundo ou os andares superiores, mas nada se terá mudado no comportamento humano do térreo. É por isso que, enquanto não estiver assentado sobre uma concepção mais justa do destino humano, o problema da formação subsiste intacto.

Não nos dedicaremos a reformar passivamente os métodos escolásticos do primeiro andar. O problema inteiro é que deve ser reconsiderado.

Dois grandes princípios presidirão a essa reconsideração:

1. A ação de fortalecimento e de direcionamento da torrente de vida apenas pode ser feita diretamente na impetuosidade da corrente, portanto sempre no andar térreo, ou em andares que sejam sua perfeita imagem e continuação.

2. Essa ação deve efetuar-se nos períodos da vida em que ela tem mais chances de ser eficaz. E vimos a importância da experiência ao longo da primeira infância para a formação das regras de vida do indivíduo.
Estabeleceremos, portanto, como segue, nosso plano geral de educação.

Educação pré-escolar

Todas as observações que fizemos sobre o nascimento e sobre o processo de desenvolvimento e de evolução das reações na direção da torrente de vida confirmam nossa opinião de que o período essencial da educação de um indivíduo é o que vai de zero a três-quatro anos. É justamente o período pelo qual houve total desinteresse até hoje, ficando a pais inexperientes o cuidado de dispor, à sua maneira e ao acaso de sua fantasia ou das circunstâncias, o sistema complexo dos recursos-barreiras. Conta-se demais, neste nível, com o poder corretivo de uma natureza efetivamente rica de recursos de retificação. Deposita-se confiança exclusivamente no instinto, que talvez não seja tão independente quanto se crê, das primeiras experiências. Não pretendem alguns autores que o pássaro não tem um instinto de nidificação preestabelecido em sua natureza e em sua forma, que é virando e revirando em seu leito coberto de penugem que o passarinho adquire o sentido da forma do ninho que, mais tarde, será levado a construir? Não acham que é ao contato com a lã ou com o musgo que ele aprende a escolher os materiais com os quais revestirá sua construção, que é nos cuidados que recebe dos pais que fundamenta as regras de vida de seu comportamento posterior?

Logo que o pássaro pode voar com suas próprias asas, a natureza considera a educação terminada. Teríamos tendência a pensar que ela apenas está começando.

Entretanto, os bons criadores não se enganam. Se querem um bom cavalo, dócil, obediente, paciente com a carga, com a charrete ou com a charrua, não é quando tem dois ou três anos que se preocupam com o que esperam dele. Se o comprarem assim "formado" – e a palavra expressa bem a realidade – terão de suportá-lo como é: caprichoso, medroso, talvez traiçoeiro em suas reações muito vivas, e mordedor, escoiceador, rebelde ao tirante, desobediente e teimoso. Se quiserem um bom cavalo, devem formá-lo pessoalmente. Já nos primeiros dias, acariciam-no, habituam-no à mão do homem, apalpam-lhe a cabeça, dobram-lhe as orelhas, abrem-lhe a boca, abraçam-lhe o pescoço, apertam-lhe o lombo, soerguem-lhe as patas, esfregam-lhe a barriga, iniciam-no nas regras de vida essenciais nas quais serão baseados os serviços que lhe exigirão. O mais cedo possível, será atrelado e receberá carga. Primeiramente, por assim dizer, para brincar, tomando cuidado para não exagerar a carga inicial, para que o animal não seja levado a procurar reações de defesa, que se fixariam rapidamente como tendências e depois como regras de vida. Evitar-se-á sobretudo, dirão os criadores, bater-lhe ou maltratá-lo, porque isso seria coagi-lo a reações maléficas de defesa. Noutras palavras, os recursos-barreiras devem, no caso, desempenhar um papel perfeitamente adaptado aos objetivos visados – que não são forçosamente os melhores para o devir pessoal do indivíduo, mas somente para o devir correspondente aos desejos do criador. Isso nos conduz às reservas já formuladas quanto ao adestramento, mas não nos impede de assinalar que não se cometem, com os animais que criamos, os erros que pouco nos preocupamos de evitar na educação das crianças.

Despojemos, enfim, uma última vez, a palavra educação de seu conteúdo de formação didática e de aquisição sistemática de conhecimentos com que a sobrecarregou um longo mal-entendido escolástico. E restabeleçamos a realidade das coisas. Originariamente, trata-se de uma educação dos reflexos e das tendências, de uma harmonização das regras de vida pela ação comedida, inteligente e eficaz dos recursos-barreiras.

PRIMEIRA ETAPA

Satisfação das necessidades fisiológicas: bom aleitamento, boa alimentação, ar puro, calor, luz, asseio.

Preocupação essencial, como mostramos, pela qual o educador até agora não se interessava nem um pouco, porque não via as relações de causa e efeito que fazem tal insucesso escolar, tal vício profundamente arraigado, tal hábito deplorável decorrerem da má qualidade do leite oferecido ao lactente, da desordem nas regras de vida, de uma iluminação ruim ou de uma ventilação defeituosa, aos quais a criança reagiu empiricamente com reflexos que lhe marcaram o comportamento ulterior.

Talvez se diga: "Essas preocupações não são da área do educador! São da área do criador!... Nós nos contentaríamos, por nossa vez, em ensinar a técnica de atrelar, e se a criança ficasse rebelde para sempre, nós é que seríamos acusados!"

Há, infelizmente, uma oposição mais surda, porém muito mais dominante: a satisfação inicial das necessidades da criança pequena é intimamente ligada à própria sorte da massa do povo, e a verdadeira solução educativa nessa área é menos de natureza pedagógica do que de essência econômica e social.

Para haver nascimentos felizes, cumpriria que a mãe se beneficiasse, durante a gravidez e o período de aleitamento, da atenção interessada que não se poupa aos animais em sua função de maternidade. Sabe-se que da qualidade da alimentação, enquanto o animal está prenhe de sua cria, depende a qualidade e vitalidade do ser que vai nascer, e que um recém-nascido que começa bem é uma garantia de melhor proveito. Sabe-se que uma mãe que amamenta tem necessidade de uma alimentação selecionada e de um trabalho leve para fornecer um leite nutritivo que faça "crescer" os filhotes. Fatos indiscutíveis para os animais. O mais ignaro dos camponeses saberá levá-los em conta. Somente em relação aos seres humanos discutem-nos e fingem ignorá-los, como se tais preocupações fossem supérfluas.

Nosso primeiro dever é restabelecer a realidade, criar, impor essa solicitude pré-natal e natal, não somente no discurso, mas na realidade dos fatos.

a) A preparação bem anterior e difundida de um meio melhor, que inclua:

– uma política social que melhore a situação material e higiênica da massa dos homens em geral;

– uma política habitacional e de todos os complementos a ela vinculados, não só na cidade ou nas comunidades operárias, mas também no campo;

– uma política ambiental, através da organização racional dos centros habitacionais, vinculada à política habitacional;
– uma política de alimentação, tendente a melhorá-la não só em quantidade, mas também em qualidade, a fim de evitar os tóxicos que provocam a degeneração da raça;
– uma política do trabalho, do exercício e do esporte.

b) O cuidado especial com a função da maternidade:
– educação da juventude voltada ao casamento (sobretudo por conferências e rádio);
– educação dos recém-casados para prepará-los para receber o filho.

c) Cuidados especiais com a mulher grávida.

d) Preparação do nascimento.

e) Uma organização metódica dos cuidados com os recém-nascidos, que não devem ser abandonados à inexperiência de uma mãe inquieta:
– creches;
– inspeção e ajuda domiciliar por enfermeiras especializadas;
– educação prática da mãe, através de cursos e publicações ilustradas;
– educação do pai.

SEGUNDA ETAPA

A primeiríssima educação. Organização dos reflexos e das reações que são a base das regras de vida.

Baseando-nos em tudo o que dissemos sobre a importância decisiva dos primeiros reflexos e dos primeiros recursos, atentaremos para:

a) A alimentação das crianças, seja nas creches, seja nas famílias, com a ajuda de enfermeiras especializadas.

b) A conservação de uma saúde perfeita e os cuidados com as crianças doentes.

c) Conselhos aos pais sobre suas reações aos primeiros cuidados das crianças.

d) Organização metódica e harmoniosa, em torno da criança, de um meio auxiliante.

Terceira etapa

Organização da experiência tateada infantil.

Expusemos a necessidade vital dessa experiência tateada e o que traz de solidamente construtivo para a criança.

Até agora, ela foi deixada ao acaso, e disso resultava que as crianças mais paparicadas, aquelas que as etapas precedentes pareciam ter preparado melhor para a vida, eram às vezes as menos armadas para enfrentar as múltiplas necessidades nascidas da complexidade social.

Tudo o que se soubera fazer de melhor nos meios abastados fora o quarto de brinquedos, esse quarto de criança em que o bebê ficava isolado numa atmosfera falsa, com possibilidades de atividades exclusivamente artificiais, imaginadas por pedagogos que só haviam enxergado a vida através de suas teorias escolásticas.

Há toda uma pedagogia nova que deve ser valorizada, e vamos mostrar suas grandes linhas.

Permitir a experiência tateada da criança pequena em todos os domínios: é esse o grande segredo da primeira educação.

Entreter a criança, proporcionar-lhe brinquedos mais ou menos tentadores é apenas uma solução ilusória. Se o bebê tem apenas um caminhão para puxar pela sala, ele não pode ter quase nenhuma experiência de um caminhão. Ele também tem um urso, com o qual pode ter uma vaga experiência do urso, e dez, vinte outros brinquedos, com os quais terá a experiência incerta desses dez, vinte brinquedos. Mas o que é isso em comparação com a riqueza do mundo? É como se você acreditasse que seu filho ficaria satisfeito porque você respondeu a dez, vinte de seus "por quês", quando é o mundo inteiro que o solicita e não há limites para sua conquista.

A esse conquistador intrépido, você oferece um caminhão que nem sequer é caminhão, uma vez que lhe faltam a intrepidez e o ronco do motor. A criança puxa-o por um instante na sala, mas o falso caminhão tomba, prende-se ao pé de uma cadeira, bate contra uma poltrona e é o fracasso da corrida!

Se esse garoto puxa seu caminhão em plena natureza, num quintal espaçoso, entre as pedras, a grama, as árvores e os animais domésticos, então é outra coisa: se o caminhão não quer cumprir sua função numa direção, tentar-se-á outra; ou então será largado como uma experiência realizada até o ponto a que deveria ir, e se passará a outra experiência, a primeira que se apresentar, para comparar intuitivamente e fixar-se nas experiências bem-sucedidas que deixarão sua marca nas tendências e nas regras de vida.

Às vezes, consideram como uma deficiência que se deve corrigir a instabilidade da criança que passa facilmente de uma experiência para outra, que larga uma atividade por outra, que modifica continuamente o próprio processo de suas experiências múltiplas. O contrário é que seria anormal. Quando estamos suficientemente familiarizados com nosso apartamento, já não nos acode a idéia de abrir inutilmente as portas ou explorar seus cantos. Mas, quando nos instalamos nele pela primeira vez, fazemos exatamente como o bebê no jardim: vamos de um cômodo ao outro, experimentamos uma fechadura, escrutamos um armário, abrimos as janelas, viramos os botões elétricos, mexemos nas caixas e nos móveis e os trocamos de lugar. Quem nos visse tatear assim, sem saber que acabamos de mudar, concluiria pela nossa instabilidade e incapacidade de fixar a atenção.

A criança chega, nova e dinâmica, num mundo onde tudo é mistério para ela e onde tudo está por explorar. Seu campo de experimentação é infinito, se o homem não o limitar arbitrariamente. O caminhão que o bebê puxa prende-se ou tomba; o mal é apenas relativo porque eis que passa, justamente, uma borboleta que voa de flor em flor e a criança parte atrás dela. Crê apanhá-la com a mão, mas, na falta da borboleta, descobrirá uma flor na qual não havia prestado atenção, que é uma maravilha para ela. Não poderá arrancar a pedra que a incomoda, mas encontra uma ao lado que deslocará com sucesso.

A vida é, para a criança, uma mesa servida com iguarias variadas ao infinito, em que ela pode, a qualquer momento que seja, encontrar comida a seu gosto. Se reduzimos essa escolha a algumas variedades somente, é possível que a criança fique desencorajada, manifeste fastio ou repulsa, ou resista e bata os pés. Procuraremos evitar essa oposição e esse bater de pés.

Se você possui um potro, aceita muito bem que ele seja delicado e exigente e, desde o desmame, escolhe para ele, no celeiro, o feno mais fino para seus dentes nascentes e seu paladar delicado. Você tateará, escutará os conselhos do vizinho para procurar discernir o que lhe pode convir, ou melhor, assim que puder, o mandará ao pasto com ricas variedades de rebentos, onde, no momento que lhe convier, ele próprio escolherá, entre duas cabriolas, a qualidade do capim que lhe é essencial. Você poderá estar certo de que ali ele sairá ganhando em saúde e em equilíbrio, bem mais do que sob a sua direção, mesmo esclarecida, mais que em sua estrebaria-prisão, mesmo moderna.

O pasto é a natureza concebida em seu duplo papel de recurso-barreira. Não há nada que seja mais benéfico às crianças do que a natureza, porque oferece uma gama inesgotável de recursos, ao mesmo tempo que uma série de barreiras intangíveis que lhes dão a medida exata de suas possibilidades e de sua potência.

Na natureza, a criança não permanece jamais num fracasso radical. É como uma estação animada onde numerosos trens sucedem-se na direção para a qual se quer ir. Se não podemos tomar um, subiremos no segundo. Não ficaremos na plataforma, o que é essencial, e não teremos nem preocupação nem tempo de refugiarmo-nos na sala de espera, porque teremos sempre a esperança, no mínimo, de uma partida enfim possível.

Não podemos alcançar a alta cerejeira cuja carga rutilante desejamos. Mas não vamos sentar-nos ao pé dela e olhá-la implorando em vão as frutas, como o faríamos se essa árvore estivesse plantada no meio de um quintal vazio, onde não teríamos outros recursos senão desesperar. Aqui, nossa engenhosidade provocará muitos tateamentos, dos quais ao menos alguns darão resultado, mesmo que parcialmente. Um velho tronco nos arredores nos servirá de escada para alcançar os primeiros galhos, de onde poderemos nos alçar até os ramos ricamente guarnecidos. Na falta de escada improvisada, encontraremos um longo gancho que nos permitirá atingir os primeiros galhos, quebrando-os se necessário. Na falta dele, lançaremos na folhagem um grande pau que fará cair algumas frutas, para acalmar com eles nosso desejo guloso. E, em desespero de causa, organizaremos para o dia seguinte uma saída com algum colega que saiba, melhor que nós, trepar nos troncos muito lisos. Ou então procuraremos em outro lugar outra cerejeira, cujas frutas sejam menores, menos maduras, menos saborosas talvez, mas que serão para nós, pelo menos, uma apreciada compensação da riqueza que não podemos alcançar. Ou, ainda, traçaremos planos mais eficientes para um futuro próximo... E, quando lá estamos quase impotentes, eis que um pássaro sai de uma moita, rasante ao solo, e partimos à procura de seu ninho. Talvez, bem perto, distingamos alguns rastros da passagem de uma lebre e sigamo-los até o abrigo, quente ainda. Iremos então preparar uma armadilha, uma dessas de cobre que colocamos, invisíveis, atravessada na passagem. Ou então...

Ei-lo o processo infinitamente flexível e jamais esgotado da experiência tateada a serviço da satisfação das necessidades e do aumento do potencial de potência. Nunca o fracasso radical. Há sempre um recurso acessório possível, uma via de sucesso... Nunca solução de derrota ou de desespero.

Mas, ao mesmo tempo, a natureza é impiedosa nas barreiras que opõe a algumas de nossas experiências tateadas. Nela, bem cedo sentimos forças que nos superam, que nem sequer é preciso tentar enfrentar, que é preciso tomar pelo que são, barreiras intransponíveis: o dia, a noite, o sol, as nuvens, a chuva, a água ou o fogo, a hostilidade de certos animais, a nocividade de certas plantas, o ritmo das estações ao qual somos obrigados a nos curvar.

O ser que foi muito cedo integrado à natureza sente a aceita essas barreiras, que são limitações, por certo, mas nunca definitivas, à nossa necessidade de potência. São realidades que não discutimos, como o são nossa estatura, o alcance de nossa mão, a acuidade relativa de nossa visão. E barreiras que não são caprichosas e indecisas como certas oposições familiares ou adultas, barreiras que estão ora nessa linha, ora mais longe, e que podemos, com um encontrão, derrubar ou empurrar sem que haja sério perigo em ousar essa prova de audácia.

Com a natureza, as barreiras são mesmo barreiras. É inútil, o sol não se levantará mais cedo à nossa invocação, nem romperá as nuvens ao sabor de nosso capricho, e o rio não desacelerará seu curso qualquer que seja nosso desejo de atravessá-lo.

Essa riqueza e essa variedade generosa de recursos, balanceadas pela inelutabilidade das barreiras, facilitam a organização de regras de vida favoráveis, que estão na norma das coisas possíveis e que garantem, pois, uma gama de sucessos que aumentam continuamente nosso potencial de potência.

O comportamento do pequeno camponês está todo impregnado disso. Sua experiência é rica, lógica, real e orientada para a realização direta de um destino que seria mais bem cumprido e mais feliz se as condições ulteriores de trabalho não viessem a comprometer suas felizes primícias.

Quando o pequeno citadino é levado ao campo, fica inicialmente fascinado pelas possibilidades de experiências que se lhe oferecem. Embriaga-se com as cabriolas pelos campos, como o cabrito que acabam de soltar do estábulo e salta de um muro para outro, prova um planta tenra e recomeça a cabriolar. É esmagado pela riqueza de recursos e não sabe desfrutá-los. Como o faminto que não costuma estar numa mesa abundante e se empanturra com o primeiro prato servido, a criança mergulha na primeira experiência que se lhe apresenta e nela se obstina, com o risco de lamuriar-se caso fracasse, ou de desesperar-se, como fazia em seu quarto vazio. Ou então irrita-se com barreiras incompreensíveis, com a noite que vem, com o sol que não brilha, com o gelo que escorrega, com a água que molha ou com o cão que uiva.

Má disposição dos recursos-barreiras, que provocaram reações artificiais e regras de vida dissociadas do meio natural; desordens, choques, tolhimentos, que se traduzem pelo sofrimento, por gritos e choros.

Basta olharmos à nossa volta para nos darmos conta de que os seres que viveram os primeiros anos em contato com a natureza têm em geral um caráter mais rico, mais equilibrado, de que avançam com um maior potencial de potência para o cumprimento de seu destino. Se, apesar das gritantes insuficiências da vida material no campo, apesar da ascendência excessiva de uma tradição empírica; se, apesar dos erros acumulados pelos indivíduos e pelas famílias, o meio rural ainda permanece, na nação, uma reserva de virilidade e de audácia na luta pela vida; se os indivíduos vindos do campo alcançam tão freqüentemente um lugar de honra na organização social e econômica da cidade, a causa disso está, em grande parte, nas grandes vantagens dessa primeira educação, em cujo decorrer podem multiplicar-se as experiências tateadas que estão na base de um comportamento real, lógico e reto.

Se, portanto, você tem a vantagem de estar no campo, deixe a criança pequena mergulhar total e permanentemente na vida da natureza. Não cometa o erro, a pretexto de asseio e de boa educação, de proibi-la de mexer na terra, investigar o regato, espirrar a água, sondar a folhagem e os pastos, viver com os insetos, familiarizar-se com os animais domésticos. Estas são, ao contrário, as experiências essenciais que toda criança deveria realizar.

Se você está na cidade, se não tem a vantagem de um ambiente tão benéfico, trate ao menos de realizar ao máximo, individual ou coletivamente, um meio bastante vasto e rico para compensar, na mais larga medida possível, a natureza ausente.

Toda criança precisaria de um grande jardim, mas não de um jardim racionalizado como os jardins atuais das cidades, com aléias reservadas ao passeio que reduzem a nada todas as veleidades de investigação e são, todas eles, barreiras desanimadoras. Reserve a seus filhos um canto, pelo menos, onde possam ter a ilusão mais ampla possível da natureza, com terra solta, água, árvores, flores, insetos. Reivindique para o conjunto das crianças da cidade ou do bairro um parque natural onde poderão brincar num tanque com esguichos de água, no qual façam vogar os barquinhos, e ao redor a quadra de areia, que se preste à construção de grutas efêmeras.

É melhor do que nada, claro, e basta ver o ardor com que os pequenos citadinos o aproveitam para compreender a que ponto devem estar privados, em suas casas demasiado estreitas e nuas, das mais elementares possibilidades de atividade. Mas reconheceremos, ao mesmo tempo, que um tanque de água calma e uma caixa de areia são muito pobres como elementos da experiência tateada cuja necessidade formativa vimos. Não é de espantar que indivíduos reduzidos a essa aridez sejam obrigados a construir para si regras de vida particulares, baseadas nessa pobreza de experiências, que constituem uma preparação menor para o combate da vida.

Quando se quer preservar as espécies da camurça e das marmotas que tenderiam a desaparecer diante do fuzil dos caçadores, constitui-se aquilo a que chamamos "reservas". Não pequenos jardins zoológicos, com simulacros de rochedos e alguns tufos de musgo seco. Sabe-se que camurças e marmotas talvez se habituassem a eles – embora dificilmente –, mas que neles não poderiam reproduzir-se normalmente, ou que, pelo menos, as espécies só poderiam degenerar-se de forma catastrófica num meio com possibilidades insuficientes.

A saúde da camurça, a vitalidade tenaz da marmota, seu vigor, a exacerbação de suas qualidades específicas que se transmitirão para sua descendência necessitam do espaço aberto, de rochedos verdadeiros, de capins finos e musgo seco. Às vezes, ali elas sofrem fome e frio, têm de fugir diante de seus inimigos e defender-se deles, mas podem também entregar-se livremente a todas as experiências, a todos os tateamentos que garantem um máximo de potência vital. É esse meio natural e benéfico que foi inteligentemente realizado com a criação de imensas reservas, que são, pura e simplesmente, porções de montanhas selvagens, de vales agrestes, proibidas aos caçadores, e onde os animais podem divertir-se, desenvolver-se e reproduzir-se, como antigamente, numa natureza exigente, dura, mas vigorosa e rica.

O que foi realizado para as espécies ameaçadas pela invasão da civilização, não se poderá, não se saberá prevê-lo para a raça humana em perigo?

Exijamos então que na concepção das novas cidades, dos grandes distritos industriais, que será preciso prever, um dia, à altura do homem às voltas com a potência sempre crescente da máquina, exijamos que seja estudada e organizada uma "reserva de crianças". Algo como um grande parque silvestre, com os elementos essenciais de vida que mencionamos: um rio, areia, uma colina se possível, com rochedos e grutas, árvores, árvores de verdade, com um recanto de floresta de verdade, com animais que fujam à nossa aproximação e que nos estimulem a alcançá-los, com ninhos e pássaros. E com a natureza cultivada também, adaptada pela ciência e pela experiência do homem, a natureza domada com seus pastos, seus trigais, cuja cor cambiante marca o ritmo inelutável das estações, seus legumes, suas flores, seus animais domésticos, suas fazendas. Isso tudo harmoniosamente arrumado ao redor de um centro infantil, espécie de creche ou de colônia de férias que seria o porto de todos os pequenos desamparados, cujo meio é pobre demais para as exigências de seu desenvolvimento e formação.

Não digam, cedo demais, que é utopia. As condições pedagógicas e a técnica material dessa realização não são mais ousadas para nossa época do que o era, no fim do século passado, a instituição dos jardins de infância, generosa idéia que Maria Montessori foi a primeira a tornar realidade. Entretanto – isto é normal – passamos por uma nova etapa. Maria Montessori viu muito bem que as crianças têm, acima de tudo, necessidade de prosseguir sua experiência tateada. Mas – em parte por necessidade social, reconhecemos – ela as encerrou numa gaiola, onde introduziu uma seleção de objetos que podem e devem conduzir a experimentação infantil. A coleção é relativamente variada; é engenhosa. Confesso mesmo que é muito possível que esse material educativo prepare, mais diretamente do que a riqueza de nossas reservas, as crianças para alguns dos gestos que a civilização pôs em primeiro plano: dar laços, abotoar, pôr a mesa, medir e comparar objetos, imagens ou formas geométricas. Não subestimamos nem desprezamos essa contribuição de um período pedagógico que hoje acreditamos findo. Esse material educativo terá seu lugar, relativamente melhorado, nas salas organizadas no centro da reserva, para que as crianças possam utilizá-lo, se o desejarem, quando as condições climáticas, ou outras, não permitirem a experiência tateada na reserva. Mas teremos mais coisas, e melhores: as crianças poderão, de manhã à noite, sozinhas ou inteligentemente acompanhadas, tatear e experimentar à vontade: meter-se no barro de um canal e sair sozinhas dele; saltar um muro, escalar entre os rochedos, trepar numa árvore, acariciar o cachorro, perseguir as borboletas, colher flores, brincar na terra ou na beirada da água, ou então, organizar-se dentro das cabanas e grutas que dão, ao mesmo tempo, arrepio e ilusão de segurança.

Tudo estaria lá: exercício dos membros, agilidade do corpo, habilidade e harmonia dos gestos em sua finalidade natural, construção da via pessoal a partir de um meio real, aquisição de regras de vida justas, capazes de influenciar todo o comportamento posterior.

Poderia freqüentar essas reservas a criança de um a cinco anos. Nelas encontraria os recursos-barreiras auxiliantes que compensariam a aridez e a incompreensão de certas barreiras familiares ou sociais e que a ajudariam na ascensão instintiva para a potência e a vida.

Maria Montessori e seus discípulos costumavam dar como prova da excelência de seu método o interesse que as crianças nele encontram e a aplicação que manifestam. Tudo é relativo: antigamente, oferecia-se às crianças apenas uma sala severa e nua, com uma disciplina estrita, bancos coletivos nos quais eram imobilizadas, com imagens para olhar e palavras para repetir. Não tinham quase nada mais em casa, a não ser – e nem sempre – a calorosa solicitude de uma mãe, impotente para compensar e corrigir a adversidade do meio.

Enfim, ofereciam-se a essas crianças montessorianas materiais para experimentar, comparar, agir, num clima novo. Como não ficariam encantadas?

Dizemos somente que esse é apenas um primeiro passo, que esses jardins de infância não passam de um embrião daquilo que será a verdadeira reserva; que neles falta a experiência viva e natural, cuja necessidade para os animais nos é compreensível e que valerá também para a primeira educação dos pequenos homens, cujo processo de desenvolvimento vimos.

Então avaliaremos melhor em que medida os jogos imaginados pelos pedagogos modernos, os encaixes, as pirâmides, os lotos, são concepções tacanhas e parciais da necessidade da experiência tateada para a criança. A educação que daí resultará será o substrato profundo no qual poderá assentar-se positivamente a formação posterior, a provisão de equilíbrio e de potência, o direcionamento para tendências e regras de vida que atuarão dinamicamente sobre o processo individual e social da evolução humana.

Falou-se muito, nas novas teorias educativas, que a criança deve ser ativa, e essa atividade foi colocada no centro de todo o seu comportamento. Tende-se a fazer da atividade o credo da nova educação e a crer que a criança só se realiza e é feliz se se agita, se mexe com as mãos. Há um sério perigo nessa concepção tacanha: dar a primazia na educação à atividade física e, muitas vezes, exclusivamente manual, sem considerar que isso ainda é tomar o problema pelo seu lado menor, o que não poderia levar-nos a muito longe.

Ora, a criança que, ao correr pelo campo, estaca subitamente diante do tatuzinho que se enrola como bola, diante do inseto ferido que bate penosamente as asas, ou diante dos progressos realizados numa noite pelo rebentar dos brotos, esta criança é essencialmente ativa, e sua atividade é superior, uma vez que já se alça à dignidade do ato intelectual.

Não haverá mais tais riscos de erro se dissermos, não que a criança tem necessidade de atividade, mas que é constantemente impelida, para dominar e realizar sua vida, a conservar e a aumentar seu material de potência e que esse cuidado supõe a maior variedade possível de experiências tateadas anteriores à instituição das tendências e das regras de vida.

Para essa formação com base na experiência, o meio ideal, o recurso-barreira mais eficaz, continua a ser a natureza.

Jamais deveria haver educação fora da natureza, sem participação direta em suas leis, em seu ritmo, em suas obrigações. Deveremos sempre nos inspirar no exemplo que a natureza nos oferece para a constituição e função dos outros recursos-barreiras. É nesse sentido que encontraremos a via mais fácil da educação eficiente.

O esforço que o homem faz para adaptar-se às necessidades exteriores, para conservar e exacerbar seu potencial de potência, é o trabalho. Sua noção foi totalmente deturpada e sua origem encoberta, porque existem trabalhos que só muito parcialmente são adaptação, ou melhor, são adaptação em relação aos recursos-barreiras social e familiar, e desadaptação ao meio natural; porque existem trabalhos que não engrandecem o potencial de potência, que foram totalmente desintegrados da função humana. Isto não nos deve impedir de ver, por trás dessa perversão, a realidade das coisas e de distinguir o sentido formativo do trabalho. A criança que puxa seu caminhão, que chapinha na água, que explora uma gruta, que trepa num muro, esta trabalha, uma vez que busca, da melhor forma, a adaptação de suas reações às necessidades ambientes, com o propósito de aumentar seu potencial de potência – única coisa que importa. Apenas o erro da civilização exagerou essa separação arbitrária entre o trabalho e o jogo. Em nosso livro *A educação pelo trabalho*, contribuímos para restabelecer essa filiação, ao distinguir entre trabalho-jogo e jogo-trabalho e ao basear nessa concepção nova toda a nossa técnica pedagógica.

A primeira infância é o período ideal da impregnação educativa, não só porque é a idade em que se constrói o indivíduo, em que se pode influir com mais eficácia nessa construção, mas também porque ainda se podem corrigir os possíveis erros e desvios.

Com efeito, antes da puberdade, é raro que as tendências e regras de vida sejam transformadas em técnicas de vida. Mesmo na beira da torrente de vida, mesmo no refúgio da lagoa, a criança é sacudida com maior ou menor freqüência, com maior ou menor intensidade, pela corrente violenta e impetuosa que a empurra para a vida. A história nunca está totalmente escrita; as experiências jamais estão completamente terminadas. A inflexão das tendências, a sistematização das regras de vida, como vimos, são um fato. Mas a árvore não acabou seu crescimento. É possível, com maior ou menor lógica, com maior ou menor tenacidade, tentar crescer nas direções livres ou para os cumes onde reluz o sol.

Às vezes dizemos: "Enquanto há vida, há esperança."

Podemos parafrasear este ditado e concluir: "Enquanto a torrente de vida do indivíduo mantém seu impulso e sua impetuosidade, enquanto a criança tem consciência de que lhe restam experiências por fazer, a educação pode ter como agir." Seu poder varia justamente na proporção inversa da diminuição da torrente de vida.

Há muito que fazer quando a torrente ainda não sofreu a prova múltipla dos obstáculos e das limitações, quando ainda não tem a experiência decepcionante das barragens, dos choques e dos refluxos. A educação já é mais difícil quando as reações aos obstáculos exigiram certas inflexões ou desvios, mais difícil ainda quando as regras de vida resultaram disso. Quando estas são substituídas pelas técnicas de vida, não há praticamente mais nada que fazer.

Mas essa situação só se realiza realmente nos casos graves e decorre, na maioria das vezes, de uma deficiência fisiológica anormal ou de uma posição defeituosa dos recursos-barreiras: uma criança desde cedo entregue à doença, ao sofrimento ou à invalidez, organiza realmente sua vida a partir dessa triste realidade, e sua técnica de reações é definida previamente pela gama reduzida das possibilidades de experiência e de triunfo que lhe restam. O adolescente dominado pelos recursos-barreiras organiza igualmente sua vida em torno dos únicos elementos cujo domínio conservou. Reage com as armas de que dispõe. Se pode contar com sua força, com sua agilidade, com sua malícia, com sua inteligência, com dinheiro ou com o manejo de uma arma, o adolescente poderá encarar diferentes soluções. Mas, se apenas uma dessas possibilidades mostra-se eficaz, ele se agarrará a ela como à última tábua de salvação e se servirá exclusivamente dela, às vezes fora de propósito, para o ataque como para a defesa, sem sequer tentar novas experiências.

Nesse caso, a correção é excessivamente difícil e aleatória. É isso que torna tão complexa a reeducação dos transviados precoces.

A criança depara cedo demais com problemas insolúveis para ela: a doença, a invalidez, a miséria, a fome, a sombria frieza da rua, a desumanidade dos recursos-barreiras sociais e a indiferença dos indivíduos ao seu redor. Tentou em vão vários recursos, tentou refúgios. Só lhe resta um meio de salvar-se. Apega-se a ele, agarra-se a ele, seja o roubo, a maldade, a malícia ou a violência. Ela é, queira ou não, forçada a constituir para si uma técnica de vida baseada no único ou nos únicos elementos que lhe restam.

Então você experimenta com essa criança outras regras de vida: oferece-lhe a segurança, a alimentação, a ajuda, a simpatia ou o amor que lhe faltavam. Enquanto esses elementos intervêm, parece regenerada: ela reage segundo as novas normas resultantes dessas condições. Mas basta-lhe a menor contrariedade: ter sua segurança ameaçada, passar fome, mesmo acidentalmente, faltarem-lhe subitamente, num momento difícil, a ajuda ou a solicitude que lhe eram necessárias, que se atirará então ao seu único recurso, e vem a recaída que se acreditava, porém, ter evitado para sempre.

Se nosso jovem delinqüente já não se encontra diante do impasse ameaçador; se criamos ao seu redor condições tais que o vazio perigoso não mais reaparece, podemos evitar a recaída. Mas é preciso não esquecer que essa recaída será o preço imediato de nossos erros e impotências.

Claro, apesar de tudo a vida cria, pouco a pouco, seu novo leito. O ser deficiente pode se dar conta dos perigos de uma volta a técnicas de vida a que se submeteu, mas das quais tem medo, como espectros que surgem da escuridão e da dúvida. Ele pode então tentar lutar sozinho contra esses espectros, solicitar ajuda e apoio à sua volta para vencê-los. E esta será a mais estrondosa das vitórias. Mas devemos na verdade reconhecer que raros são os indivíduos que alcançam essa consciência das reações, que pegam a vida à unha. Para a maioria deles, é o espectro que os impele, e eles são incapazes de reagir.

Isso que estamos dizendo só diz respeito ao que poderíamos chamar de casos clínicos – que não podem ser negligenciados, por certo –, mas que necessitam de uma medição apropriada e de uma vigilância permanente. Na prática corrente, é raro que a criança, antes do fim de sua adolescência, seja dominada assim por uma técnica de vida exclusiva. Existem apenas tendências, muitas vezes fixadas como regras de vida – cuja influência não deve ser em absoluto desprezada, como vimos –, mas contra as quais ainda se pode reagir, de acordo com os métodos que preconizamos. O indivíduo ainda não terminou suas experiências; ainda permanece permeável à eficácia de novas regras de vida, que contrabalançarão progressivamente as regras de vida prejudiciais. A inflexão primeira não será mais modificada, mas, sobre essa inflexão, a árvore ainda pode reaprumar-se altivamente, crescer para o azul dos píncaros vigorosos e gerar frutos que serão a recompensa de nossa solicitude educativa.

Fizemos questão de fazer esse balanço para que o pedagogo não se iluda sobre a qualidade e a potência da ascendência que ele pode ter sobre os seres que foi encarregado de educar; que saiba de antemão qual é o período em cujo decorrer esse domínio será mais eficaz; que compreenda que a árvore será tanto mais difícil de dirigir e de formar quanto mais endurecer sua fibra e se fixarem suas tendências; que, portanto, não fique desencorajado, em certas fases tardias, com meias vitórias ou fracassos parciais; que aceite mesmo sua impotência ante certas adversidades; que tente, sempre e em todo o lugar, prevenir, ajudar, orientar, e não conte demais com a possibilidade que terá de corrigir, de retificar, de punir. A vida é uma torrente. O educador não pode opor-se à torrente. É na direção e no ritmo da torrente que deve preparar e construir.

Mas não há, afinal de contas, nada de mais desesperador do que o jovem ser que abandonou a torrente, que ficou ajuizado prematuramente, que calcificou suas fibras antes de ter feito sua subida e que se fixa cedo demais em atitudes que não são de sua idade.

Sempre sirva e fortaleça a vida. Tema mais o balanço das margens indecisas ou a calma anormal da lagoa distante da correnteza do que a impetuosidade da vida. Sirva a vida. É seguindo sua corrente que você tem mais chance de orientá-la e de dominá-la.

Segunda Parte

As regras de vida "ersatz"

O ser vivo sempre está, como vimos, à procura de um máximo de potência. É o viajante que deve embarcar no trem da vida, da sua vida, e que, em sua inexperiência, tateia e utiliza os diversos recursos que examinamos.

Mas pode acontecer que o viajante não consiga subir num compartimento, quer porque não saiba como agir, quer porque não encontre ajuda suficiente à sua volta e esbarre em toda a parte na atitude rejeitante das diversas barreiras. O indivíduo fica então na plataforma, impotente e desconcertado. No entanto, não pode ficar ali, pois sua atitude seria a própria negação da vida, e nenhum ser vivo pode decidir-se por uma negação dessas. Se, por ora, esgotou todas as tentativas, sem contudo perder a esperança no futuro – pois nunca se perdem todas as esperanças –, refugia-se na sala de espera, onde pelo menos está aquecido e onde às vezes se felicita de não ter embarcado irrefletidamente num trem que podia não levá-lo ao objetivo.

É isso que ocorre ao indivíduo que se encontra impotente em face das dificuldades.

O bebê está com fome: grita e ninguém o atende; agita os membros, mas seus braços não encontram nenhuma forma promissora... Espera, impotente, na plataforma.

Eis que, por acaso, em suas gesticulações desordenadas, seu punho fechado roça-lhe os lábios. Abre gulosamente a boca, pois esse roçar quente lembrou-lhe a generosa promessa do seio materno. Interveio o reflexo. A criança chupa o polegar. De início experimenta um certo prazer, comparável ao que sente na sucção preliminar que deve fazer o leite jorrar... Mas, desta vez, não vem nada. A criança se cansa, retira a mão e recomeça a chorar.

Se seus gritos produzirem, afinal, a satisfação normal de sua necessidade de alimentação, a sucção do dedo será apenas um acidente sem seqüelas. Mas, se seus recursos forem inúteis e impotentes, o bebê se restringirá apenas à solução descoberta casualmente. Chupará o dedo. Seguir-se-á uma nova decepção. Depois, com a ajuda do hábito, a sucção do polegar parecerá ser um refúgio supremo, uma espécie de solução de desespero, que não proporciona a integralidade da satisfação orgânica e essencial, mas não deixa de propiciar uma ilusão, um *ersatz* dessa satisfação.

Com a ajuda da repetição e do hábito, a sucção do polegar acabará apresentando-se como uma *regra de vida "ersatz"*, pau para toda obra, de refúgio, à qual se recorre quando falharam as outras regras de vida, assim como você se contenta com o *ersatz* de café quando não tem café de verdade. Você pode até habituar-se a ele e achá-lo gostoso, de modo que chegue a preferi-lo ao café natural e que recorra a ele não só quando tem sede, mas também quando tem fome ou frio, quando tem uma visita ou, pura e simplesmente, quando não sabe o que fazer, e vai, assim, ficar um instante na sala de espera, refugiar-se nesse *ersatz* cômodo, que custa pouco e não deixa de proporcionar alívio e satisfação.

Primeiro a criança chupa o dedo porque está com fome. Conhece-se o gesto: a mãe pega o bebê no colo e prepara-se para dar de mamar. A criança impaciente se agita, encontra o polegar, chupa-o furiosamente, sendo difícil, às vezes, tirá-lo dela para substituí-lo pelo seio, de tanto que a ilusão pode ser aproximativa. O grave é que a sucção do polegar se apresentará como uma solução para todas as dificuldades encontradas. A criança chupará o polegar quando estiver com sono, e já não conseguirá adormecer sem esse expediente; ela o chupará quando esperar sua chegada para o passeio; o chupará quando tiver medo ou for intimidada: em suma, todas as vezes que não puder realizar o ato verdadeiro que corresponderia normalmente às suas necessidades. É uma regra de vida que decerto não proporciona a satisfação total, mas tem, pelo menos, a vantagem cômoda de estar à disposição e de contrabalançar, momentânea e parcialmente, o êxito que a criança não pôde alcançar com os meios funcionais.

Tentaram explicar essas manias de autogozo com um ensimesmamento doentio, decorrente de um fracasso ou de uma impotência. Não está errado, mas vemos aí apenas uma parte da explicação.

Por que a criança se ensimesmaria? Será essa uma inconcebível atitude passiva? Será para não agir? Para renunciar à realização de seu potencial de potência? Claro que não. Teremos, ao contrário, de ressaltar nessa atitude um conteúdo ignorado de atividade: uma suprema reação vital. A criança, na tenaz busca da potência, acha ter encontrado um meio ideal de substituição, uma regra de vida *ersatz* que, em todas as circunstâncias, apesar de todos os fracassos sofridos, torna a dar-lhe o mínimo de potência indispensável para a continuação da vida. É uma atitude propriamente ativa em seu princípio, com grande flexibilidade de adaptação, porquanto não depende da família nem da sociedade. A criança utiliza, pura e simplesmente, suas possibilidades pessoais para dominar uma vida que ela não conseguiu apreender de outra maneira.

No processo de realização da vida, esse é um meio que devemos pôr exatamente no mesmo plano que os outros: por razões múltiplas, totalmente independentes da vontade do indivíduo, a experiência tateada foi mais bem-sucedida nessa direção do que nas outras; o ato bem-sucedido foi impondo-se aos poucos como tendência, depois como regra de vida. E, quando foi elevado à dignidade de regra de vida, ficou tão tenaz quanto todas as outras regras de vida, porém não mais. Apenas no dia em que outra regra de vida, manifesta e praticamente mais eficaz, se tiver imposto à sua natureza, quando uma nova corrente mais forte tiver atraído as forças a outra direção, é que essa regra de vida será parcial ou totalmente abandonada.

Essas considerações sobre a origem e o alcance construtivo e ativo dessas soluções de autogozo e de *regras de vida "ersatz"* são de primeiríssima importância. Seu desconhecimento acarreta erros de reação do meio ambiente que complicam extremamente situações já delicadas e encurralam num impasse os indivíduos deficientes.

São numerosas e diversas essas regras de vida *ersatz*, ainda mais numerosas e diversas quando o indivíduo inquieto fracassa em sua conquista do potencial de vida. Serão raras e benignas nos casos de uma educação bem-sucedida, com indivíduos fortes e equilibrados, e uma posição benéfica de recursos-barreiras inteligentemente auxiliantes. Elas assumirão importância, ao contrário, na medida em que se revelarem ineficazes os recursos que não conseguem tornar a dar a potência. Serão ainda mais tenazes quando parecerem ser o recurso supremo, a derradeira tábua de salvação antes do fracasso total e do desequilíbrio mortal; o indivíduo se aferrará a elas se tiver a impressão de soçobrar, se este último meio o abandonar, porque receia já não encontrar outra saída para problemas cujo solucionamento é, porém, inevitável.

Mais grave ainda, essas soluções *ersatz* não estão na norma das coisas; não passam de uma atitude excepcional e irregular diante de uma impotência acidental e irregular. É anormal ficar bobamente na plataforma quando o trem se põe em movimento, ou mesmo refugiar-se na sala de espera quando a vida e a ação nos chamam. Os educadores, que não puderam evitar as causas desse recurso, que não conseguem corrigi-lo, põem a culpa na própria regra de vida e tentam proibi-la à força. Aliás sem explicação, pois, nessa etapa, a criança não será permeável à única explicação que seria válida e que, naturalmente, não se tem idéia de invocar: a criança se refugiou nessa regra de vida porque uma lamentável experiência tateada mostrou-lhe a superioridade desse recurso para a conquista de seu potencial de vida. Ela agiu abertamente no início, exatamente como para com todas as outras regras de vida. Mas, se quiserem impedi-la de agir, se atentarem contra os derradeiros recursos que lhe restam, ela reagirá *com todos os meios em seu poder, com todos, sem exceção*; e terá tendência a fixar-se nos meios que deram certo, sem consideração moral, apenas conforme o critério da conquista da potência.

A plataforma estava desesperadamente vazia depois da partida do último trem; ali soprava o vento frio; invadiam-na rajadas de água gelada; acabavam de apagar as últimas luzes que eram como que um resto de esperança na vinda de alguma composição salvadora. Então, o indivíduo se refugiou na sala de espera, onde encontrou luz, calor e segurança para infundir-lhe, apesar de tudo, esperança. Mas o chefe de equipe quer fechar a estação e vem expulsá-lo de seu refúgio supremo. Lá fora, será ainda a solidão, o vento e o frio, talvez a morte.... *Qualquer coisa é melhor do que isso*. E o indivíduo resiste às objurgações do empregado e do chefe de estação que acorreu socorrer o subordinado: implora, suplica, enfurece-se, fica firme. O empregado consegue fazê-lo transpor a porta. O viajante escapa mais uma vez, finge submeter-se e, subitamente, desliza por entre as pernas do homem para penetrar de novo, com uma volúpia triunfante, na sala de espera. Tenta então trancar a porta para sentir-se outra vez sozinho e em segurança. Contra os empurrões ameaçadores de fora, amontoa todos os obstáculos que pode encontrar para formar barricada, todos, sem exceção, pois sua vida está em jogo, mesas, bancos, prateleiras. E, detrás desses obstáculos, ele trata de gozar mais alguns instantes de seu refúgio, como o soldado que esvazia seu último cantil de vinho antes do ataque, para tornar a dar-se, obstinadamente, uma derradeira e tenaz ilusão de sua potência de vida.

Se o inimigo abater a barreira, o viajante tentará esconder-se embaixo dos bancos para talvez escapar furtivamente por uma janela, com a secreta esperança de voltar assim que o inimigo tiver abandonado o local. Não há ardil, nem subterfúgio, nem fingimento que não seja aproveitado... Todo meio é bom e lícito quando se trata de defender a própria vida.

Se surgir um recurso amigo auxiliante, ou se o viajante entrevir outra possibilidade de salvar-se melhor do que dentro daquela sala de espera, se perceber, em seus tateamentos desesperados, uma sala ainda iluminada, que talvez possa acolhê-lo, ele hesitará, mas, timidamente, tentará ainda esse recurso. Esse não é o momento de mostrar-se difícil na escolha dos meios... Outro *ersatz* talvez resolva da mesma maneira o caso.... A luz entrevista talvez seja a de uma casa mal-afamada... Que importa!... Qualquer coisa não é melhor do que a impotência e a morte?

Compreende-se, assim, a causa desses recursos ao *ersatz*, as razões que tornam sua prática tão difícil de desarraigar e todos os complexos que podem resultar, não dessa prática, mas da guerra aberta ou surda que os adultos vão lhe travar.

O autogozo

Antes de chegar ao mecanismo de reação contra a oposição adulta, temos de insistir, porém, numa característica específica dessas regras de vida *ersatz*: o *autogozo*.

Em todas as regras de vida normal, a satisfação da necessidade sempre depende, em maior ou menor medida, do meio exterior. Os tateamentos do indivíduo estão como que engastados no sistema complexo dos recursos-barreiras. Seu potencial de potência é recarregado pelo exterior, pelas vitórias que obtém sobre os elementos, sobre os grupos organizados ou sobre os outros homens. Isso supõe uma luta constante, atritos de maior ou menor gravidade com aqueles que seguem a mesma via. Há muitos enganos, para resultados nem sempre proporcionais aos sacrifícios. Mas o triunfo dos obstáculos fica também como a grande prova de potência e de virilidade.

Ora, ao longo dessas experiências tateadas, o indivíduo descobre que traz em si a possibilidade de produzir a mesma satisfação que o meio lhe recusa, por intermédio de um *ersatz* que lhe dá a ilusão dessa satisfação, uma ilusão à qual se habitua complacentemente, que se fixa como regra de vida e que, em certos casos, é aparentemente suscetível de ser auto-suficiente. Assim como a dona de casa que, habituada ao *ersatz* do café, achará o verdadeiro café forte demais e se satisfará com o *ersatz*, mesmo quando puder obter café de verdade. Para satisfazer suas necessidades essenciais, deve-se lutar sem trégua, engalfinhar-se com a vida, cansar-se, desgastar-se, receber pancadas e revidá-las, arriscar o acidente. Como seria mais simples arranjar-se sozinho, mediante uma espécie de vida auto-suficiente e independente do meio!

Há também, em favor das regras de vida *ersatz*, uma espécie de prevenção favorável que influencia as naturezas fracas e tímidas perante a vida: entre a solução heróica e o refúgio debilitante, elas sempre se inclinam para o menor esforço. Hesitarão em agarrar-se à porta do trem que está partindo se têm a perspectiva de algum refúgio confortável na sala de espera. E veremos com quais terapêuticas, familiar, social ou pedagógica, nos será possível tornar a dar o gosto pelo heroísmo e o desprezo por formas de *ersatz* de atividade que nunca são mais que soluções de fraqueza e de mal menor.

Mas os verdadeiros complexos não provêm apenas da escolha empírica de regras de vida *ersatz* que suprem a impotência funcional ou a arbitrariedade dos recursos-barreiras. O mal só seria muito relativo se a criança fosse livre para recorrer a tais soluções *ersatz*, talvez à espera de poder enfrentar de novo a vida. Se o chefe de estação não fosse incomodar para expulsar o viajante que se refugiou na sala de espera, o caso seria relativamente simples: primeiro o indivíduo se felicitaria de estar lá no quente, abrigado, enquanto fora sopra a tempestade. Talvez fosse mesmo diretamente à sala de espera, uma outra vez, pelo íntimo prazer de desfrutá-la pessoalmente, esquecendo a hora que passa e que pode fazê-lo perder o trem. Mas, com o uso, seria mesmo obrigado a perceber que isso é, apesar de tudo, apenas um *ersatz*, que tal solução – provisória – não o impede de acabar ficando com fome e de ser forçado a enfrentar a multidão que cerca o trem. Isso lhe será custoso, não há dúvida, uma vez que está aqui longe da torrente e lhe cumprirá mesmo tentar integrar-se outra vez ao fluxo impetuoso se quiser viver – e ele quer viver! Nem sempre poderá ficar na sala de espera, a não ser que encontre alguma alma cúmplice que lhe sirva a mania e venha trazer-lhe, em seu refúgio, o mínimo de elementos de vida que ele não tem coragem de ir conquistar.

Mas, se o vento parar de soprar; se se iluminarem as plataformas num jorro de luz; se um empregado caridoso vier anunciar a hora dos trens e informar cortesmente os números das plataformas de embarque; se, talvez, o trem vier postar-se justamente naquela plataforma, ali, em frente da sala de espera. Esses convites à viagem, essas facilidades propiciadas à participação nas regras de vida de virilidade farão que o indivíduo se aparte de seu autogozo para tentar o embarque. Se, por fim, for bem-sucedido e esse êxito incentivá-lo a outros êxitos, a regra de vida *ersatz* será progressivamente destronada em proveito de regras de vida mais naturais e mais eficazes. Sem tropeços, sem complicações, ele acreditara encontrar uma solução; percebe, com o uso, que não passava de um impasse, e procura e encontra algo melhor para satisfazer suas necessidades. O problema está resolvido: ele será lançado de novo na vida.

As coisas se complicam quando o chefe de estação acossa o viajante refugiado na sala de espera, mas sem lhe oferecer a possibilidade evidente de encontrar outra solução mais racional, sem o ajudar na busca do êxito e da potência. Então o viajante se agarra ao que considera seu supremo recurso e reage com todos os meios que se lhe apresentam à mente, todos, sem exceção, bons ou maus, contanto que lhe permitam, na prática, essa regra de vida sem a qual tem consciência de estar diante do desequilíbrio, da impotência e do nada.

Conseqüências pedagógicas

É isso que se passa com esse autogozo anódino e totalmente primário: a mania de chupar o dedo.

Você diz mesmo que é completamente inútil opor-se, seja com tentativa de persuasão, seja com violência, a esse hábito cujos fundamentos vimos. É até recomendado não demonstrar a menor contrariedade e considerar tal hábito como uma coisa natural. Qualquer outra atitude, da parte do adulto, é não só absolutamente inútil mas também prejudicial e perigosa: a criança que se vê ameaçada numa regra de vida, em que encontrou o mínimo de satisfação e de potência que a vida verdadeira lhe recusava, pega-se a seu refúgio e reage, abertamente primeiro, tortuosamente depois, se preciso for. A regra de vida, reta apesar do erro de que é eivada – ou da fraqueza –, complica-se então com práticas de segredinhos, de mentira, de hostilidade, que se inserem no processo de crescimento do indivíduo para dar forma a uma regra de vida complexa cujas conseqüências são incalculáveis e sem relação com o caráter anódino da mania primitiva. Toma-se logo o hábito: inconscientemente, o ser que foi forçado a essa extremidade – isso já supõe uma coleção suficiente de experiências infelizes e de fracassos –, e teve de complicar a esse ponto extremo seus métodos de realização de seu potencial de potência, se prenderá a ele. Não terá a oportunidade nem a força de tentar noutras direções. Como uma árvore esmagada por uma rocha que, apesar de tudo, organiza sua vida e seu crescimento consoante a terrível fatalidade que a oprime, que talvez consiga mesmo, um dia, tornar a partir para a luz, mas que não deixará de conservar para sempre o tronco retorcido e disforme que lhe marca irremediavelmente o destino.

O caso, como se vê, no início dos mais benignos, pode tornar-se suficientemente grave. Logo, importa reagir sensata e inteligentemente.

Em primeiro lugar, o que não se deve fazer: tentar a maneira forte, irritar-se com a mania, esbravejar, amarrar as mãos, ameaçar cortar os dedos – ameaça que é levada bem mais a sério do que se crê pela criança, que mede pela trágica punição a culpabilidade que daí em diante a oprime. Ela organiza então sua defesa, para a qual não se descurará de nada. Enquanto isso, e todas as vezes que puder, ela se afundará um pouco mais em seu autogozo, como o esfaimado que se apressa em engolir um alimento que receia ser-lhe arrebatado. Evitem dramatizar um comportamento anódino. Sejam objetivos e calmos.

Vejamos agora o que se deveria fazer para curar a criança de sua mania.

Só há uma solução: a solução dinâmica. A criança se refugiou nessa regra de vida porque, em conseqüência de erros que não lhe são imputáveis, ela não encontrou noutro lugar a potência elementar que lhe é indispensável. Cumpre a qualquer preço ajudá-la a encontrar uma regra de vida mais normal e que lhe satisfaça de imediato, de forma evidente, as necessidades essenciais, que lhe recarregue o potencial de potência.

Há, primeiramente, uma técnica preventiva, sempre mais simples e mais eficaz, e cujas grandes linhas foram traçadas de antemão por nossas explicações anteriores: zelar por uma posição benéfica dos recursos-barreiras, pôr a serviço da criança recursos-barreiras auxiliantes, evitar os recursos-barreiras monopolizadores e sobretudo rejeitantes, zelar pelo sucesso das experiências tateadas da criança e por sua finalização como regras de vida; vigiar o manômetro de seu potencial de potência e agir adequadamente.

É sobretudo do desconhecimento radical da necessidade da experiência tateada para a criança que provém a maioria dos erros que a impelem às regras de vida *ersatz*. Supõe-se que o viajante novato adquirirá a prática e a potência olhando partir, um a um, os trens em que poderia embarcar e que basta explicar-lhe para onde vão esses trens e como funcionam. A criança não tem o que fazer com tal solicitude nem com as suas explicações científicas: quer subir no trem e não se arriscar a ficar na plataforma. Todas as experiências tateadas são preferíveis à passividade anormal, desde que se concluam sem riscos muito sérios de fracassos. Deve-se permitir à criança tais experiências, facilitá-las, orientá-la para as que são capazes de lhe proporcionar um máximo de eficiência e de potência. A coisa é tão simples que às vezes é de espantar que ela possa ser empurrada assim ao impasse do *ersatz*. O ser humano tem tantas reservas, tamanha gama de possibilidades se oferece para alcançar a potência! O viajante se encontra numa imensa estação, de onde partem a todo o instante trens para todas as direções. É impossível que não encontre um em que embarcar: se não achar lugar num trem expresso, terá um que pára em todas as estações; se não for um direto, dará uma volta, mas conseguirá seu intento. Foi preciso todo o erro de uma civilização incoerente para fazer dessa estação palpitante uma pobre pequena estação interiorana onde só de vez em quando passa um trem que tem muita possibilidade de estar lotado e que deixa você, impotente, na plataforma.

Efetivamente, ponha seu filho pequeno com outras crianças ou em meio à natureza. Serão tantas as possibilidades de atividade que o solicitarão que nunca lhe acudirá a idéia de chupar o dedo. Ver uma criança chupar o polegar em meio a um jardim todo animado de flores, de pássaros e de gritos de crianças é uma coisa inimaginável.

Mas essa coisa se torna, em compensação, muito explicável se seu filho fica fechado num quarto despojado, se fica na cama quando já não tem sono, se fica amarrado em sua cadeira ou se não sabe o que fazer em seu quadrado apesar dos dois ou três brinquedos que você lhe ofereceu liberalmente, mas cujos segredos ele penetrou de há muito. Ele está na plataforma. Vai para a sala de espera e chupa o dedo. Foi você que o empurrou a esse impasse.

Portanto, facilite a experiência tateada à criança, não só com brinquedos, mas sobretudo com a vida, conforme os conselhos que lhe demos nos capítulos anteriores. Nunca deixe seu filho na plataforma. Qualquer coisa é melhor do que isso. Ele não chupará o polegar.

E, se o erro já foi cometido e se a criança chupa o polegar, que fazer?

Não espere uma solução milagrosa e não acredite na existência de uma receita que, de um dia para o outro, fará desaparecer a mania. A inflexão foi tomada. Cumpre criar outras inflexões, incentivar outras correntes de vida que, pouco a pouco, lentamente, atenuarão, até torná-la supérflua, essa linha de vida *ersatz*.

Ofereça a seu filho possibilidades de atividade que correspondam a suas necessidades. Crie correntes de interesse, incentive linhas de vida benéficas. Não fale nada da mania que deve ser superada; seu comportamento não deve mostrar suas verdadeiras intenções, não deve apresentar-se somente como um meio curativo, como um novo *ersatz* para destronar o outro *ersatz*. Conte com a vida, com o potencial de potência. A mania irá atenuando-se; e, mesmo que persista ainda por muito tempo, já não haverá complicações – e vimos que estas eram muito mais temíveis do que a própria mania.

Essa terapêutica será válida também para as outras regras de vida *ersatz*. É a única eficaz. Voltaremos a ela.

Você sabe agora o que é essa regra de vida *ersatz*. Sabe de onde vem. Compreenderá, quando a criança nela se refugiar bruscamente, que ela terá acabado de amargar um novo fracasso, e você reagirá de modo adequado. Sem lições, sem reprimendas, sem explicações. *Apenas o dinamismo da ação lhe permitirá ser bem-sucedido.* E isso é tão simples com a criança, que é puro dinamismo!

A dificuldade, como o sabemos, é que vocês, educadores, ultrapassaram essa fase do dinamismo e que, por preguiça, por impotência funcional, procuram soluções estáticas que correspondem a suas tendências arrefecidas. E é esse mesmo o grande drama permanente: entre aqueles que seguem em frente, que andam, que correm, que por certo se arriscam a cair ou a se enganar de direção, mas tornam sempre a partir porque assim quer a vida, e os velhos, ou os que estão envelhecendo, que teimam egoisticamente em deter esse ímpeto dos jovens, em pregar-lhes lições, em enchê-los de proibições, em assustá-los com o espetáculo da torrente impetuosa – todas elas coisas indiferentes à juventude que quer dirigir-se ao sol, correr e voar, lançar-se na torrente.

Façam esforço, pelo menos, para compreender o drama e para deixar as crianças dirigirem-se intrepidamente para a vida. As regras de vida *ersatz* são, poder-se-ia dizer, a cicatriz da corrente que os adultos passam em volta do pescoço da juventude que está ascendendo.

Tenham coragem de partir a corrente e de soltar a coleira. A vida ensina e dirige a vida.

O autogozo sexual

Agora que compreendemos, por uma de suas manifestações mais simples, a origem e a evolução do mecanismo das regras de vida *ersatz*, façamos a prova de nossa explicação com uma das mais importantes, tanto pela intensidade quanto pelos desvios, deformações e complicações que ela acarreta: o autogozo sexual.

Houve, em nossa opinião, muitos erros na forma como foi considerado esse problema: o grave erro dos psicólogos e dos pedagogos que, dominados pelas concepções católicas sobre as tendências impuras do homem, se contentaram muito tempo em guardar, teoricamente, silêncio sobre o problema, reprimindo, na prática, suas manifestações vergonhosas, sem procurar saber se a necessidade sexual não era acima de tudo fisiológica, portanto natural e lógica, e se não era abusivo aplicar às suas manifestações tratamentos corretivos implacáveis e, aliás, totalmente inúteis. Eles eram o chefe de estação, servidor de uma instrução formal, que não tenta argumentar e manda evacuarem a sala de espera.

A reação, relativamente recente, dos psicólogos que tiveram consciência da impropriedade dessa atitude arrisca-se a ir longe demais no sentido oposto e de conceder às regras de vida *ersatz* que examinam uma importância exageradamente invasiva. Foi isso que ocorreu notadamente com a escola de Freud, que vê o desvio ou a obsessão sexual em toda a parte.

Esperamos, baseando-nos nas considerações, observações e constatações precedentes, e sem diminuir a importância considerável dos desvios sexuais, repor um pouco as coisas em seu devido lugar.

Organicamente falando, *não há necessidade sexual antes da puberdade*. Para um indivíduo bem constituído, possuidor de um potencial normal de vida e que pode desenvolver-se no sentido de seu destino, nem seriamente recalcado, nem monopolizado, nem rejeitado, nem arrastado na esteira de outras vidas, nem refugiado em impasses, *para esse indivíduo, realmente normal, o problema sexual não surgiria de modo nenhum* antes da puberdade.

Se surge é porque intervêm precocemente deficiências orgânicas, excitações anormais, exemplos lastimáveis, condições de vida antinaturais, que cumpre considerar, claro, mas como acidentes e não como normas inseridas de antemão no destino dos indivíduos.

É essa a diferenciação essencial – de origem – que faremos com a necessidade de alimentação, a necessidade de respiração, a necessidade de calor, a necessidade de segurança que, já no primeiro vagido, e mesmo antes, impelem à experiência tateada constante no âmbito dos recursos-barreiras.

Não falaremos, ao inverso de Freud, de libido congênita; não faremos dessa libido o centro dos complexos que teremos de desenredar. Mas vamos reconsiderar totalmente o problema mediante um raciocínio de lógica e de bom senso.

O que, por certo, complica o problema da sexualidade, quando se quer examiná-lo em suas origens, é que de início, fato excepcional, existem, de um lado, na infância, órgãos sem função determinada, consciente ou não, e que, do outro, essa função adivinhada, suposta muito antes de ser conhecida, está intimamente ligada ao maior mistério da criação: o da vida, que quase só tem equivalente em outro mistério decisivo, a morte.

A criança procura desde cedo a chave desses mistérios. Não por perversão, como se crê com muita facilidade, mas somente em virtude da experiência tateada que ela é obrigada a prosseguir para viver.

A diferença dos sexos intriga de modo muito particular as crianças. Elas fazem, a esse respeito, mais experiências do que se supõe, e cometem-se muitos erros sobre a interpretação delas, porque se trata de uma questão sempre eivada de prevenção e de apriorismo, que é muito difícil de ser estudada logicamente, e a cujo propósito os próprios pesquisadores guardam um incoercível pudor de invocar suas lembranças. A verdade é que a criança faz experiências com seu próprio corpo como o faz à sua volta, e antes de fazê-las à sua volta: é natural que se interesse pelos seus olhos, pela sua boca, pelos seus cabelos, pelas suas orelhas, pelo seu umbigo, pelos seus membros... e pelos seus órgãos sexuais. O contrário é que seria anormal. Aliás, no início não tem nenhuma malícia. Quando meninos impúberes estão reunidos longe dos adultos, acontece-lhes correntemente examinar, comparar a aparência, a constituição e o tamanho de seus órgãos sexuais e utilizá-los para praticar esta primeira prova de potência: saber quem urinará mais longe e mais alto. Nisso não há pudor nem impudor, e não me lembro de ter experimentado, em circunstâncias semelhantes, o menor pensamento malsão. Mesmo a exibição dos órgãos sexuais em presença das meninas – exibição que praticávamos quase exclusivamente na escola, quando o professor se ausentava, e explicaremos tal coincidência – não tinha nenhuma finalidade especialmente sexual, não era ligada a nenhum gozo especial. Era um gesto inteiramente comparável ao hábito de mostrar a língua, por exemplo – com a diferença de que este último gesto não era considerado indecente, ao passo que o outro o era e era preciso fazê-lo escondido.

Mesmo quando o exemplo, nossa curiosidade natural, nossas observações, sobretudo o espetáculo do acasalamento dos animais, deixaram-nos adivinhar o uso possível dos órgãos sexuais e iniciaram-nos um pouco no segredo do nascimento, isso não significava que houvesse então preocupação sexual. Repetimos: na origem, há, no conhecimento dos órgãos sexuais e na curiosidade sexual vinculada ao problema angustiante da vida, exclusivamente experiência tateada, mas sem necessidade manifesta, sem apetite capaz de suscitar ou de orientar comportamento e regra de vida.

Tudo quanto se disse da inquietação sexual da criança, de seu amor inconsciente pela mãe, de sua oposição instintiva ao pai – para os meninos, e à mãe, para as meninas –, dos distúrbios nascidos de um espetáculo entrevisto, de um ruído fortuito, de um nascimento, não são, forçosamente, argumentos em favor de uma concepção invasiva da libido sexual. Cumpre, para raciocinar corretamente nesse caso, reduzir as coisas à sua medida correta.

As regras de vida "ersatz"

O problema do nascimento é um dos mistérios mais perturbadores para a criança, e um daqueles sobre os quais geralmente há recusa de dar-lhe explicações aceitáveis, não desmentidas pela experiência pessoal. Ora, para viver, para conservar uma atitude viril e de potência diante dos acontecimentos, a criança tem necessidade absoluta de esclarecer esse mistério, como tenta desvendar todos os mistérios da natureza. Além disso, ela tem, em seu corpo, um órgão especial cuja utilidade, afora a função de urinar, ela não vê, o único cuja finalidade total não compreende. E você quereria que ela não ficasse inquieta, sobretudo quando se cerca esse órgão e essa função de um incompreensível sistema de proibição? Você quereria que a criança não tateasse, não imaginasse, que não se forjassem idéias, dentre as quais umas nos assustariam a nós próprios se ainda pudéssemos ter consciência delas? E ela tateia, imagina, experimenta, supõe, não especificamente por causa da origem sexual do problema, mas somente porque se trata de um mistério que ela precisa conhecer e dominar para continuar sua vida, de um bolsão perigoso que ela deve obrigatoriamente reduzir antes de impelir mais para a frente a progressão. O mistério é ainda mais perturbador porque, na experiência tateada a ele vinculada, a criança esbarra em toda a parte no segredinho, na recusa de explicações, ou em explicações fantasiosas cuja fragilidade, logo reconhecida, só faz aumentar-lhe a perturbação; esbarra na galhofa, na zombaria, nas frases de duplo sentido. Felizes ainda aqueles que, principalmente no campo, podem beneficiar-se do recurso apaziguador da natureza: o espetáculo natural da aproximação sexual dos animais, o acontecimento do nascimento de cãezinhos, de gatinhos, de uma ovelha, de um carneiro ou de um bezerro, trazem-lhes, por comparação e dedução, uma explicação provável mas, no entanto, ainda não definitiva.

Insistimos muito sobre o fato, totalmente desprezado pelos psicanalistas, de que o mistério nessa circunstância e a perturbação dele decorrente não provêm, em absoluto, da natureza sexual propriamente dita. Não são a conseqüência de uma necessidade sexual prematura e anormal, consciente ou não. Seriam acentuados da mesma forma se o mistério por esclarecer tivesse outro objetivo e outra origem, mesmo guardando sua enigmática intensidade.

Suponha que você se tenha instalado numa casa. É natural que dê, prévia e atentamente, uma volta não só no apartamento onde vai viver, mas também no poço da escada, nos corredores do prédio, nos subsolos, nos porões, nos sótãos, e melhor, se possível, nos outros apartamentos. Isso faz parte da mais elementar experiência tateada, da necessidade que você tem de viver com um máximo de segurança e de potência, de conhecer o mais possível o meio que o rodeia para reagir com a maior eficácia possível aos obstáculos que podem apresentar-se.

Mas eis que você descobre, à entrada do apartamento, um cubículo especial diante do qual o proprietário, na hora da visita ao imóvel, passou rapidamente, como para escamoteá-lo. Você o interrogou, e ele lhe respondeu com ar misterioso e enigmático, ou então deu-lhe uma dessas respostas que nada dizem e que não o poderia satisfazer: esse cubículo contém coisas que você não tem necessidade de conhecer... saberá isso mais tarde! E você até surpreendeu em alguém que estava passando um sinal de duplo entendimento que o intrigou muito.

Você se comportará melhor e de modo diferente que a criança que não consegue desvendar o segredo da sexualidade e do processo de reprodução? Ficará menos perturbado? Não irá, assim que ficar sozinho, tentar olhar pelo buraco da fechadura ou abrir a porta com o molho de chaves que possui... em vão, aliás! Não interrogará os outros locatários? E se eles lhe responderem da mesma forma evasiva e misteriosa, não ficará um tanto inquieto? Morará de bom grado nesse novo apartamento enquanto subsistir esse canto misterioso que escapa ao seu conhecimento e à sua experiência? Outros lhe dirão que há, no apartamento deles, o mesmo cubículo, e tentarão uma explicação relativamente fantasiosa e ilógica que não o poderia satisfazer.

Você vem, ainda assim, morar no apartamento porque é forçado a isso. Mas esse local inexplorado o atormenta; sua imaginação o povoa de seres estranhos que vêm ameaçá-lo. Você tenta ajustar certas soluções: comparando o pouco que pôde ver ou ouvir ao passar na frente de um cubículo igual, noutro apartamento, com o que lhe dizem, você se aplicará a criar, para seu uso pessoal, para seu comportamento, uma espécie de esquema explicativo, que tem maior ou menor exatidão, mas que o sossegará por um instante, ao qual se habituará e que o dominará ainda, mesmo quando for aberta a porta proibida, perante um mistério tão natural que se perguntará por que dera origem a tal conjunto de manobras suspeitas e de explicações tendenciosas.

Mais grave ainda. O proprietário o avisou: tentar abrir a porta do cubículo constitui um pecado contra a natureza do qual você será punido!...

Você fica então preso entre o desejo, a necessidade de conhecer, para dele precaver-se, um perigo virtual que lhe ameaça o potencial de vida, e a proibição que lhe foi feita, a ameaça permanente e lancinante. É a trágica, e no entanto tão humana, história do Barba Azul. Você também, você tenta esquivar-se da ameaça do terrível desconhecido, passar por cima, quando ninguém o está vendo, da proibição que o intriga... Você forçou, sem sucesso, ligeiramente a porta e procura com angústia disfarçar sua tentativa: inventa uma explicação, um álibi; receará encontrar-se com o proprietário; lançará mão de elaborados fingimentos para mantê-lo afastado de seu apartamento. E tal cuidado pode, realmente, envenenar sua existência.

Você reagirá *como puder*, com maior ou menor sucesso. Será obrigado, a maior parte do tempo, a responder ao segredinho e ao ardil com a mentira, a hipocrisia e o ardil. E tudo isso dá origem a regras de vida perniciosas que os psicólogos denominariam complexo do cubículo, ou complexos sexuais, e que não são, afinal de contas, senão complexos *sociais* consecutivos a uma posição lamentável em face de um problema que se formula agudo e infalível à mente, à vida, à segurança e à potência da criança.

Eis como nasce o drama, independentemente de qualquer conteúdo sexual. Mas ainda é apenas uma etapa cuja penosa evolução estudaremos mais adiante.

Resumiremos este capítulo em nossa

VIGÉSIMA PRIMEIRA LEI: SOBRE A ORIGEM DO COMPLEXO SEXUAL

Contrariamente às descobertas da maioria dos psicanalistas modernos, o complexo sexual não se origina na sexualidade propriamente dita, num instinto sexual que, em sua forma normal, não existe antes da puberdade. É, pura e simplesmente, o resultado dos erros familiares, sociais e religiosos que, ao complicar tanto quan-

to possível um dos mistérios mais perturbadores da infância – o da sexualidade em suas relações com o nascimento e a morte – provocam reações anormais de defesa, regras de vida mais ou menos adaptadas a tais erros e cuja marca apresenta o risco de ser indelével.

Nos casos normais, que apesar de tudo são a imensa maioria, a supressão desse mistério, a iniciação leal e natural a órgãos e a condições naturais, no seio de um meio alijado do erro e da hipocrisia sexual, deveriam impedir o surgimento desses complexos ou atenuar-lhes os estragos se o erro é cometido.

Conseqüências pedagógicas

Mais uma vez, o meio preventivo mais eficaz contra tal distúrbio está num recurso auxiliante. E onde encontrar um recurso auxiliante mais apaziguador do que a natureza? A sexualidade é eivada de tamanha rede de erros sociais e educativos que às vezes é delicado dar, mesmo no seio da natureza, as explicações elementares que seriam necessárias. Mas a natureza, por sua vez, dá essas explicações sem palavras, sem falso pudor, no desenrolar eufórico de seu processo de vida. Ela abre a porta do cubículo com a mesma naturalidade com que abre a porta da cozinha ou do quarto: os cães não se escondem para seus folguedos sexuais, selvagemente imperativos e dolorosos, e a conseqüência, que é a maternidade, segue naturalmente a aproximação física dos dois sexos. O pastorinho assiste aos folguedos do carneiro ou do bode, e sabe que deles resulta o cordeiro, ou o cabrito, que ele vê nascer, cuja vinda às vezes ajuda, e que carregará, todo molhado ainda, em seus braços. O pequeno vaqueiro talvez tenha acompanhado um dia a vaca ao touro. De todo modo, falam abertamente na sua frente, sem segredinhos, dessa função necessária à frutificação. E ele assistirá à lenta formação, no ventre da vaca, do bezerro que verá nascer. Mesmo nos campos, a criança não assiste à fecundação universal das flores, à perseguição, nas árvores, dos pássaros que se preparam para a postura, e à ação da borboleta macho de bicho-da-seda sem a qual os ovos não fecundados não poderiam fornecer, no ano seguinte, os bichos que continuarão a riqueza da sericicultura?

A criança do campo compara naturalmente esses fatos, que não precisam de longa explicação para ser um ensinamento, com o mistério sexual que a agita, e chega assim, com toda a simplicidade, à intuição de uma identificação que a serena. É como o locatário que tiver assistido à abertura do cubículo secreto no andar de baixo. Disso deduz o conteúdo do cubículo que, em seu próprio apartamento, o intrigava e o dominava. E com isso fica considerável e definitivamente serenado. Todos os complexos que nascem da impossibilidade que tinha de conhecer já não têm razão de ser.

A observação mostra-nos bem a realidade de nosso raciocínio. Há, em todos os meios rurais, e sobretudo entre as crianças, uma lealdade maior e uma simplicidade mais completa na concepção dos problemas sexuais. Por vezes falta-lhe poesia. Mas com isso o indivíduo ganha, incontestavelmente, em retidão, em segurança da base, em eficácia das regras de vida adotadas, e todo o comportamento posterior será favoravelmente influenciado por esse fato.

Vemos então o que deve ser, nessa circunstância, a função auxiliar dos educadores.

Primeiro, não pôr o mistério da sexualidade e do nascimento à parte na série dos mistérios que cercam a criança e cuja compreensão ela deve atingir para viver potentemente; não dar de antemão uma espécie de lugar de honra a uma função cuja perversão deve-se sempre temer; e, enfim, parte positiva da tarefa, permitir, nessa área, como em todas as outras, a experiência da criança.

Para tanto, a família deve, com um comportamento digno e leal, sem falso pudor, dar as explicações que sempre são delicadas. O melhor é deixar a natureza proporcionar seu ensinamento normal e infalível. A nudez, em todo lugar onde puder ser praticada sem inconvenientes sociais, é sempre recomendável: a nudez de crianças de sexo diferente e mesmo a nudez dos pais. Adote o hábito de despir as crianças, de despir-se, sem se esconder: o corpo das crianças, o corpo dos adultos dos dois sexos se tornarão um espetáculo tão natural quanto a visão de uma planta ou de um animal. O conhecimento daí resultante é, em todos os casos, preferível ao mistério anormal que cerca desde cedo, na maioria das famílias, o sexo e a sexualidade.

A realização dessa iniciação inconsciente é mais delicada fora da família. Mas as considerações acima apenas reforçam as razões que demos anteriormente em favor da vida da criança no campo, se possível ou, pelo menos, da disposição, ao alcance da residência citadina, de um grande jardim que possa ser um local permanente de experiências tateadas, sem contar as *reservas de crianças* que preconizamos, pedaço de campo natural e vivo colocado no próprio centro das cidades, com suas flores, seus insetos, seus animais domésticos, suas frutificações e seus nascimentos que fornecerão, sem dogmatismo escabroso, as respostas que se impõem à sede natural de conhecer e de experimentar que agita as crianças.

Se, à sua revelia, ou em conseqüência de seus erros, foram criados complexos, se deles resultaram regras de vida deploráveis; se a criança manifesta uma curiosidade malsã, se fica exageradamente perturbada com a idéia que faz do ato sexual e da crise do nascimento; se ela teve, para desvendar esse mistério, de entregar-se a atos, a manobras que a afetam; se teve de passar por cima de certas proibições ou de ameaças familiares, sociais ou religiosas, corporais, morais ou espirituais, e se essa oposição a constrange a um comportamento tortuoso, à mentira, à dissimulação, ao ódio às vezes, que fazer?

A coisa, como dissemos, é sempre grave, e os psicanalistas não estão errados de ir buscar na primeira infância a origem de certas neuroses persistentes, porque toda regra de vida adotada durante esses primeiros anos adquire a invencibilidade e a permanência funcional de reflexos que se inseriram no comportamento fisiológico dos indivíduos e que é difícil, por vezes impossível, neutralizar ou desviar.

Mas, quando se deve tratar de um mal, sempre é preferível conhecer-lhe a natureza, o processo de nascimento e de evolução. Ora, pedagogos e psicanalistas foram hipnotizados pelo conteúdo sexual da crise e estudaram os remédios em conformidade com isso. Acabamos de dizer, ao contrário, que não há, na origem desses complexos infantis, nenhum traço de necessidade ou de satisfação sexual. Se a criança está com fome e supõe que há, num armário da casa, os alimentos que lhe permitirão saciar essa fome, todas as manobras que tentará para conhecer seu conteúdo serão movidas pela necessidade de alimentação. Se não está com fome, o armário não lhe interessará diretamente. Mas se criarem, em torno desse armário desconhecido, um mistério perturbador como em torno do famoso cubículo secreto da casa, e se a criança tiver necessidade de se precaver e de se defender contra o perigo possível que ele representa, as coisas mudam muito de figura. Confundiram esses dois gêneros de reação no que concerne à sexualidade.

O processo de perturbadoras experiências efetuadas pela criança nessa área é independente de qualquer fome sexual. Portanto, o mistério pode ser desvendado sem que haja de forma nenhuma satisfação de origem sexual, nem sequer sensual. É um sério erro inicial, portanto de método, considerar como complexos sexuais o que não passa de regra de vida de impotência perante mistérios que a família, a escola e a sociedade se obstinam em apresentar como terríveis barreiras para a indispensável experiência tateada das crianças.

Se nosso raciocínio está correto, não se deve, pois, procurar os remédios no sentido da sexualidade, uma vez que esses complexos seriam exatamente semelhantes no caso de um pudor anormal provocado e mantido artificialmente pelas condições externas e pela impotência, em que está a criança, de desvendar o mistério em que a tradição e a educação envolveram seu comportamento. *Os remédios estão exclusivamente no sentido desse mistério e da proibição inconsiderada com que o sobrecarregaram.* É isso que se deve corrigir e retificar.

a) Sobretudo dando o verdadeiro alcance às coisas da sexualidade, evitando os segredinhos, as falsas explicações, os mal-entendidos, os subentendidos, as zombarias.

b) Diminuindo ao máximo todas as proibições relativas à sexualidade normal e, notadamente, jamais considerando os órgãos sexuais, nem a curiosidade natural da criança a respeito deles, com um espírito prevenido de suspeita e de acusação, repondo esses órgãos no ciclo normal do funcionamento do corpo humano, da mesma forma, e com a mesma dignidade, que as outras funções fisiológicas.

c) Evitando, de todo modo, com o maior cuidado, as ameaças que só agravariam a perturbação nascida de um mistério ameaçador e que não se deixa desvendar. É como se, dentro do cubículo que o locatário não tem o direito de abrir, você provocasse ruídos suspeitos que ameaçam a própria vida dos locatários. A perturbação poderia tornar-se aguda a ponto de deixar impossível a vida na vizinhança de tamanha ameaça misteriosa.

Ameaçar a criança de cortar-lhe o membro viril, afirmar-lhe que não mais poderá urinar se se entregar aos menores toques, considerar pecado mortal uma curiosidade, no entanto natural e pura, dos órgãos do outro sexo, significa provocar, sem nenhum motivo, estragos profundos nas jovens almas e nas jovens vidas. E vê-se aqui a parte reduzida que cabe à verdadeira sexualidade nesses complexos.

Conseqüências dos erros relativos à origem dos complexos sexuais

Ainda não abordamos o complexo sexual em sua possível natureza de refúgio e de regra de vida *ersatz*. De fato, é preciso, primeiramente, situar bem o problema, pois isso é importante.

Não ignoramos que o autogozo sexual vem complicar as coisas bem antes da puberdade, e veremos as conseqüências disso. Mas essa evolução permanece, apesar de tudo, acidental, devida a outros erros do meio. É absolutamente indispensável separar bem os dois processos, mesmo que, na prática, às vezes estejam inextricavelmente misturados.

Insistamos muito sobre este fato: na base, e salvo erros suplementares, não há, antes da puberdade, problema especificamente sexual, mas somente reações em face de um mistério. E, então, devemos considerar duas coisas.

Se houvesse realmente mistério, ou seja, acontecimento inexplicável no estado atual da ciência, a criança poderia acomodar-se a ele, como se acomoda, mesmo tremendo, à escuridão da noite, ao faiscar do raio ou ao barulho do trovão. São coisas que existem, a que nos submetemos, contra as quais precisamos protegernos da melhor forma, mas que não está em nosso poder mudar. Todas as explicações tentadas pelas diversas religiões ou pela tradição popular trazem em si os perigos do *ersatz*: serenam por um instante. Depois, as dúvidas nascentes ou a revelação do erro só acrescem a perturbação. É melhor ater-se à realidade presente do mistério.

Mas o nascimento, embora permaneça um mistério em suas causas profundas, já não é um mistério enquanto acontecimento. E a criança o perceberá bem depressa. À medida que vai adivinhando ou descobrindo o verdadeiro processo do nascimento, adivinha ou descobre a parte que cabe à sexualidade nessa eminente função, começa também a duvidar cada vez mais da lealdade e da sinceridade dos adultos. Isso é mais grave do que se supõe.

Nessa área, qualquer erro dos adultos acarretará, como sanção, um hiato em suas relações com as crianças. A criança se apercebe de que você lhe mentiu. Será afetada por isso e muitas vezes ficará tentada a generalizar. Você lhe mentiu nessa circunstância tão importante, ela duvidará sempre, sem querer, de sua palavra.

Você se opõe, com maior ou menor astúcia, com maior ou menor violência, às tentativas que a criança faz de desvendar o mistério. Ela será forçada a responder à sua astúcia e à sua violência com a astúcia, o artifício, a hipocrisia, a cólera, a violência, que em geral degenerarão em ciúme, em timidez, ou em raiva e desejo de vingança. É essa toda a gama de reações nocivas que os psicanalistas notaram muito bem, mas que podemos explicar sem lhes supor esse conteúdo sexual prematuro e degenerado contra o qual nos levantamos. Mas essa concepção de natureza não muda em absolutamente nada a intensidade e a generalidade das reações que aqui nos limitamos a assinalar, contentando-nos em marcar seu caráter de particular gravidade.

Existe um segundo fato que deve ser ressaltado.

Em sua experiência tateada, em sua busca obstinada para desvendar e dominar o mistério que a cerca, a criança tenta sucessivamente diversas soluções que, mais ou menos, se inserem em regras de vida e acompanham as reações que acabamos de assinalar: desconfiança, timidez, impotência, perturbação, medo, pavor, impressão de vazio, temor do desconhecido, ciúme, ódio do pai, da mãe ou dos irmãos, artifício, mentira, roubo etc., para tentar recobrar a potência.

A vida vem em seguida dissipar certas crenças errôneas; percebe-se um dia que, no ato sexual entrevisto ou ouvido pela metade, o pai não era brutal e impiedoso, que a mãe nem sempre era mártir; compreende-se, enfim, que a realidade é bem menos assustadora do que era a idéia que dela se fazia. Reajusta-se assim, pouco a pouco, à medida que vão ocorrendo experiências e descobertas, o conhecimento do cubículo escuro de nosso apartamento. Mas o que terá deixado uma marca, em conformidade com todo o processo que detalhamos precedentemente, são nossas reações em face de cada uma das situações por que tivemos de passar. A desconfiança não se apaga, ainda que nos apercebamos de que os pais não eram culpados, e há o risco de ela até invadir o comportamento geral. A timidez nascida do sentimento de impotência não desaparecerá automaticamente quando cessarem as condições que a prepararam; há o risco de o pavor, a impressão de vazio, o temor do desconhecido marcarem irremediavelmente uma vida inteira; o ciúme, às vezes o ódio contra os pais serão incrivelmente persistentes; há o risco de ardil, mentira e roubo se inserirem em regras de vida e, mais tarde, em técnicas de vida. Tais reflexos são persistentes, e ainda mais indeléveis por terem nascido na mais tenra idade. São um elemento permanente de desequilíbrio. A vida, se não é demasiado madrasta, pode, às vezes, atenuar essas regras de vida, compensá-las por outras que as dominam e as anulam. Mas, se sobrevém um elemento de desequilíbrio – doença, acidente, fracasso ante os acontecimentos – imediatamente esse elemento de desequilíbrio faz reaparecer e amplifica as perturbações esquecidas, que julgávamos definitivamente superadas. Daí resulta toda uma série de agravamentos, sem relação aparente com a causa real; sente-se, adivinha-se um encaminhamento misterioso cujas marcas não conseguimos encontrar. E isso conduz às neuroses muitas vezes incuráveis.

Cumprirá levar em conta esse processo quando tivermos, justamente, de considerar o nascimento, a evolução e a crise de tantas moléstias nervosas, de tantos comportamentos inexplicáveis, impermeáveis ao raciocínio e à consciência, que estão entre as causas mais graves da degenerescência contemporânea.

Resumiremos essas observações em nossa

VIGÉSIMA SEGUNDA LEI: A VERDADEIRA ORIGEM DAS NEUROSES

A existência e a exacerbação do mistério sexual ligado ao mistério do nascimento, os erros dos adultos em face da necessidade que a criança tem de desvendar esses mistérios, suscitam reações de defesa e de ataque tanto mais agudas quanto mais perturbador for o mistério.

Tais reações, como todas as reações, se inserem em tendências e depois em regras de vida no comportamento do indivíduo.

Mas tais tendências e tais regras de vida não desaparecem com a causa que as fez nascer. Elas persistem, atenuam-se, caminham, param ou reaparecem conforme as circunstâncias. São causas de desequilíbrio que ameaçam em todos os tempos o edifício da personalidade e que podem ampliar-se e tornar-se perigosas se o edifício perde acidentalmente sua solidez fisiológica ou psíquica.

Deve-se ver nesse processo a causa da exacerbação misteriosa de certas doenças que evoluem para neuroses, incuráveis pelas terapêuticas normais.

Essas neuroses são incuráveis porque há um equívoco sobre sua origem e sobre suas causas profundas. A busca dessa origem e dessas causas deve ser, por esse motivo, eminentemente salutar.

Conseqüências pedagógicas

Essas considerações vão introduzir-nos numa via provavelmente eficiente para o tratamento das neuroses, que são a exacerbação de um estado de desequilíbrio mental, psíquico, orgânico, sem relação aparente, direta e normal, com uma causa fisiológica ou funcional detectável.

A única tentativa realmente interessante parece ser a psicanálise, infelizmente dominada, como dissemos, pela concepção, errônea em nossa opinião, do sexualismo freudiano.

Propomos, não diremos um tratamento específico novo, mas uma concepção terapêutica, que por certo deverá ser precisada em seus detalhes pelos especialistas que desejarem exercê-la, e fundamentada em algumas observações que formulamos, a saber:

1. Preveniremos as neuroses – seja em sua forma violenta, seja em sua forma atenuada e difusa – evitando, já no nascimento

e ao longo dos primeiros anos, os distúrbios psíquicos de maior ou menor gravidade, zelando sobretudo por não complicar a experiência infantil em tudo o que diz respeito à sexualidade e ao nascimento.

2. Para tentar corrigir os estados neuropáticos declarados, não se deve esquecer que a desordem psíquica a ser tratada só pôde declarar-se e agravar-se por causa de uma desordem ocasional recente, resultante quer de um choque ou de um acidente, quer de um desequilíbrio orgânico, que deveriam ter sido, e em geral ainda continuam a ser, curáveis. No entanto, todas as tendências despertadas por essa causa nova de desequilíbrio exacerbaram, até mascará-la totalmente, a causa recente que seria interessante descobrir.

O desequilíbrio recente despertou tendências persistentes provenientes dos confins da vida. Tentemos ajudar o doente a tomar consciência de seu estado, a descobrir a origem de tal tique, de tal fobia, de tal ódio familiar, de tal pavor. É possível que, para uma pesquisa assim, possa ser utilizado o sonho, mas fazemos, porém, as mais expressas reservas. Contemos mais com a confissão íntima, que sempre é uma libertação, com a sondagem das recordações da juventude, com o exame das associações de idéias, e sobretudo com o desvio e a sublimação de novas tendências que aos poucos sobrepujam as tendências nocivas que invadiram o campo de atividade do doente. Estamos persuadidos de que o sucesso atribuído pelos psicanalistas ao seu método de prospecção deve-se quase exclusivamente ao poder de sugestão deles, à recarga, pelo exterior, do potencial de potência, ao reembarque do indivíduo que ficara na plataforma ou até se refugiara, como veremos, na sala de espera.

É nesse sentido que a atividade funcional, o trabalho-jogo tal como o definimos[1], podem ser elementos de cura que foram por demais desdenhados.

Portanto, se recapitularmos as soluções que propomos aos casos graves de neuroses, estabeleceremos a seguinte ordem:

....

1. *L'éducation du travail* (*A educação do trabalho*, a ser publicado por esta editora), cap. "O trabalho-jogo", pp. 161 ss.

– restabelecimento do equilíbrio funcional orgânico pela normalização da alimentação, da respiração, da circulação sangüínea e da eliminação;

– busca de uma atividade vital, de um trabalho-jogo que procedem à recarrega do potencial de potência;

– cura de reminiscências antigas, do reaparecimento de tendências e de regras de vida subconscientes através da confissão, das recordações de infância, da expressão íntima e confiante, da sugestão, eventualmente da tentativa de explicação de sonhos, da tomada de consciência de certos atos ou estados misteriosos que ganharão em ser explicados e analisados – considerando as manifestações de sexualismo no sentido social que indicamos –, o que não impedirá de considerar verdadeiras crises sexuais relativamente ao período que começa nas imediações da puberdade, cujo processo vamos estabelecer.

A sexualidade como regra de vida "ersatz"

Empenhamo-nos, no capítulo anterior, em despojar de um conceito especificamente sexual a maioria dos complexos que não passam de reações naturais da criança inquieta, "que quer saber", diante da errada concepção adulta referente aos problemas essenciais do nascimento e da sexualidade. E vimos as conseqüências disso.

Fazendo isso, entretanto, contentamo-nos em seriar as dificuldades, pois seguramente existe, mesmo antes da puberdade, um problema especificamente sexual vinculado ao autogozo e ao processo de potência e de vida. É esse complexo que vamos examinar agora.

A criança chora sozinha na cama porque já está sem sono, porque é dia, porque ouve as idas e vindas das pessoas na rua ou no apartamento e porque gostaria, também ela, de retomar a vida ativa com exigências tão imperiosas... Se já adquiriu esse hábito, chupará o polegar e o prazer que sentirá lhe trará, como vimos, uma certa satisfação, um autogozo que contrabalançarão, parcialmente pelo menos, sua impotência momentânea.

Mas é possível que, em seu tateamento, suas mãos encontrem o órgão sexual e que a essa descoberta responda uma certa reação do órgão. Tal descoberta pode ser pura obra do acaso. Mas, em geral, esse acaso é mais ou menos servido por uma causa orgânica. Pode haver excitação anormal, irritação dos órgãos sexuais, prurido acidental. A criança se coça primeiro por necessidade orgânica resultante dessa deficiência orgânica. E eis que descobre nessa manobra, como ao chupar o polegar, um prazer que ainda não conhecia e que lhe permite esperar com mais paciência. No dia seguinte, as mesmas causas produzirão efeitos idênticos. Depois, intervirão os reflexos condicionados, e bastará que a criança esteja na cama, acordada, esperando com maior ou menor impaciência a vinda dos pais, para que suas mãos se dirijam inevitavelmente aos órgãos sexuais. Esse hábito, que propicia agora uma satisfação evidente e fácil, se tornará regra de vida, e todas as vezes que a criança for detida por um fracasso ou por uma impotência buscará uma compensação individual na satisfação propiciada pelo toque sexual.

Não devemos ver nesse fato, de imediato, o efeito de uma perversão, inata ou não, que teria orientado o indivíduo para uma prática especificamente sexual, e chegar à conclusão de necessidades sexuais imperiosas, mesmo antes da puberdade. A criança sente um prurido: coça-se, e a fricção lhe propicia certo prazer que se aparenta, é verdade, com o gozo sexual. Mas que mal há nisso? Se não tivesse sentido nem excitação nem prurido, a criança talvez nunca se teria coçado. Aliás, não é só o prurido dos órgãos sexuais que pode provocar tais reações. A criança que tem frieira, por exemplo, também sente uma necessidade imperiosa de coçar-se, e a satisfação dessa necessidade lhe propicia um gozo que tem muito mais relações do que se crê com o propiciado originalmente pelos contatos com os órgãos sexuais. Acontece-lhe mesmo provocar, em certos momentos, o prurido com coçadelas preliminares para propiciar-se o prazer de satisfazer essa necessidade.

Ou então a criança que fracassa em seus recursos é atraída, fisiológica ou acidentalmente, para a necessidade de comer ou de beber, o que lhe propicia uma satisfação apreciável. Mais tarde, procurará o ato de comer e de beber, até fora do apelo natural do corpo, somente para produzir um gozo cuja revelação teve. Essa tendência pode cristalizar-se, também ela, em regra de vida, e teremos crianças bulímicas. O indivíduo ficara na plataforma, impotente e inativo. Agiu, pura e simplesmente, como tantos viajantes em apuro nas estações: começou a comer e a beber, sem necessidade, somente para passar o tempo. Depois, os órgãos se habituam a essa ingestão suplementar de líquido ou de alimentos, e esse fato confere à regra de vida uma espécie de álibi orgânico que se insere tremendamente no comportamento.

Ou então a criança que não sabe o que fazer sente a necessidade de ir ao banheiro ou, sobretudo, de urinar. De fato, os viajantes que ficaram na plataforma pensam comumente em duas coisas que lhes atenuam o isolamento e a impotência: comer e beber – ou ir ao banheiro.

A criança sente, ao urinar, um prazer íntimo que é inegável. Se urinou na cama, esse prazer ficará ligado à sensação de umidade quente que continua o prazer. O corpo se habitua a essa satisfação, que tende a cristalizar-se em regra de vida. E a criança urinará na cama.

Insistimos, de modo todo particular, na origem dessas regras de vida *ersatz* por várias razões:

– para mostrar que o toque sexual não é mais depravado, no início, do que as outras satisfações que acabamos de passar em revista e que tem exatamente a mesma origem;

– que todas elas têm, naturalmente, tendência a fixar-se como regras de vida que se inserem, a um só tempo, no comportamento psíquico e no comportamento fisiológico;

– mas não cumpriria crer que o psiquismo tem, nesse caso, uma importância predominante. Não há tendência misteriosa que nos leve a essas pretensas perversões. Há sempre, no início, impotência e fracasso. Em suas experiências tateadas, a criança procura em si mesma, porque já não tem outros recursos, uma solução para o drama da vida que a agita e a domina. A deficiência fisiológica ou o acaso em geral fazem o resto.

Entremos agora no cerne do assunto.

Constatamos, pois, que os maus hábitos sexuais não são, em absoluto, a conseqüência de uma precocidade anormal da necessidade sexual, mas somente uma reação ao estado de grande angústia em que se encontra a criança em dado momento.

Aliás, essa solução não é a única. Já citamos a mania de chupar o dedo, que é muito próxima da mania de roer as unhas. Veremos outras mais adiante. O que coloca o autogozo sexual num plano deveras especial é ainda o conteúdo social que pesa sobre sua prática.

Se a criança tivesse condições de entregar-se, na sala de espera, a esse recurso supremo, o mal, como dissemos, não seria irremediável, porque seria, por assim dizer, simples. A regra de vida que dele resultaria só seria válida, para a própria criança, em sua posição deveras especial de refúgio na sala de espera. Ela desapareceria naturalmente assim que o indivíduo pudesse recobrar a potência de sua torrente de vida e embarcar-se para a realização de seu destino.

Dissemos que o interesse que a criança sente pelos órgãos sexuais e pelo mistério do nascimento não é, no princípio, condicionado por uma causa especificamente sexual. Por mais paradoxal que isso pareça, cumpre igualmente despojar o autogozo sexual, a masturbação, de toda natureza propriamente sexual.

Inicialmente, a masturbação da criança para o autogozo sexual não é, em absoluto, vinculada ao ato sexual propriamente dito; o indivíduo que a pratica não tem de imaginar, como fará mais tarde, um parceiro sexual. O toque e a masturbação mecânica produzem, por si sós, um certo gozo, de qualidade absolutamente idêntica à resultante da sucção do polegar ou da ingestão de alimentos excitantes. E o indivíduo o aproveita, se não tem outro meio de alcançar a potência indispensável.

É isso que explica que inúmeros autores reconheçam o caráter benigno da masturbação das crianças ainda não pervertidas e o pouco perigo que há em praticá-la. É simplesmente um jogo perigoso por suas conseqüências possíveis, pois os maus exemplos chegam depressa; as imagens lúbricas, as leituras deploráveis, o cinema vinculam esse autogozo simples ao ato sexual adivinhado ou suposto.

O que faz com que a masturbação dê origem ao que chamamos de complexos relativamente graves, que perturbam o comportamento dos indivíduos, é ela ser considerada pelos adultos um ato depravado, perigoso, repreensível, que cumpre combater e evitar a qualquer preço.

Noutras palavras, o drama da masturbação – e veremos que a palavra drama não é forte demais – é exclusivamente a conseqüência de uma concepção errônea do meio, de um erro da posição e da ação dos recursos-barreiras.

A criança estava na sala de espera, consolando-se como podia da impotência que a deixara na plataforma. Surge o empregado que quer, de todo jeito, expulsá-la dali. A criança já não tinha outro recurso senão este; já não entrevia outro meio senão este para proporcionar-se um mínimo de satisfação e essa ilusão de gozo que lhe era indispensável; esse supremo recurso, querem agora arrebatar-lho.

Percebe-se raramente a gravidade de uma oposição dessas. Se a criança pudesse, pelo menos, voltar para casa, ou encontrar na plataforma um amigo para obter ajuda e conselho e vencer sua impotência, ela não esperaria as ameaças para deixar a sala de espera. O que torna trágicas essas ameaças é a criança ter consciência, de acordo com sua experiência, de não encontrar nenhum recurso suficiente, tanto na família rejeitante como na natureza com a qual já não sabe vibrar, como junto dos adultos indiferentes à sua perturbação. Trata-se então, para a criança, de uma questão de vida ou de morte; é o animal acuado em sua toca e *que tentará tudo, sem exceção*, para escapar ao perigo.

De fato, é isso que a criança, que se vê ameaçada nesse meio de potência supremo, faz: o autogozo sexual através da masturbação, e tentará tudo para defender-se. Tentará tudo, ou, ao menos, terá a ocasião de examinar e reexaminar em sua mente a diversidade das soluções possíveis, e se aterá naturalmente, segundo os princípios que enunciamos, às soluções que lhe parecerem mais eficazes.

É a complexidade desse tateamento na defesa que suscita tamanha variedade de orientação às reações do indivíduo a quem se contesta esse supremo autogozo: ódio contra o pai ou a mãe, conforme o grau da hostilidade deles à satisfação procurada, ciúme daqueles, pai, mãe, irmãos ou outras pessoas de seu círculo, que supostamente satisfazem, eles próprios, essa mesma necessidade e querem proibi-la aos outros; hábito dos segredinhos, complicados por mentira; timidez crescente perante a ação; hábito deplorável de ensimesmar-se, de contar apenas com as possibilidades pessoais para fazer frente às complicações sociais; fuga perante a vida, rubores, suores frios. Num grau mais grave, ódio ativo com maldade, crueldade, maledicência, calúnia. Há algo mais grave ainda: o indivíduo encurralado é obrigado a adotar uma linha de vida que é, ao mesmo tempo, de oposição direta, violenta e, a maior parte do tempo, subterrânea e surda, com um sentimento atenazante de culpa. Culpa de quê? A criança o ignora, e sua dúvida acresce a tragicidade da situação. É culpado uma vez que é acossado... E, como não pode humanamente abandonar práticas que são seu recurso supremo, habitua-se a uma posição de culpa que lhe vai dominar penosamente todo o comportamento.

Se pensarmos que a oposição brutal do adulto, suas ameaças, às vezes aterrorizantes, relativas aos atributos sexuais, os gestos de castração, se juntam, para a criança, ao mistério insondado que cerca todo o processo da sexualidade em suas relações supostas ou adivinhadas com o nascimento, a doença e a morte, compreenderemos a acuidade do drama a que o ser inquieto deve fazer frente.

A criança se encontra então na situação de um comensal que, premido por uma fome intensa, é obrigado a comer o único prato que está à sua frente. Experimenta-o, sente prazer, e de início sente-se reconfortado. Quando vier a saciedade, tudo ficará, pensa ele, normal. Se bem que atraído por aquele prato, nem por isso o comensal deixará de ser seduzido pelos outros pratos tão logo a escolha lhe seja possível. Mas eis que acabam de persuadi-lo da nocividade da comida que comeu; escondem-na dele, proíbem-no de tocá-la sob pena de morrer ou, pelo menos, de terríveis e misteriosos sofrimentos.

E, no entanto, o comensal ainda está com fome, e não tem outro prato para comer. Volta ao primeiro. Mas uma fraca dor na barriga já o faz temer um início de envenenamento... Uma dorzinha na cabeça: sem dúvida, ainda é o efeito do veneno... Uma leve fadiga no braço que serviu para apanhar o alimento: nunca se sabe... Talvez seja ainda um início de paralisia provocado por essa comida que, contudo, se lhe impõe como único e supremo recurso contra a sua fome persistente. Poder-se-á imaginar transes mais tenazes do que essa alucinante obrigação a que se viu reduzido o indivíduo que deve arriscar-se à doença, ao envenenamento, à paralisia e à morte... para viver?

É mesmo inútil ir buscar noutro lugar o medo mórbido, a alucinação, o pavor doentio perante o sofrimento e a morte, o desequilíbrio e a neurose.

É a partir desse complexo, que no entanto não tem em sua origem nenhum conteúdo sexual específico, que se pode e se deve escrutar, estudar, precisar, para preveni-lo ou curá-lo, o comportamento das crianças que são suas vítimas inocentes.

Se, durante sua primeira idade, a criança, como infelizmente sói acontecer em muitas cidades em tempo de guerra, sofrer da incerteza, da miséria e do pavor comuns; se seu organismo for abalado pelas explosões dos bombardeios, buscar-se-á mais tarde, com razão, nesses traumatismos fisiológicos ou psíquicos a origem dos distúrbios graves de que sofrerão os adolescentes.

Ora – ainda insistimos nesse ponto –, o pavor, os temores, o abalo sofridos pelas crianças nas cidades em guerra nada são em comparação com sofrimentos que podem resultar do drama insolúvel que se trama em torno do mistério do nascimento e da morte em suas relações com a sexualidade. A criança tem possibilidades incríveis de reação aos perigos externos e, nos porões onde se refugiou, entre as ruínas e os buracos de obus, encontra ainda força para brincar e para rir. Ao passo que os complexos sexuais (entendidos no sentido lato que lhes atribuímos) a perturbam permanentemente, afetam todas as suas relações com o meio, corroem o potencial de vida, deixam a criança em permanente perigo de vida ou, pelo menos, na situação insuportável de fracasso grave, e às vezes definitivo, perante a vida.

Os psicoterapeutas não estão, pois, errados quando fazem remontar aos distúrbios sexuais a maioria dos comportamentos *ersatz*, ou errôneos, ou neuróticos, que afetam o comportamento de certos adultos; não estão errados quando procuram nos sonhos as reminiscências de fobias e de terrores. E não é nem um pouco ilógico pensar que certos distúrbios adultos poderiam atenuar-se, e mesmo desaparecer, que o indivíduo recobraria seu indispensável equilíbrio vital se conseguisse dar-se conta da origem profunda das regras de vida deploráveis de que sofre, para entrever a possibilidade de um recurso a regras de vida mais eficientes.

No entanto, esses psicólogos estão errados ao carregar, exageradamente, esse processo de conteúdo sexual. O distúrbio original, como vimos, quase nunca provém de uma necessidade sexual não satisfeita, mas somente de circunstâncias desfavoráveis que relegam o indivíduo para uma sala de espera onde é acossado por crimes de que está a léguas de ter consciência e que só agravam tragicamente um distúrbio nascido de um mistério que a experiência tateada não conseguiu desvendar, e que fica como uma ameaça permanente para todo o potencial de vida.

Portanto, em vez de considerar esse conteúdo estritamente sexual, tanto nos atos quanto nos pensamentos e nos sonhos, os psicoterapeutas deveriam dedicar-se ao estudo complexo:

– das circunstâncias e das barreiras que foram aos poucos relegando a criança para a sala de espera;

– de seu isolamento e da impotência em que teve de prosseguir suas experiências tateadas;

– da intensidade do distúrbio nascido desse complexo suscitado em torno do mistério ameaçador;

– da atitude monopolizadora ou rejeitante dos adultos que, em vez de auxiliar a criança a desvendar o mistério para organizar sua vida, a carregaram ainda mais de mistério e de perturbação;

– das linhas segundo as quais o indivíduo ameaçado se defendeu, daquelas que aparentemente lhe foram bem-sucedidas, e a partir das quais ele construiu regras, depois técnicas de vida às vezes deploráveis, anti-sociais, amorais ou imorais, mas que são, mesmo assim, soluções que permitiram, pelo menos, a indispensável recarga do potencial de potência e de vida;

– dos fracassos, dos impasses que corroeram esse potencial de potência que deu origem ao desequilíbrio e à neurose.

Trata-se de fazer lealmente, passo a passo, partindo de sua verdadeira origem, o traçado mais exato possível desse conjunto de experiências tateadas, de tentativas de organização entre os obstáculos por vezes insuperáveis, de reencontrar o curso da torrente para dele deduzir com precisão o conhecimento das reações atuais e tirar desse conhecimento uma terapêutica eficiente.

Não entraremos aqui nos detalhes dessa pesquisa nem no estudo das crises infantis e dos meios complexos com os quais o indivíduo tenta salvar-se apesar de tudo. Talvez outros ajustem suas pesquisas à luz de nossas observações de bom senso e talvez nós mesmos tentemos isso posteriormente. Cremos ter, por ora, situado suficientemente o problema, esclarecido as grandes linhas do comportamento infantil, para concluir com nossas considerações pedagógicas e práticas.

Resumiremos antes nosso capítulo numa

Vigésima terceira lei: Uma primeira regra
de vida "ersatz", o autogozo sexual

>   Pode haver, antes da puberdade, um autogozo sexual produzido por uma excitação anormal dos órgãos sexuais mas que, contudo, ainda não tem nenhuma das características profundas da verdadeira sexualidade. A criança só se compraz e se obstina nele por compensação, porque foi tolhida na sala de espera e não pôde obter a satisfação nem os êxitos normais que asseguram a persistência da potência vital. A oposição brutal do adulto é que complica perigosamente seu processo e liga sua evolução ao drama permanente do mistério da vida e da morte.
>
>   Resulta desse complexo um estado de perturbação cujas conseqüências não são, em geral, bem avaliadas e que está entre os mais perigosos que afetam a natureza humana. Dá origem, é certo, a muitos desequilíbrios e neuroses. Pesquisar essa origem como o fazem os psicanalistas pode ser uma excelente terapêutica, desde que não se confunda essa excitação ersatz com a verdadeira sexualidade que ainda não está em questão e desde que se deixe aos erros da intervenção adulta a responsabilidade essencial que lhes cabe.

Conseqüências pedagógicas

Dissemos a que ponto as regras de vida são arraigadas solidamente, até mesmo fisiologicamente, no comportamento dos adultos. Quando causaram técnicas de vida, é praticamente tarde demais para tentar uma retificação qualquer, ou, pelo menos, a cura é longa e aleatória. As regras de vida *ersatz* são mais persistentes ainda do que as outras porque são os recursos supremos aos quais o indivíduo teve de recorrer para salvar e manter seu potencial de vida e de potência. A criança tem tanto medo de ver-se de novo perante o nada do fracasso e da impotência fora da sala de espera que se atém aferradamente à solução encontrada, que é *sempre melhor do que nada*.

Portanto, há vantagem em evitar, primeiramente, às crianças o impasse que as impele a esse derradeiro recurso, sendo mormente nesse ponto de vista preventivo que vamos insistir. Estudaremos em seguida algumas possibilidades curativas contra as regras de vida *ersatz* muito sólida e definitivamente instaladas.

Considerações fisiológicas preliminares

Dissemos a que ponto elas são determinantes:

1. Evitar e corrigir, se possível, as insuficiências e as anomalias sexuais que orientam o tateamento para o toque dos órgãos sexuais, primeira etapa rumo à regra de vida *ersatz* na base do autogozo sexual, por pouco que a impotência vital sirva a essa experiência.

2. Evitar a excitação do baixo-ventre e a irritação dos órgãos genitais ou das zonas vizinhas com:
— o asseio dos órgãos sexuais;
— uma alimentação bem interpretada;
— um funcionamento perfeito dos órgãos digestivos, sendo a constipação, notadamente, uma das causas diretas da irritação dos órgãos;
— a aeração regular e cotidiana de todas as partes do corpo, a prática da ginástica, do esporte comedido e da hidroterapia, que tende a manter ou a restabelecer o funcionamento normal de todas as peças do organismo;
— um bom funcionamento dos órgãos respiratórios.

Um corpo sadio e harmoniosamente constituído é um auxílio incomparável na aquisição de um potencial normal de potência. Jamais se lhe concederá a importância que merece, e insistimos na necessidade da solicitude fisiológica por demais negligenciada. Porque o corpo da criança é um pouco como um carro novo que responde maravilhosamente à solicitação e pula por cima dos obstáculos, tem-se tendência de exigir-lhe mais do que se deveria, sem se preocupar com possíveis fraquezas de seu funcionamento. Até o dia em que a falta de óleo, a má qualidade da gasolina, o excesso de carga em estradas periclitantes danificam um mecanismo ao qual será difícil tornar a dar sua minuciosa e potente harmonia. Aja como o bom automobilista: cuide, sem nada negligenciar, desses organismos jovens, que é tão fácil conservar maleáveis e fortes. Você evitará assim um envelhecimento precoce e uma desvalorização rápida demais que tornam laborioso, e às vezes impossível, o necessário embarque.

Na família

1. Falamos sobre a necessidade que a criança tem de praticar experiências tateadas, que são os fundamentos decisivos de suas regras de vida.

A riqueza permanente dessas experiências tateadas será uma garantia quase certa contra a perversão de deploráveis experiências anormais.

Logo, cumpre permitir à criança pequena essa rica e complexa experiência tateada:

– na natureza, que é o recurso quase ideal, com suas plantas, seus animais, a terra, a areia e a água:

– na sua falta, num jardim "auxiliante" ou, pelo menos, num quintal espaçoso, com plantas e animais domésticos;

– na sua falta também, com a presença diária da criança, quer nas *reservas de crianças* cujo princípio já estabelecemos, quer, pelo menos, em escolas concebidas segundo a necessidade de um meio auxiliante, através de uma educação inteiramente centrada no trabalho – que definimos noutra obra.

Os apartamentos, você não o pode esquecer, não são organizados para as crianças, e neles estas não podem, em geral, praticar nenhuma experiência tateada. Os apartamentos são o domínio dos adultos que são, por sua vez, inimigos das experiências porquanto estão de há muito fixados em suas regras e técnicas de vida.

Tolere, pois, que a criança fuja, com a maior freqüência possível, de seu apartamento. Mesmo a sala de brinquedo das casas ricas não passa de um mal menor, porque o regime das experiências tateadas que permite continua a ser relativamente muito limitado. Compreende-se então que a criança goste, quando não pode correr pelos campos e pelos regatos, dos galpões, das garagens, dos sótãos e dos quartos de despejo com seus amontoamentos heterogêneos cuja exploração é sempre uma permanente descoberta.

Na medida em que tiver realizado esse meio favorável às experiências tateadas da criança, você terá evitado todo desvio para as mais deploráveis regras de vida.

2. Nunca obrigar a criança a ficar na cama quando não está mais dormindo, a permanecer num cômodo onde não vê possibi-

lidade alguma de experiência ou a submeter-se à tagarelice dos adultos numa inação imposta. Isso seria empurrar a criança para a sala de espera que será seu recurso supremo para realizar, apesar de tudo, sua vida... E conhecemos os resultados disso.

3. Não dizemos: iniciar a criança no mistério sexual – o que pode ser muito delicado –, mas colocar o mistério sexual, vinculado ao mistério do nascimento, da vida e da morte, no circuito normal da experiência humana. Evite colocá-los à parte, com todo um arranjo falsamente habilidoso de barreiras-tabus que só fazem excitar a curiosidade, aumentar a perturbação nascida do mistério, acrescer a impotência da criança perante os problemas, contudo essenciais, que ela adivinha, para empurrá-la para soluções *ersatz* mais ou menos lógicas, mais ou menos pervertidas, que são a última defesa do ser impotente e inquieto.

4. A experiência tateada da criança pequena, num meio natural o mais rico possível, deve ser completada desde cedo por jogos-trabalhos e trabalhos-jogos que são, também eles, experiência tateada, porém ativa, criativa, social e humana.

5. Faremos, enfim, uma observação geral importante: *o meio do adulto não convém à criança*. Há, entre adultos e crianças, um estado de incompreensão irredutível em sua natureza. A criança está na fase da experiência tateada com a qual constrói lenta, progressivamente, suas regras de vida essenciais. O adulto, ao contrário, praticamente terminou suas experiências tateadas: fixou definitivamente suas regras de vida convertidas em técnicas de vida; recusa-se a modificá-las e sente uma oposição instintiva por tudo quanto se choca com a fixidez delas. Ele é sempre um pouco como a criança que ergueu dificultosamente uma cabana que, entretanto, se mantém de pé, na qual pode até entrar, ela que sabe. Deve-se, de fato, esgueirar pela porta estreita sem esbarrar nos frágeis pilares, tomar cuidado, no interior, com as pequenas travessas de madeira que estão em equilíbrio instável em cima de duas pedras. Você gostaria de arranjar o teto para deixá-lo vedado, mas a criança grita em altos brados e se recusa a isso com obstinação inquieta: "Não toque nisso... você vai demoli-la!" Ela encontrou um equilíbrio que lhe basta por ora. Chegou a um resulta-

do que por certo está longe de ser perfeito, mas que ainda assim satisfaz – mesmo que por uma ilusão complacente – sua necessidade de abrigo e de segurança.

O adulto se agarra assim às suas linhas de vida – nem sempre mais racionais nem mais bem equilibradas do que a frágil cabana – mas lhes é apegado. A criança, perto dele, não pára de tatear; anda, salta, corre e grita, abalando o edifício. E o adulto, provisória ou definitivamente assentado, irrita-se com essa perigosa atividade.

A oposição entre adultos e crianças é algo orgânico, portanto quase inevitável. Não tente resolvê-la pelo raciocínio nem por uma autoridade que supõe uma vítima. Considere que é ilógico, antinatural e monstruoso que a criança seja coagida a parar as experiências que são indispensáveis à organização de sua vida porque você mesmo terminou – bem ou mal – a organização da sua. É como se você julgasse que a criança não tem necessidade de comer quando você está saciado. Tome consciência dessa realidade, mesmo que ela o importune, e reaja de modo adequado.

– Você gosta de viver num meio ordenado que corresponde a suas regras de vida petrificadas, das quais toda experiência nova está excluída. Está certo: mas não imponha esse meio a seus filhos. Compreenda a necessidade que eles têm de outro meio; organize-o ou deixe-os organizá-lo, e esforce-se em tomar, em todas as ocasiões, a atitude *auxiliante* cuja necessidade mostramos.

– Não se aferre a querer prever, organizar, dirigir todas as experiências deles. A vida é vastíssima; reduzi-la significa mutilá-la.

– É por causa dessa oposição essencial entre adultos e jovens criaturas que estas têm uma necessidade indispensável da companhia de outras crianças. Jamais mantenha seu filho sozinho em casa, sob sua autoridade ciumenta, ainda que ela seja simpática e compreensiva, e aparentemente favorável a uma excelente educação. Essa observação explica a tonicidade – sendo quaisquer outras considerações, aliás, reservadas nessa afirmação de princípio – das famílias numerosas, das comunidades e dos grupos relativamente efêmeros para os jogos, as excursões, as festas etc.

– Em suma, modifique tanto quanto possível seu comportamento de acordo com nossas observações. Calcule com um máximo de justiça e um mínimo de egocentrismo a posição dos recursos-barreiras. Não tente deter nem limitar a vida potente da criança; ao contrário, ajude-a a desabrochar. Se você não se sente suficientemente vacinado contra esse egoísmo inconsciente que tende a opor-se ao dinamismo da experiência autônoma das crianças, evite os atritos organizando de forma racional, à margem de sua própria vida, a vida de seus filhos. Inspire-se, para essa organização, nas necessidades que mencionamos: meio auxiliante, inúmeras possibilidades de experiências, companhia de outras crianças, jogos-trabalhos e trabalhos-jogos...

Que você sinta a vida agitar-se, os olhos brilharem. Ajude, ajude a vida para que a criança realize da melhor maneira seu destino.

Eis-nos, aparentemente, longe do autogozo sexual que nos preocupa; e isto mostra que se deve buscar longe e fundo as causas determinantes sobre as quais devemos atuar para evitar ou corrigir o mal temido.

Com efeito, na medida em que a criança descobre, em todas as ocasiões, uma solução que lhe satisfaça as necessidades vitais, que lhe exalte o sentimento de potência reservando-lhe as vitórias que lhe são indispensáveis, ela não ficará impotente na plataforma; enfrentará a vida e construirá consoante suas necessidades. Você não terá de temer a perversão das regras de vida *ersatz*.

E, se um dia você surpreender seu filho entregando-se a um exame de seu sexo ou do sexo de um amigo; se você tiver mesmo alguma razão de supor que ele se entrega ao onanismo, reprima esse sentimento de oposição autoritária e de irritabilidade que invadirá você. Não repreenda; não intervenha. Considere que a criança talvez se entregue a uma experiência e que tem mesmo o direito de conhecer com pormenores seus órgãos genitais, como ela explora a boca ou o nariz. Se há mais que essa simples experiência, interprete esse recurso ao onanismo como um erro de orientação da educação, que, aliás, lhe é em parte imputável. Em decorrência de uma atitude rejeitante do meio, ou de um fracasso sofrido em suas relações com seus amigos, ou na escola, mais raramente nas brincadeiras, seu filho ficou na plataforma e teve de refugiar-se na sala de espera. De nada serviria, como vimos, tentar fazê-lo sair de lá à força. Ofereça-lhe soluções de potência à medida dele, que ele possa enfrentar com confiança e certeza o sucesso, e o onanismo nascente não degenerará em regra de vida, menos ainda em técnica de vida – o que é essencial.

O melhor meio, o mais eficaz, para tirar assim a criança da sala de espera, é o de mergulhá-la de novo na natureza. Há poucos exemplos de crianças que persistem em permanecer inquietas, encolhidas em si mesmas, dominadas por seus fracassos, quando são solicitadas pela borboleta que voa, pela água que corre, pelo rebento obstinado da semente que semearam, pela fruta que saboreiam, pelo esquilo atrevido que plana de galho em galho. Será como uma água por um instante represada que reencontrou seu declive... A vida partirá de novo.

Os conselhos que acabamos de dar permitem prevenir o mal ou, pelo menos, corrigir o onanismo nascente.

Mas se, ignorando essas possibilidades ou não tendo força para reagir com inteligência, você deixou seus filhos enveredarem profundamente pelo onanismo e se, por sua oposição inábil, você só agravou o mal, o que se deverá fazer?

O caso, então, é efetivamente grave, não é grave por causa do próprio ato, pois alguns médicos lhe dirão que o onanismo não tem, na prática, nenhuma dessas terríveis conseqüências fisiológicas de que o acusam erroneamente. Ele nunca é, por si só, responsável por distúrbios respiratórios, cardíacos ou cefálicos constatados, e menos ainda por uma impotência sexual subseqüente.

O que é grave são as reações do indivíduo que se sabe vigiado, a quem se ameaça ou pune para tentar expulsá-lo da sala de espera onde ele se julgava em relativa segurança.

E, no entanto, ele não pode abster-se de voltar a esse passatempo solitário porque é a única satisfação que ainda confere um sentido à sua vida e porque ele seria, sem isso, por demais universalmente impotente.

Daí resulta a mesma gama de regras de vida tenazes, que não mais o abandonarão, que poderão eclipsar-se de modo mais ou menos completo nas conjunturas mais favoráveis, mas que você verá ressurgir misteriosamente, mais ou menos reconhecíveis aliás, nos momentos difíceis de sua existência: regras de vida com base em dissimulação, em mentira, em inveja, em ciúme, em ódio, em maldade, em crueldade, em indiferença; regras de vida com base em taciturnidade, em nervosismo, em cepticismo precoce, em desânimo; regras de vida com base em crise fisiológica ou em fragilidade constitucional; regras de vida marcadas por um ensimesmamento obstinado, pelo individualismo acirrado e pela misantropia; regras de vida dominadas pelo sentimento de culpa, com timidez doentia, medo dos golpes, medo da vida, medo da mulher e do casamento, impotência funcional da vontade.

Poder-se-ia, como se vê, inserir nesse esquema as taras mais evidentes da natureza humana, taras que somos, pois, autorizados a remontar aos complexos sexuais da primeira infância, desde que não esqueçamos que tais complexos só evoluíram para suas características neuróticas em conseqüência dos repetidos erros de um meio que só sabe encarniçar-se contra o ser que resvalou até a beira do abismo.

Que fazer então, na prática?

Nunca esqueça que esse resvalar é apenas o sinal de repetidos fracassos diante da vida e que o onanismo é sua derradeira tentativa de reerguimento.

Ofereça à criança outras razões para viver, outras possibilidades de atingir de novo a potência, de recobrar o indispensável potencial de vida. Pouco a pouco ela sairá da sala de espera, a princípio timidamente, para ver, para tentar. À menor dificuldade, ao menor sinal de insucesso que ameace o que lhe resta de potência, ela fugirá outra vez para a sala de espera, onde pelo menos está certa de encontrar uma linha de vida – boa ou má.

Se, em contrapartida, a experiência, tentada com a sua ajuda inteligente ou sob seu impulso discreto, a conduzir à potência recobrada, permitir-lhe enfrentar, na prática, a vida por outro ângulo, a criança se aventurará à plataforma, subirá no trem e tornará a partir para a torrente de vida.

Entretanto, quanto mais os complexos nascidos do erro dos recursos-barreiras estão arraigados no indivíduo como regras, depois como técnicas de vida, mais delicado é encontrar outras regras e outras técnicas de vida. As mais tentadoras brincadeiras em geral não o conseguem: a criança prefere sua sala de espera solitária onde regula soberanamente sua satisfação pessoal; a companhia das outras crianças a incomoda e a apavora: tenta brincar, depois se refugia de novo na sala de espera. Um trabalho aparentemente apaixonante a atrai por um instante. Mas logo se cansa para retornar ao seu refúgio.

Resta-nos um último recurso: a natureza, com sua gama tão rica de complacência e de exigências, que é a mais segura das educadoras. Trabalhos no campo, colheita de frutas, cuidados com os animais, excursões e acampamento, cansaço sadio do ar livre agirão como os melhores tônicos.

É certo que não podemos entrar aqui no detalhe extremo da questão, aliás muito variável conforme os indivíduos. Trataremos de dar as linhas gerais de ação e de reação, as possibilidades de compreensão que talvez ainda permitam corrigir os erros e voltar à retidão deslumbrante da luz a serviço da vida.

A escola, fonte de regras de vida "ersatz"

Quase tudo o que dissemos do complexo sexual na família é válido para a escola.

Se a escola fosse o que deve ser, um lugar de preferência para as experiências tateadas da criança, para a organização de sua vida com vistas ao fortalecimento permanente de seu potencial de potência para a realização de sua torrente de vida; se ela fosse, como o deveria ser, o *recurso-barreira auxiliante* por excelência, e auxiliante não só por si próprio, na qualidade de representante da sociedade, mas também enquanto centro de coordenação para as reações da criança diante de todos os outros recursos-barreiras familiares, naturais ou individuais; se tais condições fossem preenchidas, nunca a criança na escola ficaria na plataforma e não seria, menos ainda, forçada a refugiar-se na sala de espera.

Se, porém, a escola redunda com tanta freqüência nesses impasses é porque comete graves erros de compreensão do processo educativo e se engana radicalmente sobre a posição na utilização dos recursos-barreiras. Ela se torna, quer um meio monopolizador quando pretende orientar toda a atividade infantil para regras de vida *ersatz* cujos perigos veremos; quer, a maior parte do tempo, um meio pura e simplesmente rejeitante, pois o indivíduo não recebe na escola nenhum auxílio direto de alguma espécie para a solução prática, e imediatamente necessária, dos problemas que se lhe apresentam para a continuação da vida como potencial suficiente de potência.

Na escola, mais ainda do que na família, delineia-se a oposição entre crianças e adultos. Infelizmente, aí não se trata de uma luta mais ou menos permanente entre alunos e educadores, mas sim de uma oposição profunda nos comportamentos. De fato, por sua experiência tateada no meio familiar e social, a criança se iniciou em métodos empíricos e intuitivos de satisfação da necessidade de potência, e tais métodos se fixaram, com maior ou menor firmeza, como persistentes regras de vida.

E sobrevém a escola, que pretende impor à criança outros métodos de solução dos problemas de potência, com base em raciocínios filosóficos e em deduções pretensamente científicas, que importa converter igualmente em regras de vida.

Note-se que o projeto não é, em absoluto, arbitrário em sua essência e que não lhe falta ingênua generosidade. Somente as normas de sua realização é que são defeituosas, porque o adulto, enfatuado de sua ciência, parte muito exclusivamente de seu ponto de vista adulto, desdenhando a aquisição anterior, mesmo empírica e intuitiva, e considerando a infância um estado doentio de impotência do qual se deve tirá-la primeiro para ir mais para a frente.

A escola considera, notadamente, inútil a experiência tateada da criança. Uma vez que a ciência descobriu com certeza as respostas verdadeiras aos grandes problemas do mundo, por que deixar a criança tatear ainda, com o risco de vê-la enganar-se redondamente? É melhor tomá-la pela mão para conduzi-la imediata e diretamente para as zonas de luz que aclaram definitivamente a vida. Em vez de deixar a criança fazer suas experiências ao acaso, como se só houvesse puro acaso, vamos selecionar de antemão aquelas que ela poderá e deverá empreender. E, mesmo quanto a estas, reduziremos ao mínimo o tateamento, apresentando e impondo-lhe, em certa medida, o resultado da experiência dos homens que a precederam, familiarizando-a desde cedo com a expressão oral, e sobretudo gráfica, que explica e resume todo esse tateamento. Cuidado aparentemente generoso, por certo: vamos evitar ao indivíduo todo o longo trabalho que, por um caminho coalhado de ilusões e de erros, levou a civilização ao ponto em que está. É certo que se pudesse assim, pela instrução, pela explicação verbal, elevar de chofre a criança à fase atual do progresso, ainda lhe restaria todo o seu ímpeto, toda a sua potência, todo o seu potencial de vida para impelir mais à frente a riqueza comum. Realizaríamos assim, de modo quase ideal, a corrida com a tocha simbólica: em vez de esgotar-nos em ir, a cada geração, buscar a tocha em sua origem, nós a pegaríamos simplesmente das mãos ousadas de nossos predecessores para levá-la, metodicamente, cada vez mais longe e mais alto.

Sim, mas...

Se o corredor, no momento em que deve afinal apoderar-se da tocha, já não tem, dada a sua falta de ímpeto, nem a força nem a potência que lhe permitiriam galgar vitoriosamente a encosta abrupta que falta percorrer, ele chegará, afinal de contas, menos depressa do que o corredor que tiver treinado nos caminhos planos e freqüentados do início da corrida, que se tiver aguerrido numa iniciação que agora lhe permitirá dar a medida de sua potência, numa suprema exaltação de seu destino.

Você diz: "Em vez de perder tempo em subir passo a passo essa escada, vamos levar a criança ao primeiro andar, o que sempre será um tanto ganho, e ela chegará mais depressa e com mais segurança aos andares superiores e à riqueza do sótão." Mas a verdade é que a criança que não treinou subir os degraus do primeiro andar se atarda anormalmente e às vezes fracassa em face da escada mais íngreme que leva aos andares superiores. Definitivamente, ter-lhe-ia sido melhor começar pelo começo.

É também um pouco como se considerássemos que, no século da mecânica, dos tapetes rolantes, dos carros e dos aeroplanos, fosse tempo perdido deixar a criança tatear em sua busca do equilíbrio para a locomoção normal. Façamos a criança principiar no andar da mecânica, outro tanto ganho; ela irá mais alto e mais longe. Sim, mas, porque não terá passado pela prova dos tateamentos para a conquista do equilíbrio e da locomoção, será para todo o sempre uma inválida que talvez saiba servir uma máquina e servir-se dela, mas ainda assim ficará, permanentemente, impotente ante os incessantes obstáculos que a vida lhe reserva.

Cumpre atardar-se nesse raciocínio de bom senso para avaliar o erro da escola que pretende inculcar à criança, o mais rapidamente possível, o conhecimento da experiência passada e de seus resultados. Os pais desejariam ver o filho crescer rapidamente em inteligência e em potência e irritam-se quando o vêem demorar-se em bobagens, como o são os castelos de areia, o patinhar na água, as brincadeiras muito inúteis na grama ou as longas conversas tão íntimas com o cachorro que, ele sim, o compreende e o ajuda. Por que a criança não brincaria de modo mais inteligente com essa mecânica, que já lhe daria o sentido dinâmico da máquina, ou com aquele jogo de construção inventado por pedagogos para acelerar a subida ao primeiro andar? Por que não olha as estampas desse belo livro e se debruça para um gato compassivo quando se lhe apresentam riquezas que tanto a elevariam? Para evitar tais "distrações", proíbem à criança correr na rua, onde há demasiados perigos físicos e morais; medem-lhe o tempo que passa no campo, no jardim ou no quintal, e ainda lhe intimam tantas proibições, limitam-na com tantas barreiras, que ela prefere, definitivamente, a passiva quietude da casa, de onde olha com inveja, pela janela, outras crianças de quem talvez ninguém cuide, mas que têm, pelo menos, a permissão de prosseguir livremente suas experiências.

A escola é dominada pela mesma tendência ilusória: a experiência é considerada um mal menor, um procedimento menor, lento demais, imperfeito demais, com tamanhos riscos de erro que só se lhe recorre quando não se pode agir de outro modo. Em todas as áreas, esmeram-se em explicar pela palavra, pela escrita, e agora pela imagem, fixa ou animada, ou ao menos pela observação dirigida, o que seria demorado demais para realizar com a experiência tateada. Preparam uma bela estrada bem reta e cuidadosamente asfaltada, sem nada nas margens que possa distrair. E dizem-se: "Por aí nossas crianças caminharão com mais facilidade e poderão, por essa razão, ir mais depressa e mais longe."

Percebem então que nada cansa mais do que a caminhada numa estrada reta e dura, onde a mente se fixa anormalmente apenas na monotonia desesperadora do movimento. Bem depressa a criança ficará obsidiada pelo esforço árido, extenuada física e psiquicamente por um ritmo que não lhe é proporcional. Deixemo-la, ao contrário, tomar os caminhos transversais, cabriolar nas trilhas enlameadas, inteiramente perfumadas com o aroma dos jovens brotos, gritar a plenos pulmões pelos campos e afastar-se muito amiúde para tentar capturar uma borboleta que se escapa de uma flor como uma jóia que saltaria de seu estojo... Percorrerá um caminho duplo, triplo, quádruplo... Que importa se chega mais cedo e, finalmente, com mais segurança.

Medimos muito a economia da natureza humana pela medida tacanha e avara de nossa economia pessoal e social. A vida é muito mais generosa e mais ampla; poupa menos seus esforços, e seus sucessos dependem menos da minúcia de nossos cálculos do que da profusão de atividades que a caracteriza.

Precisamos, necessariamente, rever nossas concepções educativas se queremos que a escola se torne, afinal, o meio auxiliante capaz de influenciar vigorosamente o destino infantil.

Portanto, a escola deve a princípio permitir, facilitar, organizar a experiência tateada.

Mas a criança, dirão, ficará então reduzida a fazer sempre as mesmas experiências, a repassar sempre pelos mesmos caminhos, com os mesmos riscos de erro. É a própria negação de qualquer possibilidade de progresso...

Resta-nos um recurso: apressar e acelerar o processo da experiência tateada. Não se deve acreditar que a criança faça questão, de modo muito particular, de demorar-se em experiências que não são para ela uma meta, mas somente um meio, o único que tenha encontrado até esse dia para alcançar a dominação do meio que a cerca e o engrandecimento de seu potencial de potência. Em seus tateamentos, tende, como vimos, a aproveitar o mais possível o exemplo, a reproduzir os gestos que testemunha, a impregnar e enriquecer sua própria existência com a experiência alheia.

A criança vê a neve pela primeira vez. Tem à sua frente o rastro vítreo do limpa-neve. Não pode resolver-se a segui-lo, pois ainda não sabe com certeza se essa é realmente a via mais fácil e a mais segura. Se se andasse melhor na neve!... Ela tem de tentar, e às vezes achamos esse desejo tão fantasioso!... Afunda-se até os joelhos, com o risco de não poder sair dali. Lança-se para o lado, para as pegadas de alguém que tentou, antes dela, a mesma experiência. Avança penosamente e compreende então que é melhor regressar à via aplanada por onde atingirá mais facilmente seu objetivo.

As pegadas na neve, a pista do limpa-neve, a visão de uma pessoa afundando-se no talude para lançar-se penosamente para o rastro livre ajudam-na a rematar sua profunda experiência sobre a neve. Ser-lhe-iam precisos tateamentos muito mais numerosos e laboriosos se estivesse absolutamente sozinha para refazer sem guia todas essas experiências.

Pode-se então pensar: "Pois bem, expliquemos à criança que a neve fresca não agüenta, que nela se afunda profundamente e que é mais prático e mais seguro seguir o rastro do limpa-neve." Mas essa explicação é totalmente intelectual; supõe uma aptidão especial da mente para imaginar os dados e as conclusões de uma experiência que não se realizou, mas que outros dizem ter levado a bom termo e cujos ensinamentos querem impor-nos. Essa compreensão intelectual, salvo para alguns indivíduos excepcionalmente treinados nessa translação, sempre é de qualidade inferior. A compreensão das qualidades da neve não se insere somente em certa memória dedutiva e imaginativa. A experiência efetiva se grava, por sua vez, no corpo, nos músculos, no comportamento; adquire um sentido quase fisiológico, portanto profundo e indelével.

Se, de fato, você nunca viu a neve e se lhe explicarem as qualidades dela, você poderá lembrar-se disso se tiver boa memória. Mas se arrisca muito a adaptar mal essas lembranças às realidades e a reagir de modo deplorável quando encontrar neve outra vez. Se, ao contrário, você passou um inverno nas montanhas, se seu corpo avaliou com seus gestos e com seu esforço as qualidades daquela neve, se seus pés lhe experimentaram a maciez e a aderência, se você acidentalmente perdeu e depois recobrou o equilíbrio, você ficará, sem nenhuma explicação científica, impregnado de noções que nunca esquecerá.

É porque sente a fragilidade dessa explicação verbal que a criança retorna sempre, assim que pode, à experimentação, a única eficaz e definitiva.

Essa consideração tem uma importância pedagógica essencial. A experiência tateada é absolutamente indispensável à vida eficiente e à luta do indivíduo para a potência elementar. É impossível escamoteá-la sem provocar uma defasagem, uma inadaptação, uma insatisfação que dão origem à oposição infantil – consciente ou surda – aos procedimentos escolásticos.

Em nenhum caso a explicação verbal deve substituir a experimentação. Tanto mais que há, aí, dois fenômenos intimamente ligados: a aquisição da potência e o processo engrandecedor que a ela conduz.

A experiência sempre desempenha, à nossa revelia, um papel de pedra de toque. Você acaba de fazer uma demonstração que acha brilhante, mas a criança não deixa de duvidar. Você a verá então, paradoxalmente, instruída por suas explicações científicas, entregar-se, por necessidade íntima, a experiências tateadas, de há muito ultrapassadas por seu raciocínio. Caminho natural tomado também pelo homem de ciência muito experiente na concepção racional da vida e que volta, nos casos graves, a um tateamento empírico que nos desconcerta.

Você quis ir depressa demais. Achou bom transportar seu filho de carro, a um lugar bem perto, para evitar-lhe as perdas de tempo da estrada. Mas ele, cuja mente se entorpeceu no ritmo monótono da máquina ou inebriou-se com o desenrolar acelerado das imagens, está agora aturdido e extenuado. Tem necessidade de recobrar-se primeiro, de correr pelos campos em busca dos bens de que você o privou. E você fica todo macambúzio de ver, assim, obstinadamente desfeitos seus engenhosos projetos.

Você viu o ponto de partida da máquina, essa faísca que brota de entre a mistura detonante – e o resultado: o volante que gira e materializa a potência. E você espera saltar de uma para o outro, desprezando os mecanismos intermediários que os unem e sem os quais a força inicial jamais alcançaria seu objetivo eficiente. Ou então pensa que é supérfluo prever, para esses intermediários, peças tão sólidas, de metal tão duro, que às vezes uma imagem dessas peças bem poderia cumprir a mesma função. E nada funciona, a não ser que você chegue a acionar sua máquina, esfalfando-se ao girar o volante na esperança de finalmente arrastar todo o mecanismo. Como o motorista que lança seu carro na descida para ver se, finalmente, o ímpeto exterior assim dado não conseguiria dar impulso a um mecanismo adulterado! Louca esperança, não é?

E, no entanto, essa louca esperança, os educadores a acalentam continuamente, em sua pressa de inculcar a ciência que é sua riqueza e seu símbolo. Mas, se os mecanismos intermediários não foram normal e ciosamente forjados, você nunca chegará ao potente movimento autônomo, na base da vida, o único que importa. Você precisará extenuar-se sempre puxando ao contrário o mecanismo inteiro, impulsionando-o continuamente, com um ímpeto artificial que às vezes pode iludir. Mas o próprio mecanismo, adulterado, freará, e seus teimosos esforços ficarão sem eficiência definitiva.

Esse mecanismo intermediário, de que devemos reconsiderar e recobrar a perfeição, a solidez e o funcionamento normal, é a experiência tateada.

A escola era até hoje abusivamente monopolizadora, no sentido de que obrigava a criança a seguir o rastro escorregadio entre a brancura virgem e de que oprimia qualquer desejo de afastar-se do caminho para ver, para testar, para julgar de outra maneira que não pelo intelecto e pelas palavras, pela prova da ação e do esforço. Ou então, noutras áreas, fora de seu templo, ela era friamente rejeitante e, ignorando as necessidades essenciais da criança, deixava-a demorar-se, fora da escola, em experiências tateadas totalmente empíricas, cujos ensinamentos, aliás, não sabia integrar a si. A criança ficava então sozinha na planície nua, sem rastros de passos para orientá-la, condenada a refazer penosamente a lenta experiência das gerações, não tendo, para sustentá-la, senão as desajeitadas tentativas daqueles que, como ela, labutam para erguer seu andaime.

Em ambos os casos, o resultado era notoriamente insuficiente.

Mas há uma terceira solução, a única: partir do princípio de que se deve fazer a experiência tateada, de que a criança deve testar tudo por si própria, de que deve ser o porteiro que filtra as aquisições desejáveis; mas ajudá-la a fazer essas experiências para lhes acelerar o processo.

Concluímos, de nossa argumentação, que é preciso:

1. dar às crianças a possibilidade técnica dessa rica experiência tateada: meio, campos, prados, trabalhos eficazes, animais, ferramentas primitivas, depois aperfeiçoadas;

2. prever o material e a técnica que deixarão essa experiência tateada mais rápida, mais completa, mais profunda, mais segura em suas conclusões;

3. cotejar incessantemente essa experiência tateada com a experiência e a técnica ambiente: crianças, adultos, máquinas etc.

Tal preocupação supõe a necessidade de pôr a criança no meio vivo do trabalho, no qual ela cotejará continuamente sua própria atividade com a atividade eficiente dos camponeses, dos operários, das máquinas.

Na falta de cotejo direto, será proveitoso oferecer as imagens dessa atividade dos camponeses, dos artesãos, dos operários e das máquinas mediante:

– relatos, conversas, explicações verbais quando necessário, difundidos por vitrola e rádio, daqueles que fizeram certas experiências fora de nossa possibilidade;

– imagens gráficas cuja leitura nos traz esses elementos de experiência distantes no tempo ou no espaço;

– imagens fotográficas que nos dão a noção muda de gestos e de expressões;

– imagens animadas pelo cinema que nos permitem a visão a distância (no tempo e no espaço) do desenrolar dessas experiências, proporcionando-nos um máximo de semelhança com a realidade que está na base do sucesso e da importância pedagógica dessa técnica moderna.

Contudo, atenção: o alcance formativo, e por assim dizer ativo, desses procedimentos variará conforme estes forem um cotejo de experiências e não a explicação mais ou menos precisa e sugestiva de experiências autônomas separadas da experiência tateada íntima e pessoal dos indivíduos.

Se a criança tenta tecer um cesto de vime, você pode deixá-la tatear como tatearam tantas gerações antes dela. Ela terá tudo por descobrir e só alcançará, por isso, resultados bem medíocres entre graves riscos de erros que são suscetíveis de desanimá-la ao dar-lhe aquele sentimento de impotência e de inferioridade cujas conseqüências vimos. Essa é a atitude puramente rejeitante dos recursos-barreiras.

Ou então você pode, ignorando essa necessidade de experimentação construtiva, proibir esse tateamento, ridicularizar mesmo a criança apresentando-lhe um cesto terminado, perfeito, de que você se orgulha, mas cuja perfeição desperta o sentimento de impotência: "Nunca conseguirei fazer um tão bem... é que sou um incapaz."

Essa é a atitude monopolizadora. A criança ficaria muito mais orgulhosa de sair pelos campos com um cesto, mesmo disforme, realizado por ela... A próxima vez, o inverno que vem, farei um melhor.... Estou vendo o que não está certo e quais são os defeitos para corrigir!...

A terceira atitude, essencial e tecnicamente auxiliante, deixa a criança tatear, mas lhe oferece exemplos de sucesso, que ela pode ou não imitar.

Insistimos nessa sutileza técnica que é capaz de influenciar nosso comportamento pedagógico: se você impõe à criança, de saída, um modo, por mais racional que seja, de fazer seu cesto, de raspar o vime, de torcê-lo e entrecruzá-lo, de uni-lo, com proibição de proceder de outra maneira, você violenta sua necessidade de experiência tateada. O homem é feito de um jeito que – a não ser no caso de extrema fraqueza subjugada pela autoridade ambiente – nunca fica persuadido, pelo exterior, do que lhe dizem e do que lhe mostram. Tudo se passa como se ele se perguntasse, mesmo ante a mais clara evidência: "Mas será que é certo que seja assim? E se eu pudesse fazer de outro jeito, se quero fazer de outro jeito!" Deve-se ver, nessa tendência, menos um flagrante delito de contradição do que a afirmação original de uma personalidade que pretende construir-se e modelar-se por si só, conforme suas linhas de vida, e que resiste antecipadamente à mão que se estende, não para ajudá-la, mas para subtraí-la prematuramente a uma formação que lhe é essencial. A criança não teria a intuição de que, mais ou menos, todos os recursos-barreiras aos quais se dirige intervêm do ponto de vista particular deles, que o auxílio e a objetividade mais generosos nunca são totalmente isentos de egocentrismo, que nunca há solução perfeita sem uma afirmação audaciosa e permanente da personalidade em busca de seu potencial de vida?

Ao testar, a criança se persuade de uma coisa que os pedagogos ignoram: é que um fato, um pensamento, um processo ativo só se integram realmente nela quando chegou à conclusão, depois da experiência, da necessidade dessa integração.

A criança, com raminhos nas mãos, olha o artesão cesteiro trabalhar. Experimentará primeiro, à sua moda, certa torção e não ficará satisfeita com ela; imitará então os gestos que tem diante dos olhos, comparará inconscientemente; talvez vá consultar outro cesteiro que possui uma técnica ligeiramente diferente. Desses tateamentos dirigidos, resultará uma espécie de técnica pessoal, que não será fria nem imposta, nem fechada ao aperfeiçoamento, mas que terá ganhado em velocidade e em segurança com o apoio efetivo das técnicas auxiliantes.

Na falta de artesão trabalhando efetivamente, a criança pode recorrer com proveito ao cinema, que é a reprodução fiel dos gestos animados. Ela olha, tenta construir um cesto, depois olha de novo, compara, experimenta, corrige, até alcançar um domínio que a satisfaça. Mas essa influência auxiliante do cinema supõe que quem recorre a ele experimente primeiro e não se contente em olhar o desenrolar das imagens, que seriam então um vão desfile do qual nada mais restaria senão um pouco mais de presunção e de vaidade.

Na falta de imagem animada, a criança poderá recorrer à imagem fixa. Mas é preciso levar em conta o fato de que a imagem fixa supõe uma compreensão, ao passo que o gesto efetivo, ou a imagem fiel desse gesto, suscitam automaticamente a imitação. É por isso que a imagem fixa é acompanhada de uma legenda, ou de uma explicação verbal, que são, aliás, muitas vezes impotentes, enquanto o gesto se basta.

Em consideração dessas mesmas reservas é que a explicação verbal pura se situa na parte mais baixa da escala. Praticamente, ela não pode ser compreendida sem o gesto que tão comumente é seu complemento, e a escola, que por tanto tempo usou quase exclusivamente essa explicação, bem faria em revisar sem demora suas práticas a esse respeito.

Tocamos aí na própria natureza, íntima e profunda, de uma concepção nova do método pedagógico: até agora partiu-se do ponto de vista de que a criança não "sabe"; de que é preciso instruí-la, ou seja, apresentar-lhe o resultado formal da experiência alheia para que ela o utilize em seu comportamento, sem refazer pessoalmente todas as experiências que a ele conduziram. E, sobretudo, não querem que ela se demore nessas experiências: possuímos um quinhão inteiro de conhecimentos que estimamos seguros e definitivos; queremos, autoritariamente, levar a criança a esse nível, a partir do qual ela poderá aventurar-se com mais rapidez na vida para nela escavar seu rastro, sempre mais para a frente.

E é esse o grande erro da escolástica, do qual decorrem todos os defeitos que é comum denunciar.

O exemplo do ensino clássico de música na escola vai fazer-nos compreender melhor o alcance profundo e decisivo de nossa observação.

A escola antiga suprimia dessa matéria qualquer tipo de tateamentos. Procedia como o violinista que só pode tocar com um instrumento bem afinado, mas não admitiria sequer dedilhar as cordas ou usar o arco, tateamentos que permitirão o som perfeito. A escola se obstinava na teoria musical, no vocalise e no solfejo, mas não exercitava a criança, pelo exercício vivo, a ajustar suas cordas e sua voz.

Então, de duas uma: ou, sem a presença do escoliasta, a criança prosseguia sua experiência tateada, exercitava seu ouvido, suas cordas vocais e seus lábios, para uma imitação cada vez mais perfeita, e natural, dos ruídos e melodias ouvidos. Seus progressos eram então atingidos, não graças ao método do educador, mas à revelia dele, pois seus ensinamentos eram relativamente inúteis e prejudiciais à experiência realizada e bem-sucedida. Ou a criança não sabia, ou não podia, reagir à proibição de prosseguir sua experiência tateada; seguia servilmente um caminho estreito e irritante, que talvez a levasse à exatidão musical teórica, mas inspirava-lhe aversão permanente pela música e pelo canto.

À revelia dos professores e dos teóricos, fizemos com sucesso, por nossa iniciativa, a experiência contrária da aprendizagem do canto através do disco.

A criança canta naturalmente. Poder-se-ia deixá-la à sua rica experiência e haveria, nesse campo, muitos modelos cujo valor se subestimou: os ruídos da natureza, o silvo do vento, o marulho da água, o troar do trovão, os cantos dos pássaros, os chamamentos sonoros que se respondem de vale em vale, a noite, essa gama infinita dos ruídos que sobem da terra, sem esquecer o longo e nostálgico ganido da raposa na orla do bosque.

Desses modelos naturais é que deveria partir uma educação realmente racional, baseada na experiência tateada. A criança escutaria esses ruídos naturais, ou reproduzidos pelo disco; imitaria suas múltiplas variações, tateando continuamente para aproximar-se, e atingi-la, dessa perfeição que se apresenta ao seu organismo sensível como uma necessidade harmônica.

Esse tateamento seria continuado na imitação dos cantos simples, depois de cantos cada vez mais difíceis. Só que, em vez de partir do perfeito, do definitivo, imposto como uma necessidade, cumpre entregar-se lealmente à experiência tateada, que inclui o erro inicial, corrigido sob o impulso permanente da necessidade de potência e de vida que tende para a perfeição e para a harmonia. Assim é o verdadeiro andamento da natureza humana, aquele que permite a elevação incessante mediante uma seqüência persistente de sucessivas vitórias que mantêm e exacerbam o potencial de vida.

E a experiência nos provou, de fato, que tal procedimento era, em todos os pontos, eminentemente superior ao procedimento clássico escolástico, que pretendia, em nome do método e da ciência, suprimir qualquer tateamento. Através do disco, nossas crianças atingem muito mais depressa o canto correto do que com o método escolástico; atingem-no cada qual em seu ritmo, pois é isso que se dá em toda experiência tateada: conforme as disposições particulares, conforme a riqueza das experiências tateadas anteriores, mas ascendem mais depressa, ao passo que as outras se atardam nos gestos orgânicos que continuam o tateamento. Como existem crianças que, mais firmes sobre as pernas, mais favorecidas do ponto de vista da coordenação de seus gestos e pelo seu senso de equilíbrio, conseguem, mais rapidamente do que outras, andar normalmente. Sua experiência foi eficaz com mais rapidez, ao passo que as retardatárias deverão repetir cem vezes o mesmo gesto antes de atingir o automatismo que será sua conquista definitiva.

Entretanto, cumpre abster-se de incriminar essa concepção pedagógica do fato de certas crianças se demorarem assim em sua experiência tateada.

Entregam-se a ela com o mesmo entusiasmo de seus colegas mais favorecidos; avançam nela por uma série de sucessivas conquistas que não deixam espaço ao fracasso nem ao sentimento de impotência que desanima, às vezes definitivamente, tantas boas vontades.

E a teoria, e as leis da música? Consideramo-las inúteis e supérfluas? De modo nenhum. Mas são a finalização da experiência, a sistematização de suas conquistas. É, exclusivamente, pela experiência que as adivinhamos, que as sentimos, que as provamos e adquirimos realmente o sentimento de seu alcance e de sua utilidade prática.

Pensamos viabilizar logo esse método de iniciação musical através da experiência tateada. O disco reproduzirá os cantos da manhã na folhagem, os ruídos da rua, o ritmo das máquinas, o trilar do grilo e a infinita variedade dos cantos de pássaros. A criança ficará naturalmente propensa a imitá-los, e esse será o melhor exercício vocal que se possa imaginar. A partir desses temas naturais, subiremos até as grandes construções musicais para terminar no estudo das leis que fazem sua secreta arquitetura. Será o triunfo da formação musical.

Mesma observação para o estudo da língua[1]. O princípio tradicional é o mesmo da música: evitar que a criança redija antes de ter adquirido um domínio suficiente pelo estudo racional das regras gramaticais e sintáticas. Teme-se que os maus hábitos dos primeiros tateamentos se insiram definitivamente em regras de vida e que a criança não saiba ir mais para a frente. Portanto, ela só deve começar a escrever palavras quando tiver aprendido suficientemente a traçar primeiro suas barras, depois a formar suas letras; não deve empregar as palavras para expressar seu próprio pensamento antes de conhecer seu sentido formal e sua ortografia. Não deve arriscar-se ao parágrafo, e menos ainda ao texto inteiro, antes de estar bem imbuída das essenciais regras sintáticas. Tais são as prescrições oficiais, reflexo das concepções dominantes ainda em pedagogia.

É uma concepção.

É a concepção ridícula do empreiteiro que exigisse de seu pedreiro que assentasse com soberana segurança a pedra sobre a camada de argamassa, quando tudo continua a ser tateamento na técnica mais perfeita do melhor dos operários. Só que esse tateamento fica cada vez mais rápido e cada vez mais seguro. O estreante pega uma pedra maior, dá uma martelada desajeitada, e a pedra agora fica pequena demais. Coloca-a enviesada, e ela não fica equilibrada. Lança a argamassa: a camada é espessa demais,

....

1. *Les méthodes naturelles. 1: L'apprentissage de la langue.*

ou fraca demais, ou mole demais. O mestre pedreiro, por sua vez, não suprimiu seu tateamento, mas o aperfeiçoou: seu olho, num relance, mediu a ação do martelo: viu a pedra que convinha e o lugar preciso onde devia bater a ferramenta para tirar uma derradeira lasca indesejada. Assenta a pedra, e um pequeno golpe seco, comedido, do cabo de sua colher de pedreiro basta para que ela encontre sua posição ideal.

É esse mesmo processo de experiência tateada acelerada que aplicamos ousadamente a toda a nossa formação literária. E nossa decisão decorre, sempre e totalmente, de nossa concepção dinâmica da vida. A escola estava persuadida de que a criança se contentaria em andar de gatinhas entre os adultos ágeis sobre seus pés se essa técnica lhe permitisse deslocar-se e de que não iria mais adiante se a isso não a obrigassem e para isso a treinassem; que ela se limitaria à sua linguagem se não a forçassem metódica e inteligentemente a uma linguagem correta; que sempre escreveria mal se não a tivessem, já nas primeiras horas da escola, curvado à disciplina dos movimentos da mão; que se ateria a formas ortográficas e sintáticas deploráveis se não evitassem os maus exemplos em proveito das regras indispensáveis.

A escola é a inimiga do tateamento. É demasiado orgulhosa de possuir a ciência, o conhecimento e técnicas que crê comprovadas. É partindo dessa perfeição suposta que pretende construir. Limita-se a um primeiro andar para onde nos transportaram, por bem ou à força, esse primeiro andar onde são exibidas todas as riquezas e concedidas as mais promissoras das possibilidades, de onde se vê o mundo do alto, transformado e falsamente idealizado, onde se adquire a perigosa impressão de ter-se elevado, por essa ascensão material, na escala laboriosa do progresso humano. Mas a criança não sabe subir sozinha a escada que a ele conduz; não encontra o seu acesso; não pode descer dele por suas próprias forças sem risco de acidente. É tomada lá em cima de uma vertigem excitante, está certo, mas que a desnorteia com relação às perspectivas que podia entrever, ou adivinhar, de seu andar térreo.

Ignorando essa necessidade do ser de subir sem parar e de crescer, a escola privou-se arbitrariamente do mais potente dos motores humanos. Devemos restabelecer o processo normal, o do tateamento experimental em todos os graus.

A criança chega à escola. No térreo, claro, no nível da rua, no ritmo da vida, no meio da vida. E ali, com nossa ajuda, ela tentará subir a escada do conhecimento e da potência. Ah! claro, tudo não andará sozinho e, repetimo-lo, seria aparentemente mais simples pegar nosso aluno, como em geral ficamos tentados a fazer, e transportá-lo para o primeiro andar. Temos de ter consciência da arbitrariedade desse gesto, temos de compreender também por que a criança se debate para escapar à nossa dominação autoritária e por que também, quando ela está lá em cima, naquela riqueza acabrunhante, contempla com certa saudade a escada que não subiu e que talvez seja tentada a tornar a descer, para ver, experimentar de novo.

Deixe a criança empreender a ascensão a esse primeiro andar, primeiro agarrando-se ao corrimão, avaliando minuciosamente a força de suas pernas, a flexibilidade de seus joelhos, descendo prudentemente os degraus subidos penosamente, como se temesse ir muito para cima hoje e não poder voltar sozinha. Amanhã irá mais para cima! Admire o orgulho do vencedor quando ela contemplar você de seu décimo degrau! E você queria tirar-lhe essa magnífica satisfação, poupar-lhe essa vitória?

Nossa formação literária será essa ascensão progressiva e autêntica, toda impregnada do dinamismo superior propiciado pela satisfação permanente da necessidade de potência, pela explosão invencível da vida.

A criança verá seus coleguinhas escreverem. Na idade em que, extravasando seu egocentrismo, toma consciência de suas reações sobre o mundo ambiente, ela se iniciará intimamente no sentido profundo e na utilidade, por assim dizer social, da escrita; adquirirá, não intelectualmente, mas por todo o seu ser, a noção das conquistas que essa técnica lhe permite, e ela escreverá. Sua mão inábil desenhará primeiro círculos e linhas quebradas que, por acaso, assumirão a forma mais ou menos remota de uma cabeça ou de uma casa. Primeiro êxito que a entusiasma e a arrebata. Irá então aperfeiçoando seu grafismo, e seu tateamento comportará uma grande parte de êxito. A criança queria desenhar um cavalo, e eis que seu grafismo se assemelha a uma casa. Aceitemos a casa. Enfeitemo-la com a porta e as janelas e com a tradicional voluta de fumaça. Desenharemos o cavalo uma outra vez.

A criança é menos limitada do que nós no finalismo de seu tateamento. O essencial é que seu esforço seja uma conquista e uma vitória, mesmo que não seja aquela que se esperava. O melhor capitão não procede de outra maneira. Ele se aventurara para operar um movimento à direita que lhe devia fazer encontrar o inimigo. E isso podia ser a derrota. As circunstâncias fizeram que ele empurrasse seu movimento à esquerda. É uma grande vitória de que se orgulha e que é festejada como um efeito de sua ciência e de sua decisão.

Procederá o caçador de outra maneira, quando, tendo partido para a caça da lebre, traz em sua bolsa o que pôde abater de um bando de perdizes? O essencial não é ter a bolsa de caça cheia?

Desenho, primeira etapa da escrita. Você pretendia impor à criança as barras frias e mortas que é preciso traçar retas seguindo o pontilhado, ou os *os* que devem ser regulares e bem fechados. E você tem a ingenuidade de crer que, assim, só está pedindo os gestos mais simples. Andar ereto sobre as pernas é também, aparentemente, mais simples do que arrastar-se de gatinhas ou cambalear entre duas cadeiras. Mas é preciso ter tateado de gatinhas e cambaleado entre duas cadeiras antes de andar ereto. A criança só pode traçar com sucesso sua barra reta ou conseguir um oval regular depois de ter rabiscado longamente linhas curvas, quebradas, irregulares. E esse tateamento é que lhe conferirá o domínio elementar que é o fruto de seus esforços.

Ela agora sabe bem desenhar algumas letras simples; mas se trata de chegar à palavra. Novo tateamento, longo e laborioso, pois como são obstinadamente rebeldes a juntar-se, esses signos que se afastam como que de propósito, a tal ponto que já não se consegue fazê-los darem-se as mãos, ou que se insiram desajeitadamente um no outro como dois jogadores que se chocam! Tateamento ainda. E, apesar de seu rigor metódico, há mesmo, em toda a parte e sempre, esse tateamento essencial e laborioso, e nada se parece mais com uma garatuja tateada do que a página desajeitada de seu estreante diante de seus modelos e de seus pontilhados.

A criança não se contenta em desenhar uma casa e em parar aí a história que tivera a pretensão de exteriorizar no papel; desenha ao lado outras casas, árvores, crianças chegando e o cachorro latindo. Não lhe ocorrerá a idéia, para escrever, de fazer uma insípida página de *i*, depois uma página de *o*. Reproduzirá à sua moda os grafismos cujos modelos viu. Esboçará primeiro os gestos rápidos da caneta da professora que vai, vem, volteia como uma formiga aflita e detém-se de quando em quando para pingar os pontos. Ah! é isso, os pontos e os tracinhos, essa será a primeira conquista de seu grafismo, e ela salpicará deles sua página. Depois, desses garafunhos, sempre por imitação, emergirão alguns bons resultados: eis um *t* perfeito com sua barra em cruz, um *i* com ponto tão forte que furou o papel, um *o* redondo a mais não poder. Primeiros êxitos aos quais a criança se apegará ciosamente, primeiros degraus de onde voltará a partir com segurança e dinamismo para continuar a ascensão.

Pouco a pouco, todos os signos sairão assim da sombra; o acaso se transformará em sucesso, e o sucesso reproduzido e sistematizado redundará na técnica. A criança já escreverá uma linha inteira, ou uma página inteira. Depois, as próprias palavras se diferenciarão. Serão então como instrumentos vivos, cujo mecanismo a criança penetrou e dos quais sabe servir-se para contar pessoalmente suas histórias. Nessa fase, a criança não já copia seus modelos; ela cria. Aprendeu, com seu tateamento, a escrita e a redação a um só tempo.

Os pedagogos, indignados de nos ver retomar, assim, esse caminho mais longo, aconselham-nos com veemência: "Nunca deixem as crianças escreverem palavras cuja ortografia não conhecem, pois se habituariam aos grafismos errados que vocês não conseguiriam mais corrigir. Não lhes deixem empregar nenhuma palavra que vocês não tenham previamente explicado a fim de evitar os erros de interpretação. Por essa razão, suprimam qualquer redação prematura; contentem-se com a cópia prudente e orientada. Somente quando souber escrever corretamente um número suficiente de palavras é que o aluno poderá lançar-se na redação, primeiro de uma frase curta, depois de um parágrafo e, enfim, de uma narração completa." Exatamente como se você previnisse: "Não deixem a criança subir sozinha essa escada do primeiro andar, pois corre o risco de tropeçar, de pisar de mau jeito, de cair e depois tropeçaria sempre, cairia no mesmo lugar, pisaria sempre torto. Esperem que ela saiba subir corretamente um degrau; poderá então prosseguir sua ascensão com um sucesso garantido." Mas, como é apenas com o exercício que ela pode aprender a subir degrau e escada, jamais aprenderá a subir se você não a largar na aventura. E você vê então em que círculo vicioso você se encontra, tão ridículo que não se poderia conceber que mentes sérias ainda percam tempo em ver o problema apenas pelo ângulo do raciocínio, sem considerar a conclusão prática quase inevitável.

Preocupamo-nos, quanto a nós, em alargar e enriquecer sempre a experiência tateada da criança; não somente ao rés do chão, mas também para esse primeiro andar que a intriga e ao qual gostaria de ter acesso. Contentar-nos-emos somente em facilitar e em acelerar as fases desse tateamento com exemplos vivos e dinâmicos que a criança imita espontaneamente, com o uso de ferramentas e de técnicas que deixam mais evidentes o sucesso e a conquista.

Conforme esses princípios, nossa criança subirá naturalmente da garatuja ao desenho, depois à imitação dos signos gráficos, de palavras e de letras, à utilização dessas palavras e desses signos para desenvolver, em planos cada vez mais complexos, a experiência tateada que aperfeiçoará sua expressão, deixará mais sutis as relações com o meio, até atingir a perfeição suprema que é o domínio exaltante da língua escrita visando à potência que é sua razão de ser.

Não tenha nenhuma apreensão de lançar-se nesse encaminhamento natural da vida. Nele você só terá vantagens que farão recuar definitivamente o erro pertinaz da escolástica. Se uma criança pára desastradamente no curso dessa ascensão lógica é porque lhe falta o potencial de potência e o ímpeto para ir mais longe e mais alto, porque suas forças a traem no primeiro ou no segundo degrau e não pode ir mais longe sem apoios permanentes, com os quais pode acomodar-se como o paralítico se acomoda com suas muletas, mas que ainda assim não lhe limitam a aventura na conquista da vida.

Ou então, se o aluno se detém a caminho enquanto ainda manifesta, por outro lado, um potencial de vida intacto, é que você lhe desencorajou tanto o dinamismo, a tal ponto lhe desprestigiou o esforço, que você abstraiu arbitrariamente do sucesso e da conquista, que ele já não sentirá necessidade nenhuma de ir mais para a frente na direção que você lhe impôs. Ele se retrairá, acomodando-se da melhor maneira com sua autoridade, fingindo andar e subir talvez, para escapulir às escondidas para outra escada que subirá com suas próprias forças, segundo os princípios de uma experiência tateada aguilhoada por sua incompreensão. E, para seu grande espanto, você verá a criança reaparecer um dia, ousadamente, em seu primeiro andar e se perguntará como é que ela pôde mesmo conseguir chegar aí sem você... A não ser que ela se tenha perdido no edifício e continue sua vida numa direção deplorável.

Em ambos os casos, sua educação falhou em sua missão. Nós lhe mostramos a via segura e eficaz.

Experiência tateada em matemáticas e em ciências:

Aí, não precisaremos desenvolver tão minuciosamente nossa demonstração, porquanto matemáticas e ciências continuam a ser técnicas exclusivamente tateadas[1].

Quando você procura a solução de um problema, que é que faz, senão tatear incessantemente? Você tenta em tal direção, agarra-se a uma lembrança, segue uma pista que lhe é familiar e que, é o que espera, o levará a algum lugar, você avança na direção que lhe parece a mais favorável. Imagina soluções; você compara, mede, ajusta. Se elas não convêm, você dá marcha a ré para procurar noutras direções. Se elas convêm, você vai fundo na brecha descoberta...

Gostaríamos, justamente, que se tornasse a dar uma dignidade pedagógica a essa experiência tateada em vez de fazer crer que

....
1. "A experiência é a única fonte dos conhecimentos humanos. A mente só tem, em si mesma, o sentimento de uma relação necessária nas coisas, mas não pode conhecer a forma dessa relação senão pela experiência...

"As maiores verdades científicas têm suas raízes nos detalhes da investigação experimental, que de certo modo constituem o solo em que tais verdades se desenvolvem...

"Disseram, em algum lugar, que a verdadeira ciência deveria ser comparada com um planalto florido e agradável ao qual se poderia chegar depois de ter escalado encostas escarpadas e ter esfolado as pernas pelos espinheiros e urzes...

"Esses tipos de experiências de tateamento que são extremamente freqüentes em fisiologia, em patologia e em terapêutica...

"O experimentador reflete, tenta, tateia, compara e combina para encontrar as condições experimentais mais próprias para atingir a meta que se propõe..."

(Claude Bernard, *Introduction à l'étude de la médecine expérimentale.*)

os cálculos supostos e a orientação correta poderão ser o resultado de uma espécie de lógica científica superior, da qual bastaria conhecer as leis constantes e universais. Aritmética e geometria são o campo por excelência da experiência tateada. Faltaria apenas acelerar essa experiência ressaltando certas analogias, chamando a atenção para os detalhes que as diferenciam, multiplicando continuamente as experiências.

A criança desanima no cálculo se você lho apresenta como uma tarefa racional, se a faz crer que basta conhecer algumas regras e teoremas para possuir a chave da experiência. Tudo ficará diferente se você subordinar o estudo deles a uma constante experiência tateada, vinculada o mais possível à vida, claro, porém mais além da necessidade imediata, até uma espécie de ginástica da mente que corresponde, por sua exaltação, à virtuosidade adquirida com os mesmos procedimentos nas áreas mais materiais da atividade construtiva.

Por que a criança se apaixona pelos problemas-charadas publicados nos jornais, ou pelas palavras cruzadas? Porque são apresentados exclusivamente como enigmas para desvendar, como subterrâneos para explorar, picos para escalar. Não lhe dizem: "Você precisa estudar isso de acordo com tal método." Apresentam-lhe a dificuldade, e a criança se lança a ela com uma avidez impressionante e significativa.

Partindo dessas observações, veríamos naturalmente todo o ensino das matemáticas ordenar-se segundo os mesmos princípios de experiência tateada.

Seriam formulados alguns problemas.

Uns se refeririam ao comportamento familiar das crianças e à infinita variedade das combinações suscitadas pelo meio social. Seriam em geral os mais facilmente compreensíveis. Mas a criança gosta de evadir-se do âmbito cada vez mais estreito da vida e ganhar o campo da ficção e da imaginação, onde tudo se torna lícito.

Basta organizar-se para que a criança possa ser bem-sucedida.

Se, num jornal, o problema qualificado de divertido é difícil demais, a criança passa por cima, sem mais; se é fácil demais, tampouco se detém nele. É essa dosagem apenas que é delicada.

Cumpriria, por outro lado, classificar cuidadosamente as experiências por graus de dificuldades e indicar os truques que devem ser guardados, as regras que devem ser reconhecidas para que uma experiência bem-sucedida possa servir para outros êxitos – processo que é absolutamente familiar à criança e está na linha de suas preocupações.

Aritmética divertida, dirão? E lá se conhece isso!...
Não: não forçosamente divertida. Experiências tateadas que podem ser indiretamente trabalho-jogo ou jogo-trabalho, conforme as condições exteriores que as dominam. Já não se trata aqui de uma diversão menor e superficial destinada a escamotear o esforço vivo e intencional. Parte-se da experiência, e a regra sai dessa experiência, ao inverso do que se pratica comumente.

Faltará operar tecnicamente essa retificação.

As ciências são o campo por excelência da experiência tateada – e a própria escola o admite hoje implicitamente. Mas, na prática, os educadores se inquietam com o lento processo desse tateamento que, aliás, as condições materiais deixam ridiculamente restrito e superficial. Estão aí os programas que impelem, com seu acúmulo de conhecimentos exigíveis, à aquisição verbal suscetível de fazer a economia da experiência. É aparentemente simples: todas essas experiências, cuja primazia é reconhecida, vamos explicá-las, valorizar-lhes o ponto de partida e o ponto de chegada, detalhar-lhes o encaminhamento, enunciar-lhes cuidadosamente as conclusões, com as regras e as leis que elas autorizam. É rápido e simples: já não há necessidade de material. Basta-lhes universalmente o livro.

Pegam a criança no térreo e a transportam de um salto, e autoritariamente, para o primeiro andar, contando-lhe uma história que suprime a operação. E, lá em cima, no primeiro andar, fazem-na admirar a obra esplêndida da ciência. De posse dessa ciência totalmente dedutiva e verbal, ela lança um olhar de desdenhoso orgulho para os seres que ficaram no térreo. Poderá, lá em cima, navegar entre as riquezas e os mistérios do andar. Mas já não poderá sequer tornar a descer sozinha ao térreo; ou então se perderá e não encontrará mais o caminho para tornar a subir. Será como o aluno que levassem para passear de carro, de barco ou de avião para lhe dar com mais rapidez a compreensão do mundo, sem se aperceberem de que ele fica paralítico por falta de exercício essencial e elementar.

A formação científica do indivíduo depende, não das aulas que lhe foram dadas, mas da riqueza, da amplidão, da eficácia das experiências tateadas a que pôde entregar-se. Não somente as experiências de laboratório, que se fazem a partir de um tubo de ensaio ou de um balão aquecido. A deformação escolástica é que tende a reservar a essas pesquisas, totalmente particulares e limitadas, a denominação de experiências. A experiência tateada principia na primeira infância com os primeiros gestos da criança, com suas primeiras preensões desajeitadas, com seus primeiros contatos com o meio, e continua antes da idade escolar com a tomada de consciência experimental do meio ambiente. Julgando sinceramente, há muito poucas coisas nessa área que a escola tenha condições de ensinar ao camponezinho que viveu e trabalhou na roça, em contato com pais e avós um pouco compreensivos e auxiliantes que lhe terão facilitado uma rica experiência tateada.

Pois, aqui mais ainda do que noutros pontos, não basta dizer empírica a experiência tateada. São necessários recursos-barreiras auxiliantes que:

– tornem possível a experiência tateada;
– acelerem-lhe o processo;
– sistematizem-lhe, comparem-lhe, julguem-lhe as conclusões.

Se, para reconhecer as pegadas na neve e deduzir-lhes a natureza, o modo de andar, o comportamento, o *habitat* dos animais selvagens suscetíveis de serem caçados e acuados, a criança deve prosseguir sozinha suas experiências, ela deverá esperar ter visto correr na neve, e longamente observado, uma lebre, uma raposa, uma fuinha, uma marta ou um rato. Isso pode ser excessivamente demorado e necessitar de toda uma vida de curiosa exploração, de toda uma vida durante a qual ela tateará no primeiro degrau, por assim dizer, de suas pesquisas, sem poder alçar-se bem alto no conhecimento. Mas se ela viu um bicho fugir na brancura virgem de um campo de neve, se ficou intrigada com esse entrecruzamento de pegadas que se multiplicaram no correr da noite, e se tem perto de si um caçador auxiliar (há muitos que não o são e que, sistematicamente, guardam para si todos os seus segredos por medo da concorrência), ela distinguirá bem depressa o rastro da lebre daquele da raposa ou da fuinha. Poderá então prosseguir sua experiência tateada partindo desse conhecimento transmitido, que, aliás, ela controlará na prática, pois nunca tem confiança total. Em suas pesquisas posteriores, talvez encontre algum outro caçador que a iniciará nos conhecimentos entrevistos e contribuirá, assim, para enriquecer mais e para acelerar sua experiência.

O livro e o cinema podem, em certa medida, substituir o caçador. São uma garantia de que a experiência passada está ao nosso alcance e de que a aceleração pode ser escolhida e acentuada pela organização cultural de que nos beneficiamos.

Como se vê, a experiência tateada é especificamente pessoal; mas pode e deve ser enriquecida, acelerada, tornada eficaz com mais rapidez pelos contatos e comparações com a experiência tateada daqueles que nos rodeiam e nos acompanham.

No entanto, atenção: a experiência tateada alheia só tem utilidade e eficácia para nós se se encaixa em nossa própria experiência tateada. Não nos tomam como um peso para carregar-nos ao andar superior, mas nós é que nos agarramos a esse homem seguro que sobe mais depressa que nós e com maior perícia, que nos ajuda a galgar os degraus e nos dirige para o objetivo entrevisto. Se ele vai depressa demais sem prestar atenção em nossa fraqueza, largamos a aba de seu paletó e nos agarramos ao passante seguinte a fim de atingir o primeiro andar o mais depressa possível, mas por nossos próprios meios. Desceremos dele do mesmo jeito, para ainda tornar a subir, até queimar os degraus de quatro em quatro como que brincando.

Nossa cadeia do conhecimento, nós a forjamos anel por anel, se estamos entregues a nossas próprias forças, com tanto mais rapidez e segurança quanto mais bem equilibrados estivermos, mais bem organizados, fisiológica e psiquicamente, quanto mais inteligentes formos. Se encontrarmos ajuda para forjar os anéis intermediários, bastar-nos-á ajustá-los aos anéis iniciais, controlar-lhes o jogo e a solidez, para chegarmos ao anel principal a cuja volta se prendem outros elos da cadeia. A multiplicidade, a segurança desses elos dependerão ainda da ajuda generosa que tivermos recebido dos recursos-barreiras. Se, em algum momento, sentimos uma dúvida ou um sinal de fragilidade, se receamos ter ido rápido demais, voltamos atrás para firmar nosso andar e tornar a partir em seguida com mais segurança.

Mas, se fizerem você saltar bruscamente por cima de toda uma série de anéis, então você não terá a mesma confiança; talvez não reconheça mais sua cadeia; corre o risco de apanhar apressadamente a cadeia do vizinho e de avançar, assim, num ritmo que lhe dá a ilusão de um formidável acréscimo de potência. Mas, no dia em que você tem necessidade de sua cadeia para ligar sua própria colheita, você tem consciência do erro e precisa, ou retomar desde o início seu tateamento para encontrar os elos desenganchados, ou então confiar exclusiva e cegamente na experiência alheia, com o risco de ir dar num precipício.

O homem contemporâneo se habitua a ser assim conduzido pela mão por caminhos que não lhe são essenciais, que não estão ligados à sua cadeia de vida, para objetivos falaciosos sem vinculação com seu potencial de potência. A criança se resolve a isso com mais dificuldade; ela o atormenta com uma obstinação dolorosa: "Para onde vamos?... Logo estaremos lá, diga?... Ainda está longe?... Por que vamos para lá e não para outro lugar?" e mostra vontade, a todo o instante, de deter-se para colher uma flor, para ouvir o rio ou para seguir, pura e simplesmente, a nuvem que está passando. Dir-se-ia que sente falta dessa experiência minuciosa à qual você não lhe dá tempo livre e cuja doentia nostalgia talvez guarde para sempre.

Não tome por essencial o que permanece secundário. Só se ajuda aquele que busca e age; não se ajuda quem parou, imóvel, sem nenhuma razão pessoal para avançar e para subir. Seu exemplo, suas explicações, suas aulas, suas imagens não terão verdadeira influência educativa se não forem o alimento desejado da dinâmica experiência tateada; serão ainda mais eficazes quando a experiência tateada for ativa e viva. E se, no auge do erro, você apresenta à criança sua própria cadeia do conhecimento, ainda que ela a utilize com maior ou menor proveito na escola, nem por isso você deixou de falhar em seu objetivo, porque a criança retornará, assim que puder, à sua própria cadeia, que ela reunirá, forjará e enriquecerá com os meios ao seu alcance, empiricamente talvez, mas terá sua cadeia. Ficará então dividida entre duas cadeias de conhecimentos: uma que lhe serve exclusivamente na escola, constituída à força de muitas palavras, de definições, de leis e de teoremas, com os quais se empenha em fazer malabarismos até tornar-se às vezes virtuose – e sua própria cadeia, aparentemente menos rica talvez, menos impressionante, mas pessoal, sólida e familiar, e que será sua ferramenta essencial na vida.

É a existência dessas duas cadeias, a do conhecimento e a da ciência, que explica a fragilidade prática da formação científica da escola primária, em face da permanente solidez da experiência tateada prosseguida fora da escola, e o pouco uso que então é feito dos conhecimentos tirados dessa cadeia escolar, a pouca influência, portanto, que o ensino científico tem sobre o trabalho e a vida dos indivíduos.

Bem que a escola leva seus alunos a passearem em seu primeiro andar tão aparentemente lógico e ordenado. Mas é um mundo à parte, cujo ensinamento não é diretamente utilizável. Quando quiser agir conforme suas tendências e suas verdadeiras necessidades, o escolar deverá escapulir desse primeiro andar e, diretamente na vida, forjar sua cadeia, descobrir as vias eficientes que o levarão, sem perder suas bases, mais alto e mais longe.

Na aventura, a escola só terá sido ilusão, processo infrutífero, erro.

Será na medida em que tivermos corrigido esse erro, em que tivermos permitido à criança, com nossas técnicas auxiliantes, desenvolver, prolongar, consolidar sua própria cadeia, que teremos cumprido uma tarefa realmente útil e eficaz.

Talvez digam que exagero por causa das necessidades de minha demonstração, que a escola não teria contribuído para a formidável difusão das ciências se não tivesse tido realmente esses defeitos dualistas e desviados de que a acuso.

Ora, no tocante ao ensino científico, a coisa é patente: se as crianças são apaixonadas por mecânica, não é por causa das aulas da escola, mas à revelia da escola, porque o meio – familiar e social sobretudo – é, nesse caso, extremamente auxiliante. Se a criança sabe limpar uma bicicleta, desmontá-la e remontá-la, se está familiarizada com as mais delicadas máquinas, por certo não é graças à escola, e sim à revelia dela, graças ao meio.

Tudo ainda está por reordenar nesse campo, tanto no tocante a métodos quanto a material e a técnica, para a experiência tateada acelerada, a única formativa.

Nossa organização educativa faz pensar numa fábrica de automóveis cujo departamento de estudos colecionaria os trechos de literatura suscitados pelo automobilismo, buscando nos livros as qualidades das máquinas que serão realizadas. Quanto a tatear para conhecer-lhe intimamente o mecanismo, quanto a experimentar para melhorá-lo, achariam que essas são tarefas por demais terra a terra, que necessitariam da presença dos engenheiros na sala das máquinas onde, diretamente no óleo sujo e na gasolina, eles escrutariam a vida dos mecanismos como o cirurgião sonda a carne dos pacientes. E é isso mesmo que fazem. O que não os impede, aliás, de pegar livros, consultar plantas, impregnar-se da experiência daqueles que realizam concomitantemente. Mas essa mesma impregnação só se torna atividade inteligente ao passar pela lenta e minuciosa experiência, pela maturação fecunda do trabalho.

Quanto a nós, prezamos nossas mãos brancas, dignidade das dignidades para o burocrata e para o falso intelectual; aferramo-nos a essa ordem formal que não passa de uma mumificação da vida; achamos tão cômodo plagiar a experiência dos outros para tentar impingi-la, prontinha, nas vidas de crianças que lhe são impermeáveis e para quem só conta a experiência pessoal num mínimo de riqueza e de segurança.

Quando, então, perceberão a que ponto é vão o trabalho da escola, em nome de princípios ultrapassados que já não são adaptados às nossas condições e ao nosso sistema de vida? Quando se decidirão a colocar nossa sala de estudos no próprio seio da atividade moderna, para construir aí mesmo esse progresso e extrair dessa aderência à realidade dinâmica toda uma técnica – e uma filosofia nova também – da ação inteligente a serviço da vida?

Talvez pareça que, demorando-nos em tais considerações pedagógicas, afastamo-nos do problema da pessoa moral da criança.

Não é nada disso. Cumpria que mostrássemos por que a escola não desempenha seu papel de recurso-barreira; em que medida é quase exclusivamente monopolizadora e rejeitante, e como a criança reage contra suas pretensões; enfim, em que sentido cumprirá reformá-la para que possa cumprir plenamente sua função para tornar a dar aos jovens seres o maior potencial de potência e de harmonia.

A experiência tateada, por nós reconhecida como técnica central do processo vital, não é, como o tenderia a considerar uma pedagogia desvitalizada, um mero jogo preliminar à inteligência e ao método, que cumpriria superar o mais cedo possível. Ao tatear, a criança busca incessantemente, conscientemente ou não, a resposta essencial e construtiva para os complexos problemas que a vida lhe apresenta. Não tateia somente para conhecer, mas para reagir aos acontecimentos com um máximo de sucesso. O conhecimento puro, abusivamente qualificado de desinteressado, é uma reação anormal de adultos que perderam o sentido da vida e que, refugiados na sala de espera, consolam-se como podem de seus fracassos maiores. O conhecimento puro não passa, também ele, de uma solução *ersatz* cujas características estudaremos.

O tateamento da criança é sempre interessado. Tem como meta – imediata ou não – o aumento do potencial de potência e o máximo de sucesso na luta pela vida.

A curiosidade da criança tem sempre uma finalidade, direta ou não. Mas essa finalidade às vezes é tão distante de nossas concepções de adultos que já não concebemos nenhum dos móbeis que a provocam. Se a criança revolve a areia, agita a água, atira pedras, bate com pau, é porque tem necessidade de testar sua potência e suas possibilidades em face das reações dos materiais ambientes, é porque ajusta suas necessidades construtivas. É uma necessidade que qualificamos de inconsciente para significar que é pura e simplesmente natural.

A criança é como aquele locatário de que já falamos e que acaba de chegar a um novo apartamento. Dá uma volta minuciosa por ele, não por simples e vã curiosidade, mas para ajustá-lo ao seu comportamento global, a fim de ver o melhor partido que poderá tirar, para seu potencial de vida, de cada um dos cômodos e da disposição deles. Vai primeiro de um cômodo para o outro, dando uma olhada superficial em cada um deles, inventariando-os, e debruçando-se também nas janelas para situar sua moradia em relação ao meio ambiente.

Primeira etapa dessa curiosidade, por assim dizer sincrética, da criança pequena, ou seja, que se exerce sobre o conjunto e simultaneamente.

Depois, o locatário quer conhecer com mais detalhes: abre os armários embutidos, sonda as gavetas, empurra os móveis, soergue os tapetes, movimenta e experimenta as cadeiras, testa as portas do fogão, acende e apaga a luz, abre e fecha as venezianas para produzir a seu bel-prazer obscuridade e luz e olha-se nos vidros... Você adivinha aí a analogia com o comportamento da criança que é lançada num mundo onde tudo também é novo e quer ver tudo, mexer em tudo, escrutar tudo, sopesar tudo, que testa os mecanismos essenciais como que para lhes verificar o funcionamento.

Você não dirá que o locatário se entrega a essa exploração tateada sem objetivo, sem mais nem menos, porque é ignorante e quer conhecer, com a intenção de conhecer, para satisfazer uma necessidade independente de conhecimentos. Ah! sim, quando estiver definitivamente instalado, quando estiver adaptado à sua nova residência, que utilizará da melhor forma para a satisfação de suas necessidades, se não souber em que empregar seu tempo, poderá, pela janela, contemplar a natureza, ou postar-se no patamar para observar as idas e vindas, ou então até lançar um olhar furtivo pelas portas entreabertas para ver a instalação dos vizinhos. Mas, para isso, é preciso não ter nenhuma meta ativa na vida, e a criança só se encontra nessa deplorável situação se lhe proíbem todo trabalho e se a forçam a procurar noutro lugar os elementos de uma ilusória potência.

Portanto, o locatário, ao prosseguir sua exploração tateada, obedece a uma necessidade urgente: conhecer seu apartamento, seus móveis, para aí deduzir a melhor utilização deles para o engrandecimento do potencial de vida. Essa exploração é totalmente motivada pela necessidade de dominar os elementos para neles assentar o comportamento. Ele não se diz ainda ao sondar as gavetas: "Vejamos o que vou pôr nelas!" Essa será uma segunda etapa da organização. Apenas quando tiver inspecionado suas gavetas, aberto seus armários embutidos, testado os móveis, é que poderá enfrentar com sucesso essa segunda etapa: a organização de sua vida. Se não tiver explorado suficientemente seu apartamento, não conhecerá bem as possibilidades dos cômodos, estenderá numa cadeira o que poderia ser guardado num armário; uma mesa muito fraca cuja resistência fora mal avaliada rachará sob o peso de uma mala. Chegará a noite sobre esse amontoamento e procurará em vão o interruptor elétrico, ou ficará irritado porque não terá com que trocar uma lâmpada queimada. Desordem, impotência, fracassos, desarmonia, sofrimentos, dores, complexos que daí decorrem. Diminuição do potencial de potência.

Depois da primeira fase de exploração tateada, aparentemente sem objetivo nem ordem consciente, mas cujo objetivo verdadeiro é tomar posse do meio, a criança atinge, da mesma forma, a fase da arrumação. Problemas naturais, individuais, familiares ou sociais se lhe apresentam. Ela os resolverá tanto melhor se houver levado a bom termo sua experiência tateada. Senão, corre o risco de fazer como o nosso locatário desastrado: deixar-se superar pela vida, medir mal suas reações, arriscar-se a acidentes de maior ou menor gravidade que lhe diminuem o potencial de potência, cometer graves erros de julgamento que lhe comprometem todo o comportamento.

O adulto que assiste a essa tomada de posse e a essa arrumação dos móveis julga muito mal esses tateamentos e acha de boa pedagogia substituí-los por atividades aparentemente mais eficientes. Faz então como o proprietário que, vendo seu novo locatário demorar-se em escrutar o apartamento, diria consigo mesmo: "Você vai ver, vou simplificar a tarefa para os locatários dos novos apartamentos que instalo. Não haverá armários embutidos: isso lhes evitará o trabalho de abrir e fechar inutilmente as portas e de trocar as prateleiras de lugar. Não haverá cômoda com gavetas delicadas: não ficarão tentados a maltratá-las para estudar a resistência delas. Não haverá cadeiras, e sim um banco rústico a toda prova... Não terão de calcular para o arranjo... Não haverá nenhuma, ou só poucas janelas: ficarão menos tentados a olhar para o exterior. Não haverá eletricidade: não terão de testar os interruptores. Paredes nuas, com alguns móveis padronizados cuidadosamente etiquetados para que o locatário seja informado metodicamente sobre a utilização deles." A ciência suprimirá o tateamento e organizará a vida sem que o locatário tenha de intervir. Não será distraído pelo acessório e poderá assim entregar-se imediatamente ao trabalho produtivo que dele se espera.

É isso que se faz com a criança. Com o objetivo de lhe evitar um tateamento que se considera uma etapa inútil, colocam-na num meio com possibilidades de experiência tateada excessivamente reduzidas e delimitadas de antemão, organizadas metodicamente, a fim de reduzir ao máximo os riscos de erro. Fecha-se a porta com a proibição de nela tocar; embaçam-se as vidraças para que ela não fique tentada a sonhar com o espetáculo emocionante do céu profundo. A criança só tem de reportar-se aos rótulos.

Dessa maneira, ela perderá, de fato, o hábito da experiência tateada: respeitará desde cedo as barreiras que você dispôs cientificamente e, nesse caminho uniforme, caminhará com aparente segurança.

Se o mundo devesse ser à imagem dessa montagem pedagógica, tudo seria perfeito: a criança teria adquirido a preparação suficiente. Ou se, melhor, a montagem fosse realmente à imagem da vida, se tivesse a sua variedade, sua riqueza e sua generosidade, o problema estaria resolvido.

Nenhuma dessas duas eventualidades é a realidade, e é isso que nos acarreta a impotência da escola para influenciar de modo determinante a formação das jovens gerações.

Deve-se pôr fim a esse erro, liquidar essa inadaptação que serve somente ao orgulho e à sordidez dos adultos. E uma sordidez muito mal compreendida, comparável à do diretor de uma fábrica que não sabe fazer, para seu departamento de estudos, os sacrifícios de organização que se impõem, ou que forma jovens aprendizes sem prepará-los para a tarefa precisa que deles esperará. Fica embaraçado com o industrial moderno que vê ousadamente a necessidade, para seus engenheiros, de atuar sobre a realidade, diretamente no trabalho complexo da fábrica, e que melhora as técnicas, aperfeiçoa os mecanismos a fim de que os operários realizem, com eficiência e domínio cada vez maiores, as plantas dos engenheiros.

Enriqueceremos também o meio escolar com um material o mais bem adaptado possível à experiência tateada da criança. Sua lista será forçosamente limitada. Enfrentaremos essa limitação fazendo o meio escolar extravasar para o rico e complexo meio da vida, seja ele natureza, campo, artesanato ou fábricas, conforme as regiões e as estações. Como o locatário que não se contenta em dar uma volta por sua nova residência, mas se posta muito tempo na janela, examina suas redondezas, depois vai visitar os jardins e as ruas próximas, para reconhecê-los, para integrar seu novo apartamento num meio que se lhe tornará familiar e em cujo seio saberá reagir, em todas as circunstâncias, com um máximo de segurança.

Mas escrutar o apartamento, arrumá-lo depois metódica e harmoniosamente não poderiam ser metas definitivas. A pessoa se instala, arruma para satisfazer com mais sucesso as necessidades primordiais da vida. Se está num país frio, ela se preocupará de modo mais especial com a vedação e o aquecimento; num país quente, cuidará do arejamento, da defesa contra os ventos ou contra os raios muito violentos do sol; não se esquecerá de interessar-se de modo todo especial pela instalação da sala de jantar, da cozinha e da despensa, a fim de que a necessidade de alimentação seja satisfeita da melhor maneira. Escolherá para dormir o cômodo que parecer mais calmo. Se tiver de trabalhar em casa, instalará escritórios e oficinas de acordo com esse trabalho.

Assim, essa exploração, essa experiência tateada, essa arrumação eram apenas as preliminares, apenas os preparativos para os gestos que são precisos para satisfazer as grandes necessidades vitais dos indivíduos. Há, aliás, cruzamento e imbricação dessas diversas etapas: começa-se a arrumação antes de ter terminado de uma vez a exploração do apartamento; começa-se a trabalhar antes de ter acabado a arrumação que depois se tratará de completar nos momentos de liberdade.

Embora seja indispensável não escamotear essas diversas etapas, seria mais ilógico e mais perigoso ainda demorar-se exageradamente em cada patamar do devir. Se o locatário vive de rendas, pode passar dias e dias sondando e arrumando seu apartamento, mudando os móveis de lugar, abrindo e fechando as gavetas, contanto que alguém trabalhe para ele, que uma cozinheira faça-lhe as compras e lhe prepare o jantar, que outros homens prossigam as tarefas de criação e de defesa de que conseguiu, por habilidade, por astúcia ou por poder, ser dispensado. Mas a criança não é de jeito nenhum esse egocêntrico aposentado e menos ainda o capitalista aproveitador, a não ser que uma educação deplorável a tenha predisposto a isso. Ela deve, e quer desde cedo, entregar-se ela própria às tarefas exigidas pela satisfação de suas necessidades, e essa é a característica da função *trabalho*.

Essa comparação com os sucessivos cuidados e tarefas do novo locatário vai permitir-nos uma classificação das atividades infantis cuja aplicação pedagógica nos será preciosa:

1. *Período de exploração tateada*, para primeiro conhecer. A criança experimenta, procura, examina, para familiarizar-se com o mundo em que habita, para repelir o mais longe possível seu mistério e seu desconhecido que são por si sós uma ameaça permanente de perigo, de atentado à potência e ao potencial de vida.

Esse período termina por volta do primeiro ano, quando a criança começa a andar e suas mãos ficam, assim, livres para atuar por sua vez sobre o mundo. Sua duração é tanto maior quanto mais lento, desajeitado e deficiente é o indivíduo em sua exploração. Alguns anormais ficam nessa fase sem jamais poder arrumar seu organismo: olham por olhar, mexem por mexer, experimentam mesmo, mas somente por experimentar.

2. *Período de arrumação* – A criança vai instalando-se aos poucos em seu apartamento. O período de experiência tateada não está encerrado. Durará a vida toda. Mas ela já não se contenta em conhecer por conhecer, em mexer numa pedra para testar suas forças ou ver o que há embaixo, em puxar uma gaveta por mera curiosidade exploradora. Começa a organizar sua vida, e suas experiências tateadas se aglutinam inconscientemente em torno das grandes necessidades fisiológicas e dos perturbadores mistérios da vida cuja obscuridade ameaça-lhe o potencial de potência e lhe falseia as reações vitais. Necessidade de conhecer para primeiro distinguir aquilo que pode servir daquilo que parece momentaneamente inútil para a vida: a criança tateia, cheira, sopesa e enfim prova para julgar se é comível. Necessidade de escrutar o mundo para afastar os perigos, arredar a ignorância e o erro que prejudicam a segurança indispensável: remexe nas pedras, utiliza-as para atacar e defender-se, familiariza-se com os pedaços de pau, com a água, o fogo, a areia, com os diversos elementos da natureza, com os bichos, com as criações do homem também. Necessidade de adquirir e de conservar potência e superioridade exercitando-se em dominar a natureza, os animais ou os outros homens.

Durante esse período de arrumação, ainda não se deve solicitar da criança atividade especializada sob forma de trabalho. Ela pode, por certo, levar a cabo certas tarefas simples, que não a retêm muito tempo: dar uma varredela, ir fazer uma pequena compra, pôr a mesa. Mas ainda encontra muitos obstáculos; ainda é solicitada e perturbada demasiadamente pelo desconhecido para poder persistir em sua ocupação. Não é que lhe faltem a tenacidade nem o dom de concentrar-se em seu objeto, todas essas qualidades que fazem o valor excepcional de sua arrumação. É somente como o locatário que não pode trabalhar convenientemente em casa porque sua arrumação ainda não está terminada: ora será um móvel que estará no meio da passagem, ou um objeto que não estará em seu lugar, o que requer enervantes pesquisas; ora a iluminação será insuficiente, ou ruídos suspeitos suscitarão a parada brusca dos gestos essenciais e uma tranqüilizadora exploração suplementar. O trabalho só poderá ser efetivo e eficiente quando estiver terminado esse período de arrumação. Claro, não há corte brusco, passagem súbita de um desses períodos para o outro. O locatário, apesar das dificuldades, pode começar a trabalhar num local mal arrumado, que continuará ou não a adaptar às suas necessidades.

Dá-se o mesmo com a criança.

Em certo momento, ela pode entregar-se a certos trabalhos que se arrisca somente a não levar a cabo se se impõe alguma atividade de arrumação. Esse período durará tanto mais tempo quanto mais lenta e imperfeita for essa arrumação. Certos indivíduos nunca o conseguem. Habituam-se de um modo ou de outro a trabalhar na desordem e na imperfeição, mas serão ainda, a todo o instante, incomodados por essa imperfeição. Os indivíduos eficientes, ao contrário, atravessam com relativa rapidez essa etapa e podem, então, aplicar-se inteiramente a um trabalho ordenado e motivado.

Cumprirá levar em conta essas considerações na escolha das atividades que serão propostas às crianças nas diferentes idades.

Nessa segunda fase de arrumação, que dura até cerca de quatro anos, deixe ainda a criança entregar-se a múltiplas experiências aparentemente inúteis. Elas são as tentativas preparatórias do passarinho que agita as asas, testa seu equilíbrio, fortifica seus músculos para tentar logo a aventura. Não exija, nessa idade, uma atividade por demais complexa, compreenda que a criança ainda tem necessidade de deter-se a todo o instante, de olhar à sua volta, de exercitar-se em múltiplas direções, de repetir minuciosamente os gestos bem-sucedidos para fixá-los em seu mecanismo vital, como o locatário que vai de cômodo a cômodo, que maneja e torna a manejar o comutador, abre, fecha e reabre a janela, para adaptar realmente seu corpo à moradia que só lhe será um verdadeiro auxílio quando for como que o prolongamento dele mesmo.

É isso que explica que a atividade da criança nesse grau deva ser caracterizada por:
– persistência da exploração tateada;
– prática de relações permanentes com o meio ambiente para a arrumação de sua personalidade;
– repetição dos atos bem-sucedidos para deles impregnar o organismo;
– tentativa de primeiros trabalhos que serão tanto mais bem-sucedidos quanto melhor arrumado estiver o organismo.

Certos anormais, tendo transposto penosa e imperfeitamente a fase da exploração, se lançarão penosamente na arrumação. Alguns jamais o conseguirão e, hesitantes e desadaptados, serão sempre deficientes para dedicar-se ao trabalho especializado.

Outros subirão até a repetição, mas aí se manterão como se seu edifício frágil necessitasse de um constante e permanente melhoramento.

Os indivíduos normais ou supranormais transporão rapidamente, ou mesmo queimarão, essas etapas para enfrentar muito depressa as atividades que supõem certo domínio de si e do meio ambiente.

3. *O período do trabalho* – Por volta de quatro ou cinco anos, a criança já explorou longamente à sua volta; alcançou um embrião de organização de sua vida que já lhe permite reações de uma qualidade superior. Após ter-se submetido ao meio ambiente, e depois organizado o âmbito de suas reações, ela agora parte realmente para a conquista do mundo, para sujeitar esse meio ao seu potencial de vida. Pega o destino à unha... Levanta vôo do ninho, primeiro timidamente, adejando de galho em galho, para logo dominar o espaço.

É a etapa do trabalho que está começando. Permanece naturalmente imbricada intimamente nas etapas precedentes. Certos anormais nunca a atingirão ou serão quando muito capazes de trabalhos mecânicos que se parecem, em todos os pontos, com o destino do esquilo que antigamente, em sua gaiola, fazia, subindo sem parar, girar sua roda. Tampouco saberão brincar ou se limitarão a alguns jogos mecânicos em que não entra nenhuma espiritualidade.

Pode acontecer também que a criança, que o próprio adulto, voltem de bom grado, por instantes, às atividades das etapas anteriores. Como o locatário se compraz em visitar os locais onde viveu muito tempo, sobretudo em sua infância, e onde encontra tantas recordações dinâmicas, familiares. Mesmo tendo entrado no período do trabalho, a criança se aplicará ainda, durante longos momentos, a arrumar e mesmo, em certos momentos, praticará pura exploração. Se, notadamente, o trabalho não lhe proporciona satisfação, ela regressará, por compensação, aos andares inferiores, como o locatário que, não encontrando no exterior a satisfação exigida por sua natureza, prefere voltar para casa, demorar-se nela, e passar suas noites e seus domingos explorando ainda e continuando a arrumação; ou que se posta pura e simplesmente na janela, ou no patamar, para ver o exterior desfilar...

Feitas essas reservas, talvez se espantem de que coloquemos, entre a etapa de arrumação e a do trabalho, a etapa que em toda a parte dizem ser absolutamente específica da infância: *o jogo*.

É que, para nós, jogo e trabalho se confundem, não sendo o jogo senão uma forma de trabalho mais bem adaptada, do que o trabalho arbitrário dos adultos, às necessidades funcionais das crianças, que se desenvolve num meio e num ritmo realmente à medida delas.

Fazendo isso, deixamos de lado o *trabalho labuta*, que a organização familiar ou social exige de certos indivíduos sem outra consideração além do proveito do grupo ou dos elementos privilegiados. Reservamos o belo nome trabalho a toda atividade que tem como objetivo satisfazer necessidades funcionais do indivíduo e que é, por causa disso, buscada naturalmente pela criança que transpôs a etapa de arrumação e se preocupa então em dominar o meio para aumentar seu potencial de potência.

Qualificamos de *trabalho-jogo* essa atividade e de *jogo-trabalho* aquela que a criança realiza de modo mais ou menos empírico todas as vezes que não pode entregar-se a um *trabalho-jogo* funcional. Mas, no fundo, os estimulantes dessas duas variedades de trabalho são os mesmos, sendo isso o que nos aplicamos a lembrar em nosso livro *A educação do trabalho*.

Essa precisão nos propicia uma melhor concepção pedagógica do jogo, que deixa de ser a atividade supostamente específica da infância, e do trabalho, que universaliza sua área. Basta que esse trabalho corresponda realmente às necessidades funcionais das crianças. Essa é a principal preocupação de toda a nossa pedagogia e a razão de ser de nossas técnicas.

Em nosso comportamento educativo, teremos de levar na maior conta essas três etapas.

A primeira dessas etapas permanece do âmbito familiar e não insistiremos mais longamente nela. Mas a criança que chega à escola maternal ainda está, se não a 100%, pelo menos a 50% no período de arrumação.

Na base, portanto, riqueza da experiência e da exploração tateada, bem cedo utilizada para a arrumação da personalidade mediante a prova repetida e tenaz de todos os recursos-barreiras e da conscientização da posição do indivíduo no seio do meio ambiente ao qual deve ajustar suas reações vitais.

Depois, *trabalho-jogo funcional e, em sua falta, jogo-trabalho funcional*.

Através deles, a criança, como o gato novo, disciplina as mãos, os músculos, o cérebro para satisfazer seus desejos naturais e exacerbar seu sentimento de potência. É apenas através do trabalho que ela pode sentir a cada dia, a cada momento, a sensação eufórica do ser que domina cada vez mais os elementos, que conquista incessantes vitórias para aumentar sua potência e a soberania de sua torrente de vida.

Através das complicações que trouxe ao jogo das relações: indivíduo-sociedade – necessidades individuais, lucro –, satisfação e fruição, a civilização atual contribuiu largamente para avíltar essa noção eminentemente nobre e construtiva do trabalho. Esse aviltamento provocou o recurso a outros estimulantes: a autoridade, o jogo (em suas formas mais decadentes, que caracterizamos e estigmatizamos noutro estudo), a fruição e a perversão que tentam contrabalançar o aumento de vitalidade nascido da simples satisfação das necessidades; o lucro capitalista, com seu corolário, a opressão, que faz do trabalho uma linha de montagem e do trabalhador uma vítima e um escravo.

Essa é uma corrente que será, como sabemos, difícil de tornar a subir hoje. A tal ponto que cumpriria juntar incessantemente ao substantivo trabalho um indicativo que lhe marque a eminência ou a abjeção.

E, no entanto, como é radiosa a virtude salvadora do trabalho!

A mamãe já a conhece bem, pode deixar sua garotada desocupada se tem a felicidade de estar num meio auxiliante: casa aberta para a rua familiar de uma cidadezinha, fazenda no meio do campo, perto de um bosque cortado por um regato. Aí os pirralhos encontrarão as possibilidades ideais de exploração e de arrumação; entregar-se-ão a algum trabalho útil ou, na falta dele, se apaixonarão por jogos-trabalhos formativos. Não haverá barulho, nem choros, nem batalhas, nem desordem, e sim gritos de alegria, correrias e cantos, braçadas de flores, olhos claros e cansaço sadio.

Infelizmente as coisas são diferentes quando a família está confinada num espaço reduzido rejeitante: as crianças se entregam então às experiências tateadas que lhes são essenciais, mas apenas com os elementos que as permitem: facas, fogo, água, correria por entre os móveis. Daí resultam, necessariamente, barulho, acidentes, quebra, desordem, gritos, choros. A mãe reage como pode, tentando alternadamente a recompensa, a ameaça, a punição... Oferece o lanche que traz um instante de descanso, depois recomeça o inferno.

Se se suprimem estas últimas possibilidades de experiência tateada e de trabalho, então é pior ainda: no cômodo nu que lhe é como que uma prisão, a criança fica realmente refugiada na sala de espera. E já estudamos algumas de suas reações que mostram suficientemente seu perigo.

A mãe inteligente sente, por instinto, as causas íntimas do drama e sabe evitá-las suscitando trabalho: a menina maior vai acender o fogo; os pequenos ajudarão a lavar os legumes ou irão buscar lenha; os grandes cuidarão dos bichos, cavarão o jardim, semearão, plantarão, regarão. Na medida em que tais trabalhos se apresentam, não como tarefas, mas como trabalhos-jogos, nascem uma ordem construtiva, uma harmonia produtiva, uma paz, não na imobilidade, mas na ação, a satisfação subconsciente das necessidades imperiosas das crianças. A alegria no trabalho cria então harmonia, eficiência e felicidade.

Dá-se exatamente o mesmo na escola. Se conseguimos mergulhar os alunos numa atmosfera de trabalho-jogo, se um escreve, o outro desenha, ou recorta, ou compõe na tipografia, ou pesquisa um documento, ou prepara uma conferência, nossa classe é como uma maravilhosa oficina de alegria e de esforço, na exacerbação benéfica da potência e do potencial de vida.

Basta que um grupo de alunos não possa satisfazer sua necessidade de trabalho, ou que você se ache autorizado a impor uma tarefa, para que cesse esse encanto e você volte ao impasse da desordem, do qual não sairá nem pela disciplina nem por sua autoridade.

Uns educadores lhe dirão: "O trabalho talvez seja mesmo, de fato, o meio ideal de atingir essa ordem superior. Mas nem sempre está em nosso poder organizá-lo e permiti-lo. Temos também outras obrigações. Felizmente nos foi ensinada a pedagogia de que existem outros recursos que permitem alcançar esse mesmo interesse e essa mesma paz."

Ilusão, e ilusão perigosa.

Se o barulho e a desordem passam dos limites, a mãe pode restabelecer provisoriamente silêncio e harmonia contando uma história apaixonante, ou oferecendo um doce, trazendo um prato de castanhas ou um cesto de frutas, espalhando na mesa imagens e fotografias... As crianças se calam por um momento, enquanto dura a diversão.

Os pedagogos às voltas com as crianças fazem o mesmo... As histórias, os contos são o supremo recurso dos minutos vazios, e haveria muitas reservas por fazer sobre o assustador consumo que a escola faz deles. Os doces custam muito caro para oferecer, mas os bons pontos, as notas, as classificações, os quadros de honra são outras tantas estimulantes promessas que deixam na expectativa por um instante, como os gestos lentos da mãe que corta as fatias de pão do lanche e lhes passa devagar a geléia. Mas a escola soube, ademais, inventar os jogos aperfeiçoados, que talvez nada ensinem às crianças – percebe-se bem isso – mas pelo menos as ocupam, as apaixonam (mas de que serve essa paixão?) e reservam à classe paz e tranqüilidade. Ela tem também os livros, o cinema, o rádio... Ela não terá realmente condições de suprir com sucesso a defeituosa organização do trabalho?

Mas quem não vê, logo de saída, a que ponto esses não passam de procedimentos menores, com uma eficácia totalmente aparente, aliás – e essencialmente provisória –, que não resolvem o problema da formação nem o da vida. São a morfina que acalma o doente, durante um tempo mais ou menos longo, conforme a dose da droga, mas não atinge em absoluto as causas orgânicas da desordem, do desequilíbrio e da dor. A reação que segue é ainda mais funesta... A criança, na plataforma, fica um instante fascinada pelo rodar cadenciado das rodas e pelo desfile mecânico das portas do trem animadas de grupos humanos. Ou então esquece seu fracasso e sua impotência no tocar nostálgico de um acordeão animado por um viajante agachado sobre suas malas. Mas nem por isso deixa de ficar na plataforma: assim que o trem parou de desfilar, quando a música se calou e acabou de operar o encanto, ela se encontra efetivamente na plataforma, pobre-diabo como antes.

Esse longo rodeio permitiu-nos compreender agora o valor de nossa

VIGÉSIMA QUARTA LEI: O TRABALHO COMO
CORRETIVO DAS REGRAS DE VIDA "ERSATZ"

Trabalho-jogo ou, em sua falta, jogo-trabalho são o processo natural pelo qual o indivíduo satisfaz suas necessidades essenciais. Na medida em que a família e a escola conseguem organizar sua possibilidade, a criança adquire a potência, embarca com ímpeto e harmonia no sentido de sua torrente de vida.

Qualquer erro ou qualquer imperfeição na organização desse trabalho se traduz pelo fracasso ou pela impotência, pelo tolhimento na plataforma ou na sala de espera, e pelo nascimento de regras de vida ersatz *tanto mais virulentas quanto mais sensíveis são o erro e o fracasso.*

Os mais engenhosos paliativos não passam de paliativos, sempre perigosos de qualquer lado. O caminho mais fácil continua a ser o da organização prática do trabalho.

Algumas lembranças pessoais ilustram a permanência dessa lei.

Na escola que freqüentei no início do século, havia bem poucas atividades capazes de corresponder às nossas necessidades. E essa era, aliás, a derradeira preocupação dos professores primários de então. Eram só exercícios insípidos, que se resumiam a copiar e a recitar, orações para salmodiar, textos de maior ou menor inteligibilidade para ler balbuciando. Dávamos a essa tarefa a atenção estritamente indispensável, medida exclusivamente pelo rigor da autoridade. Mas, tão logo se abrandava essa autoridade, ficávamos entregues à pura desordem; estávamos ali, realmente, na plataforma, sem a menor possibilidade de realizar um pouco que fosse daquela vida nova que nos agitava. Acrescentemos a isso que ficávamos sentados de modo muito incômodo em bancos de madeira onde os músculos se ancilosavam, onde as pernas pendentes não encontravam apoio ao seu alcance, onde os cotovelos se cansavam por apoiar-se acima de seu nível natural. Então todos, ou quase todos, se entregavam a alguma prática *ersatz* cuja lembrança marcara mais sua mente do que as aulas áridas do mestre: um chupava o dedo, o outro roía as unhas, outros ainda coçavam a cabeça para pegar os piolhos, esgravatavam no nariz com obstinação, até o fazer sangrar às vezes, de propósito, com um lápis, esmagavam moscas, ou se entregavam ao onanismo sob uma de suas múltiplas formas.

O que havia de deveras característico era isto: nossa escola era mista. O professor se ausentava com freqüência, seja para ir acertar algum negócio em seu apartamento no primeiro andar, seja para ir à prefeitura no andar de baixo[1]. Logo os meninos – e não somente um ou dois dentre os mais maliciosos, mas a maioria deles – se erguiam sobre seu banco para agitar seu sexo. Isso – insistimos nesse ponto – não produzia de modo nenhum o efeito de imoralidade que se supõe. Não se sentia nenhuma necessidade sexual propriamente dita na origem dessa exibição. Mas, realmente, que poderiam fazer de mais interessante e de mais viril aquelas crianças largadas na plataforma? Assim que se ouviam os passos do professor, tudo voltava aparentemente à ordem; mas que ordem!

....
1. A pequena escola de Gars é construída sobre um terreno inclinado. Assim, a prefeitura ficava então no subsolo.

Tais práticas não eram, em absoluto, particulares à nossa pequena escola do início do século; não se deveria concluir disso uma perversão excepcional. Essas práticas não são, em absoluto, como foram às vezes consideradas, as conseqüências da perversão das crianças, mas o único recurso que resta a seres que a vida escolar largou na plataforma.

Não dizemos isso por uma crença mística qualquer na pureza nativa das crianças. Mas constatamos pela experiência que tais práticas cessam, mais ou menos completamente, na medida em que a criança está envolvida numa atividade que atende ao seu senso orgânico da vida. Elas cessavam entre nós assim que tínhamos saído da escola e éramos absorvidos por jogos-trabalhos apaixonantes ou por trabalhos-jogos correspondentes às nossas necessidades. Não era de modo nenhum a vigilância adulta que nos corrigia, e sim a vida e a ação. A vigilância, ao contrário, quando é friamente inibidora, só sabe empurrar para a plataforma e forçar assim, indiretamente, à satisfação escondida dessas práticas *ersatz*.

Quando realizamos hoje, em nossa escola, a atmosfera de trabalhos-jogos a serviço da personalidade, no húmus fecundo de um meio social auxiliante, todas essas práticas *ersatz* de autogozo desaparecem totalmente. O professor pode deixar os alunos sozinhos durante minutos e mesmo horas. Se tudo está previsto para que possam trabalhar, sem serem desastradamente largados na plataforma, nunca os veremos entregar-se a nenhum desses atos, mesmo e sobretudo se a escola for mista.

Mas se há o menor erro, o menor contratempo no funcionamento do mecanismo, se uma criança não consegue realizar-se, se a autoridade do educador se afirma fora de propósito para remediar alguma fraqueza do sistema educativo, então reaparecem imediatamente as tendências dos alunos de afundar-se no recurso às regras de vida *ersatz*.

Isso nos permite então afirmar como uma lei as condições de prevenção das práticas sexuais deploráveis e as possibilidades que nos restam de corrigi-las quando o erro adulto as fez nascer, as desenvolveu e já as arraigou no comportamento. E será justamente essa uma das melhores vantagens dessa educação do trabalho que preconizamos: essa moralização orgânica de todo o processo de vida das crianças, essa ascensão funcional para a ordem, a harmonia, a sinceridade a serviço da potência vital.

Outras regras de vida "ersatz"

    Para tornar bem compreensível o processo de nascimento, de desenvolvimento ou de correção dessas regras de vida *ersatz* às quais o indivíduo, vencido pela vida, plantado na plataforma ou acuado na sala de espera, é forçado a recorrer, analisamos imediatamente a forma mais grave, não tanto, como o dissemos, por sua verdadeira natureza quanto pela fatalidade de culpa, de proibição, de perversão que pesa sobre ela por causa de uma deplorável compreensão dos verdadeiros móbeis das crianças.

    Vamos abordar agora o exame de outras regras de vida *ersatz* que são, em todos os pontos, comparáveis a estas – tanto por sua origem quanto por sua evolução e suas conseqüências – mas são consideradas lícitas, portanto menos nocivas, às vezes até recomendadas ou aconselhadas. Essa aproximação genérica nos esclarecerá ainda mais sobre o erro de que a noção de perversão sobrecarrega a sexualidade nascente e sobre o alcance possível e o significado dos fenômenos que vamos abordar.

    A família dessas regras de vida *ersatz* é, infelizmente, prolífica e complexa. Alguns autores talvez negassem os laços de parentesco cujos fundamentos revelamos, e cuja consideração é de primeiríssima importância para o comportamento do educador.

    Há, aliás, entre esses membros da mesma família, uma relação permanente de descendência. Uma prática reprimida, sem que desapareçam as circunstâncias que a suscitaram, ou a tornaram necessária, dá origem a um hábito, a uma mania nova, mais grave ou mais anódina, conforme as circunstâncias. É como uma corrente onde se misturam as impurezas que podem decantar-se, depositar-se ou ser repelidas para a margem – mas que às vezes também se aglomeram, se combinam, se ligam até obstruir e empestar o leito da corrente. O difícil então é remontar às nascentes, encontrar, mais além desse encaminhamento complexo, a origem verdadeira dessas impurezas para proceder, enfim, à limpeza essencial que se impõe.

Nós o ajudaremos a encontrar essa origem comum; pensamos poder aconselhá-lo utilmente sobre a limpeza. Compete a você remontar implacavelmente às nascentes em vez de contentar-se com explicações superficiais e tratamentos de superfície que não passam de paliativos, nem sempre, infelizmente, sem perigos.

Na lista que damos, esboçaremos essa filiação, sem pretender, porém, estabelecer um trajeto imutável e definitivo numa área tão complexa e a tal ponto vinculada aos erros de educação e à influência do meio, familiar, escolar e social. Com base no esquema geral que fornecemos, haveria que estabelecer depois, para cada indivíduo, um perfil particular, conforme os motivos especiais que contribuíram para modelá-lo. E essa reserva situa lealmente o alcance de nossas observações.

Completaremos primeiro a trama que encetamos. Indicamos como regras de vida *ersatz*:
– *a sucção do dedo,*
– *o autogozo sexual.*
Completaremos com:
– *o interesse anormal dado às funções de excreção,*
que, aliás, está ligado com
– *a perversão do gosto* e
– *a excitação das diversas sensações.*

Cumpre assinalar aqui não só a defecação – que pode chegar até a coprofagia – e os jogos mais ou menos anódinos vinculados à função urinária, mas também o ato de escarafunchar no nariz ou de lamber o ranho; de coçar a cabeça e lamber os exsudatos que daí se tiram; de roer as unhas; de coçar o corpo até esfolar-se, de chupar o braço até arder, de picar-se com um alfinete até sangrar.

É de notar que, assim como para o autogozo sexual, é sempre quando são brutal e definitivamente largadas na plataforma que as crianças se entregam à sua mania relativamente clandestina. Se não podem entregar-se ao onanismo, na escola, por exemplo, roerão as unhas ou lamberão seu ranho – porque é absolutamente necessário que ocorra uma solução.

Temos aí, por assim dizer, as regras de vida genéricas. Com o uso, umas se atenuam e desaparecem, ao passo que outras, ao contrário, se intensificam, se diversificam, se incham até dominar o comportamento.

Citaremos ainda algumas formas de autogozo, não para esgotar a questão, mas sim para mostrar o valor permanente e geral dessas observações.

A excitação anormal de diversas sensações leva à gulodice, à glutonaria, à voracidade.

Essa evolução tem, sem a menor dúvida, uma origem fisiológica determinante que faz com que a criança largada na plataforma seja orientada mais para essa satisfação de sua necessidade de potência do que para alguma outra. Portanto, não seria indiferente pesquisar e estudar quais são essas causas determinantes, para eliminá-las, se possível, ou atenuá-las. Quanto mais se come, mais o estômago demora a declarar-se satisfeito. Dá-se o mesmo com indivíduos e crianças em quem já não funciona de modo nenhum a chave que fecha o estômago saciado, que comeria sem parar.

Essa glutonaria ocupa um grande espaço na vida, mormente durante os períodos perturbados ou desorientados em que os riscos de fracassos e os tolhimentos na plataforma são tão comuns. Ela evolui freqüentemente para necessidade de beber, de ingerir algo que aqueça e proporcione a indispensável excitação. Esse tipo de regras de vida *ersatz* é característico naqueles que ficaram na plataforma, no sentido próprio e figurado. Perdeu-se o trem e fica-se ali, sem objetivo e sem interesse, concentrado em aborrecimentos pessoais. Como o jogador que, quando acaba de perder, bebe um gole, para se vingar, dir-se-ia, mas esse copo de vinho torna a lhe dar a euforia artificial de que necessita.

Talvez pensem que isso é ir buscar bem longe a origem do alcoolismo, ou pelo menos da mania de beber. Não há erro, porém, uma vez que o remédio sempre previne e cura essa tara (se ainda está em tempo): se o indivíduo está empolgado, entusiasmado por um trabalho-jogo cativante, não pensa mais em beber, e o mais simples alimento lhe basta contanto que lhe acalme a fome. É mesmo porque estava impotente na plataforma que ele recorria aos seus vícios para recobrar, ainda que fosse por um instante, a ilusão da potência cobiçada.

Essa necessidade de beber, de sentir a indispensável excitação do paladar, depois do estômago e do intestino, é acentuada também por outras práticas cuja origem deve ser procurada no comportamento familiar ao longo dos primeiros anos.

A criança não obteve as satisfações essenciais reclamadas por suas necessidades normais; ainda está com fome; ou então queria sair e respirar, ou mexer-se, agir, experimentar, testar os elementos à sua volta; talvez tenha colidido com algum obstáculo momentaneamente intransponível: derrota numa batalha ou numa competição, queda, medo, inferioridade manifesta em relação aos seus companheiros. Chora porque está provisoriamente vencida, na plataforma. Haveria mesmo muitas maneiras – que já indicamos – de ajudar a criança a recobrar potência e auto-satisfação, ainda que fosse a oferta de um trabalho-jogo que exaltaria essa exigente potência. Esse seria o remédio eficaz e definitivo, mas que necessita de medida, atenção, dom de si e vontade educativa.

A mamãe conhece, infelizmente, um *ersatz* bem mais prático: lá vai uma bala, ou um pouco de açúcar, ou uma chupeta, ou mesmo às vezes um dedo de vinho ou uma gota de aguardente. Com isso a criança sente, como no autogozo sexual ao qual tais práticas são muito ligadas, uma excitação e uma satisfação artificiais que substituem, por um instante, a satisfação natural e normal que ela não pôde atingir. O hábito se tornará bem depressa regra de vida, ainda mais exigente e tirânica porque parece no início lícita, recomendável, e como tal realmente integrada na vida corrente.

A criança não ousa sair ou sente o medo invadi-la: "Então me dê uma bala!..." Ela não gosta de tal prato: "Vamos lhe dar uma fatia de pão com geléia!..." Mas, se ela for dominada pela exaltação de um trabalho-jogo que lhe proporcione uma satisfação suficiente de sua necessidade de potência, ou se for monopolizada somente por um jogo-trabalho, não precisará então do auxílio das regras de vida *ersatz*, que são superadas e dominadas por um ritmo de vida superior, criador e vencedor... O processo, como se vê, é mesmo sempre igual.

O adulto, por sua vez, já não ousa pegar a chupeta – no fundo, quase seria apenas uma questão de moda! – ou chupar balas ou comer fatias de pão com geléia. Então ele mastiga chiclete, ou então masca fumo, ou fuma. E o diagnóstico é invariável: quando o homem é deveras monopolizado pelo interesse de um trabalho-jogo, ou pela febre de um jogo-trabalho, cospe seu fumo, ou não pensa mais em fumar. Mas, assim que se vê largado na plataforma, uma necessidade imperiosa reclama uma satisfação que proporciona a exaltação factícia – na falta da outra – da necessidade de potência. O homem masca fumo ou fuma. E masca fumo ou fuma com uma gana tanto maior quanto maior é o desprezo desumano com que é largado na plataforma ou na sala de espera. Fica sentado, impaciente e inquieto porque um convidado se atrasa para o encontro: cigarro atrás de cigarro!... Não sabe que atitude tomar em face de um indivíduo ou de um acontecimento: saca da sua bolsa de fumo.

Não há nada de tão característico a esse respeito quanto seguir a manobra do viajante que acaba de subir com grande dificuldade a um compartimento e se instala enquanto o trem começa a andar. Como por pouco não falhou, como ainda está sob o impacto da emoção e não encontra ao seu redor a ajuda simpática que lhe permitiria restabelecer o equilíbrio, tira sua lata de pastilhas ou pega um cigarro. O *ersatz* compensa a deficiência e dá a ilusão de potência.

Os tiques e acidentes nervosos

Por que os indivíduos largados na plataforma ou relegados para a sala de espera evoluem para regras de vida tão diversas, por que um se entrega ao autogozo sexual, o outro à bulimia, à bebida ou ao fumo – ou obstina-se em roer as unhas ou chupar o dedo?

O processo determinante é, ainda aí, o da experiência tateada. A criança em dificuldade tenta um pouco de tudo, como a dona de casa, a quem falta óleo em tempo de crise, tenta sucessivamente os diversos *ersatz* que lhe são recomendados. Ela tateia, experimenta! E entram em consideração não só o sabor, os possíveis perigos de intoxicação, o uso vantajoso ou não que ela lhes dá, mas também o preço, a facilidade de achá-los, a propaganda que a estimula em sua escolha ou, pura e simplesmente, talvez a maior ou menor simpatia que sente pela merceeira que lho oferece. Tudo isso entra em linha de conta; todos esses argumentos são examinados e pesados pela dona de casa, de modo totalmente inconsciente, é verdade. As experiências são feitas também inconscientemente e sem a menor objetividade. Cumpre mesmo decidirmo-nos se queremos comer! Então fixamos a escolha, pura e simplesmente, talvez, porque o produto está à venda na mercearia vizinha... E agarramo-nos a ela depois, "porque sabemos o que temos e ignoramos o que encontraremos", porque não gostamos da dúvida e do risco, porque necessitamos, para a facilidade do comportamento, que a escolha se cristalize o mais cedo possível numa regra de vida que não mais carecerá de nenhum esforço de decisão. Quando formos à mercearia costumeira, pediremos prosaicamente o *ersatz* de óleo "que usamos habitualmente".... Não vamos dirigir-nos a outro comerciante e ter outro *ersatz* que talvez não dê melhores resultados. O comércio e a propaganda conhecem a fraqueza dessas tendências menores dos humanos: aplicam-se a canalizar a clientela para regras de vida que sabem ser persistentes e fiéis, ainda que seja por uma marca de dentifrício ou uma lâmina de barbear.

A criança procede da mesma forma, inconscientemente. Está na plataforma, e é preciso, a qualquer preço, para viver – e ela quer viver – reconquistar um mínimo de potência, ou pelo menos a ilusão dessa potência. Dirige-se a um ou a outro *ersatz*, conforme a inclinação congênita ou fisiológica. Já o dissemos: uma coceira inoportuna, ou uma irritação nas partes sexuais, pode aguilhoá-la para a satisfação erótica; uma inflamação acidental do tubo digestivo a inclinará para a gulodice; uma má inclinação inicial desencadeará uma dilatação do estômago e predisporá para a bulimia... O acaso também, que quis que se prove de tais balas em tal momento crítico; a inconsciência da mamãe que veio a aceitar o *ersatz* que pouco a pouco ia impor-se; a falta de ajuda no meio familiar ou social e a impossibilidade de encontrar na natureza a satisfação compensatória indispensável.

Se, como se vê, os determinantes da escolha do *ersatz* podem variar consoante a experiência tateada de cada qual, a própria causa da necessidade é sempre a mesma, sendo esse ponto que devemos continuamente ressaltar: *a criança estava largada na plataforma*. Dessa concepção profunda decorrem todos os nossos ensinamentos pedagógicos.

A criança ficou, muitas vezes, na plataforma pela impotência fisiológica ou doença. Se os pais tivessem previsto ou corrigido essa deficiência com uma técnica terapêutica ou alimentar mais natural e mais eficiente, a criança não teria tido nem irritação, nem coceira, nem fragilidade estomacal.

Se, pelo menos, a mamãe tivesse compreendido o estado de incerteza, de perturbação e de inferioridade em que o filho estava, ela poderia tê-lo ajudado a recuperar uma linha de vida normal, talvez abrir-lhe um compartimento para evitar a perigosa impotência na plataforma. Ela o teria puxado para um trabalho-jogo ou para um jogo-trabalho que o teriam recolocado na torrente normal da vida... Os recursos às linhas de vida *ersatz* teriam sido supérfluos.

E mesmo quando a criança provou os gozos *ersatz* que são como que o sinal do desequilíbrio vital, ainda não é tarde demais para reagir, desde que se apele para os únicos remédios eficazes: a atividade pelo trabalho num meio auxiliante.

A dona de casa bem que fixou sua escolha em certo óleo *ersatz*. Mas se, amanhã, ela fica sabendo que ainda se pode encontrar óleo de verdade na cidade vizinha, não hesitará em impor-se a viagem para proporcionar-se esta satisfação natural: comer óleo de verdade! Porque ela ainda tem, no paladar, no olfato, em seus hábitos, em todo o seu corpo, a sensação daquele óleo e ainda não está suficientemente habituada ao *ersatz* que acabou de experimentar. Mas se for reduzida durante meses e anos a um *ersatz* que a satisfaça, mesmo que seu emprego seja perigoso, ela se apegará a ele quando reaparecer o óleo verdadeiro, dando esta desconcertante explicação: "Oh! Estamos habituados a esse óleo que é tão bom quanto o óleo natural... Por que mudar?"

É o mesmo raciocínio cego que ocorre à criança em quem o recurso acidental tornou-se regra de vida e que se apega a ele, contra qualquer demonstração.

Mas é preciso ainda que o óleo dê um mínimo de satisfação e não apresente demasiados inconvenientes. Se, com o uso, ele se revela caro demais, se não compensa o preço que custa, se lhe são atribuídos, com ou sem razão, mal-estares sentidos, ou se seu emprego lhe é proibido, então você tateia na direção de outros *ersatz*.

É isso que a criança faz. Tentara o gozo sexual, mas proibiram-lho assustando-a a tal ponto sobre seus funestos efeitos que ela não se atreveu a continuar. Gostaria das balas, mas não as pode comprar. A verdade é que fica na plataforma, forçada a adotar uma solução qualquer, boa ou má. E essa solução, para que seja possível, deve ser tão bem dissimulada ou disfarçada que a autoridade inflexível não lhe possa reconhecer a origem censurável.

A criança ficou na plataforma; não conseguiu achar lugar nos compartimentos diante dos quais se apresentou obstinadamente; o funcionário a arrancou brutalmente da porta do trem à qual se agarrava desesperadamente; ou então ela se enganou de direção e teve de voltar atrás, pobre-diabo como antes. Refugiara-se na sala de espera onde encontrara um meio, solitário ou não, de atingir o máximo de potência, uma razão, provisória pelo menos, de perdurar e de lutar, e o funcionário a expulsou de lá também. Vigiaram-na com tamanha minúcia policial, a tal ponto a acossaram e apavoraram que mesmo a permanência nessa estação se lhe torna intolerável. Que fazer então? Morrer?... Se, antes, tentasse fugir! Quem sabe: escondendo-se, disfarçando-se, tentando subir no trem que vai em sentido oposto, fingindo-se de doente, ou mesmo de morta, como os insetos que sabem simular tão perfeitamente a imobilidade quando estão em perigo!

São essas tentativas, em geral muito trabalhosas, que se traduzem por acidentes tão incompreensíveis quanto graves e que são tão bem disfarçados que o próprio indivíduo fica como que preso na armadilha. São os tiques, notadamente da face, o gaguejo mais ou menos acentuado que pode chegar à mudez; os tremores, as doenças mais ou menos misteriosas que obrigam, enfim, o chefe da estação a interessar-se pelo paciente estendido na plataforma e que transformam momentaneamente um meio rejeitante e implacável em meio auxiliante e simpático; as crises nervosas mais ou menos acentuadas; as inexplicáveis complicações digestivas ou intestinais; certos sinais de paralisia, as fobias alimentares ou indumentárias e mesmo a enurese.

Nessa área tão delicada, o indivíduo tateia ainda, tenta diversas soluções para se apegar àquelas que parecem dar certo e que são então fixadas como regras de vida. Digo mesmo: "parecem", pois nunca passam de soluções de desespero.

Numa cidade bombardeada à noite, as vítimas tateiam, também elas, de um abrigo a outro, em busca da maior segurança. E, às vezes, diante de um porão todo aberto, nós, que vemos as coisas de fora, friamente, espantamo-nos de que a vítima se tenha obstinado em ficar naquele abrigo inseguro quando tinha a alguns passos dali um abrigo de concreto a toda prova. Mas, se ela ficou, assim, num abrigo muito frágil, decerto é porque não pôde agir de outra forma, ou porque ignorava a proximidade do abrigo de concreto, ou porque julgou perigoso demais continuar seus tateamentos. A solução adotada talvez não tenha sido a melhor. Foi, pelo menos, aquela que, no *final das contas*, ela julgou a melhor, senão teria, evidentemente, procurado noutro lugar.

Dá-se o mesmo no que diz respeito à saúde fisiológica e psíquica. E essa necessidade de experiência tateada, e a urgência de encontrar uma solução, que permita que a vida continue, explicam a imperfeição, a irracionalidade, o barroco, às vezes, das soluções adotadas. Esse raciocínio vai permitir-nos trazer algumas luzes ao debate que separa os terapeutas dos psicólogos. Os primeiros, dada a sua formação, são inclinados a ver apenas a doença, aliás rotulada e definida, na qual só distinguem as causas exclusivamente materialistas, sem relação com o comportamento individual e social. Se a criança tem um tremor nervoso, se começa a gaguejar ou se sofre de enurese, é porque tal órgão está doente, porque um micróbio veio misteriosamente alterar o funcionamento do mecanismo – o que, como veremos, não está totalmente errado, mas não deixa de ser demasiado exclusivo, demasiado absoluto, como se o indivíduo assim atingido não passasse de uma montagem anônima de órgãos e de engrenagens extraídas do meio e como se as causas exteriores não pudessem, não devessem influir sobre o funcionamento interno... Por isso os médicos ficam desconcertados diante dos doentes rebeldes ao seu tratamento, que parecem comprazer-se com suas afecções, fugindo diante dos diagnósticos impossíveis, sujeitos a desconcertantes curas miraculosas.

Os psicólogos teriam tendência a acreditar que, por razões subconscientes, que aliás só conseguem destrinchar com muita imperfeição, mas que seriam independentes do mecanismo fisiológico, o indivíduo se afunda em certas taras persistentes que são as neuroses.

É bom que tenham ressaltado assim a influência subconsciente no desencadeamento e na evolução desses acidentes. Nossas observações vão permitir-nos destrinchar melhor as vias desses complexos neuróticos e, portanto, intervir com maior eficácia, seja para preveni-los, seja para atenuá-los ou curá-los.

Portanto, temos de considerar:

1. *A atmosfera de perturbação*, de desesperança, portanto de extrema urgência, que preside a essa suprema experiência. Ficar-se-á, então, menos espantado com certas anomalias incompreensíveis, ou com o fato de o indivíduo ter-se extraviado assim, como que de propósito, em caminhos impossíveis que só levam a impasses.

2. *A tara fisiológica* – Quando se força um motor além de suas possibilidades, sempre a parte fraca é a primeira a quebrar. Se os pistons estão um pouco gastos, eles é que quebrarão; se o carburador está desregulado, ele é que provocará a avaria por sufocamento e asfixia. No entanto, essas taras nada mais eram, no início, do que uma espécie de fraqueza relativa que poderia muito bem ser compensada e corrigida por uma marcha normal, e talvez nunca se teriam agravado sem o erro que desequilibrou a máquina inteira.

A criança está lá, conturbada, na plataforma. Uma crispação brusca do rosto, mais acentuada de um lado, a obseda com sua repetição nervosa. Noutras circunstâncias, ela nem sequer teria reparado nisso como em tantas outras dorzinhas que são a moeda corrente da vida. Passa-se cem vezes por um caminho familiar sem notar a menor anomalia na forma das árvores nem em sua projeção vigorosa sobre o fundo escuro do céu. Mas basta ficar apavorado para que esses perfis e essas sombras se transformem em fantasmas apocalípticos. A criança, inquieta, ameaçada, perseguida, interpreta tragicamente uma crispação insignificante. Vê nisso quer uma nova ameaça, quer um meio, talvez, de restabelecer seu equilíbrio e de superar os obstáculos. Presta a essa crispação uma atenção doentia que tem o efeito de lhe acentuar o processo. O tique nasceu. Se o indivíduo o interpreta como um meio benéfico, se apegará a ele e o tique se tornará regra de vida.

Ou então, nesse mesmo estado de temor e de desesperança, sentirá de repente certa dificuldade para mexer a língua. Interpretará essa deficiência como uma conseqüência de seu desespero, ou talvez mesmo como uma punição sobrenatural por crimes imaginários de que carrega sua consciência acuada. Daí resultará um tique que tenderá a tornar-se regra de vida: o gaguejo.

Ou então a criança sentirá o cérebro esvaziar-se, os membros tremerem. Desmaiará. Mas esse desmaio será interpretado pela criança como uma conseqüência de sua triste situação de eterna rejeitada. Se a apanharam, levaram a um local quente num canto abrigado; se ela viu pessoas interessarem-se por sua sorte – até que enfim! – acreditará, talvez inconscientemente, ter achado uma solução para seu desespero. Há grandes chances para que um processo, que foi relativamente bem-sucedido no ponto em que fracassaram tantos outros, seja retomado misteriosamente pelo organismo e convertido em regra de vida.

Tal é a evolução complexa.

Se a criança não tivesse experimentado essa contração nervosa da face, ou a insólita dificuldade de mexer a língua, decerto não teria havido tique nem gaguejo, apesar do estado de desespero na plataforma. Teria procurado noutro lugar uma solução. Se seu organismo não estivesse cansado nem estafado, se seu cérebro tivesse continuado sólido, seus nervos e seu coração sem fraqueza, ela não teria sucumbido a essa espécie de desmaio que depois se repetiu e fixou. Teria procurado ainda noutro lugar.

Podemos então dar algumas indicações salutares sobre a prevenção ou a cura dos tiques, manias, acidentes nervosos perante os quais a medicina às vezes se vê desarmada.

Nossa ação ocorrerá alternativa ou simultaneamente em três direções diferentes.

1. Se evitamos que o indivíduo fique tolhido obstinadamente, brutalmente, na plataforma, ou que seja expulso da sala de espera; se sabemos *ajudá-lo* a encontrar em todas as circunstâncias soluções normais para os graves problemas criados pela vida, há grandes possibilidades de que nele não deitem raízes nem tique, nem mania, nem neurose.

Se você vê delinearem-se esses acidentes, não espere mais para reagir, não com uma proibição desastrada que só precipitaria o processo, mas corrigindo os erros cujo sinal são tais acidentes. É preciso, a todo o custo, nesses casos, ajudar as crianças a reembarcar, realizar-lhes ocasiões de sucesso e de triunfo, zelar pela permanência de seu sentimento de potência.

Demos conselhos suficientes a esse respeito para que cada qual, nessas circunstâncias delicadas, tente retificar como se deve a posição e o uso dos recursos-barreiras cuja função determinante foi por nós revelada.

2. Se as circunstâncias obrigam você a forçar seu motor, zele de modo todo especial por seu perfeito funcionamento. Retifique e reforce a tempo as peças deficientes que poderiam quebrar-se. Talvez assim você atinja, apesar de tudo, o topo da subida onde poderá, afinal, respirar.

Mais do que nunca, da mesma forma, cuide do corpo de seu filho; evite a degenerescência dos órgãos; evite a excitação, o erro alimentar ou respiratório; trate de conservar o mais possível potentes a energia e a harmonia vitais. Não poderia haver cura sem o desaparecimento do desequilíbrio fisiológico funcional que estimulou o tateamento para vias perigosas onde só se encontram *ersatz*, ilusão e impotência.

3. Infelizmente, é possível que você não tenha condições de restabelecer a função auxiliante de recursos-barreiras dos quais alguns, como sabemos, escapam a suas possibilidades. As crianças estão na plataforma e você não consegue reembarcá-las. Resta-lhe realmente, a você também, apenas um recurso: a regra de vida *ersatz*.

Só que, em vez de deixar a criança entregar-se a uma trabalhosa experiência tateada para tentar encontrar uma solução aceitável, você pode ajudá-la e guiá-la na busca de regras de vida que, mesmo *ersatz*, são as menos nocivas, para aquelas que lhe permitirão ainda atingir a exaltante potência.

Seu filho está na plataforma. Você pode acompanhá-lo à sala de espera, ou ao bar, ou enervar-se com ele andando maniacamente de um lado para o outro.

Mas talvez você pudesse também aconselhá-lo mais utilmente, conduzi-lo para outras possibilidades que agora vamos estudar.

Regras de vida "ersatz" que podem ser benéficas

O jogo

O indivíduo estava na plataforma da estação. Se estava sozinho, se seu corpo estava cansado, se estava sentado tristemente, encolhido em si mesmo, fisiológica e psiquicamente, escutando o coração bater, assustando-se com uma dor no peito, com um ardor no estômago ou com uma contração da face. Ou então começou a comer, ou dirigiu-se para o bebedouro... ou para os sanitários. Ou então refugiou-se na sala de espera, e vimos toda a complexidade das consequências desse elenco possível de aventuras.

Mas pode ser que o indivíduo, bem equilibrado, não sofra de nenhuma das taras que o predispõem para qualquer uma dessas soluções maléficas. Está na plataforma, mas ainda sente em si ânimo suficiente para reconquistar a potência. Não sente nem a necessidade de comer nem a de beber, e há muita vida nele para que vá passivamente encerrar-se na sala de espera.

Mas que fazer? A verdadeira vida lhe está provisoriamente fechada. Não seja por isso! Vai imaginar que embarca, que age, que luta, que reconquista a potência, que domina de novo e realiza, apesar de tudo, seu destino.

A criança começa a brincar, realizando como pode, num meio à sua medida, com os elementos de que pode dispor, os gestos vitais e essenciais que não pôde efetuar no meio normal. É o *jogo-trabalho*, *ersatz* do *trabalho-jogo*, cujas características específicas demos, aliás, noutra obra, e que degenera facilmente, sob o efeito do exemplo, da excitação fisiológica ou da desordem psíquica, em *jogo de compensação psíquica*, em *jogo para ganhar* e, finalmente, em *jogo-haxixe* cuja nocividade, tão perigosa e tão persistente quanto a das piores regras de vida *ersatz* que acabamos de passar em revista, nós denunciamos[1].

Se, depois de alguns instantes de jogo, o indivíduo consegue tornar a embarcar e realizar, apesar de tudo, o essencial de sua vida, está tudo bem. Senão, ficará na plataforma jogando, realizando assim na imaginação, como um sonho nevoento, no mundo de sua criação, com mímicas, com um comportamento e um ritmo adequados, um modo de vida afastado da vida real, mas que em geral segue paralelamente a ela, até confundir-se às vezes com ela, que não é realmente vida, mas que proporciona, poder-se-ia dizer de um modo reduzido, as mesmas satisfações de potência e de superioridade que ela.

Essa regra de vida, na falta de melhor, é apesar de tudo benéfica, pois evita para o indivíduo impotente na plataforma o perigo dos desvios que examinamos. Basta virem possibilidades aceitáveis de verdadeira vida, portanto totalmente vizinhas daquelas realizadas pelo jogo-trabalho, que se abandonará o jogo para ter acesso ao trabalho; a regra de vida baseada no jogo-trabalho passará gradual e imperceptivelmente para a regra de vida baseada no trabalho. É isso que nos faz considerar o jogo-trabalho um *ersatz*, um substituto do trabalho-jogo, desejável todas as vezes que o trabalho-jogo não pode ser realizado e suscetível de salvar a criança de todos os perigos que o erro crescente dos recursos-barreiras a faz beirar incessantemente.

Compreende-se então que tais recomendações não possam aplicar-se ao jogo que degenera em jogo de compensação psíquica, em jogo para ganhar ou em jogo-haxixe. Estes últimos conduzem a uma regra de vida perigosa e maléfica, inteiramente comparável com as regras de vida neuróticas precedentes. Compare o aferramento ao ganho do mau jogador, o autogozo da criança obcecada por certos jogos-haxixes, com as práticas eróticas e com a satisfação bulímica, e você compreenderá a necessidade de pôr

....

1. *L'éducation du travail* (*A educação do trabalho*), cap. "O jogo-haxixe", pp. 221 ss.

todas essas manifestações no mesmo plano, com as mesmas causas, os mesmos meios possíveis de prevenção e de cura.

Superstição e religião

O indivíduo que ficou na plataforma, às voltas com uma angustiante agitação, obcecado por essa espécie de vazio produzido pelo fracasso e pela impotência, dominado pela barreira de noite que veda o futuro, talvez não seja propenso a nenhuma das reações que acabamos de estudar. Mas ele se põe a andar de um lado para o outro fazendo soar e contando os passos, concede uma importância exagerada a certas coincidências, dá três passos, depois mais três, depois três passos e persuade-se de que algo vai acontecer quando tiver dado assim três vezes três passos. E, efetivamente, uma máquina apita. Mera coincidência, evidentemente, mas na qual o indivíduo inquieto acredita discernir uma ação possível sobre a natureza ambiente, uma influência sobre a marcha dos acontecimentos, ambas capazes de tornar a dar-lhe potência e superioridade.

Chega uma máquina com um sopro lancinante que mexe até com as entranhas dele. O indivíduo, mais transtornado que nunca, julga chegada a sua hora derradeira e se recomenda a todas as forças que supõe capazes de salvá-lo. Prende a respiração e diz consigo mesmo que só a recomeçará quando a máquina tiver parado. Se esse recurso acidentalmente der certo, o indivíduo ficará persuadido de ter descoberto um meio de potência que ele se aplicará a pôr em prática nas circunstâncias difíceis da vida.

Ou então recorrerá em pensamento à mãe ausente, ou morta, ao pai, ou a certa pessoa que lhe é cara, e acreditará possuir uma força à qual apelará outra vez no momento de perigo.

Ou então olha para o céu e acredita adivinhar nas nuvens sinais familiares ou, ao contrário, figuras fantásticas, mais ou menos saídas dos sonhos. Caminha, e a lua parece segui-lo; ou então dirige-se como cúmplice para sua sombra fiel que, quanto a ela, não o abandona. Recomenda-se sucessivamente a essas virtualidades de potência. Se o recurso se mostra eficaz, agarra-se a ele; e quanto mais eficaz se mostra, mais se agarra a ele.

Assim é feito o homem que não é exigente no tocante à experiência tateada, sobretudo nesse domínio. Há tantos mistérios à sua volta, tantas barreiras rejeitantes! Basta que encontre uma aspereza de rocha, um raminho firme em que se agarrar... Ele esquece bem depressa todos os tateamentos, todos os fracassos sucessivos e repetidos, para só considerar o sucesso que, uma vez por acaso, coroou a experiência.

Basta isso para explicar o cândido tateamento da criança na área do apelo às potências misteriosas todas as vezes que foi repelida pelas potências verdadeiras; e a persistência, através dos anos, de todas as práticas empíricas, de todas as tradições formuladas e fixadas nos gestos, nos provérbios, nos feitiços, nas regras de vida ou nos sortilégios mágicos.

Tudo é válido. Pela lei do puro acaso, sempre acontece algumas vezes em que o sortilégio deu certo, em que o provérbio disse a verdade. Esquece-se então a infinidade de vezes em que a magia fracassou.

Quanto maior é o perigo, menos exigente se é. Os indivíduos que possuem força e potência, e vivem sua vida, podem sorrir dos pobres seres que foram repelidos para a plataforma e que imploram, invocam e rezam. Se eles próprios estivessem dentro de um abrigo a cuja volta chovem obuses, bem que tentariam, também eles, todos os recursos sem exceção: lembrar a recordação protetora da mãe, ou da Virgem Maria que é como que a sua idealização, implorar a Deus ou aos santos, rezar, fazer o sinal da cruz, punir a si mesmo ou chorar perdidamente... Se por acaso isso desse certo!

Creio que estão errados em considerar num plano por demais intelectual, por demais cientificamente psíquico, por demais idealizado, o problema dos recursos do indivíduo às forças misteriosas que o rodeiam – recursos cujo remate é a religião. Deve-se ver nisso, acima de tudo, tentativas do indivíduo, largado na plataforma ou empurrado para a sala de espera, para recobrar o mínimo de potência indispensável que lhe é recusado pelos recursos-barreiras comuns da natureza, da família ou da sociedade.

Em virtude do princípio permanente de segurança na busca da potência, no receio de encontrar-se de novo sem recursos na plataforma, a criança se agarra à primeira centelha entrevista, à primeira tentativa bem-sucedida: animismo, superstição, fórmulas de feitiço, tradicionalismo, práticas mágicas são outros meios, para ela, de recobrar ou de conservar a potência. Ofereça-lhe um meio mais eficaz e então ela abandonará as práticas anteriores. Mas há nisso uma maneira geral de encarar as coisas que intervém e torna laboriosa essa evolução. Os mesmos segundos que separam o relâmpago do troar profundo do trovão. Escuto meu coração e tento prender minha respiração para ver se esse esforço interior não conseguiria, quem sabe?, afastar o perigo. Ou então faço gestos de invocação; pronuncio certas palavras que me recomendaram como eficientes; acendo uma vela e rezo a Deus ou a seus santos; ameaço a força cega, ou lhe prometo, ao contrário, recompensa, fidelidade, servilismo, se ela me poupar; proponho um verdadeiro negócio... Tento múltiplos recursos para dar a preferência, uma outra vez, àquele que me tiver parecido bem-sucedido. Enquanto invocava certo santo, o céu abriu-se e um raio de sol filtrou-se pelas nuvens para vir iluminar o santo em seu nicho. E o trovão parou de troar. Fico convencido, então, do efeito mágico das orações balbuciadas, das invocações dirigidas, das promessas feitas. Dou a conhecer à minha volta o resultado maravilhoso do meio empregado, como se indicam com complacência e orgulho aos doentes os remédios que aparentemente deram bons resultados. Sempre haverá indivíduos crédulos ou hábeis, ou os dois ao mesmo tempo, para especular sobre essa necessidade de segurança e criar todo um organismo de prevenção e de defesa contra os riscos que a engenhosidade individual, familiar ou social ainda não soube cobrir.

É essa, implacavelmente simples, toda a história das religiões.

Dizem às vezes que a religião é uma necessidade profunda do indivíduo. É um pouco jogar com as palavras. Há a necessidade profunda do ser ameaçado pelo mistério ou pelo desconhecido e que, largado na plataforma, vê-se forçado a tentar tudo para reconquistar a potência e sair do impasse. Abra-se o impasse e cessam também o recurso e a necessidade religiosos. Talvez digam que o homem, por mais longe que o impulsione seu gênio, sempre esbarrará em algum impasse, mas essa, então, é uma forma totalmente diferente de considerar o problema religioso.

A realidade é que magia e superstição recuam inexoravelmente à medida que avança o conhecimento, que cresce a segurança, que aumentam as chances, para os indivíduos, de conquistar e de conservar a potência que é o elemento vital de seu devir.

A criança tem medo do trovão. Invoca as potências ocultas para proteger-se dele. Mas, no dia em que souber que o trovão mesmo não apresenta o menor perigo, temerá somente o relâmpago, o que é racional. E, se a experiência lhe mostrou com certeza que não há nada que temer do relâmpago numa casa encimada de um pára-raios, ela já não temerá a tempestade; poderá até saborear certo gozo em sentir a tempestade ao seu redor estando abrigada de seus ataques, como se experimenta um gozo egoísta ao contemplar, mais além das vidraças de um confortável apartamento, o tufão torcer as árvores e a chuva inundar o caminho. O pobre viajante que recebe o aguaceiro talvez tente, também ele, encantamentos mágicos, ou então invoque Deus ou os santos para não soçobrar na aventura. Aquele que está abrigado não sente a necessidade de rezar porquanto não está nem um pouco ameaçado pelos elementos. Nosso viajante inquieto sente, também ele, a satisfação do triunfo se está abrigado embaixo de um bom guarda-chuva ou dentro de uma ampla capa de chuva, ou se roda dentro de um carro bem fechado que se ri dos elementos, até o momento em que o motor inundado se recusa a funcionar, caso em que, motorista inexperiente, impotente para consertar a avaria, invoca por sua vez a Deus ou a S. Cristóvão, seu padroeiro, a sorte ou seu número favorito, ou certa prática encantatória que anteriormente lhe deu certo.

O que acabamos de dizer a respeito da tempestade é válido para todas as circunstâncias da vida.

Você escuta um ruído insólito na casa. Adivinha um perigo que não consegue identificar. Você está na plataforma, impotente e indeciso. Todo o processo de experiência tateada recomeça então, desde a prática mágica até a oração formal, a promessa aos santos, ou a missa que apaziguará os espíritos. Mas é só você conseguir descobrir a origem do ruído para fazê-lo cessar ou, pelo menos, para se precaver contra qualquer perigo consecutivo, que a necessidade religiosa se extingue ao mesmo tempo. O conhecimento venceu a empírica magia.

Porque o nosso conhecimento ainda é imperfeito, porque se atém a recuar o mistério, é que a necessidade religiosa, a necessidade de um recurso, de um apelo, de uma tentativa de dominação mediante procedimentos não lógicos, não científicos, apresentam-se ainda à nossa mente. Não há motivo para glorificar-nos dessa necessidade que temos de procurar, nas circunstâncias graves, uma ilusória potência. E é perigoso, e um tanto humilhante atribuir a tais recursos – mesmo que se cubram de nomes prestigiosos – uma exaltante eficácia.

Isso, dirão os verdadeiros religiosos, não é mais que o lado pequeno, humano demais, do problema. A religião, para nós, é ainda uma outra coisa, mais elevada, mais nobre, mais divina e mais eficaz.

Admitimo-lo.

O indivíduo está na plataforma, impotente. Já não tem nenhum meio racional, nenhum meio prático de reembarcar na vida. Naturalmente, o incognoscível e o desconhecido nos apavoram; o mistério que nos rodeia pesa sobre nós como um inimigo invisível que não sabemos como atingir para atacá-lo, vencê-lo ou implorar-lhe. Expusemos o procedimento do tateamento suscitado por essa perturbação.

Essa perturbação pode ser superada e vencida pelo conhecimento. Mas, à míngua desse meio seguro do conhecimento, à míngua do processo por assim dizer científico, pode haver outra atitude que tem algo do conhecimento intuitivo ou sintético, da adivinhação, quase do instinto, e que é suscetível de anteceder, de aproximar e de atingir o misterioso conhecimento.

O locatário está inquieto, em seu apartamento novo, a respeito daquele cubículo misterioso que é como uma ameaça permanente à sua segurança. Haveria, é claro, a solução materialista e científica, fascinante em suas conclusões: basta conseguir encontrar sua chave, abrir o cômodo, aclará-lo com luz suficiente para lhe esquadrinhar à vontade todos os recantos, que já não haverá dúvida nenhuma e o locatário, após ter tomado as medidas precisas de segurança que talvez se imponham, poderá ir dormir tranqüilo porque o conhecimento lhe terá dado a segurança, ou pelo menos a possibilidade de atingir racionalmente essa segurança.

Nossa segurança individual e social avança da mesma maneira à medida que o conhecimento científico objetivo vai fazendo o mistério recuar, notadamente o mistério essencial da criação, da vida e da morte. Mas esse mistério por enquanto só recuou. Entreabriu-se a porta do cubículo; um raio de luz passa, às vezes, pela fresta; os pesquisadores mais ousados tentam aventurar-se no interior, mas ainda não lhe sondaram a insondável profundeza, incomodados que ainda estão pela multidão de timoratos, transtornados ou perturbados pela intrepidez dos pesquisadores, e que tentam incessantemente tornar a fechar o cubículo para nele aprisionar e circunscrever o mistério e o desconhecido.

Em face dessa atitude dominada pela impotência relativa de nossa compreensão científica, são possíveis três posições.

O automobilista amador fica inquieto e receoso diante de seu carro que não quer mais avançar. Ele tateia como tateamos perante os grandes mistérios da natureza, perante os mistérios da geração sobretudo, da vida e da morte.

Talvez ele se contente em iniciar uma prece, em invocar S. Cristóvão, em apelar à sua sorte ou em "bater na madeira". E, como às vezes acontece que o carro volte a andar efetivamente – não, por certo, pela graça de S. Cristóvão ou da sorte, mas porque entrementes filtrou um pouco de gasolina no carburador –, o motorista recorrerá a esse procedimento na próxima ocasião. Esse homem representa o tipo, apesar de tudo em vias de desaparecimento, que se contenta com o apelo exclusivo ao seu deus ou à sua sorte, ou às forças ocultas, para encontrar a solução dos graves problemas que lhe surgiram.

Mas, a maior parte do tempo, o motorista seguirá os conselhos da sabedoria: "Ajuda-te e o céu te ajudará!... E, talvez sem desprezar a invocação às forças superiores, se porá em condições de se tirar do aperto sozinho. Então, mexe numa peça, depois noutra, verifica o carburador, a ignição, a entrada de gasolina e a circulação de óleo. Se um desses tateamentos é bem-sucedido em tornar a dar potência e vida ao motor, ele se orientará espontaneamente, a próxima vez, para o tateamento que deu certo. Mas, como é possível que o defeito não seja estritamente localizado, a nova tentativa talvez seja infrutuosa. Daí um novo tateamento, que redunda de novo num resultado provisório, ainda que seja efeito do puro acaso... E aí estão duas experiências bem-sucedidas que, na lembrança, se equivalem como possibilidades de sucesso e que se juntarão a outras experiências bem-sucedidas para oferecer ao comportamento uma gama empírica, mas sem nada que a una ou a sintetize.

A massa de nossos contemporâneos está nesse ponto, incline-se ela para as soluções religiosas mais ou menos influenciadas pelo racionalismo, ou diga-se ela racionalista para recorrer uma derradeira vez, em caso de desespero, às experiências religiosas ou ocultas ainda não definitivamente superadas.

Venha, em contrapartida, um verdadeiro mecânico, tendo atingido o domínio perfeito de sua ciência, quer por seus estudos, quer por sua concepção intuitiva das leis que regem e dominam o mecanismo do motor do automóvel. Ele esquadrinha o movimento em sua síntese vital; compara com o que sente de sua unidade necessária; dá uma volta de manivela que cria uma vida artificial, como uma prova da qual o operário deduz o vício fatal. Ele pára, vai mexer nesta peça ou naquela engrenagem onde julgou distinguir um movimento anormal. Mais uma volta de manivela: compara com o que resultara da volta de manivela precedente e decide, seguro: aí está o problema!

Esse mecânico é a imagem dos homens superiores que, porque compreendem e dominam o mundo com uma técnica segura de vida, sabem lhe amoldar em todas as ocasiões seu comportamento individual e social.

A conseqüência educativa destas considerações é que você não terá feito grande progresso enquanto só tiver produzido homens das primeiras e da segunda categorias. Se, em compensação, o indivíduo na plataforma pode penetrar o sentido da vida como o mecânico domina o funcionamento de sua máquina; se pode, por sua compreensão científica e racional do processo social, adquirir uma técnica de vida superior, então a máquina arrancará potentemente para o assalto intrépido dos cumes invencíveis.

Artes e literatura

Ainda não terminamos nossa série de *ersatz*.

O indivíduo está largado na plataforma. Em vez de ir aos sanitários ou ao bebedouro, de invocar o céu ou seus sucedâneos, ele pode concentrar-se em si mesmo, escrutar sua própria personalidade para nela descobrir alguma razão ainda de viver, de lutar, de triunfar para perdurar.

O locatário que se machucou acidentalmente e não pode deixar sua residência dá e torna a dar uma volta por ela lentamente, examinando os recantos mais ocultos, encontrando um prazer insuspeito em descobertas que não tivera oportunidade de realizar: o acabamento original de um móvel, o interesse de um livro que encontra por lá, por acaso, numa prateleira, ou a perturbadora recordação que aquela carta, surgida do fundo de uma gaveta, lembra à sua consciência ou à sua afetividade. Ou então cola o nariz na vidraça úmida e encontra na paisagem um encanto novo que jamais o havia tocado com tamanha intensidade. Esse inventário de suas riquezas íntimas pode contribuir no contrabalançar sua deficiência momentânea para tornar a dar-lhe o potencial de potência que lhe permitirá enfrentar vitoriosamente a vida.

Dá-se o mesmo com o indivíduo. Se ele não tivesse ficado, em algum momento, plantado na plataforma, talvez nunca tivesse tido a ocasião de proceder a esse inventário profundo das possibilidades que traz em si e de refletir sobre as virtualidades exaustivas de seu ser. Para alguma coisa, diz o provérbio, a infelicidade é boa... contanto que se triunfe, acrescentaremos nós.

Se ficar, de fato, por muito tempo no quarto, nosso locatário será levado a aplicar sua mente a detalhes que assumem anormalmente, a seus olhos de recluso, um lugar eminente e que apresentam o risco de deturpar o comportamento em face da vida. Quando não sabemos o que fazer, ocorre-nos pegar nosso relógio de pulso e olhar os ponteiros girarem, o que bem depressa é desesperante. Então, abrimos a caixa do relógio e nos divertimos um instante com o balanço sincopado da âncora ou com o funcionamento sacolejante dos mecanismos. Mas isto não poderia levar-nos a muito longe.

É verdade que a natureza humana é um organismo muito mais complexo e sutil, tão atraente que se pode, durante dias e dias, sem se cansar, desenrolar os meandros de sua vida interior, inventariar suas lembranças, deleitar-se nesse mundo infinito de sensações que foi o reino de um Proust, e que o homem essencialmente ativo forçosamente ignora e negligencia.

Mas o perigo que correm o locatário retido em seu quarto e o viajante tolhido na plataforma é que, assim como a criança desiludida que se entrega a seu onanismo clandestino, eles sentem certo prazer em organizar assim uma vida solitária, fora das obsessivas complicações da vida habitual, mas à qual não faltam, contudo, satisfações. Está frio fora, o vento sopra; vê-se pela janela as pessoas azafamadas e sente-se certo bem-estar egoísta em estar sozinho, tranqüilo, ao abrigo dos elementos enfurecidos, com a possibilidade de realizar sozinho, com seus próprios recursos, o mínimo de potência que lhe é recusada pela vida. A satisfação viril das necessidades verdadeiras para a aquisição da potência orgânica é substituída assim, progressivamente, por um gozo íntimo cuja qualidade de *ersatz* se adivinha então, com todas as suas características e seus perigos.

Esses *ersatz*, poderemos, pois, na prática educativa, tolerá-los em certa medida. Desde que não os deixemos fixar-se como estrita e misantropa linha de vida. Vamos ver como pode realizar-se a evolução necessária.

O indivíduo está na plataforma, ensimesmado, e crê fazer descobertas que sente necessidade de expressar com veemência de maior ou menor acerto. Primeiro fala para si mesmo, ou então canta ou assobia, ou então tira sua faca e talha e grava um pedaço de casca arrancado de um velho tronco abandonado; ou então desenha imagens na areia com a ponta de sua bengala. Conhecer assim, aprofundar sua dor, medi-la e exteriorizá-la parece torná-la mais suportável. A dor faz gritar, e gritar alivia você; o silêncio e o medo nos oprimem; assobiar anima o silêncio e o deixa como que familiar. Quando desenhamos com a ponta da bengala, dir-se-ia que as preocupações fogem de nosso ser para aquela ponta que realiza subconscientemente um pouco de nossos sonhos e de nossas esperanças. E a vantagem dessa exteriorização é que ela constitui uma volta, tímida e indireta, ao meio, uma tendência a reembarcar por uma via oblíqua que pode revelar-se salutar.

Tais considerações nos ditarão uma das linhas mais eficazes de nosso comportamento educativo, pelo menos no que toca às suas virtudes corretivas e curativas. Talvez vejamos nelas um dos meios mais seguros de sair do impasse, de vencer a neurose nascente, para recobrar a harmonia e a potência.

Encorajaremos, pois, os indivíduos que ficaram na plataforma a exteriorizar assim suas emoções, sua perturbação, seus temores, suas esperanças, suas hesitações. Essa confissão já será, por si só, uma liberação; a perturbação deixará de ser solitária; mesmo que fique provisoriamente na plataforma, o indivíduo já não estará sozinho; a satisfação, por mais anormal que permaneça, já não será solitária; tenderá a socializar-se, a idealizar-se e só dependerá de nós aguilhoá-la para a impetuosa torrente de vida.

Essa exteriorização será ainda mais salutar quando tiver a possibilidade de ser apreciada, compreendida e sentida por outros indivíduos que em algum momento de sua existência também penaram na plataforma, se é que não ficaram nela integralmente. Por esse viés, por esse *ersatz* inteligentemente utilizado, reunimo-nos à comunidade; reencontramos o caminho mais fácil no qual bastará nos fortificarmos, fugimos da plataforma, escapamos da obsessão da sala de espera.

Quando a criança canta, dança, desenha, pinta, grava, narra, oralmente ou por escrito, é essa exteriorização que se realiza e que explica as virtudes profundas, insuficientemente apreciadas, das técnicas de expressão artística cujos iniciadores fomos nós: a redação livre, e não só a que se contenta em descrever ou em narrar, mas é a confissão íntima de perturbações, de crenças, de temores, de sofrimentos ou de alegria; o poema-canto que é como que uma explosão funcional, como que o uivo do cão ou o grito lúgubre da raposa na noite; o desenho, projeção fiel no papel de um mundo interior desnorteado ou desequilibrado; a gravura, que é domínio e dominação, com finalidades de expressão afetiva, da matéria inerte; o movimento, a dança, o trabalho em geral, que também são, por um rodeio sensível, tomada de consciência de uma insondável virtualidade de potência.

Não se trata em absoluto de, através dessas técnicas, substituir a eminência dos exemplos adultos pela imperfeição das realizações infantis, nem sequer de pôr prematuramente em relevo o talento inato de alguns artistas em potencial. Esse é, por assim dizer, um ensinamento humano, uma revelação não desprezível do apelo instrutivo a forças surdas que ferviam sem jamais poder encontrar a fenda por onde escoar e desenvolver-se. Mas, o que conta mais ainda para nós, para além desses exaltantes sucessos, o que autoriza a generalização de nossas técnicas de exteriorização artística, mesmo quando delas não resulta nenhuma obra-prima, é a virtude intensa de liberação, a possibilidade para todos os seres, mesmo os mais deserdados, de evadir-se da plataforma onde estão tolhidos, e isso por uma via que é um *ersatz* mas pode, graças a nós, juntar-se às grandes linhas de potência e de vida.

A vitória será completa se se operar essa junção, se a expressão artística for o vôo intuitivo e majestoso que permite deixar a plataforma árida e desesperante para alcançar maravilhosamente as linhas essenciais de ação.

Se o indivíduo reprimido na sala de espera se contenta, de fato, com a satisfação íntima que sua arte lhe proporciona, se evita ciosamente levantar seu vôo para as zonas habitadas onde ele se reintegraria à vida, então nos limitamos a mudar a natureza do *ersatz* sem o fazer servir à harmonia e ao equilíbrio indispensáveis.

Talvez digam que essa recusa de deixar a plataforma, essa obstinação em contrariar a vida e a ação ambiente, em isolar-se soberbamente, valeu-nos a maioria das grandes obras artísticas, concebidas e realizadas num sofrimento incomparável, num desequilíbrio que amiúde beirava a loucura ou que infalivelmente levava a ela. Esse é, efetivamente, o fado de alguns de nossos maiores gênios, e os cantos mais comoventes, as músicas mais divinas, os quadros superiores foram de fato, acima de tudo, o canto de desespero e de glória do indivíduo tolhido, e depois seu hosana quando descobriu a via secreta e íntima da evasão.

Essa observação nos incentiva ainda mais a nada desprezar das possibilidades humanas contidas pela expressão artística de que falamos. O exemplo exaltante de alguns gênios solitários em nada muda, porém, nosso juízo severo sobre a prática do *ersatz* e sobre a necessidade de conduzir essa prática para a harmonia e a potência da vida.

O gênio que se revela e se afirma no desequilíbrio e no sofrimento infelizmente foi, em todos os tempos, rejeitado por um mundo banal e terra-a-terra onde suas visões generosas não encontravam emprego. Mas não se sabe o que ele teria proporcionado – talvez algo de mais exaltante ainda, mas noutro plano – se pudesse ter-se desabrochado e afirmado num meio auxiliar e simpático, diretamente na harmoniosa construção humana, pela magia do trabalho que deveria ser o meio supremo de expressão social. Temos pelo menos uma prova em nossa história de que nosso desejo não poderia ser uma utopia pura: são as catedrais. Para sua construção, para sua decoração – mais que sua decoração, sua vida, expressão de uma época –, gênios desconhecidos se revelaram simultaneamente em diversas partes do território da França, gênios que, noutros tempos, teriam sido brutalmente largados na plataforma, ridicularizados e torturados, e que encontraram a possibilidade de levantar seu vôo divino para a harmonia e a potência.

Portanto, não cultivaremos na escola – nem na família –, na expressão artística, o *ersatz* solitário e misantropo. Orientaremos sempre sua evolução para a integração à vida e ao meio, para a harmonia e a potência, longe da plataforma, longe da sala de espera. Sempre nos restará, infelizmente, uma parte suficiente de dúvida, de inquietude e de sofrimento para fecundar as almas que necessitam, para vibrar em seu ritmo superior, da provação sobre-humana em que hoje soçobram tantas vítimas inocentes.

Tendo em conta esse escolho, compreenderão que consideramos a expressão artística um dos *ersatz* benéficos que, na falta de embarque, permitem, não obstante, deixar a plataforma por uma via que vai ao encontro da potência e da harmonia da vida.

Há, infelizmente, mais freqüente do que nossa salutar orientação educativa, uma tendência mercantil para explorar esse *ersatz*, para satisfazer, com fins apenas de autogozo, essa necessidade de expressão artística dos indivíduos que ficaram na plataforma. Assim como alguns exploradores da miséria social abriram dentro das estações bares para onde atraem e onde retêm, pela excitação anormal, indivíduos que se esquecem de reembarcar. A esse indivíduo que ficou na plataforma e a quem uma bela música elevaria até as zonas de potência e de vida oferecem acordes debilitantes, sem espiritualidade, que adormecem todas as suas veleidades de reerguimento. Sua necessidade de profunda expressão corporal é substituída pela embrutecedora monotonia do baile. À liberação pelo canto, pelo desenho ou pela escrita, de seu psiquismo recalcado, opõem a passividade da audição musical, a desalentadora cópia das obras gráficas dos adultos e a leitura do que foi escrito pelos outros. Essa substituição é, por si só, uma falsa cultura do *ersatz*, uma perversão e um desvio de uma das raras possibilidades que restavam ao indivíduo para evadir-se da sala de espera e ir ao encontro da torrente de vida.

É sempre, infelizmente, o mesmo princípio: o doente está lá, inquieto e vencido. O primeiro gesto dos que o cercam não é procurar a causa profunda de seu mal para tentar livrá-lo dele, mas sim suprimir a consciência desse mal com a administração de um estupefaciente. E o doente se habitua tão depressa a esse bem-estar fictício que disso resulta que ele recuará cada vez mais diante da cura heróica de seu mal para afundar-se no haxixe que sempre é apenas uma derrota.

Pratica-se isso também, em grandes dimensões, com os adultos tolhidos na plataforma. Com as crianças, sobretudo, já na escola. Elas estão desorientadas e perturbadas, e não se tenta descer com elas até a origem de sua perturbação e ajudá-las a reconquistar o equilíbrio e a saúde. Acha-se muito mais cômodo e muito mais eficaz, momentaneamente, administrar um estupefaciente que não passa de uma forma intelectualizada do *ersatz*: faz-se olhar imagens, conta-se uma história cativante, faz-se ler um livro interessante. A criança se habitua a essas práticas que lhe dão a ilusão da potência, que a fazem esquecer momentaneamente sua situação de tolhida, que lhe entorpecem o sofrimento. Aquisições vãs, contudo: assim que sai do sonho, assim que o estupefaciente deixa de agir e ela se encontra às voltas com os mesmos problemas inelutáveis criados pela vida, ela fica de novo tolhida na plataforma, sempre mais impotente para reagir e para reembarcar.

É isso que explica que a instrução tradicional influa tão pouco sobre o comportamento verdadeiro das crianças, que acentue, em vez de corrigi-los, os tolhimentos e o desequilíbrio, que afaste da ação e mergulhe no *ersatz*.

Julgar-se-ão efetivamente os danos da escolástica nessa área ao considerar quantas crianças adquiriram na escola a mania da leitura-evasão. Desabituaram-nas da criação pessoal e do contato com o mundo ambiente em função de seu próprio devir. Elas sentiram prazer ao ler histórias. Continuam a ler histórias. Não são exigentes. Ou melhor, são-no ao contrário: repelem de antemão tudo quanto supõe reflexão e reação lógica e leal em face dos verdadeiros problemas da vida; nem sequer fariam o gesto de subir os degraus da porta do trem que se abre para recebê-las. É tão cômodo ficar na plataforma ou ir para a sala de espera e, ali, entregar-se a leituras embrutecedoras.

Desses *ersatz* que poderiam levar à liberação fizeram o pior dos *ersatz*, que retira toda vontade, acentua o desequilíbrio, fixa em sua situação de tolhidos definitivos indivíduos que ainda poderiam e deveriam ter alcançado a majestade da vida.

É certo que os homens que produzem essa literatura *ersatz* são responsáveis, como o são os que a editam e a exploram, como são responsáveis os que oferecem e exploram o estupefaciente. Mas os órgãos que participam dessa terrível intoxicação o são da mesma forma: a escola atual, infelizmente, faz parte deles.

A escola dirá, em sua defesa, que nunca recomenda e tolera senão bons livros, obras artísticas e morais dentre as melhores de nossos escritores e pensadores. Trata-se de um corretivo não desprezível, por certo, mas que, com muita freqüência, não deixa de falhar em seu objetivo por causa da técnica defeituosa na origem. A criança não está, por si só, habituada a criar, a exteriorizar-se, a exprimir-se, o que, como vimos, seria o único meio, para ela, de evadir-se de sua inferioridade e de sua impotência. Contentam-se em pôr em suas mãos um mecanismo, a leitura, da qual lhe revelam as possibilidades no campo do autogozo que é chamado de cultura. A criança terá tendência a utilizar exclusivamente a leitura para esse autogozo e descartará egoisticamente todas as leituras que necessitam de um esforço especial ou de uma reflexão que lhe parecer supérflua e inútil.

Se o erro da escola não faz mais mal é porque, felizmente, as técnicas empregadas só excepcionalmente conseguiram dar à criança a necessidade e o gosto da leitura. A vida, que continua à revelia da escola, os jogos, os trabalhos fora de casa, os diversos interesses que normalmente se oferecem a toda natureza viçosa e rica, atenuam a invasão dos livros ruins. Na prática, muitos são os alunos que se contentam em ler as páginas dos manuais cuja memorização lhes é imposta, como estudavam o catecismo. Daí resulta mais o santo horror dos livros, que é quase geral. Infelizmente, são os indivíduos já tolhidos na plataforma os que não puderam realizar, nem em casa, nem na família, nem no campo, pelo menos um mínimo da atividade que lhes era essencial, aqueles que nem sequer puderam apaixonar-se pelo jogo, os que, neurastênicos antes da idade, passeiam sozinhos durante os recreios, não brincam e não gritam, como se já trouxessem em si todo o infortúnio adulto, são esses que se lançam na leitura como num *ersatz* que compensará passageiramente, pelo menos, sua impotência e lhes permitirá evadir-se para um mundo menos tirânico. Estes, então, começam a ler com uma espécie de gana primeiro seja o que for, depois exclusivamente os livros que lhes proporcionam o autogozo de que necessitam. E é realmente um remédio pior que a doença, cujas tristes conseqüências já expusemos em outra ocasião.

Daí resulta a necessidade de a escola reverter radicalmente o processo de aquisição da escrita, da leitura e da cultura que será sua culminância.

Da escolha e da utilização inteligente dos "ersatz" pela sublimação

Rumo aos píncaros!

Não pretendemos ter, assim, passado em revista todos os procedimentos, todas as regras de vida *ersatz* às quais podem recorrer, conforme as necessidades e as circunstâncias, os indivíduos tolhidos na plataforma. Haveria, notadamente, que examinar, conforme os mesmos critérios, o embuste, a mentira, a trapaça, o roubo. Deixamos aos leitores o cuidado de proceder sozinhos a esse trabalho, segundo o método crítico e construtivo que acabamos de empregar para essas regras de vida essenciais.

Mas nossa tarefa ainda não terminou. Dissemos que existiam circunstâncias na vida em que, infelizmente, não estava em nosso poder ajudar eficazmente os indivíduos a reembarcar. Deveremos, então, abrir mão da empresa e abandoná-los ao seu desespero deixando-os seguir, ao sabor da experiência pessoal deles, o triste calvário de seu aniquilamento?

Dentre as múltiplas soluções às quais pode recorrer o infeliz, dentre as regras de vida *ersatz* que são tudo o que lhe resta como perspectivas de potência, não haverá umas menos nocivas do que as outras e que possamos recomendar como um mal menor? Dentre essas vias tortuosas que se oferecem, não haverá algumas capazes, talvez, de trazê-lo de volta à dignidade e à potência, na majestade da torrente de vida?

É essa classificação que vamos tentar, são essas vias da liberação que trataremos de discernir entre as linhas *ersatz*. Mal menor, por certo. Mas a educação, num mundo envelhecido, complicado com tantas experiências contraditórias, em geral não é a utilização desses males menores a serviço das reparações que se impõem?

Poremos na parte de baixo de nossa escala dos valores relativa às regras de vida *ersatz*:

1. *As regras de vida* ersatz *solitárias:*
– Dentre essas regras de vida *ersatz*, algumas são, com ou sem razão, pejadas de uma maléfica proibição e consideradas degradantes, anti-sociais, anti-humanas e perigosas, aliás, para a saúde (onanismo, coprofagia).
– Deve-se evitá-las o mais possível e, em suma, preferir a elas outra categoria de *ersatz* considerada lícita: sucção do dedo, chupeta, roedura das unhas, gulodice escondida, brincadeira solitária, mentira, roubo, leitura[1].

2. *As regras de vida* ersatz *não solitárias:*
– o amor ao dinheiro;
– a glutonaria;
– o alcoolismo;
– o fumo e os estupefacientes;
– a brincadeira em grupos;
– a superstição e a magia;
– a religião formal.

....
1. Dentre tantas outras regras de vida *ersatz* mais ou menos deploráveis, citaremos: o coquetismo, o desejo de aparecer, a necessidade de luxo, de disfarçar-se, de mentir, de gabar-se, de apresentar-se diferente do que se é para tentar recobrar a potência perdida, a inveja, o desejo de apropriar-se do bem alheio que não se conseguiu adquirir pelos próprios meios. Distinguimos nessas diversas tendências as características da delinqüência que entra então, de uma vez, no âmbito de nossa psicologia intuitiva. Descobrimos, nessa mesma ocasião, os remédios possíveis – sempre os mesmos.

3. *As regras de vida* ersatz *passíveis de evoluir favoravelmente:*
– o amor à música, à pintura, à literatura enquanto meios de autogozo;
– a expressão artística que alçou vôo para os píncaros.

Subsiste, na arte, na literatura, bem como nas formas superiores da vida social, uma zona exaltante e benéfica onde o indivíduo, por seu ensimesmamento, pela "reflexão" de seus pensamentos, pelo exame atento de seu próprio comportamento, por suas criações imaginativas e ideais, eleva-se a um nível superior até reencontrar, quer intuitivamente, quer cientificamente, quer empírica e praticamente, as grandes e profundas linhas de vida, os caminhos esplêndidos que conduzem à comunhão, não só com os homens, mas também com a criação inteira. O homem pode então, felizmente, tornar a subir o declive por que escorregara e, mais acima das mais severas taras congênitas, para além das fraquezas humanas, dos fracassos e das impotências, alcançar a grande torrente da vida com uma compreensão nova e uma decisão original que não deixam de estar no sentido do destino.

Por causas diversas, em conseqüência de múltiplos recalcamentos, de posições erradas dos recursos-barreiras ou da atitude monopolizadora ou tolhedora dos elementos familiares e sociais, você é pouco a pouco empurrado para longe da corrente, talvez mesmo contra a corrente. Você se encontra perigosamente arrastado em linhas de vida que seguem ao acaso das circunstâncias, no dédalo de vales imbricados de onde você já não ouve os ruídos familiares da torrente do destino, de onde já não distingue as linhas essenciais que convergem para o rio. Ou então você parou prematuramente na beira da lagoa, para desfrutar a hora que passa, sem nem ousar lançar um olhar para o céu. Ou então você vai, sacudido pelas ondas, agarrando-se desesperadamente a todos os galhos que se apresentam, ai de você, tão frágeis como você mesmo; ou então você ficou simplesmente na plataforma, impotente e vencido, ou você, recurso supremo, refugiou-se na sala de espera.

No entanto, você não deve desesperar-se. Resta-lhe a possibilidade maravilhosa, que é a nobreza de nossa natureza superior, de descer ao fundo de você, de sentir a vida bater, de entrar em sintonia com o ritmo ambiente, de elevar-se então, pelo pensamento, pela imaginação, pelo conhecimento, pela bondade, pela comunhão com a natureza, pelas misteriosas correspondências cuja expressão é a arte, até uma zona ideal, de onde você dominará o emaranhado humano de linhas de vida desordenadas e terra-a-terra; de onde avistará de novo o vale principal que acidentalmente você havia deixado e cuja saudosa lembrança guarda. Você sente seus chamados e, com um salto sobre-humano, corrige sua marcha, ainda que deva, para isso, subir contra a corrente. Você derrubou, com um gesto violento, as falsas barreiras acidentais que, insidiosamente, o haviam levado ao isolamento. Você, nessa altura interior, reconheceu o erro das lagoas glaucas situadas à margem da vida e, com a majestade da águia, tornou a mergulhar em plena corrente, na vaga que afinal você dominou.

E se, por acaso, você corre o risco de ser empurrado outra vez para as bordas, seguro pelos galhos da margem ou parado preguiçosamente na orla dos vales desarmoniosos, até as lagoas aprazíveis demais, bastar-lhe-á retomar seu vôo para reencontrar de novo suas linhas de vida essenciais.

Então você compreenderá a iluminação libertadora.

A iluminação do verdadeiro religioso que, mais acima e mais além das crenças e dos ritos, se eleva até a comunhão com o grande e exaltante destino do homem ou participa do esplendor de um deus que é, para ele, a expressão suprema dessa elevação e dessa comunhão.

A iluminação do artista, que, para além da miséria que por vezes conhece, se eleva a uma altura de vida em que já não é válida nenhuma das medidas humanas comuns, nem tradição, nem família, nem bem-estar, nem riqueza, nem sofrimento físico – uma vez que atingiu os esplêndidos píncaros.

A iluminação do escritor e do pensador dominados por suas criações ou por suas explorações; a iluminação do cientista, do pesquisador; a iluminação do artesão que passa os dias e as noites aprimorando uma obra à qual sacrifica sua situação, seu bem, sua fama, sua família, mas que como que apanhou um pedaço de céu em suas mãos e participa de uma revoada mágica para além das contingências madrastas rumo à comunhão ideal; a iluminação do indivíduo consciente, seja ele operário, camponês, militante, que deixa exaltar-se em si essa necessidade de altitude e de ascensão e que, subtraindo-se à monotonia das barreiras, consegue da mesma forma dominar sua vida.

Enquanto você não se eleva acima das barreiras para reencontrar a linha de seu destino, enquanto você não participa, por menos que seja, dessa iluminação, você fica no *ersatz*, seja qual for o brilho enganador que se utilize para explorar sua fraqueza. Toda arte, toda literatura, toda filosofia, toda religião que não o elevam acima das barreiras até a comunhão suprema com os homens, que não o fazem reencontrar suas linhas de vida, continuam a ser *ersatz*, que podem permitir-lhe ter paciência, perdurar, fruir, mas que não o impedem de ir às apalpadelas pelos dédalos com os quais você colide lamentavelmente porque eles o dominam e o subjugam.

Essa falta de linha, essa ausência de altitude, esse encaminhamento tortuoso e indeciso são a marca do *ersatz*. Como os caminhos mais ou menos agradáveis, mais ou menos caprichosos que serpenteiam pelas planícies infinitas e cujo final você nunca vê, que você segue porque não pode proceder de outra forma, mas com um ressaibo persistente de inquietude, de insatisfação e de dúvida.

Com que coragem, ao contrário, você escala de manhãzinha a trilha em ziguezague da montanha! Ela ainda está toda ladeada de cerejeiras silvestres ou de uva-espim quando deixa os velhos chalés que dormem na quietude da aurora nascente. Alguns muros a estreitam, algumas curvas a humanizam. Depois os muros desaparecem; a aridez da alta montanha dá amplidão à trilha que sobe e serpenteia entre os campos de violetas silvestres. Embaixo, no vale, vão encolhendo-se e, proporcionalmente dir-se-ia, esfumando-se as vulgares preocupações humanas. As vacas que o vaqueiro tange agora para fora dos estábulos parecem brinquedos que uma mão invisível manobra insensivelmente. As vozes irritadas das pessoas e dos bichos se fundem numa rústica ressonância no esplendor da altitude. Ainda assim continuamos a subir com mais coragem ainda. Porque vemos, ao nosso alcance, o pincaro onde deve culminar nossa ascensão e de onde dominaremos esplendidamente o vale. Tornamos a descer depois, providos de riquezas extraídas das altas altitudes, e poderemos tornar a mergulhar no ar menos rico do vale, onde reina o *ersatz* proporcional à impotente miséria dos humanos, o *ersatz* das tarefas sem ímpeto nem horizonte, das preocupações menores, das relações pessimistas de tantos indivíduos que, tendo partido para uma exaltante aventura, foram relegados muito cedo para a monotonia e o impasse da plataforma.

Compete aos pais e aos educadores ajudar eficazmente as crianças a saírem desse impasse. Se as circunstâncias em que você está, se a profundidade do mal de que já sofrem seus filhos não lhe permitem considerar e executar as soluções preventivas e corretivas que preconizamos; se já a atividade aborrece suas naturezas prematuramente envelhecidas ou desiludidas muito profundamente, se você não pôde oferecer-lhes o trabalho que talvez lhes tivesse permitido realizar-se e conquistar a potência, não desespere porém, e tente algum outro caminho que lhe indicamos na via dos *ersatz*. Tomando como referência a lista que lhe demos, trate de substituir progressivamente os *ersatz* mais maléficos por outros *ersatz* menos nocivos: os *ersatz* solitários, substitua-os, se possível, por *ersatz* que suponham a companhia de outras crianças. Use, se preciso for, da gulodice; tolere, nas circunstâncias difíceis, um pouquinho de jogo-haxixe; facilite e siga a ascensão que leva à grande comunhão dos homens.

Mas não se demore em todos esses *ersatz*; não espere que tenham deitado raízes como regras de vida e empurre seus filhos para a expressão artística sob uma de suas múltiplas formas, desde a pureza e o amor ao belo – que você não deixará degenerar em coquetice – até a busca das satisfações que trazem o canto, a música, a pintura, a leitura, o bom cinema.

Não se detenha em tão bom caminho. Não se satisfaça com esse gozo passivo, ainda que de natureza artística. Oriente-se resolutamente para a arte que é linguagem íntima, exteriorização de complexos psíquicos, reflexo de nossa eminente natureza, mas também linguagem universal; escale os píncaros. Então, mas somente então, e seja qual for a aridez do início, você recolocará seus filhos na via certa, você os fará recobrar a potência na suprema harmonia.

Estas considerações também são válidas para estabelecer uma espécie de hierarquia dos valores pedagógicos.

Trate primeiro de salvaguardar e de fortalecer a necessidade de vida e de harmonia das crianças organizando a escola e o trabalho de acordo com os conselhos que demos e que podem, na maioria dos casos, ser soberanos. Mas não depende de você que certos indivíduos, quer se achem deficientes por uma inferioridade congênita, quer tenham sido forçados a reagir anormalmente a um meio rejeitante, fiquem entretanto recalcados e, como tais, condenados aos *ersatz*.

Seja prudente no emprego de procedimentos que uma ciência imperfeita, e muito amiúde interesseira como o é toda ciência numa sociedade imperfeita, às vezes lhes apresentou como nobres e soberanos. Não fixe seus filhos no gozo passivo das conquistas de uma civilização cujos valores são efêmeros e na admiração tola de gênios momentâneos. Mas faça-os participar da grande experiência humana da qual amanhã serão os continuadores. Ajude-os a se realizarem, a fazerem despontar em si mesmos a curiosidade profunda que suscita a crítica, a pesquisa e a experiência permanentes. Não receie incomodar a si próprio para acordá-los cedinho nos chalés aprazíveis, acompanhe-os não só no caminho civilizado que corre no flanco do morro, mas também na heróica e exaltante subida para os pincaros. É nessa altura que você conseguirá as curas psicológicas e pedagógicas que o honram e o recompensam, é nessa altitude que você despertará a profunda inteligência que domina o erro.

Resumiremos e terminaremos este longo exame das regras de vida *ersatz* com nossa

VIGÉSIMA QUINTA LEI: DE UMA HIERARQUIA DOS VALORES, DAS REGRAS DE VIDA "ERSATZ" E DAS POSSIBILIDADES QUE RESTAM PARA RECOBRAR A POTÊNCIA

O indivíduo que pode, pelos meios normais especificados nas leis precedentes, conservar e exacerbar sua potência não fica na plataforma da estação e não tem, pois, de considerar a possibilidade de regras anormais para dela sair.

Infelizmente, há muitos casos em que as condições fisiológicas e a atitude monopolizadora ou rejeitante dos recursos-barreiras impedem o indivíduo de realizar-se de acordo com as verdadeiras linhas de vida. Como ele não quer soçobrar, é forçado então a recorrer a regras de vida ersatz.

Se nenhum recurso simpático o ajuda ou o aconselha, ele fica reduzido a entregar-se a uma experiência tateada empírica que, conforme as circunstâncias, pode arrastá-lo às práticas mais maléficas que tendem, infelizmente, a arraigar-se no comportamento para degenerar em indeléveis regras de vida.

Compete aos pais e aos educadores que não souberam, ou não puderam, evitar o recalque ajudar pelo menos as crianças a se orientarem para as regras de vida menos perigosas, até conduzilas, se possível, para aquelas que ainda lhes permitirão liberar-se e recobrar a potência.

Daí a necessidade, para os educadores, de estarem familiarizados com a hierarquia dos valores dessas regras de vida.

Salvo em casos excepcionais, sempre é possível fazer as crianças subirem – e com tanto mais facilidade quanto mais jovens são – nessa hierarquia, para conduzi-las ao gozo artístico que é como que a sublimação dos autogozos dos graus inferiores e, mais além do gozo artístico, até a expressão e a realização artísticas que são o exaltante levantar vôo rumo aos píncaros para reencontrar as linhas de vida e reconquistar a potência.

O indivíduo em face do progresso e da cultura

É, como dissemos em nossa quinta lei, pela rapidez e pela segurança com que o indivíduo aproveita, intuitiva ou experimentalmente, algumas lições de seus tateamentos que medimos seu grau de inteligência.

Se a exploração dos elementos vitais que nos rodeiam foi mal feita – seja por deficiência congênita, seja por má posição dos recursos-barreiras –, se as relações entre esses elementos não são precisadas e definidas no decorrer da experiência tateada, o mecanismo do comportamento é falseado.

A criança das cidades, limitada por demais em seus tateamentos, atravessa um rio. Põe seu pé sobre uma pedra redonda e reluzente, escorrega e cai na água. Fracasso, com todas as suas conseqüências, que às vezes têm mais importância do que se crê. O pequeno camponês, por sua vez, faz, desde a sua mais tenra idade, repetidas experiências tateadas e tem um conhecimento perfeito das qualidades de uma determinada pedra com relação ao uso que lhe quer dar. Talvez tenham explicado bem ao pequeno citadino, recorrendo mesmo às leis físicas ou mecânicas, que o pé, sobretudo calçado com grosso sapato guarnecido de cravos, dificilmente encontra um ponto de apoio sobre uma pedra redonda, que o pé deve pisar nela segundo um ângulo favorável, que a água e a espuma deixam a pedra escorregadia. Mas essas são noções que ficaram, para ele, inteiramente intelectuais e discursivas, que não se integraram de modo nenhum em seu comportamento.

Bem que a criança pusera em sua memória esse conhecimento, mas, por falta de experiência, não se estabeleceu a ligação funcional entre o fato e a reação que ele provoca. O indivíduo deve ir buscar a informação. Mas, entrementes, produz-se um buraco na corrente e é o fracasso. O pequeno citadino diria: "No entanto tinham-me explicado bem, mas..." O pequeno camponês, se pudesse analisar sua superioridade, afirmaria: "Não me haviam explicado nada, mas não é a primeira vez que passo por cima de pedras semelhantes; eu também comecei escorregando, depois retifiquei meus gestos, e agora sinto, em meus olhos e em meus pés, em todo o meu corpo, as reações vitais que se impõem."

No início, como dissemos, só há conhecimento mediante a experiência tateada. É através dela que se precisam cada vez mais em nós – não dizemos somente em nossa mente, pois essa tomada de consciência é muito mais complexa e sintética – os caracteres essenciais dos objetos e dos seres que nos rodeiam, assim como as normas de relações entre eles, de um lado, entre eles e nós, do outro. Isso a que chamam presunçosamente o *método científico* não passa, por sua vez, de um processo de tateamento que se revelou eficaz. O conhecimento de propriedades desconhecidas, a descoberta de corpos, de dependências, de relações que enriquecem a cada dia o fundo comum da ciência não são mais que o resultado do tateamento, servido, claro, por uma curiosidade, por uma vontade, por uma competência particulares que não são, afinal de contas, nem mais tenazes nem mais características do que a obstinação total e exclusiva com que a criança faz experiências nas poças da rua.

É quando os objetos e os seres são conhecidos, quando seus atributos e suas relações foram notadas experimentalmente e fixadas na experiência dos homens, que a ciência pode, então, substituir o tateamento, rejeitá-lo e superá-lo. Talvez seja essa, de fato, é essa sem dúvida a única superioridade que temos sobre os animais.

O animal prossegue suas experiências tateadas com uma sutileza e uma obstinação que muitas vezes lhe poderíamos invejar. Ele estabelece relações entre as coisas: de um ruído deduz intuitivamente a presença de um perigo; uma pegada, uma difusa emanação revelam-lhe uma imagem agradável, amiga ou hostil. A experiência tateada funciona em cheio. Só que ele não tem à sua disposição nenhum meio de fixar, para seu comportamento pessoal ou para o comportamento dos outros, os resultados dessa experiência tateada, que não podem, pois, transmitir-se pelo exemplo. É como uma construção que o indivíduo ergueria laboriosamente, com todos os recursos de conhecimento, de engenhosidade e de inteligência de que dispõe, mas que desabaria e desapareceria com ele. O recém-chegado, inspirando-se no exemplo dos mais antigos, deve então reconstruir integralmente, com as mesmas possibilidades, mas sem nenhuma outra, a mesma casa que desaparecerá de novo com ele. Intervirá apenas uma certa adaptação no sentido de que o andamento, os materiais, a estrutura, a altura da construção podem variar ligeiramente conforme as modificações que ocorrem, seja na fisiologia dos indivíduos, seja no meio exterior.

O recém-nascido que se impregnou fisiologicamente da moradia em que habita, a qual se lhe tornou como que substancial, que se beneficiou mais tarde do exemplo de seus ascendentes, é dirigido em seu comportamento por uma espécie de experiência sincrética que é o instinto. Mas, se falta um elemento da experiência, se a casa é devastada parcialmente por um cataclismo, se há carência dos materiais habituais, se a subida harmoniosa é atrapalhada por um obstáculo, o indivíduo, privado de experiência para responder a esses acidentes, é obrigado a tatear para encontrar uma solução que preencha o vazio, restabeleça a necessária harmonia vital com um mínimo de adaptação que será evolução.

Ora, antes que ele tenha refeito laboriosamente todas as suas experiências, antes que tenha chegado, por seu tateamento, ao nível normal de organização de sua espécie, o ciclo da vida vai se fechando, os atos essenciais de reprodução e de perpetuação foram efetuados. O indivíduo fixa, então, suas tentativas bem-sucedidas como regras de vida às quais se aterá prudentemente, uma vez que elas permitiram, com maior ou menor perfeição, as funções vitais da espécie, as únicas que importam.

Se, ainda hoje, sob o efeito de um inconcebível cataclismo, todas as realizações humanas desaparecessem como desaparecem, no inverno, em nossos países, os ninhos dos pássaros, e se a criança recém-chegada se encontrasse prestes a agir, sem outro meio senão sua própria força e a lembrança difusa das realizações de seus pais; se cada criação exigisse dela numerosos tateamentos; se ela tivesse de arrancar com suas mãos as pedras das pedreiras, quebrar os galhos apenas com a força de seus músculos, redescobrir experimentalmente todas as leis do equilíbrio, da força e da mecânica, a casa não se elevaria nem muito depressa nem muito alto. O isolado se adaptaria a isso da melhor forma, se reproduziria, criaria os filhos, depois pararia seu tateamento, com a consciência quase fisiológica do ser que cumpriu o essencial de seu destino. O embrião de casa desabaria e os filhos recomeçariam obstinadamente a mesma labuta, com os mesmos recursos e as mesmas possibilidades.

Apesar de toda a sua inteligência possível, eles não têm chance de elevar-se muito alto, acima de uma forma de vida específica à espécie, adaptando-se somente às lentas ou bruscas modificações do meio exterior.

As coisas mudaram no dia em que – sabe-se lá sob qual inspiração maravilhosa, decerto devida também a um acaso, a uma experiência bem-sucedida que o indivíduo inquieto repetiu – apareceu a ferramenta. Depois de inúmeros tateamentos, o homem se deu conta de que uma pedra dura, segura em sua mão peluda mas fortemente musculosa, podia servir para dar forma a outras pedras, para lhes separar as lascas, para ferir mais profundamente os animais, para arranhar a potência invencível dos grandes troncos.

Com essa ajuda, consegue subir sua casa com mais solidez, mais depressa e mais alto. Na mesma ocasião, terminada a casa como o exigia a especificidade da raça, o homem ainda tinha tempo livre antes de sua fixação definitiva e de seu declínio. Tentava então, tateando, reforçar e elevar mais sua construção pessoal. A casa acabava desmoronando com ele, mas não totalmente, porém, porque já possuía alicerces mais estáveis e mais metódicos.

A criança se apoderou da ferramenta; havia adivinhado e compreendido todas as suas virtualidades. Em sua mente tosca, esboçavam-se comparações, e ela já cotejava a resistência da madeira e do calcário com a do sílex ou da concha. Por acaso, um dia, fendendo uma rocha, ela obtivera uma lasca cortante que já não era somente martelo, mas se tornava lâmina própria para cortar e para serrar. Graças a esse aperfeiçoamento técnico, podia construir sua casa mais sólida e num ritmo mais rápido. Restava-lhe então mais tempo ainda livre que, em sua necessidade inata de experiência, ela consagrava a reforçar e a elevar mais sua construção.

Pode-se compreender, assim, o nascimento e o andamento do progresso relacionados exclusivamente com a ferramenta a serviço da necessidade de elevação e de busca que caracteriza o homem em face da natureza.

Que seja a ferramenta que tenha feito a civilização, isso nos parece incontestável. E parece-nos normal marcar as etapas do progresso não pela evolução de um pensamento abstrato qualquer, pela magia de uma idéia, mas sim pela lenta e experimental perfeição das ferramentas: a pedra lascada, o machado, a pedra polida, o trabalho do osso, a criação da rena, a utilização do bronze, do ferro, do estanho ou do ouro, os animais de tiro, a navegação, o emprego do vidro, da água, do vapor, da eletricidade: é tudo isso que forja, efetivamente, a lenta evolução da civilização, que permite ao homem elevar-se cada vez mais alto, percorrendo numa velocidade incessantemente crescente a etapa de necessária iniciação, acelerando esse tateamento, sistematizando-lhe as conclusões práticas e os ensinamentos.

O pensamento do homem não é mais que o feixe das relações que se organizaram à volta dele e nele, em decorrência das inumeráveis experiências tateadas, pela reprodução sistemática das experiências bem-sucedidas. Nisso não há traços de produto misterioso do pensamento, de hipotética química ou de mecânica estritamente cerebral. Suprima da criança essa experiência tateada que inicia no nascimento, isole-a num cubículo sem possibilidade de experiência, e você verá no que se tornarão tanto seu pensamento quanto sua pura espiritualidade. A cultura e os signos complexos, pelos quais se manifesta, não passam de uma sistematização extraordinariamente diferenciada dessa lenta, longa e sutil experiência.

No entanto, o processo perdeu sua rigidez material e técnica com a descoberta, e mediante a utilização cada vez mais adiantada dessas outras ferramentas que são a mímica, a fala e a escrita – meios que aceleram até o excesso o processo do tateamento.

Se o adolescente da pré-história tivesse tido, para realizar seu machado rudimentar imitado da ferramenta dos adultos, de testar longamente todas as pedras, da macia à dura, quanto tempo perdido para o ritmo da experiência e para a velocidade de construção do organismo humano! Mas o homem conduziu seu aluno até a jazida de sílex que descobrira depois de laboriosos tateamentos; pôs-lhe nas mãos o calcário macio, depois o sílex de ferro, e as relações experimentais que haviam exigido do pai anos de tateamento foram adquiridas em algumas horas pelo filho. Primeira conquista da educação!

Depois de um longo período de tateamentos, o homem conseguiu expressar pelo gesto uma idéia que antes necessitava de seu próprio deslocamento. A criança caminha na direção indicada, procura e encontra o sílex. Nova economia no esforço de experiência tateada.

Depois, o homem aperfeiçoa seu gesto e o acompanha de uma linguagem articulada que consegue expressar, como um raio, relações cuja expressão pela ação teria requerido laboriosas manobras. Nova aceleração na experiência tateada que permite a elevação, cada vez mais majestosa e num ritmo incessantemente crescente, da construção pessoal.

Uma nova etapa é superada quando o homem consegue fixar na matéria a expressão de um pensamento que é o resultado de sua própria experiência. Note-se que a ferramenta, por si só, poderia ser considerada o primeiro grafismo: ela exprime e fixa na matéria um esforço inteligente, fruto de uma lenta e obstinada experiência tateada. Mas a ferramenta, a ferramenta primitiva, é apenas um grafismo simples. Na etapa nova da escrita, são relações mais sutis, experiências mais complexas, "pensamentos" que são expressos e fixados na matéria, depois transmitidos para as gerações vindouras.

Com isso, a porção do edifício que fica de pé a cada geração vai crescendo sem parar. O indivíduo que, como os animais, partia primeiro do zero, parte do dois na era da ferramenta primitiva, do cinco naquela da ferramenta aperfeiçoada, do vinte na era da linguagem, do cinqüenta no período do pensamento gravado na matéria.

O progresso está realmente em marcha.

Mas uma evolução assim não se faz sem riscos. Eles são de diversos tipos.

A ferramenta, instrumento específico do progresso e da civilização, só tem como função, como vimos, acelerar a experiência tateada para um êxito mais rápido na adaptação dos atos essenciais à vida.

Noutras palavras, cada indivíduo deve, ainda assim, construir ele próprio esse edifício simbólico que é a imagem de sua própria vida. E construí-lo lenta, penosamente, no ritmo de sua espécie se tiver de refazer todas as experiências tateadas de seus ascendentes. Irá tanto mais depressa nessa construção quanto mais aperfeiçoadas ferramentas tiver, ferramentas que lhe permitirão transpor num passo acelerado as etapas da necessária, da indispensável experiência.

Há, porém, uma tentação evidente: a de que o indivíduo seja impelido a partir, pura e simplesmente, da experiência alheia, que considera segura e definitiva. Resta um lanço de muro relativamente considerável da obra do indivíduo que terminou sua trajetória. Parte-se dali, como se aquele lanço de muro fosse um acidente natural do solo, uma colina de onde se domina, já, o vale, e cuja solidez, ou orientação, não se preocupa em verificar.

Contudo, essa tendência a alçar-se cegamente sobre o lanço de muro não é natural ao homem, que é essencialmente desconfiado porque se sente fraco e suspeita – como os animais, aliás – , sob cada novidade, uma cilada ou um perigo. Só construirá sobre esse lanço de muro depois de tê-lo testado, bem ou mal, e de ter dado uma volta minuciosa ao seu redor.

A civilização contribui para atenuar essa desconfiança. Faz do lanço de muro uma espécie de trampolim a partir do qual o homem atinge mais rapidamente os frutos da ciência. E a criança põe nele um pé inquieto, ajusta seu equilíbrio, trepa nas pedras oscilantes e alcança os galhos generosos da árvore. Esse êxito dá-lhe confiança na solidez e na utilidade do lanço de muro que ela utilizará então como base de sua própria construção, sem tê-lo repensado, reconstruído, tornado mais seguro. Assustar-se-á, um belo dia, de ver o edifício que, para ir mais depressa, ela subira audaciosamente ao alto, oscilar sobre sua base carcomida e frágil, a ponto de necessitar, talvez, de escoras de maior ou menor eficácia e harmonia, se não desabar parcial ou totalmente.

Insistiremos, então, sobre o perigo que há, na escola, de partir assim – apesar da tendência evidentemente contrária das crianças – do cabedal anterior, considerado definitivo e seguro, que é imposto como base sem o escrutar, sem o repensar e o reviver; o perigo que há em acreditar que o progresso conseguirá evitar, assim, aos homens o minucioso tateamento na construção de sua personalidade. Nossa vida nos é muitíssimo pessoal; nossa experiência, ninguém a faz em nosso lugar, e ninguém pode dispensá-la; nossa célula viva, ninguém a forja e a produz para nós; até agora a ciência não consegue mudar o processo de nascimento e de crescimento, do germe ao embrião, até o desabrochar do ser. Ela pode ajudar-nos a desenvolvermo-nos com mais segurança e vigor – e essa não é uma conquista desprezível –, permite-nos talvez subir mais alto. Mas somos nós que subimos. A ciência não coloca sob nossos pés um inútil e falacioso banquinho nem um dogma infalível. Qualquer outra concepção do progresso é anormal e irracional, portanto profundamente perigosa.

Não colocaremos um banquinho maravilhoso embaixo dos pés das crianças para dar-lhes a ilusão de que cresceram miraculosamente, mesmo que por intermédio disso elas pudessem atingir mais cedo os frutos que cobiçam. Não desprezaremos, em compensação, nenhum dos recursos que a experiência passada põe à nossa disposição para acelerar a construção da personalidade delas, sem prejudicar nem a solidez nem a harmonia do edifício.

Há, nisso, mais do que uma gradação. Essa constatação é apropriada para subverter todo o método pedagógico, como o veremos.

Há outra constatação, talvez mais sutil, mas de importância ainda mais considerável para a evolução do processo educativo.

A criança, como o dissemos, é naturalmente desconfiada. Ela possui o essencial do espírito científico tal como o definiu Claude Bernard. Sua inquietude, sua perturbação diante do desconhecido e do novo assinalam uma tendência inata que se traduz por uma imperiosa necessidade de experimentação e de conhecimento. É esse espírito que a impele a desmontar os objetos que ganhou de presente, a rebentar o tambor, a escarafunchar a barriga do cavalo mecânico, a desparafusar as rodas do carrinho. Ela precisa conhecer para garantir inabalavelmente suas fundações pessoais, e devemos cultivar essa tendência, utilizá-la, reavivá-la quando está embotada, porque ela está, como vimos, no centro dinâmico de nosso devir.

Ora, a nossa civilização, ao contrário, violenta desde cedo essa necessidade. Entramos numa casa nova: a criança fica com medo, não se sente em segurança porque não a conhece. Seu medo desapareceria, ou ao menos se atenuaria, se pudesse, em companhia de outras crianças, explorar à vontade a casa, do porão ao sótão, ou se a tivesse visto construírem-na ou se, melhor, tivesse participado dessa construção.

Você quer ir com o bebê à cidade vizinha. Ir a pé é muito mais penoso para seu filho. Você toma um veículo que acelera o ato a ser cumprido. Só que a criança tem medo de subir na carruagem; esse medo é natural: é a reação defensiva a uma falta de conhecimento, a apreensão instintiva do indivíduo que é alçado bruscamente a um lanço de muro que não é sua construção e cuja solidez não testou experimentalmente. Você comete uma violência; a criança se debate e chora, depois se interessa pelo saltitar cadenciado do cavalo, pelo tilintar dos guizos, e sobretudo pela embriagadora aceleração do desfile das sombras na beira da estrada, aceleração que lhe dá um eufórico sentimento de potência e de conquista.

Se se trata de um automóvel, as coisas são ainda mais características. A criança sente um medo convulsivo ao engolfar-se no monstro, e expusemos o sentido vital dessa reação.

Ah! Se, previamente, ela viu o pai entrar várias vezes no carro, se conhece – ou crê conhecer – o segredo desse ronco; se, sobretudo, contribuiu um pouco para criar a vida dessa ferramenta maravilhosa, então a usará com a mesma naturalidade que quando arrasta um caminhão rudimentar de sua fabricação.

Senão, a criança tem medo, um medo que pode ter conseqüências orgânicas e psíquicas que não se devem subestimar. E, depois, ela se interessa pelo encantamento divino da velocidade. Chega sem cansaço, como num conto de fadas, à cidade onde colhe os frutos saborosos que não poderia atingir sem o lanço de muro. Não lamentará mais a crise do embarque; talvez busque mesmo, doentiamente, um arrepio que é pago por uma vitória tão total. O hábito se transformará em regra de vida. O reflexo de apreensão e do medo será alterado. A criança subirá com a mesma intrepidez em todos os lanços de muro, porquanto isso foi realizado tão bem e tão depressa; já não se preocupará em construir seu próprio muro, em assentar sua construção; partirá da construção alheia, totalmente absorvida pela embriaguez de potência cujas primícias experimentou. O indivíduo assim formado já não terá consciência da necessidade funcional para o homem de construir seu próprio edifício. Deslumbrado pelo entusiasmo de potência que elas proporcionam, ele aproveitará, do modo como elas se oferecem, todas as ferramentas que a civilização lhe serve, tendo como único critério as vantagens imediatas que elas propiciam. Constrói um edifício desaprumado que vai a muito alto, que deita seus galhos à esquerda e à direita – sem se importar com as fundações nem com o equilíbrio do conjunto. É como um estupefaciente que aniquilou perigosamente a consciência vital, que embotou as reações instintivas em benefício apenas de um gozo, ou de uma potência, que sobem como uma flecha para cair lamentavelmente um dia.

Essa subida como flecha modifica radicalmente o sentido, a concepção e o ritmo da vida; ela requer uma nova adaptação, bem como uma nova teoria da potência. A paisagem, vista num desfile a cem por hora, muda de fio a pavio; as árvores, os riachos, mesmo as pessoas com quem se cruza já não têm o mesmo aspecto, como se fossem árvores, riachos, pessoas diferentes. Essas sensações particulares aos homens do nosso tempo criam necessariamente um tipo novo, característico do nosso século da máquina e da velocidade.

Não é essa evolução que deve assustar-nos, mas somente uma espécie de erro orgânico que desequilibra o edifício inteiro e contra o qual devemos precaver-nos. Não são a velocidade nem a potência que nos inquietam, mas somente essa anormal e ruim subida como flecha. Gostaríamos que o homem pudesse subir assim, com a mesma audácia e a mesma majestade, mas não para tornar a cair; que essa subida fosse uma conquista de verdade para uma realização melhor e mais total de nosso destino.

Realizar o destino, isso é tudo, sempre. E o homem, mesmo dentro do turbilhão da vida mecânica, sente-o bem. Sofre mais do que nunca do desequilíbrio, contra o qual reage como pode, com os meios que tem à sua disposição imediata, inclusive as neuroses e a degenerescência. Mas, infelizmente, ele está muito afundado no erro para dar-se conta de que só corrigirá esse desequilíbrio tornando mais firmes suas bases; ou, se tem a intuição disso, não pode resolver-se a retornar, assim, às suas humildes e essenciais fundações. Prefere tremer em cima de sua flecha oscilante, com a esperança infantil de que ela se agüente tanto quanto ele.

Deixaremos nossas crianças apanhadas pelo mesmo entusiasmo e pelo mesmo erro para vê-las, um dia, também elas, desaprumadas e inquietas em cima de sua flecha oscilante, ou faremos a tempo, e podemos fazê-lo, a correção educativa que se impõe para assentar realmente as fundações humanas e permitir uma indestrutível ascensão para o ideal e a potência?

Para tanto, evitemos deixar a criança subjugada pela ferramenta, seja ela linguagem, escrita, imagem ou máquina. Não sirvamos sua adaptação debilitante às conquistas mais audaciosas do progresso. A ferramenta é que deve adaptar-se ao indivíduo. Este repelirá então, deixará de lado – em virtude do princípio de experiência tateada – as ferramentas que não servem seu destino, ou que apresentam riscos graves demais de perigos ou de erros. Ele primeiro assentará sua construção e poderá então subir alta e potentemente, sem perder o equilíbrio, sem sentir a vertigem nem a apreensão que nascem de uma base frágil demais, sem se agarrar indiferentemente à direita e à esquerda, ao acaso das circunstâncias que, às vezes, se limitam a precipitar o desequilíbrio e a queda.

Temos nosso edifício para construir e, logo cedo, alçam-nos aos lanços de muro para que não percamos nosso tempo assentando nossas fundações, construindo muros espessos, reunindo-os por meio de abóbadas a toda prova. O progresso não nos permitirá pular, imediatamente e sem esforço, para o primeiro andar?

Felizmente, a criança, que não pode contentar-se com essa escamoteação, retorna paciente e obstinadamente à preparação minuciosa de suas fundações. Sai da escola onde você força para içá-la a um amontoado inextricável de regras e de fórmulas; ela sai de sua moradia moderna demais onde já nem se tem de acender um fósforo para obter luz e calor; desce do carro que é como que o símbolo do ritmo novo. E você se espanta de vê-la, apesar das conquistas de que se beneficia, demorar-se em experiências rudimentares, em ensaios, em comparações – no riacho, nos campos, ou em companhia dos animais que, por sua vez, nada mudaram em seu modo de vida; você fica surpreso de vê-la pôr em dúvida, até considerá-los nulos e inexistentes, os princípios que você lhe inculcou. É que estes não passavam de palavras, de lanços de muros, cuja solidez ela de modo nenhum pôs à prova na experiência. É preciso, para viver, que ela construa sua própria vida...

Ela sai de seu confortável apartamento e vai para a areia ou para a floresta construir um embrião de abrigo... Dar segurança às suas fundações! Ela necessita ir, às escondidas, friccionar um fósforo e fazer um fogo verdadeiro... Assentar suas fundações! Ela desce do carro e reencontra, com uma fidelidade comovente, num canto do jardim, o caminhão rudimentar que construiu... Assentar as fundações, sempre!

E é decerto porque, à revelia dos pais, às escondidas muitas vezes, a criança consegue, de um modo ou de outro, assentar suas fundações, construir seu próprio edifício, que são menores os perigos dessa subida como flecha suscitada pela utilização caótica das ferramentas produzidas pela ciência humana.

É na medida em que pôde prosseguir lentamente suas experiências que ela guardará equilíbrio e bom senso – que não são de modo nenhum antinômicos de audácia. Reconhecem-se sempre por seu comportamento, por sua solidez funcional e por sua segurança os indivíduos que, favorecidos por um meio auxiliante, puderam assentar assim suas fundações.

Só que, como o ritmo de construção precipitado só muito acidentalmente consegue sufocar o ritmo natural de experiência tateada, ocorre como que uma evolução paralela de dois modos de vida, de construção de dois edifícios. O mais das vezes há defasagem entre um comportamento, entre regras de vida impostas pelo meio exterior, e o encaminhamento normal e natural de uma atividade que tenta, com os meios que lhe restam, preencher os vazios, corrigir os erros, restabelecer o equilíbrio rompido. Essa defasagem é que dará origem a essa espécie de dualidade que marca tanto nossos contemporâneos. Eles se assenhorearam com uma admirável maestria das ferramentas que lhes foram ofertadas e que trabalharam com inteligência e audácia para aperfeiçoar. E elevam-se assim a muito alto. Só que, quando largam um instante suas ferramentas e se debruçam na janela de seu edifício para olhar para baixo ou para o lado, são tomados de vertigem e de perturbação porque se sentem como que apartados de suas raízes e já não encontram suas fundações. E seu comportamento denota esse desequilíbrio, essa falta de base, essa carência de bom senso.

Esse é um fato demasiado geral nestes dias para que insistamos longamente: Fulano é um mecânico com uma habilidade superior, que maneja suas ferramentas, que são as máquinas, como se fizessem parte de sua vida. Nisso mostra uma lógica, uma concepção racional, uma filosofia exemplares. E, no entanto, esse técnico de elite permanece na vida privada, ou na rua, fora de seu trabalho, profundamente ilógico, irracional, incompreensivo, dominado por seus instintos primitivos. Porque se alçou prematuramente a um lanço de muro que negligenciou reedificar e reconstruir.

Aquele outro é um homem de inteligência excepcional, que ocupa um cargo invejado na Universidade, escreve livros técnicos ou filosóficos, possui diplomas, dá aulas. E, no entanto, fora de seu trabalho, é vítima dessa mesma defasagem, dessa mesma irracionalidade, da mesma incompreensão, da mesma falta de sabedoria e de equilíbrio. Também ele alçou-se ao lanço de muro.

Somente se nosso homem superior pôde, com vagar, deixar mais seguras as bases de sua personalidade; se pôde, estando ciente das causas reais de seu desequilíbrio, tornar a descer até suas fundações para refazer sua personalidade e edificá-la segundo um equilíbrio harmonioso; apenas nesses casos é que há unidade em sua personalidade. As qualidades verificadas no manejo, na compreensão e no aperfeiçoamento das ferramentas se estendem, então, ao comportamento geral da vida. O indivíduo pode postar-se na janela de sua construção; pode olhar à direita e à esquerda: não há mais vertigem; as leis do equilíbrio, que são válidas no topo, são realizadas da mesma forma na base e no meio. E, inversamente, há harmonia, unidade e sabedoria.

Compreende-se então que concedamos uma importância tão decisiva à pedagogia que permitirá a cada indivíduo construir sua vida, com uma aceleração máxima, graças à magia das ferramentas que tem à sua disposição, edificar sua personalidade em vez de alçar-se imprudentemente aos lanços de muro que lhe permitem, efetivamente, atingir mais cedo os frutos da ciência, mas que não deixam de comprometer os próprios princípios de sua vida, de seu crescimento, de seu equilíbrio e de sua potência, cujo desenvolvimento é a única coisa que importa.

Um terceiro grave perigo que decorre deste último e que só faz aumentar os riscos de vertigem e de defasagem:

O indivíduo que construiu sozinho sua personalidade como que se apropriou, como vimos, das ferramentas que usa. Tais ferramentas são então, para ele, o que são essencialmente: prolongamentos de sua mão e de seus dedos, que permitem ir mais longe, agir com mais potência, tanto no ataque como na defesa. Nessa apropriação, ele conserva naturalmente, como o principal, o cuidado de manter o equilíbrio sem o qual, mesmo com prolongamentos nas mãos, não seria mais que um pobre inválido. Essa necessidade de equilíbrio é instintiva e geral, nos planos tanto mental e psíquico como físico.

O homem então, dominado por essa noção de equilíbrio, sabe rejeitar as ferramentas que prejudicam esse equilíbrio e aperfeiçoar as que o servem.

Se, ao contrário, ele perdeu anormalmente essa noção essencial de equilíbrio e de harmonia, assenhorar-se-á inconsideradamente de todas as ferramentas que lhe trazem a potência, uma potência que fica ilusória e passageira, pois o que pode ser a potência sem o equilíbrio? Nesse estado de anarquia e de desarmonia, suas ferramentas deixam de ser o prolongamento de suas mãos; já não estão na ponta de suas mãos; são como que criações autônomas, exteriores a ele, independentes de sua personalidade, indiferentes ao seu devir, que têm vida própria, reações independentes do comportamento dele.

Você entra no saguão de uma fábrica: o engenheiro que o acompanha conhece intimamente o mecanismo da empresa que criou, que anima e dirige: sente-a como sente o próprio corpo. Empurra uma alavanca e é como se um prolongamento maravilhoso de sua mão realizasse a distância sua vontade e suas ordens. Você vê máquinas que giram, outras que batem, outras que limam, outras que parecem misturar sabe-se lá qual mistura. Mas você ignora tudo da potência individual ou coletiva dessas máquinas; você lhes ignora a ação e a reação. Inúmeros operários ou contramestres não sabem delas mais do que você, dominados que são pelo gesto mecânico que lhes é imposto por um maquinismo separado da vida deles e que não participa nem um pouco da personalidade deles.

Sentem-se todas as conseqüências humanas desse estado de coisas. Mas há algo mais grave.

No início, quando o homem fazia um aperfeiçoamento em sua ferramenta, era a sua própria mão que ele aperfeiçoava; não buscava, não realizava senão no sentido desse aperfeiçoamento pessoal.

A partir do momento em que a máquina se torna uma peça independente de nossa vida, podemos divertir-nos em aperfeiçoá-la em qualquer direção que seja. O essencial é que ela funcione mais depressa, que puxe com mais força, que suba mais alto. Quanto a saber se tal aumento de potência pode servir-nos, essa é uma consideração que já não nos atinge: a máquina, separada de nossa mão, vai rumo ao seu destino, mas, infelizmente, é um destino cego.

E eis-nos no centro do grande drama de nossa sociedade: a máquina domina, subjuga e esmaga o homem com um objetivo exclusivo de lucro, aumentando-lhe constantemente o desequilíbrio, elevando-o a muito alto, mas a tão alto que ele perde pé, que já não reencontra suas raízes, que já não reencontra a si mesmo e parte para a aventura, ao sabor dos mecanismos, rumo à inevitável catástrofe provocada pela sociedade capitalista.

Compreender-se-á que desconfiemos de tal desordem e que tentemos organizar uma pedagogia baseada no trabalho, que torne a dar à criança o sentido profundo primeiro da ferramenta, depois da máquina, que as prenda de novo na ponta de suas mãos, com as quais ela poderá dirigi-las e dominá-las, para servir-se delas na construção de sua personalidade potente e equilibrada, numa sociedade humana em que a máquina será instrumento de potência e de libertação.

Não lançamos de modo nenhum o anátema, como o fazem certos teóricos apavorados com um desequilíbrio cujas verdadeiras razões eles não penetraram, sobre as ferramentas ou sobre os mecanismos. Eles são o elemento e o motor do progresso; estão na origem de nossa elevação acima do animal. Nossa inteligência é apenas o reflexo das novas relações que eles permitem e de nossa potência crescente sobre o meio. Aplicamo-nos somente, repetimo-lo, a tornar a prendê-las na ponta de nossas mãos. Ou melhor, agiremos de modo que não mais se desprendam. E não é mediante uma operação qualquer da mente que o conseguiremos, mas mediante o obstinado e lento exercício de nossas mãos que, num meio rico e auxiliante, o meio social que ajudaremos a preparar, primeiro darão a volta ao redor das coisas familiares, depois lhes adaptarão lentamente as ferramentas simples, depois as técnicas mais complicadas, mas de tal modo que cada aquisição técnica seja um aumento pessoal de potência, uma ascensão equilibrada no sentido de nosso destino.

Temos de ser bem-sucedidos.

Foi de propósito que nos demoramos nessa explicação sensível, quase material, do nascimento, da utilização, da perversão das ferramentas criadas pelo homem. Compreenderemos melhor, agora, certas sutilezas que acompanham o nascimento, a utilização e a perversão dessa outra ferramenta que é a linguagem, com seus corolários, a escrita e a impressão.

Muito amiúde pretendem dar-lhes uma origem essencialmente nobre, fruto de nossa inteligência, de nossa mente, de nosso ideal. Não são mais que palavras: felizmente as coisas são mais simples.

Não nos referimos aqui ao longo histórico da evolução da mímica, dos gestos, da fala articulada e da escrita através dos séculos. Insistiremos somente neste fato:

No início, mímica, gestos, gritos e palavras são empregados exclusivamente para prolongar a personalidade, para dar-lhe supremacia e potência. É como que uma emanação de nós mesmos, um instrumento precioso que nos permite atingir mais longe, mais alto e mais profundo do que com as mais maravilhosas ferramentas. E por muito tempo a palavra, o "verbo", conservou essa virtude e esse valor, como uma ferramenta rara de que se cuida e que só se emprega com conhecimento de causa, por medo de desgastá-la e de enfraquecê-la. A palavra é uma porção de nós mesmos, e a mais nobre, que lançamos para a frente, ou para cima, para procurar um ponto de apoio como ressonância. E, em sua forma comovente e superior, ela conservou essa elevada característica, notadamente entre os poetas que, para além da perversão da língua, exteriorizam, com seus cantos, como que uma fatia de seu ser, uma emanação de seu cérebro e de seu coração que se vai, quente e vibrante, despertar a vibração simpática de outros cérebros, de outros corações e de outras vidas.

Mas aconteceu à linguagem aventura igual à da ferramenta, e o parentesco que lhes reconhecemos nos tornará mais sensível a essa similitude de destino.

Enquanto o conhecimento íntimo da ferramenta só podia ser adquirido diretamente no trabalho efetivo, a explicação não podia tomar outra forma senão a própria ação. Como a criança que, não podendo ainda falar com suficiente clareza, pega-lhe a mão para ir mostrar-lhe e explicar-lhe, com a observação direta e com a ação, aquilo que ela não consegue fazer que você compreenda de outra maneira. É, definitivamente, o meio mais seguro. Mas é lento: necessita de sua presença e de seu esforço pessoal; não mais existirá sem você nem depois de você; e nem sempre é possível. Considerações todas que, nessa fase, prejudicam a aceleração da experiência.

Quando se consegue explicar pelo gesto, pela mímica, pelo desenho, pela palavra ou pela escrita, pode-se evitar a movimentação; pode-se economizar a ação material, o que é mais rápido, quando não mais seguro, e satisfaz, de todo modo, a tendência do homem à economia de esforço para um máximo de potência.

Então a expressão através do gesto, da fala ou da escrita, tende a substituir pouco a pouco a própria ação.

E existem, infelizmente, pessoas hábeis para deformar e explorar essa incontestável conquista.

O vício só faz crescer e agravar-se. A fala e a escrita notadamente, tornaram-se ferramentas universais, cujas perfeição, sutileza e nobreza ideal foram destronando aos poucos a própria ação. É uma ferramenta maravilhosa e dócil, que se nos oferece em todas as ocasiões e que temos tendência a empregar, indiferentemente, para a solução de todas as dificuldades. A tal ponto que linguagem, escrita e leitura se tornaram quase antinômicas de ação: aqueles que falam bem têm como ponto de honra conservar as mãos brancas; aqueles que possuem o dom de manejar a língua escrita se especializam apenas no trabalho de pensador, de escritor e, eventualmente, de escrevinhador. Uns e outros esquecem que sua especialidade não é, embora às vezes o pareça, uma atividade essencial, que eles não bebem, não comem, não amam, não se reproduzem através da fala e da escrita. Nasceu o divórcio entre a realidade das coisas, o trabalho efetivo e a expressão oral e escrita. Ele irá aprofundando-se cada vez mais, até separar, às vezes totalmente, a ação de sua expressão, o gesto de seu substituto, o trabalho de sua razão de ser.

O divórcio não era ainda tão total, nem tão dramático, enquanto se tratava apenas da fala.

Por mais insidiosa que possa tornar-se, ainda assim continua integrada na vida, porque é aprendida diretamente na vida, corrige-se e aperfeiçoa-se com a experiência da vida. Aliás, durante muito tempo, a criança prefere a ação à fala. Fala muito quando não quer ou não pode agir. Dê-lhe a ocasião de proceder praticamente à experiência tateada que lhe é indispensável, de realizar-se por um trabalho que corresponda às suas necessidades funcionais, e ela será tão sóbria de palavras vãs quanto o é o pastor atrás de seus bichos ou o camponês trabalhando na roça. A linguagem-ferramenta ajudará a vida, mas não lhe tomará o lugar.

As coisas são muito mais graves no tocante à escrita, à impressão e à leitura. Apresenta-se de chofre à criança uma ferramenta cujos sentido e utilidade ela não concebe. Você a faz reluzir a seus olhos, você a agita, a desmonta, a embeleza, você a faz funcionar para incentivar a criança a aprender seu manejo. Mas ela não sabe ao certo para que servem os signos que dançam na página; não distingue as relações deles com seu próprio devir e seu desenvolvimento. Consegue, porém, apreender as imagens, depois as idéias abstratas que a escrita impressa expressa, mas não as situa, em absoluto, no plano da vida. Talvez você consiga familiarizá-la com o manejo dessa ferramenta; ela pode adquirir mesmo um certo domínio, mas não se servirá dela para erguer seu próprio edifício. Aí, ela tem seus métodos pessoais, mais ou menos empíricos. E na prática, efetivamente, a massa dos indivíduos que passaram pela escola, onde aparentemente aprenderam o mecanismo e o manejo da ferramenta, jamais se servem dela para construir suas vidas: você nunca os verá escrever seus pensamentos ou suas observações, a não ser que tenham, sozinhos, repensado sua cultura e reaprendido como autodidatas o sentido e o uso da ferramenta. Basta-lhes saber anotar desajeitadamente as dimensões de uma peça, a data de uma semeadura ou a dívida de um amigo (aliás, é por isso que o cálculo está entre as técnicas mais apreciadas daquelas ensinadas pela escola); nunca escreve, ou suas cartas são banais e estereotipadas porque lhe falta a ferramenta verdadeira. E, se lê, é para se entusiasmar com o brilho enganador que fazem luzir aos seus olhos, para evadir-se em construções anormais e desumanas que apenas as palavras permitem, e não para fortificar e enriquecer sua vida.

Esse fosso escavado por uma concepção deturpada da ferramenta, devemos tratar de enchê-lo com uma nova concepção da educação fundamentada na experiência tateada e no trabalho, com o emprego de ferramentas que permaneçam o prolongamento da mão, integradas no destino da personalidade.

Notadamente, não pode haver, é compreensível, aprendizado separado da língua, da escrita, da leitura do impresso. Haverá somente, com o auxílio dessas ferramentas, ascensão sempre acelerada da personalidade humana, na harmonia individual e social.

Mas há um novo perigo... Toda estrada não é coalhada de escolhos?

Dissemos que a experiência tateada é prosseguida mediante comparação, intuição, empírica ou racional e científica, das relações, primeiro entre objetos, depois entre elementos da ação, e que a ação tende a desenvolver-se no sentido dos ensaios que deram certo, cuja repetição se fixa como regra de vida.

Se a criança se aventura num campo de neve que não é firme e se afunda até os joelhos, ela tomará consciência, fisiologicamente por assim dizer, das qualidades da neve e das relações existentes entre as qualidades da neve e os gestos que ela deve fazer para avançar. E regulará suas reações como convém. Dissemos que esse conhecimento não mais a deixará porque estará inserido em suas reações fisiológicas e em seu comportamento.

A essa criança enleada na neve, você pode indicar, com sinais da mão, que deve dirigir-se para o rastro vizinho onde afundará menos. O gesto pode ser acompanhado de um berro apenas formulado que dá à criança uma idéia da direção a tomar. Assim como o pastor que, empoleirado em seu rochedo, dirige com seus gestos e seus "ohô! Atchi!... ii... rr".. seu cão que se vai para longe no vale para trazer de volta bichos indóceis.

A criança se apóia na sua experiência para sair de uma dificuldade da qual se arriscava a não triunfar ou da qual teria triunfado com menos rapidez.

Você pode também ajudá-la previamente através do desenho, se você tem habilidade para representar no papel uma criança que, perdida na neve, encontra o rastro salvador. A criança compreenderá as relações expressas como se tivesse feito pessoalmente a experiência. Sua ajuda se insere perfeitamente no processo do comportamento dela.

Se você aperfeiçoou suficientemente a ferramenta da linguagem e se a criança compreende o que você lhe diz, você exprime pela fala relações cuja realidade apenas a experiência poderia revelar-lhe. Você lhe explica que está muito quente, que a neve não agüenta, que ela vai afundar-se até os joelhos, que, logo, nada ganha em tentar atravessar aquele campo de neve virgem ainda e que tem toda a vantagem de seguir ajuizadamente o rastro.

A criança pesa as relações assim expressas e se orienta para a solução que lhe parece a mais favorável.

Mas a operação se torna delicada. Dando suas explicações à criança, você visa suprimir a experiência que ela ia fazer, a economizar essa experiência, a fim de alcançar mais depressa a meta que lhe parece a mais importante.

Se ela compreende perfeitamente o que exprimem as suas palavras; se estas encontram nela uma ressonância que já é a conseqüência de experiências anteriores, então está tudo bem. Mas, quando você diz: "Está muito quente, a neve não agüenta", você exprime um complexo de relações que supõe adquiridas pela criança; se a criança afundou-se previamente na neve mole; se, ao contrário, escorregou na neve dura da manhã; se viu um esquiador enterrar-se também numa neve molhada que cola nos esquis, então a criança saberá exatamente o que significa essa frase elíptica: "não agüenta". Quando você a formular, as relações efetivas surgirão automaticamente: a ferramenta terá pleno efeito.

E, apesar de tudo, a criança emitirá ainda dúvidas: "Será mesmo verdade?" A opinião que você lhe apresenta é a conseqüência de relações que você mesmo constatou. Ela só a admitirá se a experiência lhe provou que é normalmente conforme à realidade. A criança faz, então, a economia de uma experiência graças a essa ferramenta que é a linguagem.

Ou então ela só acredita em você com reservas, por essa vez, e continua depois sua experiência tateada. É que certas relações que nos parecem muito simples permanecem para ela, durante muito tempo, mistérios: por que a neve derrete de dia?... Por que afundamos menos se temos embaixo dos pés uma larga superfície sustentadora?... Foram necessárias centenas de gerações para chegar a uma concepção científica dessas relações. Logo, é normal que a criança duvide e experimente.

Nosso papel será, justamente, o de acelerar esse processo de tomada de posse de relações que, em sua derradeira fase, atingem a segurança científica definitiva. Em vez de deixar a criança tatear sem ajuda nem diretriz, ao sabor das coincidências mais ou menos fortuitas e de observações empíricas, empiricamente interpretadas, pomos à sua disposição as experiências que julgamos essenciais e concludentes; fazemos a economia das tentativas notoriamente errôneas e infrutíferas. Não suprimimos a experiência tateada: ajudamo-la, facilitamo-la, apressamos suas conclusões.

Se dizemos também à criança: "Em determinadas circunstâncias, alguns homens procederam assim e chegaram a tal resultado", ela poderá acelerar ainda mais seu tateamento e suas descobertas.

Se ela se aventura sozinha na floresta, arrisca-se a tatear muito tempo, às vezes toda uma vida, antes de ter acesso ao esplendor da planície. E não haverá progresso. Mas, se alguém está perto dela, ajudando-a em sua caminhada e em suas observações, mostrando-lhe os vislumbres promissores, lembrando-lhe a finalidade das grandes estradas sem a impedir, porém, de às vezes perder-se distraidamente sob o arvoredo, e acompanhando-a em suas explorações caprichosas, ela chegará à orla num tempo recorde, fortalecida com uma incomensurável riqueza, ciente de relações, de dependências, de idéias que serão outros tantos sólidos degraus para a organização potente de sua vida.

Mas como é delicado acelerar assim um processo essencial sem se arriscar a queimar as etapas!

De tanto utilizar e manejar as palavras, concedemos-lhes como que uma personalidade. A criança fica, de início, um tanto desnorteada com essa espécie de passe de mágica, sendo por isso que exige durante muito tempo a coisa atrás da palavra, como que para assegurar-se bem das virtudes do rótulo: porta, cabeça, olho, mão. O que não é, em última análise, senão um jogo sem dificuldades.

Mas existem palavras que não passam de rótulos e atrás das quais é difícil, por vezes impossível, colocar um objeto sensível ou uma experiência simples. Tais palavras são ferramentas de segundo grau, que expressam relações, reações de que a criança ainda não tem uma consciência experimental.

Dizemos: a bondade, por exemplo. Na prática do comportamento, a coisa certamente não é desconhecida ao ser que ainda está na fase do tateamento em face da linguagem. Mas aí se trata apenas de um complexo intuitivo, que é o fecho de experiências diversas, de sensações indefiníveis pelas quais a criança mede o grau de bondade dos seres que a rodeiam. O rótulo sozinho nada lhe diz. Ele é uma ferramenta ainda desconhecida que é intercalada impositivamente em seu comportamento didático e que nos será difícil ligar à abstrata idéia de bondade.

Nas melhores conjunturas, ainda que a criança tenha essa consciência difusa das relações sintetizadas pelo rótulo, a palavra jamais expressa a integralidade das qualidades possíveis. É como a água móvel e vivaz do rio que quiséssemos que fosse contida num balde onde ela perde as qualidades, que lhe são essenciais, de fluidez, de limpidez, de movimento.

Essa operação sempre seria apenas ilusória e superficial. Só é aceitável se temos, pelo menos, a noção dessa aproximação e se vamos, por isso, buscar na corrente límpida do rio os sentidos profundos da bondade.

A palavra, como se vê, é sempre limitativa, porque dá uma forma cristalizada e já definitiva a um programa de vida dinâmico, à concepção de uma relação de qualidade que um raio de sol, que uma vibração diferente bastam para modificar.

Em todos os campos, a diferenciação, a especialização são um preço do progresso. No princípio, a ferramenta não era especializada: a maça servia para usos múltiplos porque era a única conquista. Mas, à medida que a engenhosidade do homem a foi aperfeiçoando, ela também se especializou, e já não era a mesma ferramenta para levantar uma pedra, para cortar uma árvore ou estilhaçar o crânio dos inimigos. Cumpria então escolher a ferramenta adequada ao objetivo, mudar às vezes o curso de sua ação, ter prática e consciência dessa adaptação. Processo intuitivo, aliás: a ferramenta, prolongamento da mão, liga-se por reflexo, como conseqüência da experiência tateada, ao gesto e ao uso que permite com um máximo de sucesso. Ela até pode, em certos casos, identificar-se com esse gesto e tornar-se seu símbolo permanente: o machado do lenhador, a flecha do caçador etc.

A palavra-ferramenta sofreu o mesmo destino. Ela une seu destino a certo uso, a um objeto particular ou a uma forma subjetiva de ligações e de relações: torna-se o símbolo e o emblema, e já não se pode separá-la deles. Assim, a palavra bondade é, para mim, especializada em certo emprego que me é relativamente pessoal, vinculado às circunstâncias que presidiram à experimentação e ao uso desse conceito-ferramenta. O que concebo através dessa palavra não é o que você concebe, por sua vez. E é por isso que, na prática corrente da linguagem, a mímica, o gesto, a entonação são seu complemento necessário. Na prática da linguagem escrita, portanto despojada de todos esses adjuvantes sensíveis, é preciso, para ser perfeitamente compreendido, acrescentar à palavra bondade uma variedade relativamente rica de qualificativos, de comparações, de perífrases, que adaptam ao máximo a palavra-ferramenta ao uso preciso ao qual a destinamos.

E, apesar de todas essas precauções, a aproximação é apenas imperfeita, a tal ponto que sentimos a necessidade de apurar a adaptação da ferramenta com o emprego de desenhos, de clichês, de imagens, que traduzem e substituem a mímica e o gesto. Diante das dificuldades permanentes de adaptação da linguagem falada ou escrita, houve mesmo, há um quarto de século, uma espécie de retorno sistematizado à mímica, com o emprego do cinema que consegue expressar, pela imagem animada, inúmeras relações, tão sutis que nunca se encontravam expressões-ferramentas capazes de se lhes adaptar perfeitamente. O cinema poderia ser, nesse sentido – mas, infelizmente, ele é pejado de tantos outros perigos –, uma espécie de corretivo para a imperfeição da linguagem, para sua fixação prematura e para sua excessiva especialização.

Pois o grave perigo é, justamente, essa fixação na palavra de um pensamento sutil e móvel que é limitado, reduzido, esfriado e, portanto, traído por ela. Quando se disser bondade, a palavra traduzirá o uso de uma certa bondade, uma categoria especial de relações, mas não a integridade e a diversidade viva dessas relações. Pensaremos no balde de água e não mais no rio.

O erro está em marcha. Vai influir pejorativamente sobre nosso pensamento, que é encolhido, imobilizado e petrificado por ele. Tanto mais que essa petrificação é, aparentemente, uma incomparável comodidade. Não podemos pegar o rio, mas o balde de água está ali, ao nosso alcance; podemos manejá-lo, conservá-lo, utilizá-lo como quisermos, e sem maior risco.

As palavras constituem, assim, como que uma reserva de baldes de água. E sua coleção acaba por se substituir ao desenrolar sutil, complexo e inapreensível de todos os rios da vida.

Enquanto você tiver consciência de que conserva e maneja baldes de água, poderá, pelo menos, retificar e alargar a noção que eles simbolizam. Mas linguagem e, mormente, escrita são, em nosso processo de experiências, um êxito formal tão grande que sacrificamos muito depressa às suas vantagens a perfeição da expressão por elas suposta. As palavras se tornam baldes de água, exclusivamente.

Os homens aprendem, então, a fazer malabarismos com esses baldes de água, esquecendo que a vida é muito mais ampla e caprichosa – e fecunda em possibilidades e em ensinamentos. Mas esse é um meio cômodo, que dá resultados tangíveis com um mínimo de trabalho: os baldes estão ali, alinhados; podemos contá-los, escrutá-los, medi-los, interpretar-lhes a capacidade, o conteúdo e as qualidades. Estabelecemos entre eles relações totalmente formais que se elevam à dignidade de sistemas; combinamo-los para obter novas variedades; tornamo-nos peritos na arte de manejar os baldes de água.

Só se esquece que esses baldes de água já não são a vida, que as relações que você edificou, reconhecidas ou citadas entre eles, não são as relações verdadeiras, que as combinações tentadas, os sistemas imaginados não encerram senão uma parcela de verdade, senão uma fração petrificada de vida e que, por esse motivo, todas as conclusões dos malabaristas de baldes e de palavras, por mais sutis que sejam, continuam a estar essencialmente sujeitas à caução. Cumpre então que apareça, de tempos em tempos, alguma mente suficientemente ousada e iconoclasta para ousar dizer aos pensadores e aos cientistas que eles fazem malabarismos com baldes de água, para derrubar esses baldes e reencontrar o curso vivificante do rio. Mas o homem, como a criança que atrapalhamos em suas brincadeiras, maldiz e persegue o perturbador, apanha seus baldes resmungando, enche-os de novo e recomeça a arquitetar sistemas.

Certas palavras têm um destino ainda mais anormal. São como um galho que separamos da árvore viva, uma pedra que arrancamos do rochedo e aos quais atribuímos uma vida particular, bem depressa independente da árvore ou do rochedo. Tais palavras se tornam como que estátuas que reverenciamos e tememos, ícones que invocamos, signos que são totalmente apartados de nossa própria vida, que adquiriram, fora de nós, um valor eminente, prenhe de um poder místico autônomo. E é essa toda a história da palavra-tabu, da palavra ou da frase-oração, da invocação do feiticeiro, da maldição dos malvados ou da bênção dos padres. Esse desvio precedeu o desvio filosófico e escolástico de que falamos, mas a origem deles é, contudo, a mesma: é uma deformação e uma especialização maléfica da palavra-ferramenta que adquire uma espécie de virtude pessoal, absolutamente separada de seu sentido original; é a terra viva e fértil tornada estátua.

O iluminado, que tem consciência dessa escamoteação, que sente, na palavra, sua noção genérica de ferramenta a serviço da vida, denuncia a traição da idéia e tenta voltar à comunhão íntima com o grande rio da vida. Ele tem contra si, sempre, a massa coerente de todos os mágicos da língua, sejam eles da igreja ou leigos, ou mesmo inimigos das religiões e superstições. Todos cometem o erro, a maior parte do tempo inconsciente, nós o sabemos, de separar a palavra da vida, de agitá-la, de organizá-la num mecanismo à parte, que é somente a vida arbitrária das palavras e dos conceitos tacanhos e laboriosos que elas representam, depois de vir dizer-lhe com pretensão e autoridade: "Aí está a vida, aí está a análise científica da natureza humana, aí está a psicologia e a filosofia, aí está a cultura!"

Esse erro, que está na base da falsa ciência, explica que mesmo esses homens, que conseguiram fazer malabarismos com os baldes de água com perfeição, com uma sistematização e uma lógica que nos fascinam, continuem a ser muitas vezes ilógicos, imperfeitos, incompreensíveis na vida real. São lógicos em sua cultura, são racionais nas conclusões que deduzem de suas especulações. É mais fácil, porém, ser lógico e racional quando se põe e tira do lugar, e compara e mede baldes de água do que quando se está diretamente na corrente do rio inapreensível.

Vê-se onde está o verdadeiro perigo. E compreende-se, então, a necessidade pedagógica de corrigir esse erro essencial, para atingir uma cultura que seja, um dia, a verdadeira ciência de vida, uma ciência prática, humana, que aumente continuamente a potência do homem em face da natureza.

Agora ser-nos-á fácil e simples deduzir de nossa demonstração as grandes linhas mestras de nosso comportamento educativo.

A escola atual é, essencialmente, a área dos baldes de água... Talvez seja, por certo é, um progresso com relação à iniciação mágica ou ao reinado da Igreja, que eram a idade de ouro das palavras-tabus, das palavras-orações, das palavras-estátuas e das palavras-ícones. Mas é apenas um progresso formal, e não um progresso em profundidade, portanto eficaz e definitivo.

A vida é tão diversificada, dizem, e tão instável que é mesmo preciso, em algum momento, fixar seu curso se se quer apreendê-la e explicá-la. Compreender-se-á melhor o balde de água do que o rio. Todas essas relações demasiado sutis que dificilmente conseguimos identificar, mesmo nós, adultos, vamos isolá-las, rotulá-las, classificá-las, alinhá-las, e viremos pegá-las quando delas necessitarmos. Nós nos arriscaríamos a perder-nos nesse emaranhado de trilhas que sulcam a planície: vamos pôr letreiros em toda a parte para que possamos nos guiar.

Operação que não será recusável em si, se a criança foi pessoalmente encher os baldes de água no rio, se experimentou a corrente dele, se lhe sondou o fascinante mistério, se lhe conhece a fluidez, a diversidade e a mobilidade; se o viu seguir agrestemente os pequenos canais cobertos de mato que levam o frescor à planície; se o ouviu rugir nos dias de temporal e bombardear os muros da margem com sua carga de pedras e de troncos informes que se iam à deriva. Se ela sentiu esses aspectos diversos do rio, então não há mais perigo em isolar esses baldes, em estudá-los, em medir-lhes as qualidades porque a mente as inclui, intuitiva ou cientificamente, no grande complexo vivo que é o único que importa.

A criança tem, justamente, necessidade de um máximo de ferramentas semelhantes que são prolongamento de suas mãos, instrumentos de sua permanente experiência. Será esse o papel da educação: pôr à sua disposição essas ferramentas, cada vez mais diferenciadas, cada vez mais ricas. É através delas que o indivíduo irá precisando suas relações que sente confusamente, mas que tem necessidade de examinar e de reexaminar, de escrutar e de sondar, para ir cada vez mais para a frente no conhecimento, para libertar-se cada vez mais um pouco do mistério e ascender em potência dominadora.

A escola, infelizmente, não repara nessas precauções preliminares. Acha útil mascarar para a criança o rio da vida; pretende subtraí-la à complexidade de um desenrolar que não seria de sua idade. Ela traz, para uma sala ciosamente fechada, longe das margens cobiçadas, esses baldes de água dos quais ensina os nomes, as definições, os rótulos, as características, as relações recíprocas, as leis que lhes regem as reações mútuas. Raciocina longamente sobre a origem, a evolução, o processo, o finalismo dessas relações. E fazem-se descobertas, efetivamente. E vão-se separando cada vez mais as palavras da vida, até criar um jargão específico, teorias escolásticas, conceitos filosóficos que não são falsos em si, mas estão por demais separados do curso do rio para influenciá-lo de qualquer modo que seja.

É essa realmente a história da escola de que já falamos, que funciona nesse primeiro andar, dentro de um meio, conforme normas e com metas que não são as da vida. Daí hiato, defasagem, sobrevivência paralela de dois processos sem interação funcional, o que explica que possamos ter uma escola e uma filosofia escolásticas aparentemente evoluídas, numa sociedade desordenada e sem filosofia.

Nossa escola primária, por sua vez, é humildemente relegada, como convém, ao primeiro andar, de onde se ouvem, pelo menos, os barulhos da rua, aonde se chega com relativa facilidade, se necessário, pelas janelas ou pelas goteiras. E, quando nos debruçamos para fora, vemos ainda as coisas e os seres bem próximos, com o mínimo de deformação.

Mas os filósofos, que subiram a um segundo andar! Ei-los perfeitamente isolados e cortados da desordem ambiente! Para atingi-los, há que ser iniciado em seus segredos, compreenderlhes a língua toda entremeada de palavras bárbaras, sobrecarregada de baldes cada vez menores e mais numerosos, que não se encontram sequer num dicionário. E umas sumidades raciocinam sobre esses baldes, sem sequer pensar que foram enchidos num rio qualquer. Estão, dizem eles, desintegrados do real, e se gabam disso como de uma superioridade incontestável: lá em cima, já não há nenhum dos ruídos de uma natureza fantasiosa em suas manifestações; o próprio zunzum da rua só sobe abafado e indistinto. E, quando esses super-homens olham de fato para o vazio, usufruem egoisticamente o espetáculo de um desprezível formigueiro que, embaixo, se azafama e se agita sem razão e sem objetivo... Quanto a eles, têm realmente a impressão de estar a meio caminho do céu, e compreende-se que disso tirem a vaidosa presunção de crer-se às vezes mais perto de Deus.

Estão lá com seus baldes. O que descobrem, o que experimentam, o que formulam só vale na área escolástica de seus baldes. Se os trazemos de volta à beira do rio, ficam perdidos... É, naturalmente, culpa do rio!

Que venham esses homens simples que se recusam a abandonar o rio onde se agita e vive a multidão de seus semelhantes, que desconfiam da traição dos baldes e preferem ir pessoalmente, na margem, tirar com suas mãos generosas a água fresca e clara. São eles que descobrem as verdadeiras vias do conhecimento, que se iniciam e iniciam seus semelhantes no sentido do rio, em seu ritmo, em seus meios, em seus objetivos e tornam a subir às vezes, candidamente, a corrente até as nascentes puras que irradiam uma espantosa iluminação.

Estes não usam de linguagem secreta e profissional; falam a língua do povo; sentem e pensam com o povo. Descobrem, por vias a um só tempo racionais e intuitivas, relações desconhecidas. E os falsos filósofos e os falsos cientistas, que receiam a profundeza de seu bom senso, primeiro fingem ignorá-los, depois os ridicularizam, os desprezam, os atacam e os martirizam, para traí-los em seguida e escamotear-lhes o exemplo, para atrair-lhes o ensinamento para o segundo andar onde, longe do rio, poderão de novo dissecá-lo e adaptá-lo, em seu jargão, à sua longa e exclusiva experiência dos baldes de água.

Há que reconhecer, em defesa desses homens de ciência ou de letras, que ainda assim, em seu segundo andar, ao redor de seus baldes de água, eles fazem algumas descobertas.

Olhávamos o rio correr e nos preocupávamos muito pouco em isolar-lhe os elementos. Quanto a eles, pegaram baldes de água que levaram ao que chamam de seus laboratórios. E fizeram indubitáveis constatações: constataram que um balde mais um balde são dois baldes, e mais um, três, que as relações entre objetos que se parecem são um valor constante que é válido no andar térreo. Examinaram a água que está dentro dos baldes e descobriram suas qualidades de fluidez, de limpidez, de evaporação, de condensação, de solidificação, que, feitas as verificações, existem da mesma forma no andar térreo. Consideraram então que aí estavam num terreno sólido, onde poderiam estabelecer relações válidas para o próprio rio.

Esses homens de ciência tinham então encontrado um meio de apreender a natureza com segurança e sucesso; já não viam limites à sua possibilidade de conhecer e de inventar, quando não de criar, e, até na intimidade microscópica da matéria, suas pesquisas foram engrossar as forças demoníacas que desviaram o curso do rio.

Mas o sábio na beira do rio dizia ainda: "Que me importa que eles saibam contar seus baldes de água ou os cascalhos do rio; ou que me ensinem do que é feita essa torrente, por que se evapora na lagoa e se solidifica no inverno, se não me entregaram o segredo da vida do rio, se não encontraram outro meio de explicar a corrente senão o de imobilizá-la e de dessecá-la; se se limitaram a colecionar números, fórmulas e barragens, em vez da intuição sensível de uma vida que ainda frusta todos os cálculos."

Insistimos um pouco sobre todas essas coisas, essencialmente primárias, não o negamos, para fazer que se compreenda a natureza dessa impotência da escola em face da vida e para tentar aguilhoar os esforços dos educadores para comportamentos mais eficazes.

Desconfiaremos dos baldes de água e da falsa ciência a que dão origem. Não mais fecharemos nossos alunos num primeiro ou num terceiro andar tendo somente baldes de água e frascos que lhes dão a ilusão da vida e da potência deles em face dos elementos. Não que essa ciência dos baldes de água seja forçosamente inútil ou mesmo perigosa. Mas ela não traz em si mesma a chave da melhoria social. Essa chave está no andar térreo, no próprio rio, na natureza e na vida. Forneceremos como regra geral: primeiro impregnar-se dessa atmosfera benéfica, sentir-lhe a beleza e as virtudes, banhar-se nela para que a impressão de sua rude carícia, a profundeza de sua limpidez, o frescor dos goles que dela tivermos bebido, impeçam-nos para sempre de dela nos abstrairmos.

Então, poderemos ir encher baldes de água e puxá-los para a margem, ou mesmo carregá-los para uma sala isolada. E, ali, contaremos e mediremos e analisaremos, porque é simples e repousante exercitar assim a mente a partir dos fragmentos de realidade, porque assim se tem a impressão de provar um pouco dela, e porque se espera encontrar, por esse intermédio, um meio prático de alcançar o supremo conhecimento e a divina potência. Mas não deixaremos de voltar o mais freqüentemente possível com nossos baldes ao rio, para evitar que nossa água aprisionada se corrompa e adquira qualidades e defeitos que não estão em sua natureza. Mergulharemos nossos baldes na corrente. As descobertas que tivermos feito no silêncio de nosso quarto-laboratório, iremos confrontá-las com as exigências da vida, para aferi-las, se necessário, e ajustá-las ao ritmo complexo da corrente individual e social.

A ciência dos baldes estará então, realmente, a serviço de nossa cultura e de nosso destino.

Será mesmo necessário traduzir agora para linguagem de ciência ou de escola o nosso raciocínio de intuitivo bom senso?

A ciência não vem das palavras. Ela sobe das coisas e da vida. Senão, é sempre uma abstração e um erro.

Importa pouco, para o destino dos homens e para a marcha desejável do progresso, que crianças e adultos saibam fazer malabarismos com os números se não têm, previamente, uma noção perfeita e viva das realidades que esses números exprimem. Podemos ter perfeitos calculadores que são, quer perfeitos imbecis, quer amorais ou imorais, ou ladrões, gananciosos, exploradores anti-sociais. Desses, pode-se dizer: "Se pelo menos nunca tivessem aprendido a contar!"

Importa pouco à harmonia individual e social que o homem conheça os nomes e as qualidades de tantos objetos da natureza, que saiba analisar tal produto, ou mesmo acertar uma espantosa síntese deles, se essas qualidades e esses atributos são exteriores ao seu devir, como peões que são manobrados para um sucesso indiferente ao nosso destino. E, se ele emprega seus conhecimentos e suas descobertas para criar o mal, para servir os exploradores da miséria, para sufocar a vida, pode-se dizer também: "Se pelo menos ele nunca tivesse sido iniciado nessa ciência!"

Não importa mais que o homem conheça os nomes e as características dos defeitos e das virtudes, que saiba a definição da bondade, da generosidade, da humanidade e da mentira, da hipocrisia, da duplicidade e do egoísmo, se o conteúdo dessas palavras não está intimamente ligado ao seu próprio comportamento, se ele pode ser versado em filosofia e em moral e se conduzir com mais inconsciência ainda do que se jamais tivesse aprendido a fazer malabarismos com esses baldes de água corrompida. Dele, dir-se-ia também: "Maldita seja a educação que lhe ensinou essas palavras, que lhe ensinou a isolar esses conceitos mas descuidou de ajudá-lo a compreender e a praticar uma vida útil e digna!"

Parodiando uma imagem do Evangelho, poderíamos dizer, "A escola e a ciência atual nos aconselham: 'Que sua mão esquerda ignore o uso e o objetivo das ferramentas criadas por sua mão direita e que seguem seu destino material, ininteligente e cego!'"

Dizemos-lhes, ao contrário: "Maldito seja quem desobedece assim às leis de sua natureza e julga toda ação, indistintamente, válida, como se o pensamento tivesse um destino autônomo, inteligente e racionalmente orientado; como se bastasse destacar o rochedo da montanha sem se preocupar com o que será sua descida acelerada! Que suas duas mãos, igualmente interessadas, segurem sempre firme a ferramenta e se saibam envolvidas totalmente em todos os atos que suscitam!"

Esse envolvimento é o trabalho tal como o definimos. Fora disso, tudo não passa de ilusão, desencadeamento de forças cegas que cumprirá, necessariamente, represar porque às vezes elas desagregam, até a degenerescência, nosso devir individual e social.

Portanto, partiremos deste princípio pedagógico: as palavras, os conceitos de maior ou menor lógica por elas expressos, só são um enriquecimento se são o resultado e o prolongamento de nossa experiência pessoal, incorporados à nossa vida, ligados ao nosso devir. Só há um meio de ter acesso à verdadeira ciência, que é potência: é partir humildemente da base, da experiência tateada empírica, depois da experiência tateada metódica e científica, e atingir a preensão gradual e íntima das ferramentas e da linguagem, que é a mais maravilhosa das ferramentas, mediante um processo acelerado que permite a cada indivíduo edificar sua própria personalidade com um máximo de dignidade e de potência.

Desse ponto de vista, tudo está por mudar no método de nosso ensino, e é nessa retificação que nos empenhamos.

Tudo está por mudar no ensino da língua. Os escoliastas pretendem partir do pensamento formal, prestigiosamente fixado dentro de baldes de água mais ou menos ricos, mais ou menos cheios, mais ou menos novos, brilhantes e sonoros, mas que a criança se espanta de estarem longe da margem e que não compreende.

Revertemos o processo. Partimos exclusivamente da linguagem falada familiar, cuja aquisição empírica e sensível é evidentemente prévia à escrita e à leitura. Depois subimos, por experiência tateada, do grafismo primitivo – o desenho – para a escrita que não é mais que a sua evolução, para chegar à lenta identificação dos signos e de seu conteúdo, à expressão manuscrita que é o uso prático, para fins pessoais, da ferramenta nova de que gradualmente se tomou posse. Atingimos, enfim, o reconhecimento das palavras e expressões, a identificação de pensamentos por intermédio dos signos, o que é propriamente leitura, ou seja, comunhão com o pensamento alheio – supremo enriquecimento!

E numerosas experiências dão-nos a certeza de que isso seja tecnicamente possível e prático.

Mesma retificação deve ser operada no ensino das ciências, ao longo do qual se impõe comumente às crianças o conhecimento formal de palavras e de relações sistematizadas em leis, mas que são exteriores à experiência e à ciência própria delas. Experiência tateada empírica, depois experiência tateada auxiliada e dirigida. A generalização já não será uma operação prévia da abstração intelectual, mas a conclusão lógica da experiência tateada;

as leis serão a expressão normal de relações redescobertas, sentidas, integradas ao ser. Então, a criança já não se contentará em aprender e em "saber" as ciências. Ela viverá, reconstruirá, para dele se assenhorear, o conhecimento lógico que elas permitem adquirir.

Não creiam que esse procedimento seja exageradamente longo, que, se tiver que balbuciar assim, a criança jamais conseguirá alçar-se às eminentes construções superiores da mente. Esquece-se que, também nessa área, intervém a lei da aceleração. Porque, se se é constrangido na escola a demorar-se na compreensão formal de leis que são ininteligíveis a alguém que não possui a consciência das relações que elas expressam, chega-se à conclusão de que o conhecimento dessas leis só pode ser uma lenta e laboriosa aquisição da mente ou da memória. E esquece-se uma forma, entretanto normal, do processo: as relações entre os objetos ou os atos surgem intuitivamente, como relâmpagos que iluminam bruscamente todo o campo de investigação. Acontece a eles o que acontece a uma infinidade de palavras cuja significação percebemos bem antes de ter condições de formulá-la, a tal ponto que, às vezes, essa formulação pode perturbar e desorientar a compreensão sintética. A escola, deslumbrada e desnorteada, fecha timidamente os olhos sob a iluminação do relâmpago, para procurar depois, penosamente, com seus parcos meios, alguns clarões na noite de tempestade. Quanto a nós, aproveitaremos a iluminação do relâmpago para dar um salto para a frente, um salto que será uma conquista se soubermos, mediante um método novo, aferir e explorar o seu processo. A lei, a fórmula são a finalização antes de ser o meio. São ferramentas eminentemente preciosas para quem pôde segurá-las com ambas as mãos para servir-se delas conforme suas necessidades.

Todos os professores primários sentem, aliás, a necessidade dessa retificação; vêem bem, na prática cotidiana, que, no processo inverso e anormal, as palavras só têm uma preensão frágil, as leis não conseguem agarrar-se na experiência e no pensamento das crianças, ou se lhes agarram de través, para desencadear depois falsas interpretações. Toda a falência do ensino científico decorre desse procedimento inábil.

Partir humilde e obstinadamente da experiência, da vida, ajudar na comparação intuitiva, depois formal, das relações que depois poderão ser promovidas à permanência de leis, é preparar, nas mentes, o desabrochar do verdadeiro espírito científico que é mesmo, por sua vez, um definitivo acréscimo de potência e de força em face da natureza cega.

Mesma observação no tocante às matemáticas, que são apenas a noção, especificada pela medição, de certas relações entre os objetos. Mas tais relações não se formulam do exterior. Se não as sentirmos, se não as descobrirmos intuitivamente num lampejo, ficarão sempre um jogo mal feito, cujo funcionamento podemos lembrar mais ou menos precisamente, mas que não se integrou nos reflexos e nas regras de vida. É a história do indivíduo que estudou no mapa uma região ou uma cidadezinha. Pode orientar-se se está com o mapa na mão ou se conserva nos olhos uma imagem fiel sua, e ainda com o risco de sérias e definitivas surpresas. Conhece a cidadezinha do exterior.

Se ele viveu nessa cidadezinha, se a percorreu participando de toda a riqueza íntima que ela contém, sua planta está inserida em seu comportamento, em seus passos, em seus gestos, em suas reações. Pode ficar anos sem retornar a ela: bastará que reapareça na entrada para desencadear-se automaticamente o mecanismo sutil que o orientará com segurança.

Há a mesma diferença de profundidade e de eficiência entre o ensino formal das matemáticas e a compreensão profunda da natureza e de suas leis. Enquanto a criança não compreendeu com todo o seu ser, sentimos, em seu comportamento, uma vacilação, uma indecisão que disfarçam imperfeitamente um apelo anormal à memória. Quando ela é tomada de curiosidade, em compensação, libera-se uma força, e as noções mais sutis e mais árduas encontram, então, uma base definitiva.

Colocar a experiência tateada, a experiência auxiliada e dirigida, o trabalho que é a sua forma social, na base de nossa formação matemática será mesmo, como se vê, uma aceleração e uma conquista. Bastará precisar a técnica desse ensino renovado, preparar o meio e as ferramentas que permitirão essa renovação.

Mesma retificação para a geografia e a história. Formulam-se prematuramente relações e leis; deduz-se o *habitat* do clima, o comércio da hidrografia, a cultura do subsolo; fazem-se malabarismos em história com complexos considerandos econômicos e políticos. Outros tantos baldes de água que a criança não reconhece de maneira nenhuma e dos quais está, conseqüentemente, longe de compreender as relações possíveis que vocês são forçados a inculcar mediante um exclusivo, mas falacioso e perigoso, apelo à memória. É de espantar mesmo que se tenha persistido tanto tempo num erro de método tão patente.

Partiremos da experiência tateada, que auxiliaremos e aconselharemos; dos fatos tais como são, que examinamos e reexaminamos para conhecê-los, reconhecê-los e integrá-los a nós, faremos surgir as relações que serão formuladas como regras e como leis. A aquisição será normal, definitiva, dominada e domesticada pela personalidade em busca de sua potência e de seu equilíbrio.

Música e desenho:
Pretenderam ensinar a música do exterior, pela regra, como aplicação de uma teoria que, para o aluno, não passava da mumificação, numa série de palavras sem significação, da harmonia profunda, do ritmo pelo qual a vida individual participa da corrente maravilhosa que a arrasta.

A iniciação musical não será mais o ABC que julgamos simples e que nunca está, senão anormalmente, isolado da vida. Partiremos, como já dissemos, da manifestação súbita e íntima, dessa sensação natural de uma harmonia que balbucia pelos gritos, ruídos e cantos. Colocaremos a criança no clima musical em que fará suas primeiras armas; nós a deixaremos tatear; nós a auxiliaremos a impregnar-se de conhecimentos preparando e acelerando seu tateamento. Entrementes, nós a mandaremos com a maior freqüência possível encher no rio alguns baldes de água que, então, para ela nada terão de misterioso, mas a ajudarão a ter acesso às leis da música. Essas leis lhe serão, portanto, como que pessoais; não as "saberá"; ela as sentirá e as viverá; elas serão ferramentas aperfeiçoadas, auxiliares preciosos para essa exteriorização do eu cuja importância funcional vimos.

Que desconhecimento escolástico em face do destino!
Esse rio móvel e cambiante que se desenrolava na criança e cujos signos e cores, à flor da pele, só esperavam sua forma es-

pontânea de expressão, a escola o ignorava e o proscrevia implacavelmente. Em seu segundo andar, ciosamente fechado ao murmúrio distante do riacho, ela arrastava as crianças a fazer malabarismos com baldes de água vindos de outro lugar, não se sabe de onde: retas, curvas, perspectivas, sombras. Elas se perguntavam o que significavam aqueles "exercícios", sem sequer pensar que podiam ter algumas relações com a técnica dos grafitos que rabiscavam às escondidas nos cadernos, escreviam na areia, ou gravavam na madeira dura dos velhos troncos.

Voltaremos ao curso normal do rio, ao jorro da vida, e deixaremos esta desabrochar e exprimir-se em toda a sua maravilhosa síntese, sem palavras, sem leis. Aí não há nada que dizer, a não ser oferecer papéis, lápis, cores e pincéis. O que se realiza não é de nossa conta, mas da conta exclusiva da criança. Trataremos, é certo, de acelerar o tateamento, de facilitar as comparações, de suscitar e de sistematizar relações. Levaremos prudentemente o aluno a encher no rio alguns baldes de água que o ajudarão a precisar certos conhecimentos formais. Palavras, técnica, teoria serão então ferramentas eficazes para o desabrochar da expressão artística através do desenho, objetivo supremo, por muito tempo negligenciado, dessa disciplina.

Essas retificações, trabalhamos para realizá-las prática, tecnicamente, em nossas classes. Elas constituem a revolução pedagógica mais essencial que tenha sido empreendida desde que os homens falam de educação. Temos, e teremos, não o ignoramos, muito que fazer.

– Porque atacamos pela base o pesado edifício de uma tradição milenar da qual vimos a ascendência automática sobre as regras e as técnicas de vida daqueles que a ele se sujeitaram. Teremos de mostrar, pela prática, a superioridade de nossas concepções para que, lentamente, os indivíduos se orientem para regras de vida mais eficientes, que proporcionam mais satisfação e potência.

– Porque o método escolástico agrada à tendência à superficialidade e ao sucesso fácil que impressiona. Integrar a cultura no comportamento vital é, efetivamente, uma operação complexa que só tem possibilidade de ser totalmente bem-sucedida se se pôde sustentar o processo normal já em sua base. Acrescente a isso que a ciência dos baldes de água é, por ora, a única oficial, a que é sancionada pelos exames e a que abre o caminho às "situações" sociais, constituindo, pois, por esse motivo, um êxito significativo. Considerações essas que nada tiram da solidez e da lógica de nossa análise, mas nos convidam a ser circunspectos e prudentes na avaliação dos obstáculos que encontraremos e da relatividade humana da retificação preconizada.

Uma esperança, porém: o reinado da escolástica parece aproximar-se do fim. Sobem alguns homens, que foram formados pela vida no ponto em que haviam fracassado os procedimentos clássicos demais. Superam, em verdadeira inteligência, em bom senso, em sutileza de reações, todos os escoliastas estratificados em suas regras; rompem o âmbito formal das palavras para apoiar-se exclusivamente na vida e na ação. Mas, tendo alcançado certo nível, eles se desculpam de não conhecer essas palavras e essas regras, de não ter aprendido, em segundos andares, a fazer malabarismos com misteriosos baldes de água cuja novidade os atrai. Essas ferramentas especiais dos escoliastas, eles não imaginam sua vaidade, que denunciamos; têm tendência a respeitá-las como respeitaram os ícones até o dia em que ficaram persuadidos da inutilidade, da impotência e da nocividade deles. Se não nos apressamos para ajudá-los a tomar consciência da superioridade de sua iniciação natural e normal, se não abrimos diante deles as vias superiores da verdadeira ciência, esses homens ousados, que estão na alvorada de uma nova cultura baseada na ação criadora, correm o risco de deixar-se prender, mais uma vez, à majestade fria dos velhos templos e à ilusão de técnicas ultrapassadas.

Em período de crise é que se deve tratar de administrar os remédios racionais. Depois, muitas vezes é tarde demais.

Por certo, dirão, é bom falar sempre de síntese e denunciar a ilusão das palavras e dos métodos que dissecam exageradamente a vida a pretexto de apreendê-la melhor. No entanto, a vida é tão vasta; fica cada dia mais complexa e mais diversa, a tal ponto que já não está em poder do homem efêmero apreender e dominar seu eterno desenrolar. Em nosso século, ela é como um rio tão rápido, com uma corrente tão violenta, que se fica atordoado com ela e já não se tem o tempo nem a possibilidade de ver nada de suas generalidades, sentir nada de sua potência, adivinhar nada de suas virtualidades. Não há, parece, senão um procedimento prático possível: aceitar seguir aqueles que, a tempo, retiraram da corrente alguns baldes de água que guardam ciosamente em seus templos. No contato desse rio imperioso, será apenas desordem estéril, apenas erro, ignorância e dúvida. Encaminhemo-nos para a ordem formal e para o conhecimento abstrato!

Não haveria outra solução além desse reaprisionamento no desespero?

É certo que não podemos pretender iniciar nossas crianças na complexidade de todas as ciências atuais. Mas nos apoiaremos, para o método preconizado, num princípio que foi muitíssimo desprezado.

Os baldes de água variam de formas, de cores, de natureza. Apenas pode penetrar seu parentesco original aquele que soube, por uma espécie de abstração superior, subordiná-los ao conteúdo que têm, tirando a veneração pela forma. A maior parte do tempo, contentam-se em classificá-los e em contá-los, o que é, efetivamente, cômodo e seguro.

Apenas essa ciência do número pode estabelecer, para os profanos – e englobamos sob essa denominação todos aqueles que não penetraram o sentido profundo de seu estudo –, um frágil, mas evidente, vínculo entre as ciências. É por isso que o número ganha, em nossa civilização, um lugar tão eminente.

Não descuraremos dessa ciência do número que é uma conquista efetiva. Mas nem por isso decuraremos do conteúdo dos baldes. Trataremos de reconhecer esse conteúdo, de encontrar sua filiação, de redescobrir o rio de que participa. Teremos então um novo fio de Ariadne que nos ajudará a profundar essa ciência dos conteúdos.

É essa operação delicada que pretendemos levar a cabo.

Basta, para a retificação preconizada, que põe na base de toda formação a experiência tateada acelerada, que tenhamos a compreensão íntima, o conhecimento profundo de uma ciência, seja ela qual for, para que estejamos, com isso, preparados para compreender melhor as outras ciências que, sob palavras e fórmulas diferentes, obedecem aos mesmos processos de desenvolvimento e de crescimento.

Essa unidade cósmica, cuja noção luminosa é possuída pelos grandes intuitivos, nós a adquiriremos do mesmo modo através da experiência. As diversas técnicas escolásticas falam cada qual sua língua mais ou menos bárbara; orgulham-se de ter cada qual seu balde de água. Buscamos, por nossa vez, uma língua comum, um raio X que, mais além do invólucro dos baldes, descubra a identidade original do conteúdo. Teremos, assim, na mão, a chave simples e eficaz de todas as ciências.

Poderemos então tranqüilizar os educadores quando à prática dessa experiência tateada acelerada que é o fundamento de qualquer conhecimento. Não é indispensável que a criança aprofunde muito, e em todas as áreas, a sua exploração; se ela explorou suficientemente seu jardim, comparou os resultados de suas observações com os da exploração de jardins vizinhos, com a experiência de explorações idênticas praticadas por outros em lugares distantes, deduzirá daí sozinha, ou com a nossa ajuda, as relações comuns, distinguirá suas dessemelhanças, formulará as leis gerais que regem a organização e a vida dos jardins. Esse conhecimento será tanto mais perfeito, e tanto mais ricos os ensinamentos, quanto a criança puder ter disposto, para confrontá-los com suas experiências, dos resultados de experiências alheias, resultados consignados nos monumentos, nos desenhos, nos livros, nas imagens fixas ou animadas.

Quando ela tiver explorado sua casa, ou seu próprio corpo, quando tiver confrontado suas descobertas com as feitas, noutras circunstâncias, noutras casas e noutros corpos, quando tiver testado essas relações, aferido as regras, terá a possibilidade prática de conhecer todas as casas e todos os corpos cujos princípios fundamentais são idênticos.

Há, aí, mais do que uma massa de conhecimentos, uma chave, um hábito mental, uma norma de comportamento que se transformam bem depressa em regra e depois em técnica de vida.

Enquanto o mecânico não estiver impregnado do segredo do motor, dessa unidade viva à qual devem concorrer, conforme as leis imutáveis, todas as peças do mecanismo, ele será como o escolar diante da ciência escolástica: vê palavras, baldes de água e peças. Procura lembrar-se, aprender de cor se preciso for – com o auxílio de procedimentos mnemotécnicos – das palavras e das relações que lhe foram ensinadas. O aprendiz de mecânico desmonta o carburador, dá uma volta de parafuso à direita e à esquerda, aperta determinada cavilha, lima uma peça, porque viu seu patrão proceder assim ou aconselharam-no a mexer em determinado mecanismo quando verifica certo barulho: se a fumaça está espessa, há excesso de óleo; se o motor afoga, há excesso de gasolina; as falhas do motor indicam uma ignição defeituosa. Mas por que essas causas provocam tais efeitos? Ah! Isso são outros quinhentos! E é, contudo, a única coisa que importa: o mecânico, que sente a vida de seu motor, sente intimamente o que significa tal barulho ou tal estalido; dir-se-ia que vê a vida circular no organismo e possui, por isso, a compreensão original, a intuição superior das leis da mecânica.

O essencial é que você atinja essa espécie de participação íntima na essência mesma da vida, que seus alunos sejam impregnados do processo normal de crescimento e de enriquecimento que os faz subir da experiência tateada para o comportamento científico. Mas são eles que sobem, com sua ajuda, ao primeiro ou ao segundo andar onde estão armazenados os baldes de água; não é mais a ciência formal que os alça ao mistério daqueles templos onde se vêem desorientados e perdidos.

Que os atinjam pela escada das ciências físicas ou naturais, pela escada da história ou da geografia, pela escada das matemáticas, o essencial é que subam para eles por uma via normal, que possam tornar a descer sem perder o contato com a realidade viva, que não fiquem deslumbrados e hipnotizados pelos alinhamentos de baldes de água. O essencial é que tenham construído sobre bases sólidas, por um processo lógico e harmonioso, sua própria personalidade. Essa construção pode ser de pedra, de madeira, de tijolo, de cimento armado ou mesmo de blocos de gelo, conforme as regiões e os climas. Nem por isso ela deixa de ser, nas melhores conjunturas, perfeita em sua forma, em seu equilíbrio e em sua adaptação à sua destinação específica; nem por isso deixa de ser uma harmonia viva e pessoal.

Não se pede ao arquiteto que quer, com sua ciência, realizar essa harmonia, que associe necessariamente pedra, madeira, tijolo e cimento, como se a conjunção de todos os materiais conhecidos fosse indispensável ao equilíbrio do conjunto. A mescla irrefletida desses diferentes materiais seria, muito pelo contrário, um erro e um perigo.

É bom que a casa, seja ela de pedra, de madeira, de tijolo ou de cimento, seja subida o mais rapidamente possível, com um mínimo de trabalho para um máximo de sucesso, de solidez na potência. Mas não é necessário, tampouco, que nela se empreguem as mesmas ferramentas aperfeiçoadas. As ferramentas variam, para se lhes adaptar, conforme o material empregado, a natureza do terreno, as possibilidades do meio.

Dá-se o mesmo com a educação das crianças e dos homens. Já não temos o direito, nem a possibilidade, de pretender hoje um ilusório enciclopedismo. Não incentivaremos a criança a construir sua vida exigindo que utilize, simultânea e concorrentemente, todos os materiais ou todas as técnicas, fruto da longa ciência dos homens, que faça na vida uma mistura de pseudociências, de física, de química, de literatura, de cálculo e de arte. Poremos à sua disposição a maior riqueza possível de materiais, com as técnicas apropriadas, e as ferramentas essenciais que as permitem. Depois, nós a deixaremos escolher os materiais, as técnicas e as ferramentas que melhor lhe convêm, que, no uso, lhe parecem as mais bem adaptadas às suas possibilidades fisiológicas, intelectuais, familiares e sociais. Uma avançará, assim, sua construção por intermédio da literatura, a outra pelo das ciências, as outras ainda pelo da história, da geografia ou da arte.

O essencial é que alcancem o topo da construção, que ali encontrem segurança e potência, que incorporem a suas reações funcionais vitais o processo de subida que as fez chegar aos andares superiores onde reside a cultura, que assimilem não a forma nem os tabus e os ídolos dessa cultura, mas o que ela contém em si, o que deve trazer de vivificante em sua humanidade ideal.

Não se assuste com essa diversidade. Ela é pura e simplesmente a lei da vida; é inconcebível que a escola ainda não tenha reparado isso e que continue a educar as crianças segundo métodos uniformes, com uma alimentação falsamente padronizada, para um destino uniforme também, como se todos os indivíduos fossem chamados a desempenhar o mesmo papel. A escola primária os abandona aos 13, 14 ou 15 anos e, em virtude dessa mesma experiência tateada que encontramos em todo canto, um se torna comerciante, o outro caixeiro-viajante, outros lavradores, escritores, padres ou professores primários. E eles podem, perfeitamente, sobressair cada qual em sua especialidade, e tornar-se homens apesar de sua especialização. "É preciso de tudo para fazer um mundo."

Basta evitar a falsa, perigosa e prematura especialização que não é mais que limitação e estreitamento. Claro, se a criança é arbitrariamente confinada num meio familiar, social ou escolar que lhe impõe uma única atividade, com um material único para construir sua personalidade; se ela não tem a permissão de tatear para adaptar lentamente a realidade às suas necessidades, então ignora o que se faz ao lado de sua especialização. Você a terá coagido a edificar sua casa com madeira, convenha-lhe ela ou não. Ela ficará persuadida de que só se pode edificar as casas com madeira. Terá tendência a confinar-se nessa crença rotulada que se fixará como regra e técnica de vida falsamente especializada.

Mas, se ela for introduzida desde cedo num meio em que cada indivíduo evolui, conforme os métodos que lhe são próprios, para alcançar, por vias diferentes da dela, com outros materiais e com ferramentas diferentes, a mesma harmonia adaptada à sua natureza particular, ela tomará consciência, pela prática, dessa complexidade de vida, dessa diversidade de vias que levam à cultura. Ela poderá exercitar-se nisso se o desejar. Mas, muito amiúde, bastar-lhe-á sentir que cada qual à sua volta, embora com materiais e ferramentas diferentes, eleva sua própria construção segundo as mesmas leis gerais e profundas, que são as leis da vida, e que essa diversidade é indispensável à harmonia social e cósmica como a diversidade das vozes do coro em função da perfeição no hino comum.

Tais constatações lógicas concordam, felizmente, com as descobertas que fizemos na prática, por assim dizer empiricamente.

Elas explicam que recomendemos a riqueza do meio educativo, possibilidades continuamente maiores de atividade funcional, e a organização complexa do trabalho escolar adaptado à diversidade das naturezas e das necessidades.

Nas escolas antigas, todas as crianças deviam, no mesmo momento, ocupar-se dos mesmos deveres, segundo os mesmos ritmos pretensamente científicos, com os mesmos materiais falsamente padronizados, com ferramentas de uma extraordinária indigência. Como se um governo central exigisse um dia que, na mesma hora, todas as cidadezinhas da França se pusessem a construir casas de tijolo ou de cimento armado, sem levar em conta que, aqui, a madeira está próxima da obra e é mais quente, a areia e o pedregulho distantes para trazer; que, acolá, ao contrário, a pedra é que está lá, ao alcance da mão, majestosamente eterna.

Partiremos do princípio de variedade e de adaptação que é a peculiaridade de qualquer vida: instalaremos em nossa *escola moderna* – não dizemos escola "nova", o que nos parece pretensioso e inexato – as oficinas da madeira, as da pedra e as do tijolo ou do cimento armado; nós lhe introduziremos as ferramentas mais apropriadas para facilitar a construção com cada um desses materiais, com o máximo de celeridade e de segurança. Ficamos lá para explicar o emprego dos materiais e o uso das ferramentas. Pediremos ajuda, se necessário, a certos especialistas. Mostramos modelos. Depois, trabalhamos todos juntos, conforme nossas tendências próprias e nossas possibilidades. E um constrói sua casa de madeira e o outro sua casa de pedra; um terceiro amassa cimento enquanto seu vizinho acha mais prático manejar os tijolos. A criança compara sua própria construção com as construções vizinhas; tateia antes de fixar-se numa forma. O vizinho pede-lhe ajuda, ou então pára um instante para olhá-la trabalhar. Competem para ver quem construirá mais depressa, com mais solidez, com mais harmonia, seu edifício. E aquele que concluiu sua construção de madeira fica tão satisfeito e orgulhoso, tem tanta confiança em seu sucesso e em sua potência quanto aquele que ousa uma estrutura audaciosa de cimento armado. O conjunto produzirá a harmonia desejada.

Tal criança é mais particularmente atraída para as ciências. Vamos pô-la em seu elemento; vamos colocá-la no centro do museu, dirigindo e organizando as pesquisas. Aquela outra se apaixona pela geografia: ela administrará nosso rico e farto fichário. Aquela outra calcula com facilidade: vamos ajudá-la a aperfeiçoar suas técnicas. Umas e outras descobrirão, assim, os verdadeiros caminhos que levam aos cumes; serão senhores; dominarão suas vidas; terão atingido o segundo ou o terceiro andar, mas seus pés estarão solidamente plantados na complexidade do mundo vivo da natureza e do trabalho.

Não somos nós que criamos os problemas; limitamo-nos a traduzi-los para linguagem comum, empenhando-nos o mais possível em não trair seus elementos ao longo da dissecação, da esquematização e do reordenamento que devemos praticar para torná-los inteligíveis.

Mas eles são o que são, complexos ainda, concretos, práticos, subjetivos. A escola até hoje os escamoteou obstinadamente, substituindo-os por caricaturas de problemas com soluções aparentemente simples, mas também desvitalizadas, apartadas do meio, privadas de seiva e de vida.

Esforçamo-nos, quanto a nós, para resolver os verdadeiros problemas. E embora nem sempre o consigamos, ainda preferimos essa impotência provisória de que temos consciência à fatuidade satisfeita dos escoliastas encarquilhados entre suas estéreis coleções de baldes de água.

Conclusão

Terminaremos este longo estudo – bem incompleto ainda – resumindo o essencial das observações feitas e dos conselhos dados a todos que são encarregados de guiar crianças ou alunos para o equilíbrio, para a potência e, portanto, para a felicidade.

1. *A saúde e a harmonia fisiológica são determinantes no processo de vida dos indivíduos.*
Você as levará na maior conta:
– em sua própria vida, antes mesmo do nascimento das crianças, para que estas não sejam prejudicadas pelas conseqüências de seus erros;
– na organização do meio familiar ou social em que a criança for chamada a viver e pelo qual será definitivamente marcada durante a primeira infância, em cujo decorrer ela ainda não pode pretender dobrar o ambiente às necessidades dela;
– depois, na vida da criança, pela realização normal de suas funções essenciais: alimentação, respiração, eliminação, que estão na base não só de sua harmonia fisiológica, mas também de seu equilíbrio psíquico e social.
Não se preocupe em obter de seus filhos caretas, palavras ou expressões prematuras, nem sequer passos precoces. Se seu filho for forte, normalmente alimentado, estiver em perfeito equilíbrio fisiológico, você terá plantado postes inabaláveis nos quais se fi-

xarão, de maneira indelével, os fios que serão a via esplêndida das faculdades superiores.

2. Mostramos por quais processos laboriosos o ser humano constrói sua vida: identificamos a experiência tateada na base de qualquer atividade e vimos as tentativas bem-sucedidas dessa experiência se repetirem automaticamente para se tornarem indeléveis regras de vida, depois técnicas de vida definitivas.

Portanto, você organizará o meio da criança bem pequena para permitir-lhe, nas melhores condições possíveis, a prática dessa experiência tateada.

3. A novidade e a originalidade de nosso esforço de pesquisa são, justamente, pôr em evidência a importância dos primeiros funcionamentos do organismo humano, tanto do ponto de vista fisiológico quanto psíquico e social. Essas primeiras reações vão condicionar toda a vida futura; seus erros, suas insuficiências, seus procedimentos inábeis repercutirão – ampliando-se e agravando-se – em defeitos sociais, em maus hábitos, em vícios, em neuroses, em desequilíbrios e em sofrimentos.

É por isso que nunca insistiremos o bastante na solicitude de que a criança pequena, antes dos quatro anos, deve ser o centro, da parte tanto dos pais quanto da sociedade.

Os criadores bem o sabem. É enquanto o animal é jovem, vivaz e viçoso, quando mede e adapta obstinadamente suas reações às necessidades ambientes e às suas próprias possibilidades, que eles o amansam e o formam. Depois, dir-lhe-ão, será tarde demais.

Para o ajudar e o guiar nessa tarefa, preconizamos:
– a instituição de reservas de crianças;
– a renovação das escolas maternais e uma melhor adaptação delas à vida.

4. A ascensão do indivíduo não se faz sob a influência de imperativos mais ou menos categóricos, sejam eles inteligência, afetividade ou razão. Tornamos a pôr em evidência um princípio que a ciência analítica tinha tendência a achar ultrapassado: a necessidade soberana, para o indivíduo, em todos os graus e em todas as idades, de crescer, de ascender, de adquirir a potência para realizar seu destino.

A vida torna-se então um processo complexo de busca ativa dessa potência essencial e indispensável.

São as modalidades desse processo que sintetizaremos em nosso *Profil vital dynamique* [Perfil vital dinâmico], que publicaremos proximamente como complemento deste estudo. Notando, no indivíduo, as limitações fisiológicas ou as oposições relativamente superáveis do meio – físico, familiar ou social – teremos o esquema dos combates – vitoriosos ou não – que o indivíduo terá de travar para realizar seu destino e satisfazer sua necessidade vital de potência.

Munidos desse perfil vital, poderemos então ajudar eficazmente as crianças a triunfar sobre os obstáculos para realizarem uma vida mais harmoniosa e mais útil.

5. Essa concepção original e segura do processo vital nos possibilitou esboçar as vias novas da pedagogia, que resumiremos como segue:

a) Primazia da primeira educação, totalmente negligenciada até agora nas considerações pedagógicas.

b) Influência determinante, para o destino, do equilíbrio fisiológico cuja busca deve tornar-se um ramo lateral da pedagogia.

c) Antes de cinco anos, realização prática de um meio o mais rico possível para que possa exercer-se, em condições ótimas, a experiência tateada.

d) Depois, possibilidade de acelerar essa experiência tateada através da posse progressiva das ferramentas, que são a lenta conquista da civilização, e dos meios efetivos de uma maior potência.

e) A partir de sete anos, a criança, que terminou a arrumação de sua personalidade, reage sobre o mundo exterior; faz isso por meio de trabalho: trabalho-jogo e, na falta desse, jogo-trabalho, que se tornam então os elementos realmente construtivos da personalidade, da inteligência e do psiquismo inclusive.

f) Em todos os níveis, a escola deve adotar a atitude *auxiliante* e fazer tudo para permitir à criança triunfar sobre as dificuldades para conservar intacta e para satisfazer sua necessidade de potência. Tratará, sobretudo, de evitar que a criança fique na plataforma ou seja perigosamente reprimida na sala de espera.

g) Na prática, porém, seja impotência ou inabilidade da escola, seja posição defeituosa dos recursos-barreiras familiares, sociais ou dos indivíduos, a pedagogia terá, com muita freqüência, de resolver os difíceis problemas de crianças que, tendo ficado na plataforma, foram atingidas com maior ou menor intensidade em sua necessidade de potência, ou que, acuadas na sala de espera, tiveram de recorrer ao supremo recurso de regras de vida *ersatz* de maior ou menor perniciosidade.

A tarefa, não o escondemos, é sempre excessivamente delicada. Nosso *perfil vital* e as instruções práticas que o acompanham ajudarão a orientar os educadores nesse caminho corretivo salutar. Diremos somente, aqui, que as duas vias mais fáceis de salvação continuam a ser:

– o trabalho (trabalho-jogo funcional) que é como que a exteriorização material ou ideal de uma personalidade que sempre ganhará em realizar-se, ainda que por lampejos;

– a arte, expressão superior que é comunhão com as grandes forças vitais, levantar vôo supremo para os objetivos essenciais e permanentes do destino.

h) A linguagem, a escrita, o impresso, a imagem não passam de ferramentas cujo domínio o indivíduo deve incorporar a si no decorrer de experiências tateadas aceleradas, a serviço da construção harmoniosa de sua personalidade. A escola não deve buscar sua aquisição por meios exteriores aos indivíduos, como se tais técnicas tivessem um valor intrínseco, anormalmente vinculadas que seriam ao esplendor de uma inteligência e de um pensamento a que se desnaturou e desencarnou artificialmente. É diretamente na construção harmoniosa do indivíduo que deverá ser feita a aquisição dessas técnicas. Isso supõe todo um conjunto de métodos pedagógicos novos cuja adaptação buscamos.

É essa toda a nossa concepção do processo de civilização que deve ser reconsiderado, como deverá ser reconsiderada a falsa ciência que por muito tempo escorou um mundo em decadência.

Devemos, eliminando radicalmente todas as entidades intelectualistas impotentes para explicar e para ordenar nosso comportamento, tornar a dar dignidade e valor funcional às considerações materiais, fisiológicas e de meio; repor todo o nosso processo vital sob a ascendência da experiência permanente e complexa que é a única soberana; agrupar em torno de algumas idéias simples, de bom senso, aceitas pelos mais sinceros e mais dinâmicos dos homens de ciência e luminosamente reveladas pelos sábios, a complexidade crescente de nossas reações educativas; sentir, para corrigi-las, as razões de impotência e de fracasso e descobrir os caminhos libertadores de nossa pedagogia.

Não dizemos que o *perfil vital* permitirá que você sonde definitivamente o segredo dos destinos, nem que você poderá pretender, com nossos conselhos, realizar a perfeição pedagógica, corrigir todos os erros de seus filhos, conduzi-los infalivelmente ao êxito. Isso não depende, aliás, inteiramente de você. Há realidades que nos excedem porque já não estão somente na escala individual e sim na escala social, e, às vezes, na escala cósmica. Sempre existirão forças para dominar o humilde destino do homem. Há, no caminho da vida, rochedos inacessíveis contra os quais é inútil vir bater-se incansavelmente. Tudo quanto podemos e devemos fazer é medi-los com os olhos e com a experiência, continuar nossa estrada evitando-os, ou às vezes até utilizando-os, a não ser que possamos começar vitoriosamente sua escalada pelos degraus que foram penosamente escavados pelas gerações de homens, e que teremos, aliás, de continuar, mesmo que nossa geração não possa pretender o exaltante privilégio da vitória.

O essencial é que, em nossa marcha para a frente, sejamos esclarecidos ou guiados por alguma luz segura. Enganar-se não é nada se se tem pelo menos, posteriormente, consciência desse erro. Fracassar só é grave se não se consegue descobrir as causas do fracasso. Medir e apreciar as razões de nossa impotência momentânea já é uma vitória. Organizar-se tecnicamente para reduzir progressiva e metodicamente a imperfeição, essa é a melhor e a mais segura das funções pedagógicas.

Ao termo deste trabalho, não é pelo absoluto de nossas conquistas, mas pela relatividade de nossas pretensões que você deve medir a profundidade de nossas pesquisas e a eficácia de nossos conselhos.

Outros irão mais longe e com mais segurança do que nós nessa ascensão, para a qual nos dedicamos humildemente a escavar os degraus iniciais e a desbastar a trilha que sobe para a potência do homem.

A vida é uma conquista. Só é uma luta por causa de nossos erros em comum. É com um esforço em comum que deveremos trabalhar para abrir para as gerações vindouras

o caminho da vida.

Impresso nas oficinas da
Gráfica Palas Athena